Governação Fiscal Global

Governação Fiscal Global

2023 • 2ª Edição Revista e Atualizada • Reimpressão

Ana Paula Dourado
Professora da Faculdade de Direito da Universidade de Lisboa

ALMEDINA

GOVERNAÇÃO FISCAL GLOBAL

AUTORA
Ana Paula Dourado

EDITOR
EDIÇÕES ALMEDINA, S.A.
Avenida Emídio Navarro, 81, 3D
3000-151 Coimbra
Tel.: 239 851 904 · Fax: 239 851 901
www.almedina.net · editora@almedina.net

DESIGN DE CAPA
FBA.

PRÉ-IMPRESSÃO
João Jegundo

IMPRESSÃO E ACABAMENTO
DPS - DIGITAL PRINTING SERVICES, LDA

Junho, 2023

DEPÓSITO LEGAL
444259/18

ALMEDINA | GRUPOALMEDINA

BIBLIOTECA NACIONAL DE PORTUGAL – CATALOGAÇÃO NA PUBLICAÇÃO

DOURADO, Ana Paula

Governação fiscal global. – 2ª ed. – (Monografias)
ISBN 978-972-40-7600-3

CDU 336

NOTA PRÉVIA

Esta Governação Fiscal Global pretende apresentar, em português, a discussão sobre a emergência de um novo Direito Fiscal Internacional e Europeu. Tal discussão adquire relevância e urgência com a crise financeira de 2008, os escândalos sobre desvios de fundos para paraísos fiscais e as notícias mediáticas sobre a (não) tributação das multinacionais.

Nas páginas que se seguem analisam-se criticamente os obstáculos, os novos regimes e os caminhos a seguir pelo Direito Fiscal Global. Elas são o resultado de uma investigação continuada, nas referidas disciplinas de Direito Fiscal Internacional e Europeu, e que se iniciou há vários anos. Tal investigação envolveu a publicação de diversos artigos em revistas internacionais submetidos a peer-review; do comentário aos artigos 26º e 27º do Modelo da OCDE, no vol. II do "*Klaus Vogel on Double Taxation Conventions*" (2015); de capítulos em livros, resultantes, também eles, de conferências internacionais; do livro "Tax Avoidance Revisited in the EU BEPS Context" (the Netherlands, 2017), cujo relatório geral e organização foram da minha responsabilidade, no rescaldo do Congresso da Associação Europeia de Professores de Direito Fiscal (EATLP) em Munique, em 2016.

Para este livro também contribuíram muito a coordenação dos "Lisbon Seminars" com o José Almeida Fernandes e a Rita de la Feria no IDEFF/CIDEEFF (Faculdade de Direito de Lisboa) e dos Seminários no Instituto Universitário Europeu de Florença – com Pasquale Pistone, e sob a égide de Miguel Poiares Maduro e do seu programa "Global Governance"; os Seminários GREIT; e a minha participação na Plataforma da Comissão Europeia para a Boa Governação Fiscal. Devo ainda um agradecimento à SAID Business School da Universidade de Oxford, e ao seu diretor, Michael

Devereux, pela investigação que ali me foi proporcionada. E outro à Maria dos Prazeres Lousa.

De resto, foi inestimável o incentivo dos Professores Eduardo Paz Ferreira e Fernando Borges Araújo, de todo o Grupo de Jurídico-Económicas, das minhas equipas de Direito Fiscal na Faculdade, dos meus alunos, da literatura inspiradora e do sorriso aberto e confiante do Rafael.

Lisboa, 18 de maio de 2017

ANA PAULA DOURADO
Professora da Faculdade de Direito da Universidade de Lisboa

NOTA À SEGUNDA EDIÇÃO

Logo após a publicação da primeira edição deste livro houve desenvolvimentos, mais ou menos esperados, nomeadamente, nos campos da tributação da economia digitalizada e da transparência fiscal. Esta segunda edição dá nota desses desenvolvimentos.

Eles comprovam o ritmo acelerado a que o Direito Fiscal Global está atualmente sujeito.

Lisboa, 22 de junho de 2018

A autora

LISTA DE ABREVIATURAS E ACRÓNIMOS

AO	–	Abgabenordnung
BFH	–	Bundesfinanzgerichtshof
BEPS	–	Base Erosion and Profit Shifting
CGAA	–	Cláusula Geral Anti Abuso
CEE	–	Comunidade Económica Europeia
CE	–	Comunidade Europeia
CFC	–	Controlled Foreign Companies
CLB	–	Cláusula de Limitação de Benefícios
CIRC	–	Código do Imposto sobre o Rendimento das Pessoas Coletivas
CIRS	–	Código do Imposto sobre o Rendimento das Pessoas Singulares
CEDH	–	Convenção Europeia dos Direitos do Homem
EBITDA	–	Equity Before Interest, Tax Depreciation and Amortization
EEE	–	Espaço Económico Europeu
EFTA	–	European Free Trade Agreement
FIF	–	Foreign Investment Funds
Modelo da OCDE	–	Modelo de Convenção Fiscal sobre o Rendimento e o Património
OCDE	–	Organização para a Cooperação e Desenvolvimento Europeia
ONU	–	Organização das Nações Unidas
PPT	–	Principal Purpose Test
TEDH	–	Tribunal Europeu dos Direitos do Homem
TFUE	–	Tratado sobre o Funcionamento da União Europeia
TJUE	–	Tribunal de Justiça da União Europeia
UE	–	União Europeia

INTRODUÇÃO

1. A coordenação fiscal mundial

No cerne da governação pública está a governação fiscal, a política fiscal, os impostos arrecadados e o que fazer com eles. A era pós-nacional em que vivemos tem trazido consigo inúmeros desafios ao Estado Fiscal, tal como o conhecemos desde o final do século XIX. Esses desafios iniciaram-se no fim dos anos cinquenta, com a convertibilidade das divisas por parte dos Estados da Organização para a Cooperação Económica Europeia (OECE),[1] aumentaram nos finais dos anos setenta, nos EUA e no Reino Unido, com a desintervenção do Estado na economia[2], e com a livre circulação de capitais na União Europeia (UE) a partir de 1988 (que culmina com a obrigação unilateral e *erga omnes* da eliminação de restrições à livre circulação de capitais por parte da UE, com a entrada em vigor do Tratado de Maastricht).

Os desafios têm vindo a acentuar-se de modo progressivo, mesmo vertiginoso: com a aceleração da globalização[3], com a emergência dos chama-

[1] À qual sucedeu a Organização para a Cooperação e Desenvolvimento Europeu (OCDE).

[2] Philipp Genschel/Susanne Uhl, "Der Steuerstaat und die Globalisierung", *Transformationen des Staates*, Hrs. Stephan Leibfried/Michael Zürn, ed. Zweite Moderne, Suhrkamp, Frankfurt-am-Main, 2006, pp. 95-99.

[3] V. Michael Zürn, *Regieren jenseits des Nationalstaates*, ed. Zweite Moderne, Suhrkamp, Frankfurt-am-Main, 1998, por exemplo, pp. 64-94. OECD (1998), *Harmful Tax Competition: An Emerging Global Issue*, OECD Publishing, Paris, pp.13-14; António Carlos dos Santos, *L' Union Européenne et la Régulation de la Concurrence Fiscale*, Bruylant, L.G.D.J., 2009, pp. 40-42. V. também sobre o sentido de esfera pública nacional e internacional, Bernhard Peters, *Der Sinn von Öffentlichkeit, Mit einem Vorwort von Jürgen Habermas*, Surkamp Taschenbuch, Wissenchaft, Frankfurt-am-Main, 2007, cap. 7, pp. 283 e ss., 288 e ss.V., entre nós, por exemplo, Diogo Leite

dos BRICS[4], com a distinção entre países produtores de recursos naturais e os outros, com a crise financeira de 2008 [5] (que teve início nos EUA, com repercussão mundial e foi muito acentuada na União Europeia, especialmente na União Económica e Monetária[6] e nos países submetidos a programas de resgate financeiro, como foi o caso de Portugal[7]), com o anunciado retorno aos protecionismos.

Na ausência de governação global institucionalizada[8], o G20 tem aparecido como a face e a voz política mundial, encomendando respostas jurídicas concretas às organizações internacionais[9].

Campos, "A Erosão das Bases Tributárias", *Conferência Crise, Justiça Social e Finanças Públicas* (org. Eduardo Paz Ferreira, João Amaral Tomaz, José Gomes Santos, Nazaré Costa Cabral), Colóquios IDEFF, nº 1, IDEFF, Almedina, Coimbra, 2010, pp. 257 e ss.; António Carlos dos Santos, "A Erosão das Bases Tributárias", *Conferência Crise, Justiça Social e Finanças Públicas* ..., cit., pp. 263 e ss.; Miguel Silva Pinto, "A Erosão das Bases Tributárias", *Conferência Crise, Justiça Social e Finanças Públicas* ..., cit., pp. 295 e ss.; Rogério M. Fernandes Ferreira, "A Erosão das Bases Tributárias", *Conferência Crise, Justiça Social e Finanças Públicas* ..., cit., pp. 281 e ss.

4 Brasil, Rússia, India, China, África do Sul.

5 José Casalta Nabais, "Da Sustentabilidade do Estado Fiscal", *Sustentabilidade Fiscal em Tempos de* Crise, coord.: José Casalta Nabais e Suzana Tavares da Silva, Almedina, Coimbra, 2011, pp. 31-32 e ss.

6 Pensando sobre o futuro da União Europeia, Jürgen Habermas, "Demokratie oder Kapitalismus? Vom Elend der nationalstaatlichen Fragmentierung in einer kapitalistisch integrierten Weltgesellschaft", *Demokratie oder Kapitalismus? Europa in der Krise,* Blaetter, Berlin, 2013, pp. 75 e ss. AAVV, *União Europeia, Reforma ou Declínio,* coordenação e introdução de Eduardo Paz Ferreira, Veja, Lisboa, 2016.

7 Eduardo Paz Ferreira, "Os Impostos São um Dever de Cidadania", *Encostados à Parede, Crónicas de Novos Anos de Chumbo,* Quetzal editores e Eduardo Paz Ferreira, Lisboa, 2015, pp. 105-111. Eduardo Paz Ferreira, "Um Projecto Nacional: a Avaliação da Troika", *Troika Ano II, Uma Avaliação de 66 Cidadãos,* Eduardo Paz Ferreira (coord.), Edições 70, Lisboa, 2013, pp. 11 e ss.; Paulo Pitta e Cunha, "Integração ou Desintegração na Europa? A propósito da Crise do Euro", *25 Anos na União Europeia, Reflexões,* coord. Eduardo Paz Ferreira, Almedina, Coimbra, 2011, pp. 535-543; "Os Limites da Austeridade e a Saída da Crise", *Troika Ano* II, cit., pp. 509-513; Jorge Miranda, "Estado Social, Austeridade, Coerência", *A Austeridade cura? A Austeridade Mata?* (coord. Eduardo Paz Ferreira), AAFDL, Lisboa, 2013, pp. 665-671.

8 Propondo bens públicos coletivos e mudanças na estrutura dos votos do Fundo Monetário Internacional e do Banco Mundial, Joseph Stiglitz, *Making Globalization Work,* W.W. Norton & Company, New York, London, 2006, capítulos 9 e 10.

9 V. *G20 Leaders Declaration,* Los Cabos, Mexico, June 19, 2012, para. 48; OECD, *Action Plan on Base Erosion and Profit Shifting,* OECD Publishing, 2013. http://dx.doi.org/10.1787/9789264202719-en, capítulo 2.

A esses desafios, o Comité dos Assuntos Fiscais da OCDE começa a tentar responder através do que designa serem padrões internacionais, e a União Europeia tenta não ficar atrás, pelo menos ao nível das iniciativas da Comissão Europeia[10]. Há dois grupos de respostas: a troca de informações para efeitos fiscais, apregoada desde o início de 2009 como padrão a ser adotado por todas as jurisdições dos cinco continentes, e a anunciada eliminação dos paraísos fiscais; e, desde 2012, o combate à erosão de bases fiscais através da transferência interestadual de lucros (o comportamento designado em inglês por *Base Erosion Profit Shifiting* (BEPS)), num quadro de boa governação fiscal.

A troca de informações aparece ligada ao movimento de transparência fiscal. Este é o instrumento que permitirá a tributação do rendimento dos sujeitos passivos que atuam no plano transfronteiriço e que potencialmente cometem fraude fiscal. Por seu turno, o projeto BEPS aparece ligado a um conceito de justiça fiscal. Esta reclama respostas jurídicas que assegurem o pagamento do "imposto justo" por parte de multinacionais, nos territórios onde os lucros são realizados. Trata-se de dois polos de atuação internacional complementares.

Neste livro, pretendemos indagar sobre a emergência de um novo Direito Fiscal Internacional, identificar os principais desafios em matéria tributária que os Estados-Membros da OCDE e os da União Europeia enfrentam nos tempos que correm, e discutir as soluções que têm sido propostas e as que têm sido adotadas.

2. Estrutura

No capítulo I, vamos discutir se as propostas de coordenação do G20 e da OCDE dão origem a um novo Direito Fiscal Internacional, se a cooperação substitui o modelo de concorrência fiscal instituído no início do século XX pela Sociedade das Nações, interrompido durante a Segunda Guerra Mundial e retomado em 1963 pela OCDE.

[10] Ana Paula Dourado, "The EU Anti Tax Avoidance Package: Moving Ahead of BEPS?", *Intertax*, 2016, nºs 6-7, pp. 440-446; "May you live in interesting times", *Intertax*, 2016, nº 1, pp. 2-5. Sobre o futuro da União Europeia, V., por exemplo, Fausto de Quadros, Direito da União Europeia, Almedina, Coimbra, 2015, 3ª ed., Parte III; Manuel Carlos Lopes Porto, Teoria da Integração e Políticas da União Europeia Face aos Desafios da Globalização, Almedina, Coimbra, 2017, 5ª ed., pp. 255-259.

No capítulo II, apresentamos e analisamos criticamente as propostas resultantes do projeto BEPS: os objetivos de coordenação multilateral e holísticos prosseguidos pelo projeto, o plano de ação BEPS, o objeto e conceitos chave que subjazem ao projeto. Analisamos a coerência e a ligação entre as diversas ações e medidas por elas recomendadas. Discutimos a tensão criada entre a tributação na fonte segundo a regra do valor criado e a tributação na residência das sociedades estrangeiras controladas, bem como a aplicação de outras medidas antiabuso e destinadas a eliminar disparidades.

No capítulo III, tratamos do pacote antiabuso da União Europeia, que constitui uma aplicação regional do projeto BEPS, e analisamos o regime da Diretiva antiabuso e os problemas e dúvidas que dela resultam, nomeadamente, a conjugação das diferentes cláusulas antiabuso.

O capítulo IV é dedicado ao regime de auxílios de Estado constante dos artigos 107º e 108º do TFUE, e à relação entre os auxílios de Estado, o regime dos preços de transferência e as medidas do projeto BEPS. São discutidos os acordos secretos e a sua compatibilidade com o regime de auxílios de Estado, assim como o caso Apple.

No capítulo V, averiguamos o sentido de mobilidade fiscal na União Europeia, com o objetivo de percebermos o significado de comparabilidade entre sujeitos passivos residentes e não residentes num Estado-Membro e o significado de discriminação e de restrição segundo o TFUE. Queremos perceber como essa comparabilidade e mobilidade se conjuga com as medidas do projeto BEPS contra o planeamento fiscal agressivo, e com as medidas da Diretiva antiabuso atrás estudadas.

Para o efeito, averiguamos se e como a jurisprudência do Tribunal de Justiça contribuiu para reduzir os obstáculos ao mercado interno, qual o alcance da não discriminação, como o Tribunal de Justiça não se pode substituir ao legislador da União e quais as incongruências resultantes dessa jurisprudência. Escolhemos alguns casos paradigmáticos para avaliar os parâmetros de comparabilidade do TFUE: tratamento fiscal dos dividendos à saída; dos grupos de sociedades; o imposto pessoal; e as retenções de imposto na fonte.

Finalmente, o capítulo VI é dedicado à troca de informações. Esta é uma vertente complementar do projeto BEPS, promovendo a transparência fiscal internacional e a cooperação multilateral. São apresentados e discutidos os dois padrões internacionais da troca de informações e os seus requisitos: a troca de informações a pedido e a troca automática de informações. Explica-se a evolução dos regimes da OCDE e da União Europeia, o seu alcance, o significado de "eficácia dos controlos fiscais" no Direito da União e as entidades envolvidas na transparência fiscal. Os limites à troca de informações nos Estados de direito e os direitos dos contribuintes no quadro do movimento global da transparência são também discutidos.

Capítulo I
Entre os primórdios e a emergência de um novo Direito Fiscal Internacional

1. Objeto e primórdios do Direito Fiscal Internacional

O Direito Fiscal Internacional abarca o conjunto de regras nacionais e internacionais aplicáveis aos factos tributários interestaduais, com base na fonte dos rendimentos e na residência do sujeito passivo[11]. Este ramo de Direito tem como finalidade limitar a aplicação das normas nacionais de incidência sobre os factos tributários internacionais e distribuir as competências de tributação entre Estados exportadores e importadores de rendimentos de capital, serviços, trabalho dependente e afins[12].

É ponto assente que o Direito Fiscal Internacional surgiu com o propósito de eliminar a dupla tributação jurídica internacional[13], sendo mais controverso defender que o seu propósito era também o de evitar a dupla não tributação e assim garantir o princípio da tributação singular[14].

[11] Alberto Xavier, *Direito Tributário Internacional*, 2ª ed., Almedina, Coimbra, 2009 (colaboração de Clotilde Celorico Palma e Leonor Xavier), pp.3-5; Ottmar Bühler, *Prinzipien des Internationalen Steuerrechts, Ein systematischer Versuch*, Internationales Steuerdokumentationsbüro, Amsterdam, 1964, p. 3; Klaus Vogel, Administrative Law, Administrative Law, *Encyclopedia of Public International Law (EPIL)*, hrs. Bernhardt Rudolf, 1984, nº 9, p. 4; Klaus Vogel/Alexander Rust, "Introduction", *Klaus Vogel on Double Taxation Conventions*, 4.th ed., ed. by Ekkehart Reimer and Alexander Rust, Kluwer Law International, The Netherlands, 2015, nº 6, p. 13.

[12] Klaus Vogel/Alexander Rust, "Introduction", *Klaus Vogel...*, cit., pp. 13-17, nºs 7-17.

[13] Klaus Vogel/Alexander Rust, "Introduction", *Klaus Vogel...*, cit., pp. 16-17, nºs 15-17; pp. 19-21, nºs 20-23.

[14] Defendendo que o Direito Fiscal Internacional prossegue os dois objetivos, desde o Modelo da Sociedade das Nações, Reuven S. Avi-Yonah, "Tax Competition, Tax Arbitrage, and the International Tax Regime", *Law & Economics Working Papers Archive* (2003-2009), University of Michigan Law School, 2007; e a proposta de Edwin R.A. Seligman, *Double Taxation and International Fiscal Cooperation*, Macmillan, New York, 1928, pp. 126-127, 132-133 e 136. League of

É ainda reconhecido que o Direito Fiscal Internacional que hoje temos, remonta ao primeiro modelo, acordado pela Sociedade das Nações, em 1928[15]. É verdade que, durante a Segunda Guerra Mundial, foi aprovado o Modelo de Convenção Fiscal do México (1943)[16], em 1946, o Modelo de Convenção Fiscal de Londres[17], e em 1971, o Modelo do Grupo Andino, uma aliança entre a Bolívia, o Chile, o Equador, a Colômbia e o Peru e desde 1973, também a Venezuela.[18] Mas os Modelos de Convenção Fiscal de 1963 e de 1977 da OCDE, recuando aos princípios do Modelo de 1928, restabeleceram a repartição de competências tributárias na perspetiva dos seus membros que à época eram, predominantemente, Estados exportadores de capital[19]. Desde 1991, o Modelo de Convenção Fiscal da OCDE (daqui em diante, Modelo da OCDE) tem sido atualizado, através dos seus grupos de trabalho no Comité dos Assuntos Fiscais[20], na lógica de um "modelo ambulatório"[21] mas os fundamentos permanecem.

Nations, Economic and Financial Commission, *Report on Double Taxation Submitted to the Financial Committee*, by Professors Bruins, Einaudi, Seligman and Sir Josiah Stamp, Geneva, 5 April, 1923.

[15] *Double Taxation and Tax Evasion Report Presented by the General Meeting of Government Experts on Double Taxation and Tax Evasion*, League of Nations, Geneva, October 1928, disponível em: http://www.uni-heidelberg.de/institute/fak2/mussgnug/historyoftaxdocuments/normtexte/voelkerrecht/V00021.pdf

League of Nations, Draft Model Treaty on Double Taxation and Tax Evasion (1928), http://www.unºrg/esa/ffd/wp-content/uploads/2014/09/DoubleTaxation.pdf; V., por exemplo, Reuven S. Avi-Yonah, "A Perspective of Supra-Nationality in Tax Law", *BRICS and the Emergence of International Tax Coordination*, eds. Yariv Brauner & Pasquale Pistone, IBFD, Amsterdam, 2015, p. 33.

[16] Klaus Vogel/Alexander Rust, "Introduction", *Klaus Vogel...*, cit., p. 14, nº 9, p.20, nº 21.

[17] London and Mexico Model Tax Conventions Commentary and Text, C.88.M.88.1946.II.A Geneva, November, 1946. Ver a discussão em Tsilly Dagan, *International Tax Policy: Between Competition and Cooperation*, Cambridge University Press, Cambridge, 2018, cap. 5. V. Ainda, sobre os primórdios, Ana Paula Dourado, *A Tributação dos Rendimentos de Capitais: A Harmonização na Comunidade Europeia*, Cadernos de Ciência e Técnica Fiscal, nº 75, Centro de Estudos Fiscais, Lisboa, 1996, pp. 45-58, espec. 50 e ss.; Klaus Vogel/Alexander Rust, "Introduction", *Klaus Vogel...*, cit., pp. 14-17, nºs 9-17.

[18] Klaus Vogel/Alexander Rust, "Introduction", *Klaus Vogel...*, cit., p. 21, nº 24.

[19] OECD Comm. on Fiscal Affairs, Model Tax Convention on Income and on Capital, 1997, I-1.

[20] OECD, *Developing a Multilateral Instrument to Modify Bilateral Tax Treaties*, 2014, p. 11 http://www.oecd-ilibrary.org/taxation/developing-a-multilateral-instrument-to-modify-bilateral-tax-treaties_9789264219250-en.

[21] OECD, "Introduction", *Model Tax Convention on Income and on Capital*, 2014 (Full version), OECD Publishing, 2015, nº 9.

Dada a influência do Modelo da OCDE, o Direito Fiscal Internacional em vigor tem sido construído desde o pós-segunda guerra por esta organização. Existe também um Direito Fiscal Internacional Europeu que interpreta as soluções do Modelo da OCDE à luz das liberdades fundamentais do TFUE[22]. Enquanto Estado-Membro da OCDE e da União Europeia, Portugal participa na construção de ambos os ordenamentos e a eles se submete.

É de assinalar o desfasamento do Modelo da OCDE com o contexto económico atual, e de estranhar que perdure, dadas todas as modificações constitucionais, político-sociais e económicas, entretanto ocorridas. Relativamente a estas últimas, com repercussões no Direito Fiscal Internacional em ação, lembre-se, para além da mobilidade do capital, a economia digital, a utilização corrente de instrumentos financeiros derivados e de híbridos, a invenção da moeda eletrónica, a utilização dos centros financeiros de paraísos fiscais e o planeamento fiscal internacional[23]. A inércia do Modelo da OCDE pode ser justificada pelo conservadorismo inerente aos burocratas que o constroem[24].

2. As construções dogmáticas dominantes

A dogmática do Direito Fiscal Internacional centra-se no estudo dos diferentes regimes de repartição de competências entre os Estados, consoante o tipo de rendimentos, e nos princípios que subjazem a essa distribuição: por exemplo, a fonte e a residência, os preços de transferência, o estabelecimento estável, a não discriminação, a transparência fiscal.

Esta dogmática em torno do Direito vigente é construída fundamentalmente pelos académicos dos Estados-Membros da OCDE, uma vez que

[22] V. Ana Paula Dourado, *Lições de Direito Fiscal Europeu, Tributação Directa*, Wolters Kluwer Portugal, Coimbra editora, Coimbra, 2010. Michael Lang et al. (Hrsg.), *Introduction to European Tax Law on Direct Taxation*, 4ª ed, Wien, Linde Lehrbuch, 2016.

[23] Assim também, mais desenvolvidamente, Michael Graetz, "Taxing International Income – Inadequate Principles, Outdated Concepts, and Unsatisfactory Policy", *Tax Law Review*, 2001, nº 54, pp. 262-264, 315-316 (disponível em: http://digitalcommons.law.yale.edu/fss_papers/1618).

[24] Geoffrey Brennan & James M. Buchanan, "Towards a Tax Constitution for Leviathan", *Journal of Public Economics*, 1977, nº 8, pp. 255-274; "Tax Instruments as Constraints on the Disposition of Public Revenues", *Journal of Public Economics*, 1978, nº 9, pp. 301-318; *The Power to Tax. Analytical Foundations of a Fiscal Constitution*, Cambridge: Cambridge University Press, 1980, cap. 2.

é esta organização que dita as regras mundiais. No quadro da OCDE, na ciência do Direito Fiscal e do Direito Fiscal Internacional, a análise do "nós" e dos "outros" está quase ultrapassada, devido ao diálogo permanente entre académicos e outros profissionais desta área.

Mas encontramos ainda algumas diferenças de perspetiva que nos ajudam a entender melhor a construção dogmática, as soluções legislativas e os acordos de cavalheiros existentes. Se quisermos resumir, enquanto a análise europeia em regra segue e apoia as soluções da OCDE, e as críticas se dirigem a um ou outro regime específico (por exemplo, inadequação do conceito de estabelecimento estável, no artigo 5º do Modelo da OCDE), a doutrina norte-americana centra-se na política fiscal internacional dos EUA e é muito mais crítica – e independente – das soluções da OCDE.

Assim, os trabalhos académicos dominantes, do ponto de vista europeu, são de autores que partem da perspetiva OCDE, mesmo que a questionem.

Tomemos dois exemplos, os de Alberto Xavier e de Klaus Vogel, com fortes repercussões na doutrina nacional: quer o Manual de Direito Tributário Internacional de Alberto Xavier[25], quer o Comentário Klaus Vogel ao Modelo de Convenção da OCDE[26] fazem um trabalho de exegese das convenções de dupla tributação e dos preceitos normativos relativamente acrítico quanto às opções de política fiscal.

As normas das convenções são normas que distribuem competências (Klaus Vogel[27]) ou normas de conflitos (Alberto Xavier[28]), e coabitam com as normas de incidência e outras normas substantivas de Direito Fiscal nacional. Direito internacional e Direito nacional vigoram nos termos constitucionais e a questão da justiça e de outros princípios fiscais materiais (para além da capacidade contributiva, a eficiência, a simplicidade (através da tipificação) e a redistribuição[29]) não são discutidas de modo integrado. Ainda assim, em 1988, Klaus Vogel publicou um artigo de refe-

[25] Alberto Xavier (com a colaboração de: Clotilde Celorico Palma e Leonor Xavier), *Direito Tributário Internacional*, 2ª ed., Almedina, Coimbra, 2007.

[26] Ainda hoje é predominantemente assim. Veja-se a edição mais recente em inglês: *Klaus Vogel on Double Taxation Conventions*, 4. th eds., ed. Ekkehart Reimer & Alexander Rust, Kluwer Law International, The Netherlands, 2015, Vols. I e II.

[27] Klaus Vogel/Alexander Rust, "Introduction", *Klaus Vogel...*, cit., p. 29, nºs 53-54.

[28] Alberto Xavier, *Direito Tributário Internacional*, cit., pp. 53-57.

[29] V. Ana Paula Dourado, *Direito Fiscal, Lições*, Almedina, Coimbra, 2016, reimp. Capítulo IV; José Casalta Nabais, *O Dever Fundamental de Pagar Impostos*, Almedina, Coimbra, 1998.

rência sobre a justiça entre Estados na distribuição das regras de limitação de competência[30].

Nas referidas análises, o ponto de partida mais ou menos explícito é a soberania tributária limitada pelo Direito internacional[31]. Dado que a soberania tributária se traduz nos Estados da OCDE na (reserva de) lei fiscal, aceitemos, por razões de simplificação, que, em todos os casos, essa soberania recebe a sua legitimidade da representação democrática[32].

Por seu turno, as normas fiscais internacionais obedecem a objetivos supranacionais que visam eliminar obstáculos ao investimento transfronteiriço: por exemplo, a repartição de competências exclusiva ou cumulativa entre fonte e residência pode ser justificada com o princípio da pertença económica (*economic allegiance*)[33]; o objetivo da eliminação da dupla tributação; o princípio da não discriminação.

Subjacentes à política fiscal internacional, podem estar considerações de neutralidade na exportação de capital e ou de neutralidade na importação de capital, tal como formuladas, em 1963, por Peggy Musgrave (da Universidade da Califórnia)[34], cujo significado à frente recordamos. Estas considerações de neutralidade são por vezes mencionadas em artigos ou livros de juristas de Direito Continental, implicitamente aceites, mas geralmente não discutidas por eles[35].

[30] Klaus Vogel, "Worldwide *vs.* Source Taxation of Income – A Review and Reevaluation of Arguments", Part I, *Intertax*, 1988/8-9, pp. 219-229; Part II, 1988/10, pp. 310-320; Part III, 1988/11, pp. 393-402.

[31] Alberto Xavier, *Direito Tributário Internacional*, cit., pp. 3-9; Klaus Vogel/Alexander Rust, "Introduction", *Klaus Vogel...*, cit., pp. 29-30, nºs 52-60; Paula Rosado Pereira, *Princípios do Direito Fiscal Internacional, Do Paradigma Clássico ao Direito Fiscal Europeu*, Almedina, Coimbra, 2010, pp. 55-60.

[32] Ana Paula Dourado, "General Report – In Search of Validity in Tax Law: the boundaries between Creation and Application in a rule-of-Law State", *Separation of Powers on Tax Law*, 2009 EATLP Congress, Santiago de Compostela, ed. Ana Paula Dourado, *EATLP International Tax Series*, 2010, pp. 27-37.

[33] Klaus Vogel, "Worldwide *vs.* Source Taxation of Income..., cit., p. 219.

[34] Peggy Musgrave, *Taxation of Foreign Investment Income: An Economic Analysis*, The John Hopkins Press, Maryland, 1963 (140 pp.). "Interjurisdictional Coordination of Taxes on Capital Income", *Tax Coordination in the European Community* (ed. Sijbren Cnossen), Antwerp, London, Frankfurt, 1987, pp. 197-225. V. também a discussão sobre a "neutralidade da detenção do capital", em M.A. Desai e J. R. Jr. Hines, "Evaluating International Tax Reform", *National Tax Journal*, 2003, p. 502.

[35] V., por exemplo, a não discussão em Klaus Vogel/Alexander Rust, "Introduction", *Klaus Vogel...*, cit., p. 17, nº 16. Mas Klaus Vogel discutiu profundamente os princípios, em "Worldwide

As normas fiscais internacionais são por isso entendidas como normas instrumentais às normas fiscais substantivas nacionais, não pondo em risco os objetivos a prosseguir por estas. A estas últimas cabe concretizar os princípios constitucionais formais e materiais, sem constrangimentos resultantes das primeiras.

A cooperação fiscal internacional a nível da OCDE era um dado adquirido por políticos e académicos[36], que não enfraquecia a soberania tributária estadual. Uma e outra coexistiam. Os cidadãos-contribuintes-eleitores eram os mesmos que decidiam essa cooperação. Presumia-se que os impostos eram decididos – soberanamente – em cada Estado com vista à prossecução das finalidades clássicas: eficiência, justiça (medida pela capacidade contributiva) e redistribuição[37].

A análise do Direito Fiscal Internacional pelos académicos norte-americanos é distinta da dos autores europeus: a doutrina norte-americana centra-se abertamente na política fiscal internacional dos EUA. Discute o uso que estes fazem das normas convencionais disponíveis e das normas unilaterais norte-americanas. Estuda o regime de cada uma delas, isto é, a repartição de competências entre os EUA e os seus parceiros, e as normas de incidência a que ficam na prática sujeitos os diferentes tipos de rendimento (ativo e passivo). E analisa também a conjugação das referidas normas de repartição de competências com as normas unilaterais de

vs. Source Taxation of Income...", cit.; V. também a nossa discussão dos referidos princípios aplicada à então Comunidade Europeia e válida ainda para a União Europeia: Ana Paula Dourado, "Harmonização da tributação de Lucros e Dividendos na CEE", *Separata da Revista da Faculdade de Direito*, Lisboa, 1992, cap. V.

[36] V. a crítica em Michael Graetz: "Taxing International Income – Inadequate...", cit., pp. 269-270. Segundo o autor, citando trabalhos de colegas, os académicos norte-americanos tendencialmente partem do sistema em vigor para tecer considerações críticas, mas sem pôr em causa os seus fundamentos: Reuven S. Avi-Yonah, "The Structure of International Taxation: A Proposal for Simplification", *Texas Law Review*, 1996, nº 74, p. 1301; H. David Rosenbloom, "The David R. Tillinghast Lecture: International Tax Arbitrage and the «International Tax System»", *Tax Law Review*, 2000, nº 53, p. 137.

[37] V., por todos, o tratamento nacional dos princípios em: Tipke/Lang Steuerrecht, Roman Seer (Hrsg.) / Johanna Hey (Hrsg.) / Heinrich Montag (Hrsg.) / Joachim Englisch (Hrsg.) / Joachim Hennrichs (Hrsg.), 22. Auflage, Verlag Dr. Otto Schmidt, Köln, 2015, § 4 C. Klaus Tipke, *Die Steuerrechtsordnung*, Bände 1-3, 2. Auflage, Verlag Otto Schmidt, Köln, 2000-2012. V. também o tratamento de tais princípios como princípios estruturais do Direito Fiscal Internacional, Paula Rosado Pereira, *Princípios do Direito Fiscal Internacional*, cit., Parte I, Cap. IV.

incidência aplicáveis pelos Estados Unidos e pela contraparte: se os Estados Unidos abdicam da tributação de *royalties* como Estado da fonte, na convenção com a França, cabe saber se há ou não tributação pelo Estado de residência (França), e vice-versa[38].

Além disso, são apresentadas e discutidas as consequências dessa conjugação na tributação ou (dupla) não tributação do investimento transfronteiriço; e se essas consequências interessam à política fiscal norte-americana e se são compatíveis ou não com eventuais princípios de Direito Fiscal Internacional. Reuven Avi-Yonah[39], David Rosenbloom[40], Michael Graezt[41], Steven Shay[42], Yariv Brauner[43], são alguns representantes desta perspetiva.

Ainda assim, a discussão norte-americana do Direito Fiscal Internacional (norte-americano) em termos de princípios orientadores da mesma cinge-se aos "ultrapassados" princípios da neutralidade na exportação do capital e da neutralidade na importação do capital[44]. Ambos são princípios normativos (no sentido de "dever ser" utilizado pelos economistas), relacionados com a eficiência económica a nível mundial, embora utilizada por autores e política fiscal norte-americanos para delimitar qual dos dois serve os interesses dos mesmos EUA.

A neutralidade na exportação do capital existe quando a carga fiscal é neutra quanto à escolha do local de investimento, nacional ou no estrangeiro, por parte de um residente. A neutralidade de exportação do capital exige que um residente de um Estado pague a mesma taxa marginal de imposto independentemente do Estado onde investe. Os economistas entendem que a neutralidade na exportação do capital é fundamental para

[38] V. "Who Invented the Single Tax Principle? An Essay on the History of US Treaty Policy", *Michigan Law*, Paper n. 318, March 2013; *New York Law School Review*, 2014-2015, nº 59, pp. 310.
[39] Idem.
[40] H. David Rosenbloom, "International Tax Arbitrage and the «International Tax System»", *Tax Law Review*, 2000, nº 53, pp. 137 e ss.
[41] Michael Graetz, "Taxing International Income – Inadequate...", cit.
[42] V., por exemplo, J. Clifton Fleming, Jr., Robert Peroni, Steve Shay, "Two Cheers for the Foreign Tax Credit, Even in the BEPS Era", reprinted from *Tulane Law Review*, 2016, nº 1, pp. 1-51;
[43] Yariv Brauner, "An International Tax Regime in Crystallization", *Tax Law Review*, 2003, nº 56, pp. 259 e ss. 291-302.
[44] Assim, Michael Graetz, "Taxing International Income – Inadequate...", cit., pp. 269 e ss.

a eficiência económica mundial, porque a decisão onde localizar o capital não é afetada pelos impostos sobre o rendimento de capital[45].

A neutralidade na exportação de capital está associada à tributação universal do rendimento e a um crédito integral atribuído pelo Estado de residência, assumindo que o Estado da fonte também tributa os rendimentos[46].

A neutralidade na importação de capital exige que todos os investimentos num determinado país paguem a mesma taxa de imposto marginal sobre o rendimento de capital, independentemente da residência do investidor. Todos os investidores recebem os mesmos rendimentos depois de aplicado o imposto e a distribuição da poupança é eficiente. Este tipo de neutralidade aparece associado à tributação exclusiva pelo Estado da fonte, o que significa isenção no Estado de residência[47].

A neutralidade de exportação do capital e a neutralidade na importação de capital só conseguiriam ser asseguradas se as bases e as taxas de imposto sobre o rendimento de capital fossem idênticas em todos os países[48].

Perante esta evidência, os Estados devem escolher entre os dois princípios ou uma conjugação entre os dois, separando o investimento ativo (direto) do investimento passivo (de carteira) ou uma outra combinação com mais categorias (no caso do rendimento passivo, por exemplo, pode haver uma política diferente para juros, dividendos, *royalties* e mais-valias). Entendia-se que a escolha entre uma e outra política dependia da elasticidade das poupanças e do investimento empresarial e os dados empíricos apontavam para uma maior elasticidade do investimento empresarial. Por essa razão, nos EUA, tem sido adotada e recomendada a tributação universal das sociedades e a atribuição de crédito de imposto para eliminar a dupla tributação internacional[49]. A reforma fiscal de 22 de dezembro de 2017 transformou o regime americano de tributação universal das sociedades, num regime territorial[50].

[45] Michael Graetz, "Taxing International Income – Inadequate...", cit., p. 270.
[46] Peggy Musgrave, "Interjurisdictional Coordination of Taxes...", cit. pp. 197 e ss.; "International Tax Base Division and the Multilateral Corporations", *Public Finance*, 1972, nº 4, pp. 27 e ss.; Michael Graetz, "Taxing International Income – Inadequate...", cit., pp. 270-271.
[47] Michael Graetz, "Taxing International Income – Inadequate...", cit., p. 271.
[48] Michael Graetz, "Taxing International Income – Inadequate...", cit., p. 272.
[49] Michael Graetz, "Taxing International Income – Inadequate...", cit., p. 272 – 277.
[50] V. Ana Paula Dourado, "The US Base Erosion and Anti-Abuse Tax, and the EU Responses", 2018, Intertax, 46, nº4, pp. 266-267.

Tal como a doutrina europeia, a doutrina dominante norte-americana dedica-se, separadamente, à análise dos princípios constitucionais fiscais nacionais (formais e materiais) e à análise dos referidos princípios de neutralidade na exportação ou na importação[51].

Há pontos de vista comuns nas duas análises, até aos recentes escândalos sobre o não pagamento de impostos por parte das multinacionais e ao projeto BEPS a que nos referimos adiante[52].

Assim, e como já lembrámos acima, era consensual que as convenções bilaterais serviam o propósito de eliminar a dupla tributação dos residentes investindo no exterior, ainda que, da perspetiva norte-americana, as medidas unilaterais tomadas pelos EUA fossem bastantes para assegurar esse mesmo efeito – as convenções de dupla tributação são vistas como um meio de cooperação entre Estados, mas meramente subsidiárias[53].

Também comum era o entendimento de que a exportação do capital nacional devia ser acompanhada de uma política favorável a esse investimento no exterior – normalmente, de neutralidade na exportação do capital, através da tributação universal de rendimentos acompanhada de um crédito integral ou até ao limite da carga tributária do Estado exportador (crédito ordinário). Nesta perspetiva, o imposto cobrado no exterior sobre o rendimento do investimento exportado é reconhecido como um custo[54], mas ao ser dedutível até ao limite do imposto do Estado exportador, pretende-se assegurar apenas a neutralidade de exportação do capital e não incentivar essa exportação.

A presunção era a de que os Estados da OCDE competiam para exportar investimento, e daí também encontrarmos nas convenções de dupla tributação, cláusulas de créditos presumidos ou de créditos fictícios[55], auxílios

[51] Referindo-se criticamente à simplicidade da análise dos princípios fiscais internacionais, Michael Graetz, "Taxing International Income – Inadequate...", cit., p. 269 e ss.

[52] V.: OECD, *Action Plan on Base Erosion and Profit Shifting*, cit.

[53] Assim interpretamos, por exemplo, Michael J. Graetz, "Taxing International Income – Inadequate...", cit., pp. 261 e ss.

[54] V. Michael Graetz fazendo referência a esta fundamentação do crédito, e contrapondo o crédito integral, dado unilateralmente pelos EUA (de 1909 a 1918), nos primórdios do Direito Fiscal Internacional (e dos impostos sobre o rendimento) ao crédito parcial, dado pelo Reino Unido, e limitado geograficamente ao Império Britânico, nesse mesmo período: Michael J. Graetz, "Taxing International Income – Inadequate...", cit., pp. 261-262.

[55] V., sobre os conceitos, Alberto Xavier, *Direito Tributário Internacional*, cit., pp. 752-756.

à exportação. A concorrência entre os Estados para atraírem investimento não existia na visão da OCDE, ou era como se não existisse[56].

O reconhecimento de que dentro da OCDE havia Estados de residência (Estados exportadores líquidos de capital) e Estados da fonte (Estados importadores líquidos de capital), começou a ser feito unilateralmente, pelos EUA. Logo na década de sessenta, os EUA introduziram regras antiabuso, na legislação interna e nas convenções de dupla tributação, para contornarem a concorrência fiscal por parte de Estados da fonte e o planeamento fiscal do investimento transfronteiriço através da utilização dos tratados de dupla tributação.

Das medidas internas antiabuso são exemplo as regras sobre as sociedades estrangeiras controladas (*controlled foreign companies' rules*, ou regras CFC); nas medidas convencionais antiabuso, destacam-se as regras de limitação de benefícios a residentes do outro Estado contratante, se esses residentes fossem por seu turno controlados por residentes nesse mesmo Estado. As regras de limitação de benefícios, agora recomendadas pelo projeto BEPS, foram incluídas pela primeira vez na convenção de dupla tributação entre os EUA e o Luxemburgo (1962), noutras convenções ou protocolos celebrados posteriormente pelos Estados Unidos com outros Estados da OCDE, até que em 16 de junho de 1981 o tesouro norte-americano publicou um novo modelo de tratado fiscal com uma ampla cláusula de limitação de benefícios[57].

A publicação de modelos de convenção por alguns Estados[58], compatíveis com o Modelo da OCDE, dava a perceber que o grupo da OCDE não era homogéneo.

[56] V. a referência à concorrência fiscal entre Estados como um fenómeno novo e ambíguo em António Carlos dos Santos, *L' Union Européenne et la Régulation de la Concurrence Fiscale*, cit., pp. 34-35, 40-42.

[57] V. Rui Duarte Morais, *Imputação de Lucros de Sociedades Não Residentes Sujeitas a um Regime Fiscal Privilegiado*, Publicações da Universidade Católica, Porto, 2005, pp. 271-274; sobre as regras de tributação das sociedades estrangeiras controladas, Idem, Capítulo V; e também sobre as cláusulas de limitação de benefícios, Ibidem, pp. 52-62.

[58] V., por exemplo, os Modelos de Convenção Tributária dos EUA do Departamento do Tesouro, o último dos quais é de 17 de fevereiro de 2016, já na era post-BEPS. Disponível em: https://www.treasury.gov/resource-center/tax-policy/treaties/Pages/treaties.aspx; o Modelo de Convenção neerlandês de 1996 e o Modelo de Convenção belga de 2007, referidos em: Klaus Vogel/Alexander Rust, "Introduction", *Klaus Vogel...*, cit., p. 22, nºs 25 e 26.

3. A tributação num novo contexto internacional: concorrência e soberania fiscais

A crise da soberania do Estado nacional, resultante da globalização[59], tem como manifestação mais preocupante a crise do Estado fiscal[60], e, com ela, a crise da ordem fiscal internacional.

A partir da década de 80, o centro das atividades económicas alterou-se da manufatura para os serviços e intangíveis, e aumentou por isso a mobilidade das multinacionais. Os controlos cambiais ficaram mais facilitados, tendo aumentado a concorrência fiscal.

Alguns (muitos) Estados de residência têm abdicado da tributação universal, para evitar a deslocalização das suas multinacionais[61], e, ao mesmo tempo, esses mesmos Estados abdicaram da tributação na fonte dos rendimentos passivos (dividendos, juros, *royalties*, mais-valias)[62], como modo de atrair o investimento, aumentando a concorrência fiscal: não perder investimento ativo e atrair investimento passivo.

Os Estados de residência deixaram de o ser quanto aos intangíveis e serviços desmaterializados (financiamento, administração, patentes e afins). Os Estados da fonte deixaram de o ser, por não conseguirem tributar as atividades empresariais aí desenvolvidas, por não ser possível identificar um estabelecimento estável, pressuposto de tributação, no quadro das convenções.

O quadro clássico do Direito Fiscal Internacional, tal como delimitado pela OCDE e seus Estados-Membros, alterou-se. A livre circulação de capitais provocou ou intensificou a concorrência fiscal entre os Estados da OCDE, com o objetivo de atrair investimento, com ou sem estabelecimento estável, e residentes.

A emergência dos BRICS, de outros países em vias de desenvolvimento com recursos naturais, com políticas fiscais unilaterais fortemente pressionadas pelos potenciais investidores globais, e a opacidade de territó-

[59] V. Michael Zürn, *Regieren jenseits des Nationalstaates*, cit.

[60] José Casalta Nabais, "Da Sustentabilidade do Estado Fiscal", cit. pp. 31 e ss.

[61] Matthias Dahlberg/Bertil Wiman, "General Report", *Cahiers de Droit Fiscal International*, IFA, 2013, Copenhagen Congress, vol. 98a, pp. 19 e ss.

[62] V. as recomendações para evitar a dupla não tributação, já contidas no Relatório da OCDE contra as práticas fiscais prejudiciais: OECD (1998), *Harmful Tax Competition:* cit., pp. 40 e ss.. Acessível em: DOI: http://dx.doi.org/10.1787/9789264162945-en.

rios que se especializaram em atrair investimento passivo, acentuaram os desequilíbrios internos na OCDE e na UE[63].

A primeira manifestação de reconhecimento internacional desta nova situação ocorreu no Relatório da OCDE de 1998, "Concorrência Fiscal Prejudicial" (*Harmful Tax Competition*) marco de referência da luta contra a concorrência fiscal entre os Estados[64]. Mas neste Relatório, o alvo eram os territórios de baixa tributação e com sigilo bancário (vulgarmente designados de paraísos fiscais).

O Relatório era ambíguo, parecendo dirigir-se em simultâneo a uma harmonização mundial mínima de carga fiscal sobre as sociedades e à troca de informações. A primeira via foi recusada[65] e a segunda teve mais sucesso, tendo em conta que esteve na origem do atual movimento de transparência e troca de informações.[66]

Todavia, até 2009, a concorrência fiscal de entre os Estados da OCDE não era assumida. Áustria, Luxemburgo, Suíça, por exemplo, todos com sigilo bancário, não estavam na lista negra da OCDE. Também o Código de Conduta da Comunidade Europeia, aprovado em 1999, se dirigia apenas aos territórios dos Estados-Membros com regimes benéficos especificamente dirigidos a certos sectores[67].

Só a partir de 2009, ano em que foi declarado pela OCDE o fim dos paraísos fiscais, o Fórum Global sobre a transparência e a troca de informações para fins fiscais (daqui em diante, Fórum Global) passou a trabalhar no padrão internacional de troca de informações de modo inclusivo:

[63] Sobre os BRICS e a emergência da coordenação fiscal internacional, V. AAVV, *BRICS and The Emergence of International Tax Coordination*, cit.

[64] OECD (1998), *Harmful Tax Competition...*, cit.

[65] OECD (2001), *The OECD's Project on Harmful Tax Practices: The 2001 Progress Report* , Paris.

[66] V.: Ana Paula Dourado "Exchange of Information and Validity of Global Standards in Tax Law: Abstractionism and Expressionism or Where the Truth Lies", *EUI Working Paper*, RSCAS 2013/11, disponível em: http://cadmus.eui.eu/handle/1814/2/browse?value=DOURADO%2C+Ana+Paula&type=author; "International Standards, Base Erosion and Developing Countries", *Tax Design Issues Worldwide*, eds. Victor Thuronyi & Geerten Michielse, Kluwer Law International, Amsterdam, 2015, pp. 180-182; P. Malherbe & M. Beynsberger, "The Year of Implementation of the Standards?", *Exchange of Information and Bank Secrecy*, eds. Alexander Rust & Eric Fort, Kluwer Law International, The Netherlands, 2012, pp. 122-124.

[67] The Code of Conduct for Business Taxation (conclusions of the Council of Economics and Finance Ministers (ECOFIN) of 1 December 1997 concerning taxation policy), 98/C, JO C 6 January 1998; António Carlos dos Santos, *L' Union Européenne et la Régulation de la Concurrence Fiscale*, cit., Título II.

abrangendo em simultâneo os "paraísos fiscais" (atraindo-os para a celebração de acordos de troca de informações) e os Estados da OCDE que ainda tinham em vigor o sigilo bancário, os quais deveriam rever o artigo sobre troca de informações e atualizá-lo segundo o padrão internacional, tal como explicamos adiante.

Além disso, o bilateralismo cede o passo ao multilateralismo, de que são exemplo, a convenção multilateral da OCDE e do Conselho de Europa, de 1988, atualizada pelo Protocolo de 2010, e o Acordo Multilateral entre Autoridades Competentes de 2016-2017 para a eliminação de disparidades e a inclusão de medidas antiabuso.

O reconhecimento da concorrência fiscal entre os Estados da OCDE traz novas formas de cooperação, administrativas ou procedimentais (troca de informações) e substantivas (eliminação de disparidades e cláusulas antiabuso). Todavia, diversos constrangimentos fazem com que o sistema fiscal internacional continue a ser, essencialmente, baseado na concorrência entre os Estados[68].

Identificamos como fatores condicionantes deste sistema, a finalidade dos impostos, os orçamentos nacionais, a reserva de lei fiscal e a prossecução ilusória dos princípios constitucionais fiscais materiais.

A primeira condicionante resulta do facto de os impostos sobre o rendimento, incluindo o imposto societário, continuarem a ter como finalidade a arrecadação de receitas. Essa arrecadação, por mais pequena que seja, serve o financiamento dos orçamentos nacionais e das correspondentes despesas. Esta situação é verdadeira também no quadro da UE. As políticas fiscais são, por conseguinte, desenhadas pelos Estados, soberanamente.

As constituições nacionais continuam a basear-se no princípio da representação e da reserva de lei fiscal, com o mito de que os cidadãos nacionais eleitores votam os impostos segundo uma lógica comunitária[69]. Tal votação teria como finalidade assegurar o cumprimento dos princípios constitucionais fiscais materiais, a nível nacional – tributação global do rendimento

[68] Defendendo e explicando que a essência do sistema fiscal internacional é de concorrência, mais do que de cooperação: Tsilly Dagan, *International Tax Policy: Between Competition and Cooperation*, cit., cap. 1, por exemplo; "BRICS: Theoretical Framework and the Potential of Cooperation", *BRICS and the Emergence of International Tax Coordination*, cit., pp. 15 e ss.

[69] Michael J. Sandel, *What Money Can't Buy: The Moral Limits of Markets*, Penguin Books, London, 2012, pp. 119 e ss. O autor discute o papel da desigualdade no desmembramento do sentido de comunidade.

acréscimo, progressiva no caso dos impostos pessoais e (pelo menos) proporcional, no caso dos impostos societários. A finalidade última destes princípios é, por seu turno, a de garantir a coesão comunitária (nacional) e a redistribuição de rendimentos junto da comunidade votante.

A globalização, a concorrência fiscal internacional, a emergência dos BRICs, a divisão dos países em vias de desenvolvimento entre os que têm e os que não têm recursos naturais, colocam mais desafios: põem em causa a prossecução nacional das funções dos impostos, ou dos princípios constitucionais que as ditam; e desequilibram o sistema fiscal internacional desenhado pela sociedade das Nações em 1928 e posteriormente pela OCDE, desde 1963 e 1977.

A concorrência fiscal dentro da própria OCDE e também entre os Estados-Membros da UE colocou em evidência diversos problemas: a diferença entre países exportadores e países importadores de capital dentro das duas organizações; que a posição dos Estados é dinâmica e não estática e que Estados que eram exportadores líquidos em 1977 já não o são no século XXI (por exemplo, os EUA deixaram de ser um país exportador líquido de capitais, como aconteceu durante a maior parte do século XX, passando a ser um exportador e importador de capitais com uma das maiores dívidas mundiais[70]).

Apesar de todos os constrangimentos, o Modelo da OCDE tem sido exportado como modelo universal. As convenções de dupla tributação foram concluídas não só pelos Estados-Membros, segundo o seu Modelo, como também por Estados de fora da OCDE. Foi desenvolvido em 1980, o Modelo da ONU (Modelo de Convenção de dupla tributação entre países em vias de desenvolvimento e países desenvolvidos), com algumas adaptações para fazer face à realidade dos países em vias de desenvolvimento.

Dizem-nos os pontos 3 e 8 da Introdução ao Modelo de Convenção das Nações Unidas, tal como atualizado em 2011:

> "3. The United Nations Model Convention generally favours retention of greater so called "source country" taxing rights under a tax treaty – the taxa-

[70] V. a análise da situação norte-americana em 2001, Michael Graezt, "Taxing International Income – Inadequate...", cit., pp. 264-268. E sobre a mudança de equilíbrios no Direito Fiscal Internacional global: Yariv Brauner & Pasquale Pistone, "The BRICS and the Future of International Taxation", *BRICS and the Emergence of International Tax Coordination*, cit., pp. 495 e ss.

> tion rights of the host country of investment – as compared to those of the "residence country" of the investor.This has long been regarded as an issue of special significance to developing countries, although it is a position that some developed countries also seek in their bilateral treaties.
>
> 8. In 1980, the United Nations published, as a result of the Ad Hoc Group of Experts' deliberations, the United Nations Model Double Taxation Convention between Developed and Developing Countries, which was preceded in 1979 by the Manual for the Negotiation of Bilateral Tax Treaties between Developed and Developing Countries (the Manual). By its resolution 1980/13 of 28 April 1980, the Economic and Social Council renamed the Group of Experts as the "Ad Hoc Group of Experts on International Cooperation in Tax Matters" (the Ad Hoc Group of Experts) recognizing the importance of non tax treaty-related international tax cooperation issues."

Este modelo não teve, porém, o sucesso do Modelo da OCDE.

Há mais do que 3000 convenções bilaterais baseadas no Modelo da OCDE, cerca de 75% da linguagem dessas convenções é idêntica à deste Modelo, e cerca de 85% do comércio internacional é afetado pelas regras das convenções bilaterais[71].

A primeira questão que se coloca é a de saber se os Estados que não são membros da OCDE, têm efetiva vantagem em celebrar convenções de dupla tributação; a segunda, é por que razão aceitam as soluções do Modelo da OCDE, mesmo que em certos casos atenuadas pelo Modelo das Nações Unidas.

Quanto à primeira questão, a celebração de uma convenção de dupla tributação faz com que os Estados em vias de desenvolvimento não ganhem vantagens competitivas, se já tinham um regime alargado de incentivos fiscais para atrair investimento[72]. E não ganhem receitas fiscais, porque as regras de repartição de competências do Modelo da OCDE dão prevalência ao Estado de residência do investidor (artigos 6 a 21).

Quanto à segunda questão, as razões para os Estados não membros da OCDE aceitarem as soluções protagonizadas pelo Modelo desta organização, podem encontrar-se na necessidade de pertencerem a um "clube" (de

[71] Yariv Brauner & Pasquale Pistone, "Introduction", *BRICS and the Emergence of International Tax Coordination* cit., p. 11. Tsilly Dagan, *International Tax Policy: Between Competition and Cooperation,* cit., cap. V.

[72] Tsilly Dagan, *International Tax Policy: Between Competition and Cooperation,* cit., cap. V.

não ficarem dele excluídos) a que muitos outros pertencem, provocando efeitos externos de rede[73].

Mas o problema não reside apenas na exportação do Modelo da OCDE para Estados terceiros, tradicionalmente importadores líquidos de capital.

O contrato entre os Estados-Membros da OCDE, assente na homogeneidade formal das soluções promovidas pelo Modelo de Convenção desta organização, beneficiava os Estados exportadores. Esse contrato foi em substância rompido pela adoção de políticas de atração do capital e serviços e bens desmaterializados pelos Estados da OCDE, acima referidas.

4. Concorrência e planeamento fiscal

No contexto internacional que se viveu até 2009, e especialmente até ao início do projeto BEPS, as multinacionais planearam meticulosamente as suas poupanças fiscais.

O fenómeno do planeamento fiscal internacional (que também podemos designar de mobilidade fiscal) foi durante décadas acomodado, por ingenuidade ou talvez não, pelas instâncias internacionais que representam os Estados exportadores líquidos de capitais, tal como a OCDE, e regionais, tal como a União Europeia.

Na verdade, as instâncias supranacionais têm como missão a defesa da internacionalização da economia e do investidor que tem atividade transfronteiriça, e representam os interesses dos seus Membros (maioritariamente, Estados exportadores líquidos de capital, também designados de Estados de residência). Quer a OCDE quer a UE têm tido a missão de detetar, atenuar ou eliminar os obstáculos à atividade transfronteiriça: são exemplos de obstáculos, a dupla tributação ou as medidas discriminatórias ou restritivas à saída ou à entrada de fatores de produção. Os obstáculos resultam em ambos os casos da proteção do Estado fiscal nacional e da atuação não coordenada dos interesses fiscais de cada Estado.

Mas os Estados individualmente considerados também incentivaram o planeamento fiscal, ao entrarem em concorrência, e ao criarem ou aceitarem a criação de zonas *offshore* sem reagir de modo coordenado, zonas

[73] Assim, Tsilly Dagan, *International Tax Policy: Between Competition and Cooperation,* cit., cap. V. V. também sobre o conceito, Miguel Moura e Silva, *O Abuso de Posição Dominante na Nova Economia,* Almedina, Coimbra, 2010, pp. 447-455.

essas que se tornaram muito atrativas a partir do momento em que aceitaram investimentos passivos em divisa estrangeira[74].

O mesmo é dizer que a globalização obriga os Estados importadores líquidos de capital na OCDE, na UE e fora destas, a acentuar as suas políticas de concorrência fiscal. Por seu turno, a perda de investimento e de receita dos Estados exportadores de capital, ou a ameaça dessa perda, levam-nos a tentarem fixar os seus residentes e a ganhar novos residentes, que possam dinamizar o modelo económico que pretendem desenvolver.

5. As novas formas de cooperação fiscal

A crise financeira de 2008 e as notícias em meios de comunicação social de ampla divulgação também alteraram o significado de mobilidade fiscal. Esta expressão passou a estar relacionada com os esforços conjuntos do G20, OCDE, e também da Comissão e do Parlamento Europeus em aumentar a transparência fiscal e em identificar até que ponto existe uma transferência de lucros por parte de multinacionais (o chamado investimento estrangeiro direto) para territórios de baixa tributação.

O tipo de globalização que se desenvolveu desde a década de noventa tornou mais evidente a impotência do Estado fiscal nacional. Podemos ler na Resolução de 25 de novembro de 2015 do Parlamento Europeu:

> *"LuxLeaks: facts and figures*
>
> A. whereas the LuxLeaks scandal, which erupted on 5 November 2014 thanks to the International Consortium of Investigative Journalists, with the release of some 28 000 pages of confidential documents setting out more than 500 private tax arrangements between the Luxembourg tax administration and more than 300 multinational corporations (MNCs) between 2002 and 2010, revealed the extent of the use of secret deals featuring complex financial structures designed to obtain drastic tax reductions;
>
> whereas in many cases Luxembourg subsidiaries handling hundreds of millions of euros in business maintain little presence and conduct little economic activity in Luxembourg;
>
> B. whereas issues related to corporate tax base erosion and aggressive tax planning practices have been known and analysed at international level for several decades at least; whereas LuxLeaks brought public and media attention to those issues, disclosing questionable tax practices promoted by

[74] Philipp Genschel/Susanne Uhl, "Der Steuerstaat und die Globalisierung", cit., pp. 95 e ss.

accountancy firms in one specific Member State; whereas the Commission's investigations and the work carried out by Parliament through its special committee have shown that this is not the only case, but that taking tax measures to reduce some large corporations' overall tax liabilities so as to artificially increase the national tax base at the expense of other countries, some of which are subject to austerity measures, is a practice that is widespread within Europe and beyond;

C. whereas such behaviours, often resulting in disconnection between where value is created and where profits are taxed, is not limited to tax rulings, but encompasses a wide range of harmful tax practices, which are implemented by national tax administrations within and outside the EU;

D. whereas subjecting these practices to public scrutiny is part of democratic control; whereas, given their negative impact on society as a whole, they can only persist as long as they remain undisclosed, or are tolerated; whereas investigative journalists, the non-governmental sector and the academic community have been instrumental in exposing cases of tax avoidance and informing the public thereof; whereas, as long as they cannot be prevented, their disclosure should not depend on the courage and ethical sense of individual whistleblowers, but rather be part of more systematic reporting and information-exchange mechanisms..."[75].

Após a crise financeira de 2008, a cooperação administrativa em matéria fiscal combinada com o ambicioso objetivo de pôr termo aos designados "paraísos fiscais" foi colocada no topo das prioridades pelos G20, OCDE e Fórum Global[76]. Numa manifestação de governação global, a luta contra os paraísos fiscais passou a ser tratada por um padrão internacional de transparência e de troca de informações, o qual é considerado válido para todos os Estados e territórios, e cujas regras devem por isso ser aplicadas sem exceção por todos esses Estados e territórios. O padrão internacional é estabelecido politicamente pelo G20, e a sua densificação jurídica cabe à OCDE e ao Fórum Global[77].

O padrão internacional tem estado a mudar a uma velocidade imprevista pelos mais atentos e pelos próprios interessados no assunto: em 2009,

[75] P8_TA (2015)0408, *Tax Rulings and Other Measures Similar in Nature or Effect,* European Parliament Resolution of 25 November 2015.

[76] V. adiante, capítulo VI.

[77] V: http://www.oecd.org/tax/transparency/about-the-global-forum/#d.en.341948.

foi declarado como padrão internacional a troca de informações a pedido, em caso de relevância previsível e proibição de pesca de dados (*fishing expeditions*). Em abril de 2013 o padrão internacional passou a ser a troca automática de informações[78].

A troca automática de informações abrange uma determinada categoria ou categorias de contas financeiras e de rendimentos auferida(s) num Estado da fonte e diz respeito à universalidade de contribuintes residentes ou nacionais de outro Estado. No contexto da troca automática de informações, por definição, a referida proibição de pesca de dados é esvaziada de significado.

Esta evolução significa uma maximização da transparência fiscal para a qual contribuem os dados que vão sendo transmitidos por fugas de informação divulgadas pelos *media* que formam a opinião pública internacional.

Perante estas divulgações (veja-se o caso dos *Panama papers*[79]), os requisitos da troca de informações a pedido, que pretendem proteger os direitos e garantias dos contribuintes, tornam-se ineficazes. É o caso do requisito que exige a identificação de um contribuinte ou de um grupo homogéneo de contribuintes, para evitar as investigações ao acaso, ou, traduzindo literalmente a expressão inglesa, as «expedições à pesca» (*fishing expeditions*).

O Projeto BEPS, dirigido a uma atuação mundial coordenada de combate ao planeamento fiscal agressivo, e a troca de informações, como padrão internacional, colocam a questão de saber se vamos assistir a uma nova ordem fiscal internacional, a um novo Direito Fiscal Internacional ou, pelo menos, a novos ordenamentos fiscais nacionais.

As atuais tentativas de cooperação não antecipam, mas seguem-se ao agravamento da concorrência, como reconhecimento do jogo de soma negativa encetado pelos Estados. Por exemplo, a atração, por parte de um

[78] OECD, *Standard for Automatic Exchange of Financial Account Information Common Reporting Standard*, 13 February 2014, acessível em: https://www.oecd.org/ctp/exchange-of-tax-information/automatic-exchange-financial-account-information-common-reporting-standard.pdf; V. também:
http://www.oecd.org/tax/automatic-exchange/about-automatic-exchange/#d.en.368731; OECD Report for the G8 Summit Lough Erne, Enniskillen, *A Step Change in Tax Transparency Delivering a Standardised, Secure and Cost Effective Model of Bilateral Automatic Exchange for the Multilateral Context*, June 2013: *https://www.oecd.org/ctp/exchange-of-tax-information/taxtransparency_G8report.pdf*.

[79] Bastian Obermayer und Frederik Obermaier, *Panama Papers: Die Geschichte einer weltweiten Enthüllung*, Kiepenheuer und Witsch, Köln, 2016.

Estado (os Países Baixos), dos intangíveis, era facilmente instituída através de um regime fiscal de isenção ou de forte redução da carga fiscal, e tinha como condição única o registo das patentes. O fenómeno de imitação no jogo da concorrência fiscal tornou ineficaz a adoção de idênticas medidas, especialmente, por parte dos últimos a introduzi-las. Disso é exemplo a reforma do IRC de 2014. O objetivo dos imitadores é o de fixar os intangíveis, e já não, o de atrair mais intangíveis.

A este fenómeno de imitação segue-se a necessidade de cooperação. O princípio da abordagem do nexo modificado estudado na OCDE e proposto na ação 5 do BEPS a que adiante nos referimos, diz-nos que a concessão de benefícios fiscais aos *royalties* derivados da propriedade intelectual, deve depender não apenas do registo da mesma, mas também da efectiva realização do investimento que leva à sua criação no mesmo território.

Esta sequência demonstra a nova realidade da ordem fiscal internacional. Dado que as externalidades negativas da concorrência fiscal são por demais evidentes, a OCDE convida todos os Estados da ordem internacional a coordenarem as suas políticas fiscais, presumindo que todos eles estão interessados nessa coordenação, na diminuição da dupla tributação e da dupla não tributação, e na partilha de informações.

Mas o sistema fiscal internacional resultante da abertura das economias, conjugado com as iniciativas da OCDE, continua a fomentar a concorrência entre os Estados com tentativas ilusórias de coordenação internacional. As tentativas de coordenação são ilusórias devido aos constrangimentos nacionais na prossecução da política fiscal, atrás assinalados (reserva de lei, objetivo de arrecadação de receita para o orçamento nacional, princípios constitucionais formais e materiais). Mas são-no também, porque quer a troca de informações quer o projeto BEPS continuam a assentar nos interesses dos Estados que têm sido, tradicionalmente, exportadores de capital.

Os Estados-Membros da OCDE continuarão a competir entre eles e com o resto do mundo, mesmo após adotarem as medidas promovidas pelo projeto BEPS e pela União Europeia. Estas medidas destinadas a combater o planeamento fiscal agressivo assentam no princípio político da cooperação, mas como veremos, estabelecem um mínimo que possibilita o desenho das políticas fiscais unilaterais assente na concorrência.

Como perceberemos ao longo deste estudo, a essência do sistema fiscal internacional, centrado na concorrência fiscal, não se altera com o projeto

BEPS e com os padrões internacionais de transparência. Mas precisa de regulação forte baseada num mínimo denominador, desde logo porque o contrato social traduzido na reserva de lei, não assegura o desempenho das funções clássicas prosseguidas pelos impostos. Em concorrência, os Estados atuam segundo as regras de mercado, atraindo as empresas, o investimento em geral e os profissionais que lhes trarão mais benefícios económicos, em troca de benefícios fiscais. Não só prejudicam as receitas dos outros Estados, como não conseguem tributar o rendimento segundo a capacidade contributiva nem redistribuí-lo.

6. A justiça fiscal internacional e o princípio da tributação singular

A concorrência fiscal é um obstáculo à realização dos princípios constitucionais materiais, provocando um desajustamento entre os interesses estaduais em atrair investimento e residentes qualificados, e o princípio da tributação da capacidade contributiva. A concorrência fiscal gera por isso impostos regressivos: existem políticas de desagravamento fiscal para atrair os fatores produtivos com maior mobilidade e maior capacidade contributiva, e o agravamento da carga fiscal junto da comunidade imóvel ou menos móvel, possivelmente com menor capacidade contributiva.

Na maior parte dos regimes fiscais, incluindo o português, os cidadãos votam para que todos os residentes – cidadãos e estrangeiros – sejam tratados segundo o mesmo critério de igualdade. Os residentes, sejam nacionais ou estrangeiros, partilham os bens públicos . Os regimes especiais, tal como o dos residentes não habituais, introduzem uma rutura nesta visão comunitarista de igualdade fiscal. Os regimes territoriais ou de isenção de lucros obtidos no exterior através de afiliadas e de sucursais, também introduzem uma rutura na visão comunitarista de igualdade fiscal.

Ainda assim, na ausência de um orçamento supra-estadual que possa ter funções redistributivas, a nível mundial ou a nível da UE, os princípios constitucionais materiais terão de ser assegurados a nível nacional. Por outro lado, apesar dos constrangimentos existentes à prossecução dos princípios constitucionais materiais, nos impostos, a visão comunitarista prevalece sobre a visão universalista. Segundo a primeira, as funções essenciais do Estado devem ser legitimadas pelos cidadãos desse Estado, com base numa comunhão de valores e de interesses dessa comunidade. A visão comunitarista deve continuar a ser a base da escolha e concretização dos princípios fiscais materiais.

A visão universalista exigiria uma harmonização mundial de bases e de taxas de impostos ou uma instância internacional com funções redistributivas. Nenhuma destas duas opções é viável ou sequer recomendável, pois geraria, na visão kantiana, ou um despotismo global ou um império frágil com guerras civis[80]. Dados os constrangimentos provocados pela livre circulação de pessoas e capitais e pela concorrência fiscal, é necessário um consenso universal sobre os princípios fundamentais na repartição de competências entre os Estados, de tal forma que estes consigam executar os referidos princípios constitucionais materiais.

Neste contexto, cabe saber se o princípio do benefício e o princípio da tributação singular, tal como avançados por Reuven Avi-Yonah, podem desempenhar a função de princípios mínimos de justiça fiscal internacional, numa lógica de véu de ignorância Rawlsiano, e se eles servem os interesses dos Estados ou o princípio da capacidade contributiva.

Em 1997, o académico norte-americano escreveu um artigo, onde propugnava que a ordem fiscal internacional se regia por dois princípios: o princípio do benefício e o princípio da tributação singular[81]. O princípio do benefício, explicava o autor, dizia-nos que o rendimento ativo (ou empresarial) devia ser tributado, preferencialmente, pelo Estado da fonte e que o rendimento passivo (ou de carteira) devia ser tributado preferencialmente pelo Estado de residência.

Avi-Yonah fundamentava estes princípios no compromisso a que chegaram os quatro economistas que criaram em 1923 as bases do Direito Fiscal Internacional[82]. Eles estavam consagrados no artigo 7º do Modelo de

[80] Immanuel Kant, *A Paz Perpétua, Um Projecto Filosófico* (1795), trad. de Artur Morão, Lusosofia, Covilhã, 2008, pp. 15-19, 30-31. Pode ler-se na p. 30: "porque as leis, com o aumento do âmbito de governação, perdem progressivamente a sua força, e também porque um despotismo sem alma acaba por cair na anarquia, depois de ter erradicado os germes do bem. No entanto, o anseio de todo o Estado (ou da sua autoridade suprema) é estabelecer-se numa situação de paz duradoira de modo a dominar, se possível, o mundo inteiro. Mas a natureza quer outra coisa. Serve-se de dois meios para evitar a mescla dos povos e os separar: a diferença das línguas e das religiões"; adotando a mesma posição de Kant em *A Paz Perpétua*, e referindo-se a Kant, John Rawls, *The Law of Peoples with "The Idea of Public Reason Revisited"*, Harvard University Press, Cambridge, Massachussets, London, England, 1999, p. 36.

[81] "International Taxation of Electronic Commerce", *Tax Law Review*, nº 52, 1997, pp. 507 e ss.

[82] Report on Double Taxation submitted to the Financial Committee – Economic and Financial Commission Report by the Experts on Double Taxation – Document E.F.S.73. F.19 (April 5th 1923) – Legislative History of United States Tax Conventions, disponível em:

Convenção da OCDE, ao permitir a tributação pelo Estado onde estivesse localizado o estabelecimento estável (tributação preferencial na fonte do rendimento empresarial), e nos artigos 10º e 11º, ao reduzir a tributação na fonte dos rendimentos passivos (dividendos e juros)[83].

Avi-Yonah não se refere aos esquemas de planeamento que pretendem elidir os pressupostos quanto à existência de um estabelecimento estável e assim evitar a tributação na fonte. Também não se refere ao facto de a maior parte dos Estados-Membros da OCDE terem abdicado da tributação na fonte dos rendimentos passivos e de a tributação na residência ser em muitos Estados-Membros da OCDE limitada aos rendimentos aí obtidos (princípio da territorialidade por contraposição ao princípio da universalidade).

Mas não é essa a perspetiva que motiva o autor. O que lhe interessa demonstrar é que o Direito Fiscal Internacional, tal como concebido, e tal como adotado nos EUA, pretendia assegurar uma tributação singular, isto é, eliminar as duplas tributações e também evitar as duplas não tributações. A introdução de regras CFC e de cláusulas de limitação de benefícios, na legislação norte-americana e nas suas convenções de dupla tributação, comprovava essa teoria. Ambas as regras conduziam à tributação nos EUA.

No primeiro caso, os EUA tributavam a sociedade-mãe residente, se o outro Estado (da fonte) não tributasse a sociedade controlada; no segundo caso, os EUA tributavam o rendimento passivo na fonte (por retenção na fonte), se a convenção bilateral tivesse sido utilizada para criar uma entidade intermediária no Estado contratante da residência: isto é, se o controlo (o beneficiário dos rendimentos) estivesse situado num Estado terceiro. As cláusulas de limitação de benefícios presumiam, portanto, a utilização artificial da convenção, caso os acionistas com posição de controlo no Estado contratante da residência, não residissem nesse Estado contratante.

http://adc.library.usyd.edu.au/view?docId=split/law/xml-main-texts/brulegi-source-bibl-1.xml;chunk.id=item-1;toc.depth=100;database=;collection=;brand=default.
Também Michael Graezt faz referência a esses princípios no Modelo de Convenção de 1928: Michael J. Graetz & Michael M. O'Hear, The "Original Intent" of U.S. International Taxation, *Duke Law Journal*, nº 46, 1997, p. 1021 (pp. 1022-28); Michael J. Graetz, "Taxing International Income – Inadequate...", cit., p. 262. V. Edwin R.A. Seligman, *Double Taxation and International Fiscal Cooperation*, New York, 1928.

[83] V. Também a referência a esse objetivo de tributação singular, por parte do Comité de Economistas da Sociedade das Nações, em Ana Paula Dourado, *A Tributação dos Rendimentos de Capitais...*, p. 56. Edwin Seligman, cit., pp. 126-136.

Houve defensores[84] e críticos desta tese[85]. Avi-Jonah reiterou-a em 2013[86].

O planeamento fiscal a que se assistiu nas últimas décadas, por parte das multinacionais, demonstra que o Direito Fiscal Internacional, anterior ao projeto BEPS, não correspondia ao princípio da tributação singular.

Cabe saber se o projeto BEPS, bem como a sua adaptação pela União Europeia, pretendem assegurar tal princípio. Desde a revisão de 1991, que o Modelo da OCDE deixou de se designar Convenção para a Eliminação da Dupla Tributação Internacional[87].

A alteração do nome, segundo a OCDE, reconhece que o Modelo de Convenção não trata exclusivamente da eliminação da dupla tributação mas também de outras questões, como a prevenção da evasão fiscal e da não discriminação. Ela é agora o Modelo de Convenção Fiscal sobre o Rendimento e o Capital[88]. Ou expressamente "Modelo de Convenção para Evitar a Dupla Tributação e Prevenir a Evasão Fiscal em Matéria de Impostos sobre o Rendimento", como resulta do título adotado pelas convenções mais recentes celebradas por Portugal[89]. A OCDE aceita porém que muitos Estados mantenham nas suas convenções o nome anterior[90].

84 Por ex.: Yariv Brauner, "An International Tax Regime in Crystallization", *Tax Law Review*, nº 56, 2003, pp. 259, 291-302; Diane M. Ring, "One Nation Among Many: Policy Implications of Cross-Border Tax Arbitrage", *Boston College Law Review*, 2002, p. 105; Fred B. Brown, "An Equity-Based, Multilateral Approach for Sourcing Income Among Nations", *Florida Tax Review*, 2011, nº 7, pp. 587-95; Victor Thuronyi, "International Tax Cooperation and a Multilateral Treaty", *Brooklyn Journal of International Law*, 2001, nº 4, pp. 1671-74, disponível" em: http://brooklynworks.brooklaw.edu/bjil/vol26/iss4/23.

85 David H. Rosenbloom, "International Tax Arbitrage and the «International Tax System»". *Tax Law Review*, 2000 nº 137. Disponível em SSRN: https://ssrn.com/abstract=222451; Michael J. Graetz, "Taxing International Income: Inadequate...", cit.; Julie Roin, Taxation Without Coordination, *Journal of Legal Studies*, (2002), nº 31; Daniel N. Shaviro, "Fixing U.S. International Taxation", Oxford University Press, 2014, disponível em: http://web.law.columbia.edu/sites/default/files/microsites/law-theory-workshop/files/DShaviro.pdf.

86 "Who Invented the Single Tax Principle? An Essay on the History of US Treaty Policy", *Michigan Law*, Paper nº 318, March 2013; *New York Law School Review*, 2014-2015, nº 59, pp. 305 e ss.

87 OECD, "Introduction", *Model Tax Convention...*, nº 16.

88 OECD, "Introduction", *Model Tax Convention...*, nº 16.

89 Veja-se a Convenção entre Portugal e a África do Sul, de 2008: http://info.portaldasfinancas.gov.pt/NR/rdonlyres/0664DDE3-5DA8-4F30-AB94-B6A3E75E1D9A/0/ResolucaoAssRep_53_2008.pdf

90 OECD, "Introduction", *Model Tax Convention...*, nº 16.

A mudança do nome, acompanhada de uma introdução em que a OCDE insiste que as convenções têm como objetivo evitar a dupla tributação jurídica internacional e também a dupla não tributação, não foi acompanhada de alterações ao articulado. Por isso, tais afirmações não produziram efeitos, nem junto do legislador, nem junto dos tribunais nacionais, tendo-se verificado interpretações distintas por parte dos Estados contratantes, muitos dos quais consideraram que as cláusulas antiabuso nacionais que pusessem em causa as regras de repartição de competências das convenções, eram contrárias a estas[91].

O projeto BEPS, como analisaremos de seguida, pretende evitar as duplas não tributações, através da introdução de regras nacionais e multilaterais que colmatem lacunas ou impeçam o abuso fiscal. Pode dizer-se que este projeto se inspira nos princípios do benefício e da tributação singular.

Por um lado, mantém as regras da fonte e da residência[92] e as regras de repartição de competências entre os Estados não se alteraram. Além disso, o regime dos preços de transferência continua a vigorar, e o que se pretende é atribuir o rendimento de empresas de um grupo, em função do valor criado em cada Estado. Ou seja, pretende-se aperfeiçoar os preços de transferência e o princípio das entidades independentes, sem alterar o cerne do sistema. Perde-se assim uma oportunidade de criar um sistema alternativo, que fosse mais adequado ao funcionamento das multinacionais.

Mesmo assim, pode dizer-se que há um objetivo de aperfeiçoamento do princípio do benefício, pois cabe ao Estado da fonte tributar o valor que é nele acrescentado pela atividade de uma empresa de um grupo multinacional. E a tributação singular é assegurada, porque nos casos em que o

[91] Defendendo a não incompatibilidade entre as cláusulas nacionais antiabuso e as convenções de dupla tributação: *OECD Model Convention on Income and on Capital*, OECD Committee on Fiscal Affairs, OECD, 1977/92, Comentário ao Artigo 1 (nº 7); Idem, 2003, Comentário ao Artigo 1 (2003), nºs 22 (1) (2); discutindo a questão: Alexander Rust, "Article 1, Persons Covered", *Klaus Vogel on Double Taxation Conventions*, cit., pp. 124-129, nºs 55-60; Stef Van Weeghel, "General Report", *Tax Treaties and Tax Avoidance: Application of Anti-Avoidance Provisions*, Cahiers de Droit Fiscal International, IFA, 2010 Rome Congress, The Netherlands, 2010, pp. 25 e seq. Colocando a questão Gustavo Lopes Courinha, *A Residência no Direito Internacional Fiscal, Do Abuso Subjectivo de Convenções*, Almedina, Coimbra, 2015, pp. 24-25.

[92] "The Bad, the Worse and the Ugly: BEPS Action Items 2 and 3", *Base Erosion and Profit Shifting (BEPS), Impact for European and International Tax Policy*, ed. Robert Danon, Schulthess Verlag, Zürich, 2016, pp. 103-105.

Estado da fonte não queira tributar os rendimentos, ou queira tributá-los a taxas baixas, o Estado de residência pode aplicar uma regra de inversão ("switch-over" clause, na expressão inglesa); caso os dividendos não sejam distribuídos, prevê-se a aplicação de cláusulas de sociedades estrangeiras controladas (ou regras CFC na sigla inglesa de "controlled foreign companies").

A partir do momento em que os elementos de conexão continuam a ser a fonte e a residência, e que a repartição de competências de tributação é feita entre estes dois Estados, a introdução do critério da criação de valor tende a garantir uma distribuição mais justa das receitas fiscais junto do Estado onde a atividade empresarial é desenvolvida.

Este modelo garante que o Direito Fiscal Internacional continue a assentar na concorrência entre Estados, porque não existe harmonização de matéria tributável, nem de taxas de imposto. A sua substituição pode ser conseguida a nível regional, através de harmonização de bases tributárias, e de uma tributação consolidada, assente numa fórmula de três fatores. Um projeto ambicioso deste tipo, foi introduzido na União Europeia em 2011, pela proposta de Diretiva de "matéria coletável comum consolidada de imposto de sociedades" (*common consolidated corporate tax base*) abandonado entretanto, e substituído em 25 de outubro de 2016 por duas propostas: uma sobre a matéria coletável comum (sem consolidação) do imposto sobre as sociedades (CCTB) e outra sobre a matéria coletável comum consolidada (CCCTB)[93].

Enquanto há concorrência, os princípios constitucionais fiscais dos Estados de Direito, bem como os princípios clássicos prosseguidos pelos impostos – eficiência, justiça, simplicidade –, só podem ser garantidos unilateralmente, em cada Estado, e é preferível que assim seja.

Como se referiu atrás, as razões para que os referidos princípios devam ser decididos por cada Estado estão relacionadas com a representação popular, fundamento da reserva de lei fiscal. O facto de o Estado ser um ator de mercado, captando investimento e residentes, através da descida dos impostos, exige uma regulação, e o princípio da tributação singular opera neste contexto como uma regra mínima.

Na verdade, o princípio da tributação singular, ao evitar a dupla tributação e a dupla não tributação, não serve os interesses dos Estados, ou melhor,

[93] https://ec.europa.eu/taxation_customs/business/company-tax/corporate-tax-reform-package_en

não serve necessariamente o interesse de cada Estado. Mas é uma regra que garante um mínimo de igualdade na tributação, mesmo que não garanta a igualdade vertical (capacidade contributiva como a entendemos hoje).

As regras de preços de transferência, conjugadas com as regras de inversão, regras CFC, regras de limitação de benefícios e outras medidas antiabuso, de que tratamos adiante, se forem aplicadas, garantem que todos os sujeitos com capacidade contributiva são tributados uma vez. Se estas regras forem todas aplicadas, é mais difícil garantir que não haja dupla tributação internacional.

Em termos de princípios, num mundo ideal, o princípio da tributação singular vem também reduzir a concorrência fiscal, porque os Estados de residência ficam com a receita fiscal, se o Estado da fonte não a quiser.

Esta solução tem a desvantagem de impedir que países em vias de desenvolvimento ou Estados-Membros da OCDE ou da União Europeia com desvantagens competitivas utilizem o instrumento de política fiscal para atrair investimento.

Se um Estado não pode utilizar a sua política fiscal para atrair investimento, também não tem receitas a cobrar. Isto significa que o princípio da tributação singular funciona a favor dos Estados exportadores de capital e não garante maior justiça entre Estados.

É por isso preferível que no futuro sejam celebrados acordos regionais, harmonizando e consolidando as bases de impostos societários, em que as receitas fiscais são atribuídas aos Estados de onde parte o capital, onde esteja localizado o fator trabalho e onde se efetuem as vendas (fórmula de três fatores). Estes métodos de tributação das multinacionais permitem assegurar a continuidade de uma política fiscal nacional, de bases comunitaristas[94], isto é, em que os princípios constitucionais materiais ou de justiça entre contribuintes são assegurados por cada Estado, segundo as escolhas dos cidadãos-eleitores.

Finalmente, a transparência fiscal é um instrumento para garantir o princípio da tributação singular, mas não pode ser justificada nem legitimada por critérios universalistas, na lógica do véu de ignorância[95]. Na verdade, os direitos dos contribuintes, tais como o direito de acesso à justiça,

[94] No sentido de Sandel: Michael J. Sandel, *What Money Can't Buy...*, cit.

[95] John Rawls, *A Theory of Justice,* Harvard University Press, Cambridge, Massachussets, London, England, 1971.

a um julgamento independente e justo, de confidencialidade, o direito ao silêncio e de não auto-incriminação não são garantidos universalmente.

A atual evolução do Direito Fiscal Internacional e do Direito Fiscal Europeu mostram-nos novos caminhos de cooperação e multilateralização. Esta evolução não é linear porque as escolhas políticas dos cidadãos-contribuintes-eleitores podem acentuar as visões comunitaristas fechadas em detrimento das universalistas ou das comunitaristas abertas. As visões comunitaristas fechadas, de que são exemplo o BREXIT e as eleições nos EUA de novembro de 2016, poderão dar origem a políticas fiscais unilaterais protecionistas e que aumentem a concorrência fiscal, pondo em causa ou atrasando os recentes movimentos de cooperação multilateral e regional.

O protecionismo fiscal, mascarado de patriotismo fiscal pode significar um retorno ao final do século XIX e aos anos trinta do século XX, com impostos diretos ou indiretos penalizando a importação de bens e serviços[96], e o exílio das sociedades, e em contrapartida premiando a exportação de capital sem exílio das sociedades-mães. Se a livre circulação de capital continuar a existir em grande parte dos Estados da OCDE, dos BRICs e na União Europeia, a concorrência fiscal combinada com protecionismo pode conduzir à substituição dos impostos societários sobre o lucro, por impostos incidentes sobre outras grandezas distintas do lucro, por exemplo, sobre as vendas das sociedades.

[96] V. Reuven Avi-Yonah, "Back to 1913? The Ryan Blueprint and its Problems", IBFD, no prelo.

Capítulo II
O Projeto BEPS (erosão de bases e transferência de lucros)

Secção I
O combate à erosão da matéria tributável e transferência de lucros

1. Legal mas imoral

Para além do movimento relacionado com a concretização da transparência fiscal internacional, em 2012, artigos publicados por meios de comunicação social de ampla divulgação internacional e que contribuem para a formação da opinião pública em todo o mundo, revelaram, a título exemplificativo, que determinadas multinacionais conhecidas do grande público não pagavam impostos.

Foi tornada pública a dimensão que pode atingir o planeamento fiscal internacional, em que as cadeias globais de valor e fragmentação da produção são características dominantes[97] e conduzem – legalmente – à não aplicação de preceitos legais nacionais e internacionais sobre os lucros interestaduais[98/99].

[97] Action Plan on Base Erosion and Profit Shifting, cit.

[98] (OECD 2013), Addressing Base Erosion and Profit Shifting; Disponível em: DOI:10.1787/9789264192744-en. p. 13.

[99] V. OECD, Addressing Base Erosion..., cit., capítulo I: "There is a growing perception that governments lose substantial corporate tax revenue because of planning aimed at shifting profits in ways that erode the taxable base to locations where they are subject to a more

Embora não se saiba quais os montantes de receita fiscal perdida, as mencionadas revelações foram o resultado da forte pressão da opinião pública sobre a decisão política e conduziram novamente a uma reação do G20, o qual apelou à OCDE e aos Estados para a alteração das regras aplicáveis às multinacionais e ao investimento internacional direto[100].

O objetivo atual é o combate à erosão de receitas fiscais e à diminuição de receitas de impostos societários[101]. A combinação entre impostos que continuam a ser desenhados como se houvesse fronteiras, e a economia globalizada, na ausência de uma governação global, coloca diferentes constrangimentos e desafios políticos e legais. De entre esses, destacamos dois: por um lado, saber se é possível manter o Estado Fiscal, e por outro lado, identificar os limites do planeamento fiscal, de modo a manter alguma segurança jurídica.

2. Estratégias de erosão das bases fiscais e de transferência de lucros

Foram identificadas três estratégias simples de planeamento fiscal que conduzem à dupla não tributação ou pelo menos à redução de tributação das multinacionais:

favourable treatment. Recent news stories such as Bloomberg's "The Great Corporate Tax Dodge", the New York Times' "But Nobody Pays That", the Times' "Secrets of Tax Avoiders" and the Guardian's "Tax Gap" are only some examples of the increased attention mainstream media has been paying to corporate affairs". O documento da OCDE, Addressing Base Erosion..., cit., continua na mesma p. 13: "This increased attention and the inherent challenge of dealing comprehensively with such a complex subject has encouraged a perception that the domestic and international rules on the taxation of cross-border profits are now broken and that taxes are only paid by the naïve"; V. a crítica às agendas políticas de curto prazo em: Jürgen Habermas, *Ach, Europa, Kleine politische Schriften XI*, Suhrkamp Verlag, Frankfurt-am-Main, 2008, pp. 96-108.

[100] O investimento direto pode ser definido como a criação de laços duradouros entre um acionista e a entidade participada. V. TJCE: 12 de dezembro de 2006, Caso C-446/04 (Test Claimants in the FII Group Litigation v Commissioners of Inland Revenue).

[101] Em 2012, o G20 pediu à OCDE para analisar o tópico da erosão das bases tributárias e da transferência de lucros por multinacionais e reportar os progressos do seu trabalho na reunião de fevereiro de 2013. Como resposta, a OCDE (2013) emitiu o Relatório *Action Plan on Base Erosion and Profit Shifting*. A UE reagiu: *Communication from the Commission to the European Parliament and the Council, An Action Plan to Strengthen the Fight against Tax Fraud and Tax Evasion* (187637/12) Brussels (6.12.2012), COM (2012) 722 Final; *Commission Recommendation of 6.12.2012*, Brussels (6.12.2012), C(2012) 8806 final; *Conclusions of the European Council*, Brussels (22.5.2013), EUCO 75/13, pp.6-8; ECOFIN, *Conclusions on Tax Evasion*, Brussels (14 May 2013), 9549/13, FISC 94.

- a minimização de funções operacionais desenvolvidas por uma afiliada, assim como de ativos e de riscos, através da transferência dos mesmos para entidades (sociedades ou sucursais) do grupo situadas em territórios de baixa tributação (transferência de lucros);
- acordos de concessão direta ou indireta de financiamento pelas entidades do grupo situadas em territórios de baixa tributação para maximizar os gastos dedutíveis no Estado da fonte e minimizar os impostos a pagar nesse Estado (erosão das bases tributárias)[102], designados de acordos de partilha de custos, definidos pelas orientações sobre preços de transferência da OCDE no seu capítulo VIII, como: "...um quadro geral acordado entre empresas para partilhar custos e riscos de desenvolvimento, produção ou obtenção de ativos, serviços ou direitos, e para determinar a natureza e extensão dos interesses de cada participante nesses ativos, serviços ou direitos[103];
- conversão artificial de entidades do grupo passivas em ativas para deferir ou elidir imposto no Estado em que a sociedade-mãe detentora do grupo é residente[104].

3. A agenda do Projeto BEPS

3.1. O objetivo da coordenação

A atual agenda do projeto BEPS é uma manifestação de governação global baseada em acordos de cavalheiros. A forma como pode assumir verdadeiros contornos jurídicos nos diferentes Estados e territórios com competências fiscais suscita algumas interrogações, especialmente, em termos de coordenação[105] e de aplicação das medidas a países em vias de desenvolvimento[106] e a países que não são Estados-Membros da OCDE[107].

[102] Theresa Stradinger, "Classification of Cost Allocation Agreements", *Intertax*, 2013, nº 12, pp. 665-666 e ss.; Tulio Rosenbuj, "Transfer Pricing and Cost Agreements", *Intertax*, 2008, nºs 6-7, pp. 246-251 (e ss.).

[103] V. também Theresa Stradinger, "Classification of Cost Allocation...", cit., p. 666.

[104] V. a referência e desenvolvimento a estas três estratégias em Arnaud de Graaf et al, "Fundamental Change in Countries' Corporate Tax Framework Needed to Properly Address BEPS", *Intertax*, 2014, nº 5, pp. 301 e ss.

[105] Yariv Brauner, "BEPS: An Interim Evaluation", *World Tax Journal*, 2014, nº 1, pp. 10-14.

[106] Ana Paula Dourado, "International Standards, Base Erosion and Developing Countries", ...cit., pp. 179 e ss.; Veronika Daurer, "Tax Treaties and Developing Countries", *Intertax*,

A coordenação é o objetivo do projeto, e apresenta-se em contraste absoluto com a ordem internacional em vigor, assente na concorrência entre Estados e em soluções de tudo ou nada (isto é, ou competência de tributação pelo Estado de residência ou pelo Estado da fonte)[108]. É duvidoso que a coordenação venha a ser atingida, desde logo pela posição ambígua que os EUA têm assumido no projeto[109]. Ainda assim, já foi assinada por 78 Estados e entra em vigor para alguns Estados em 1 de julho de 2018, a Convenção Multilateral que permitirá implementar muitas das recomendações do BEPS aos Estados da OCDE e não só.

3.2. O Plano de Ação BEPS

Na sequência do repto do G20, a OCDE apresentou um Relatório e um Plano de Ação, em 2013[110], a partir dos quais foram apresentadas 15 ações, num apertado calendário com início em março de 2014 e termo em 2016. As ações incidem sobre temas identificados como correspondendo aos que mais facilitam a erosão das receitas tributárias, a saber: economia digital; híbridos; sociedades estrangeiras controladas; dedutibilidade de juros e de outros gastos; práticas fiscais agressivas, transparência e substância; abuso de tratados fiscais; estabelecimento estável; preços de transferência e criação de valor e transações de riscos; reporte de esquemas de planeamento fiscal agressivo; documentação de preços de transferência e metodologias para coligir e analisar dados; mecanismos de resolução de conflitos e desenvolvimento de um instrumento multilateral.

2014, nº 11, pp. 695-701; *Tax Treaties and Developing Countries*, Kluwer Law International, The Netherlands, 2014; Irma Johanna Mosquera Valderrama, "The OECD-BEPS Measures to Deal with Aggressive Tax Planning in South America and Sub-Saharan Africa: The Challenges Ahead", *Intertax* 2015, nº 10, pp. 615 e ss. (espec. 618-627); sobre alguns regimes de preços de transferência em países africanos e as dificuldades na sua aplicação, V. Slim Gargouri, "Transfer Pricing in Africa", *Intertax*, 2015, nº 4, pp. -354.

[107] V. João Marcus de Melo Rigoni, "A Brazilian View on Base Erosion and Profit Shifting: An Alternative Path", *Intertax*, 2014, nº 11, pp. 730-742; Paulo Ayres Barreto & Caio Augusto Takano, "The Prevention of Tax Treaty Abuse in the BEPS Action 6: A Brazilian Perspective", *Intertax*, 2015, nº 12, pp. 825-838, espec. 837-838; Tsilly Dagan, "The Tax Treaties Myth", *NYU Journal International Law & Politics*, 2000, nº 939 (http://papers.ssrn.com/sol3/papers.cfm?abstract_id=379181).

[108] Yariv Brauner, "BEPS: An Interim Evaluation", cit., pp. 10-14.

[109] V. Robert G. Rinnisland & Kenneth Lobo, "US-Based Pushback on BEPS", *Intertax*, 2015, nº 1, pp. 96-105.

[110] *Action Plan on Base Erosion and Profit Shifting – Report: 2013* (OECD 2013).

A reação da OCDE através do relatório e plano de ação BEPS coloca o problema num plano jurídico e num plano moral: é esclarecido que o comportamento das multinacionais é legal, moralmente inaceitável, e que são precisas novas regras por parte dos Estados. O comportamento BEPS é descrito pela OCDE como consistindo num conjunto de práticas que não ocorrem entre entidades independentes (*a contrario*, ocorrem entre entidades associadas): segregação crescente de funções entre o local efetivo da atividade e do investimento e o Estado onde são declarados os lucros para efeitos fiscais, a deslocalização de riscos e dos ativos intangíveis, a repartição artificial da propriedade dos ativos entre entidades associadas, tudo isto exacerbado pela economia digital[111].

Neste contexto, quer a OCDE quer a UE têm dirigido apelos a uma boa governação fiscal e ao combate ao planeamento fiscal agressivo[112]. Ambas as afirmações surgem como um *slogan* de boas intenções políticas, e esquecem que na origem das duplas não tributações tem estado a concorrência fiscal (prejudicial) entre os Estados[113].

3.3. Multilateralismos e soberania fiscal

A regra da unanimidade no TFUE, relativamente à tributação – artigos 113º e 115º do TFUE – e os acordos de cavalheiros quer na UE quer na OCDE, através de recomendações ou de modelos de convenções, têm significado que os Estados-Membros querem manter a sua soberania, pelo menos a título formal, no domínio dos impostos.

É esta situação que origina disparidades, seja através da dupla tributação ou da dupla não tributação. O projeto BEPS traz uma mudança de paradigma no Direito Fiscal Internacional. É expectável que o bilateralismo ceda o passo ao multilateralismo[114] ou que se acentuem os multilateralismos

111 OECD, Addressing Base Erosion...cit., p. 6 e capítulo 2 (15 -21).

112 Sobre o conceito de planeamento fiscal agressivo, V., por todos, Ana Paula Dourado, "Aggressive Tax Planning in EU Law and in the Light of BEPS: The EC Recommendation on Aggressive Tax Planning and BEPS Actions 2 and 6", *Intertax*, 2015, nº 1, pp. 42-57; "The Base Erosion and Profit Shifting Initiative under Analysis", *Intertax*, 2015, nº 1, pp. 2-5.

113 Chamando a atenção para este aspeto da concorrência fiscal prejudicial, Hugh Ault, W. Schön, Steve Shay, "Base Erosion and Profit Shifting: A Roadmap for Reform", *Bulletin for International Taxation*, 2014, nºs 6-7, p. 276.

114 Pasquale Pistone, "Coordinating the Action of Regional and Global Players during the Shift from Bilateralism to Multilateralism in International Tax Law", *World Tax Journal*, 2014, nº 1, pp. 3 e ss.

regionais. Em comparação com o movimento para a transparência fiscal e troca de informações, as ações BEPS serão mais dificilmente transformadas em padrões internacionais. Ao contrário do padrão internacional de troca de informações, baseado em procedimentos comuns, o projeto BEPS dedica-se a normas de repartição de competências e a normas substantivas (normas antiabuso). A eficácia das recomendações BEPS exige a sua multilateralidade. O instrumento multilateral a que se refere a ação 15 desempenha essa função, mas contém opções, permite reservas e nem todos os Estados da OCDE o assinarão para já. Desde logo, os EUA têm suscitado muitas dúvidas quanto ao projeto BEPS, embora participem na sua elaboração.

Além disso, nem todas as ações deram origem a recomendações únicas e concretas (por exemplo, o caso das duplas não tributações intencionais) e nem todas essas ações implicam alteração dos tratados fiscais. Na verdade, as ações BEPS implicam não só a adoção de novas regras nos tratados internacionais, como também a introdução de regras nacionais, de que são exemplo as regras de tributação de sociedades controladas e as regras de subcapitalização.

Uma única convenção não é, pois, suficiente para resolver os atuais problemas de transferência de lucros, nem provavelmente exequível como padrão internacional, e são recomendadas diversas medidas a ponderar por cada Estado contratante. Partindo destes pressupostos, seriam aconselháveis modelos regionais. Eles podem derivar das ações BEPS, do instrumento multilateral, e proceder a adaptações segundo os interesses regionais, à semelhança do que está a fazer a União Europeia. Esta (o Conselho) aprovou a Diretiva Antiabuso, alterou outras Diretivas em vigor, e a Comissão Europeia apresentou uma nova Proposta de Diretiva de harmonização de bases tributárias, sem consolidação, numa primeira fase.

As concretizações regionais do projeto BEPS são mais adequadas aos diferentes interesses em jogo, e permitem adaptar a cada caso as múltiplas e vagas recomendações contidas nas ações BEPS.

As ações BEPS constituem uma resposta dentro do sistema, como é de esperar de uma organização internacional como a OCDE. A alteração das atuais regras da OCDE aplicáveis ao investimento direto internacional implicaria o repensar profundo e maturado do atual sistema, e poderia ser concretizada de variadíssimas formas. Uma dessas formas é avançada no Relatório do "grupo de peritos sobre tributação digital" e exigiria o abandono do atual modelo de imposto sobre o rendimento das sociedades e a sua substituição por um imposto sobre a despesa[115].

Os desafios da globalização justificam tal reflexão profunda do papel dos impostos sobre o rendimento das sociedades. Pode discutir-se a total substituição do imposto sobre o rendimento das sociedades, cujas taxas têm vindo a decrescer significativamente desde os anos 80, e cujas receitas são difíceis de obter no contexto da globalização. Em 2012, a receita de imposto societário na União Europeia (nos 28 Estados-Membros) foi, em média, de 2,6% do PIB[116].

Além disso, verifica-se que o mundo está cada vez mais dividido em territórios de alta tributação e territórios de baixa tributação. Embora a transparência fiscal tenha aumentado, as taxas nominais foram reduzidas (embora não tenha havido redução da carga fiscal, devido ao alargamento das bases)[117]. Apesar do planeamento global por parte dos contribuintes, os interesses protegidos são ainda os interesses nacionais, incluindo nos Estados da União Europeia, dado que os impostos sobre as sociedades são impostos nacionais escassamente harmonizados.

O projeto BEPS contra a erosão das bases e a favor de maior justiça na tributação do investimento direto estrangeiro é compatível com os princípios de justiça fiscal das constituições dos Estados de Direito. No quadro da União Europeia e do Espaço Económico Europeu, a justiça fiscal tem de ser compatibilizada com as liberdades fundamentais do TFUE e do AEEE.

Neste contexto, cabe saber se as avultadas despesas resultantes do trabalho das organizações internacionais para salvar os impostos sobre as sociedades justificam o escasso resultado que se obtém (pequenas panaceias para pequenos aumentos na receita fiscal, se é que estes se verificam). A continuidade do atual sistema de tributação gera incertezas sobre a sua eficácia, dado que é duvidoso que as regras de tributação nacional

[115] *Commission Expert Group on Taxation of the Digital Economy, Report*, 28 May 2014, disponível em: http://ec.europa.eu/taxation_customs/sites/taxation/files/resources/documents/taxation/gen_info/good_governance_matters/digital/report_digital_economy.pdf.

[116] "Taxation trends in the European Union", 2014 edition, Eurostat, disponível em: http://ec.europa.eu/taxation_customs/sites/taxation/files/resources/documents/taxation/gen_info/economic_analysis/tax_structures/2014/report.pdf.

[117] "Statutory corporate income tax rates in OECD member countries dropped on average 7.2 percentage points between 2000 and 2001 (32.6% to 25.4%) – rates have been reduced in 31 countries Tax rates have decrease." OECD, Addressing Base Erosion..., cit., p. 16..

das sociedades consigam ser adaptadas aos desafios que o planeamento fiscal apresenta no contexto da globalização e das liberdades fundamentais na UE.

Tendo o imposto sobre as sociedades, tal como o conhecemos, durado mais do que sessenta anos, e estando desajustado da realidade económica atual, há estudos em curso que propõem a sua substituição por um imposto sobre a despesa[118]. A meio caminho, teríamos o abandono da tributação baseada no princípio das entidades independentes e os preços de transferência, e uma tributação de bases consolidadas ou até mesmo um imposto único europeu sobre as sociedades[119].

Houve quem pensasse que este seria o momento de introdução de tais bases, a nível internacional[120] – algo semelhante ao "formulary apportionment" nos EUA, ou à proposta de «CCCTB» na União Europeia[121].

O projeto BEPS enquadra-se na linha atual da tributação das sociedades – a qual remonta a finais do século XIX – e não conduzem a uma rutura[122]. Seja como for, o discurso institucional, ainda não traduzido em regimes jurídicos nacionais por muitos Membros da OCDE, promove o desenvolvimento de uma cultura de boa governação fiscal. A transparência fiscal

[118] Michael Devereux & Rita de la Feria, "Designing and Implementing a Destination Based Corporation Tax", *WP* 14/07, May 2014.

[119] V. a proposta de Bruno Peeters, "EUCIT: For How Much Longer Will Political Objections Overweigh the Advantages"?, *EC Tax Review*, 2015, nº 3, pp. 128-131.

[120] Propondo a adoção global de métodos indiretos (no sentido de "formulary apportionment"), Yariv Brauner "Formula Based Transfer Pricing", *Intertax*, 2014, nº 10, pp. 615 e ss.

[121] Yariv Brauner, "Formulary Taxation and Transfer Pricing: The Good, the Bad and the Misguided", *Movement of Persons and Tax Mobility in the EU: Changing Winds*, ed. Ana Paula Dourado, IBFD, Amsterdam, 2013, pp. 387-411; Walter Hellerstein, "Formulary Apportionment in the EU and the US: A Comparative Perspective on the Sharing Mechanism of the Proposed CCCTB", pp. 413-459.
Sobre os interesses em conflito, no quadro de um CCCTB na União Europeia, Nellie Munin, "Tax in Troubled Time: Is It the Time for a Common Corporate Tax Base in the EU?", *EC Tax Review*, 2011, nº 3, pp. 121-133; Thomas Ronfeldt, "Anti-abuse Clause or Harmonization", *Intertax*, 2011, nº 1, pp. 12-18. V. também a proposta da tributação de multinacionais como uma única entidade por Maarten de Wilde, "'Sharing the Pie': Taxing Multinationals in a Global Market'", *Intertax*, 2015, nºs 6-7, pp. 438-446; para uma análise destas propostas, V. Luca Cerioni, "The Quest for a New Corporate Taxation Model and for an Effective Fight against International Tax Avoidance within the EU", *Intertax*, 2016, nºs 6-7, pp. 463-480.

[122] Yariv Brauner, "BEPS: An Interim Evaluation", cit., pp. 14-39. Robert Robillard, "BEPS: Is the OECD Now at the Gates of Global Formulary Apportionment?", *Intertax*, 2015, nºs 6-7, pp. 447-453.

e o combate ao planeamento fiscal agressivo fazem já parte de recomendações e planos de ação supranacionais concretos[123]. A responsabilidade social das empresas e o pagamento de impostos na medida justa, mesmo sem lei adequada, também são discutidos [124].

4. Desafios e princípios de combate ao BEPS

4.1. Identificação das causas

O Relatório da OCDE "Addressing BEPS" reconhece que a tributação internacional atual não responde aos desafios colocados pelos «negócios globais». A preocupação mais recente está centrada na área dos intangíveis e da economia digital[125]. No entanto, o problema geral é o das lacunas na tributação que resultam não de um único regime jurídico, mas da conjugação de dois ou mais sistemas jurídicos, originando o fenómeno das duplas (i.e., múltiplas) não tributações.

A repartição de competências entre fonte e residência permite às sociedades multinacionais utilizarem as diversas regras das convenções de dupla tributação, de modo a não serem tributadas: quer através do princípio das entidades independentes, dos instrumentos híbridos de investimento, das transferências de lucros para territórios de baixa tributação e de despesas para territórios de alta tributação, ou do atual conceito de estabelecimento estável. Na ausência de obstáculos legais à entrada de capitais, a residência das pessoas coletivas tornou-se móvel e quer a fonte quer a residência são facilmente deslocalizadas pelos grupos multinacionais.

A fonte é especialmente manipulável pela economia digital e em geral pelos serviços desmaterializados[126] e pelos ativos intangíveis. Com efeito, a desagregação de funções por uma multinacional e afetação de cada função

[123] V., novamente, OECD, Addressing Base Erosion..., cit.

[124] Christiana HJI Panayi "Is Aggressive Tax Planning Socially Irresponsible?", *Intertax*, 2015, nº 10, pp. 544-558.

[125] OECD, Addressing Base Erosion..., cit., p. 7; Roberto Moro Visconti, *Exclusive Patents and Trademarks and Subsequent Uneasy Transaction Comparability: Some Transfer Pricing Implications*, *Intertax*, 2012, nº 40, pp. 212-220.

[126] V., por exemplo, Jean Schaffner: "The Territorial Link as a Condition to Create a Permanent Establishment", *Intertax*, 2013, nº 12, pp. 638-651; Manoj Kumar Singh "Conflict of Source *versus* Residence-Based Taxation in India with Reference to Fees for Technical Service", *Intertax*, 2016, nºs 6-7, pp. 525 e ss.

ao território fiscal mais atrativo é facilmente alterado[127]. Em quase todos os ordenamentos jurídicos, são adotados para a residência das sociedades um critério jurídico-formal (a residência fiscal corresponde ao da sede estatutária ou do local da constituição da sociedade) e um critério em que prevalece a substância sobre a forma (a residência corresponde ao local da direção efetiva). Mas mesmo que certas autoridades tributárias concluam que a direção efetiva se encontra no seu território, apesar de a sede estar noutro território, não é garantido que haja tributação dos lucros societários. Na verdade, a repartição de lucros segundo o critério vigente das entidades independentes (ou preços de transferência[128]) pode conduzir, para efeitos fiscais, ao apuramento de prejuízos, à ausência de lucros ou a lucros muito baixos.

A ausência de governação fiscal global ou, no fundo, de uma perspetiva de "mercado interno global", faz com que se perca a noção e a visão daquilo que o sujeito passivo paga no total. A situação é ainda pior quando se trata do assunto ao nível do G20 e não apenas da OCDE, pois os interesses na repartição de competências entre fonte e residência, e de receitas são diferentes. As diferenças agravam-se quando se incluem os países em vias de desenvolvimento, devido à ausência de recursos e de competência técnica por parte das administrações tributárias deste último grupo de países.

A ausência de governação fiscal global, mitigada pela apresentação de padrões internacionais por parte do G20, seguida pela OCDE e a jusante pela União Europeia, significa que a erosão de bases fiscais e a transferência de lucros tem implicações essencialmente a dois níveis, um deles ao nível global e o outro ao nível nacional.

Do ponto de vista da opinião pública internacional – opinião pública global – o principal aspeto apontado é o da ausência de justiça e de igualdade fiscal, no quadro da tributação do rendimento e comparação entre a tributação do trabalho e a tributação do capital, como uma consequência da globalização. Nesta perspetiva global, são também apontadas como con-

[127] Justus Eisenbeiss, "BEPS Action 7: Evaluation of the Agency Permanent Establishment", Intertax, 2016, n.ºs 6-7, pp. 481 e ss.

[128] Sobre a regulamentação dos preços de transferência em muitos Estados, como forma de controlar o planeamento fiscal agressivo, ainda antes da resposta do projeto BEPS, Teresa Zinn, Nadine Riedel & Christoph Spengel, "The Increasing Importance of Transfer Pricing Regulations: A Worldwide Overview", *Intertax*, 2014, nºs 6-7, pp. 352-404.

sequências negativas as ineficiências provocadas pela atração de recursos para Estados com políticas fiscais mais competitivas.

Do ponto de vista nacional, a injustiça estende-se à comparação com as sociedades que operam ao nível meramente nacional, as quais não têm as mesmas possibilidades de planeamento fiscal que as multinacionais[129].

Os problemas que afetam a tributação nacional no quadro da globalização estão identificados já há algum tempo, mas o atual movimento anti-BEPS tornou pública, de modo sistemático, a dimensão do fenómeno, mesmo que não seja possível quantificar a perda de receitas.

Mas se causas e problemas estão identificados, as respostas que estão a ser dadas no quadro do sistema que temos, não parecem ser totalmente coerentes. Por exemplo, cabe saber se a resposta internacional deve consistir em padrões internacionais que não impedem a concorrência fiscal internacional (tal como a transparência fiscal); ou, para além disso, através de regras fiscais que reduzam essa concorrência, identificando o planeamento fiscal agressivo.

O facto de a transparência fiscal não ser considerada uma resposta suficiente neste momento, dado que ao padrão internacional de troca de informações se seguiram as reações anti-BEPS, parece indiciar que a reação política exige ações conjuntas. O chamamento para reações jurídicas às duplas não tributações, ao planeamento fiscal agressivo, e as recomendações para a adoção de cláusulas gerais antiabuso, têm como objetivo contornar a dupla (múltipla) não tributação de multinacionais.

A reação internacional ao BEPS está a ser feita através de recomendações e da Convenção Multilateral que em muitos casos não obriga os Estados a adotarem os preceitos introduzidos. Por seu turno, a Comissão Europeia tem conseguido ver aprovadas Propostas de Diretiva em tempo *record*.

A discussão sobre a maior ou menor pressão que as recomendações exercem sobre o legislador nacional é menos importante neste contexto. Porém, não se deve esquecer que o G20 e a OCDE não têm competência para uma harmonização fiscal formal, ao contrário do que acontece no quadro de algumas integrações regionais, de que a União Europeia é o melhor exemplo.

[129] OECD, Addressing Base Erosion..., cit., p. 8.

Mesmo que a harmonização internacional não seja uma condição para o aumento da transparência fiscal e redução da evasão e elisão fiscais internacionais, e do planeamento fiscal agressivo[130], a coordenação fiscal é necessária[131]. Por outro lado, os elementos de conexão fonte e residência, bem como a repartição de competências entre Estados da fonte e da residência deveriam ser reavaliados[132].

4.2. O princípio de tributação singular

Como referimos anteriormente, discute-se se no Direito Fiscal Internacional vigora o princípio da tributação singular[133]. Esse pode ser um objetivo do sistema fiscal internacional, nomeadamente, pretendido pelas convenções de dupla tributação: evitar a dupla tributação e a dupla não tributação.

Parece que este objetivo não é atingido com o projeto BEPS, pois as dificuldades existentes anteriormente não são cabalmente ultrapassadas: relativamente aos chamados negócios ativos (*active business*) a tributação continua a caber ao Estado da fonte, apenas se existir estabelecimento estável; e relativamente aos rendimentos passivos, a tributação continua a ser da competência do Estado da residência. Além disso, as regras de preços de transferências, que não se adequam à atividade das multinacionais, continuam a ser aplicadas[134], ainda que se proponha o seu aperfeiçoamento.

O princípio da tributação singular deveria ser atingido com a reavaliação do princípio do benefício. A definição de residência também deveria

[130] V. a discussão no OECD Report *Harmful Tax Competition: an Emerging Global Issue* (1998); V. também, Ana Paula Dourado, "Exchange of Information and Validity...", cit., pp.1-18.

[131] Cf. para casos de fraude fiscal: N. Johannesen, "Taxing Hidden Wealth – Lessons for Policy Making", *EUI Working Papers*, RSCAS, 2012/25, pp. 5 e ss.; Eccleston, R., "Revolution or Evolution: Sovereignty, The Financial Crisis and the Governance of International Taxation", *Journal of Applied Law and Policy (JALAP)*, 2011, pp. 13-24.

[132] A.P. Dourado, *Is it Acte Clair? General Report on the Role Played by CILFIT in Direct Taxation*, The Acte Clair in Direct Tax Law (*eds. A.P. Dourado & R.P. Borges*, IBFD, 2008, pp. 28-31; F. Vanistendael, "The ECJ at Cross-Roads: Balancing Tax Sovereignty against the Imperatives of the Internal Market", *European Taxation*, 2006, nº 9, p. 413 e ss.; Aurora Ribes Ribes, "Tax Residence and the Mobility of Companies in the European Union: The Desirable Harmonization of Tax Connecting Factors", *Intertax*, 2012, nº 11, pp. 606-615.

[133] Reuven Avi-Yonah, "Who Invented the Single Tax Principle?..., cit.

[134] Yariv Brauner, "Transfer Pricing in BEPS: First Round – Business Interests Win (But, Not in Knock-Out), *Intertax*, 2015, nº 1, pp. 72 e ss.

ser modificada: ligada à exportação do capital e conjugada com a criação de valor.

Idealmente, os preços de transferência deveriam ser substituídos por uma tributação consolidada. As diretrizes do Modelo da OCDE não correspondem a este padrão. O projeto BEPS não altera também esta situação.

Apesar de as propostas do BEPS não corresponderem a este ideal, pode dizer-se que se acentuou o objetivo da tributação singular – os rendimentos do mesmo sujeito passivo serem tributados uma única vez, sem estarem sujeitos nem a dupla tributação, nem a dupla não tributação.

A interação entre as regras dos preços de transferência – ações 8-10 – anti-híbridos, CFC e limites à dedutibilidade de juros e *royalties*, conjugada com as regras antiabuso nacionais e convencionais, pretende atingir esse objetivo.

Todavia, é também reconhecido que o BEPS se preocupa mais com as duplas não tributações do que com a dupla tributação. Esta situação é negativa para as operações interestaduais e para a construção do mercado interno da UE. No caso do mercado interno, o procedimento e aplicação da convenção de arbitragem 90/436/CEE precisa de ser melhorado, sob pena de as medidas do projeto BEPS, conjugadas com a Diretiva ATAD, aumentarem a falta de competitividade das empresas europeias[135].

5. Abuso fiscal e planeamento fiscal agressivo

5.1. Conceitos

O projeto BEPS afirma-se como um projeto de combate ao planeamento fiscal agressivo. O termo "planeamento fiscal agressivo" passou a ser utilizado nas declarações políticas do G20 e nos preâmbulos de Diretivas da União Europeia. Como escrevemos anteriormente, o planeamento fiscal agressivo é um conceito chapéu que abarca a elisão ou abuso fiscal e as lacunas causadas pela interação de mais do que um ordenamento jurídico.[136]

A expressão "Planeamento Fiscal Agressivo" é utilizada no parágrafo 5 do Anexo Fiscal à Declaração de São Petersburgo dos dirigentes do G20 de setembro de 2013:

[135] V. as propostas de Harm Mark Pit, "Improving the Arbitration Procedures under the EU Arbitration Convention", *EC Tax Review*, 2015, nº 1, pp. 15-33.

[136] Ana Paula Dourado "Aggressive Tax Planning in EU Law...", cit. pp. 42 e ss.

> "5. International collective efforts must also address the tax base erosion resulting from international tax planning. Base erosion and profit shifting (BEPS) relates chiefly to instances where the interaction of different tax rules result in tax planning that may be used by multinational enterprises (MNEs) to artificially shift profits out of the countries where they are earned, resulting in very low taxes or even double non-taxation. These practices, if left unchecked, undermine the fairness and integrity of our tax systems. They fundamentally distort competition, because businesses that engage in cross-border BEPS strategies gain a competitive advantage compared with enterprises that operate mostly at the domestic level. Fair, transparent and efficient tax systems are not only key pillars for sound public finances, they also provide a sustainable framework for dynamic economies. For these reasons, G20 Leaders identified the need to address BEPS as a priority in their tax agenda at the Los Cabos Summit in June 2012. Additionally, we must achieve better international coordination on taxes. In this regard, we must move forward in fighting BEPS practices so that we ensure a fair contribution of all productive sectors to the financing of public spending in our countries."

A referência à "transferência artificial de lucros" é uma referência ao abuso fiscal, mas não é suficiente, por si só, para conduzir a um conceito universal de abuso.

Na verdade, a definição e identificação da elisão fiscal não é comum aos diversos ordenamentos jurídicos. Desde logo, alguns ordenamentos reconhecem o fenómeno e outros não o reconhecem. Ao primeiro grupo pertencem, especialmente, os Estados da OCDE, mas não só.

A África do Sul, por exemplo, reconhece juridicamente o fenómeno da elisão, pois a sua legislação contem inúmeras regras antiabuso, incluindo uma cláusula geral antiabuso[137]. O código de imposto sobre o rendimento de pessoas coletivas de Moçambique bem como os regimes de tributação do petróleo e das minas, contêm inúmeras cláusulas específicas antiabuso.

Do segundo grupo fazem parte muitos Estados de fora da OCDE, de que é exemplo o Brasil. A maioria da doutrina brasileira entende que fora dos casos de evasão fiscal, nomeadamente, de simulação fiscal, não há lugar

[137] Craig West , Jennifer Roeleveld, "South Africa", *Tax Avoidance Revisited: Exploring the Boundaries of AntiAvoidance Rules in the EU BEPS Context* , ed. Ana Paula Dourado, ponto 1., EATLP 2016, IBFD, Amsterdam, 2017. Versão preliminar disponível em: http://www.eatlp.org/uploads/public/South%20Africa%20(6%20Feb%202016).pdf.

a qualquer reação do ordenamento jurídico, e que o planeamento fiscal é perfeitamente legítimo[138].

Mas de entre os ordenamentos que reconhecem o abuso, devem distinguir-se os que reconhecem o abuso quando não são aplicáveis cláusulas específicas, e os ordenamentos que não o reconhecem. E de entre os que reconhecem que o ordenamento jurídico deve reagir ao abuso, mesmo na ausência de normas específicas antiabuso, encontramos diferentes reações, de índole nacional.

Assim, existem diversos ordenamentos com cláusulas gerais antiabuso. Na União Europeia e Espaço Económico Europeu, Áustria, Alemanha, Portugal, Espanha, Itália, França, Bélgica, Países Baixos, Grécia, Noruega, Suécia, Dinamarca, Polónia, Reino Unido, Croácia, República Checa, entre outros, contêm cláusulas gerais antiabuso ou aplicam doutrinas de interpretação com objetivos e efeitos semelhantes[139]. Trata-se de doutrinas de interpretação em que a substância deve prevalecer sobre a forma. Outros Estados, que não da OCDE, como é o caso da Rússia, aplicam doutrinas de boa-fé para reagir contra o abuso fiscal.

Os Estados que não reconhecem o abuso, de que é exemplo o Brasil, recorrem por vezes a outros instrumentos jurídicos. No Brasil, segundo os trabalhos preparatórios, foi introduzida uma cláusula cujos objetivos seriam os de combater o abuso. Porém, a sua redação, tal como aprovada, refere-se a esquemas ou negócios simulados, e os tribunais brasileiros estão a alargar a interpretação da norma e da "simulação" a casos de abuso[140].

Por seu turno, como já explicámos, o conceito de planeamento fiscal agressivo pode coincidir com o de abuso ou requerer uma atuação legislativa coordenada para eliminar disparidades[141].

[138] Luís Eduardo Schoueri, Ricardo André Galendi Júnior, "Brazil", *Tax Avoidance Revisited* ..., cit. Versão preliminar disponível em: http://www.eatlp.org/uploads/public/Brazil%20(2%20Dec%202015).pdf.

[139] V. Ana Paula Dourado, "General Report", *Tax Avoidance Revisited...*, ed. Ana Paula Dourado.

[140] Luis Eduardo Schoueri, Ricardo André Galendi Júnior, "Brazil", *Tax Avoidance Revisited* ..., ed. Ana Paula Dourado ..., cit.; e uma versão preliminar dos relatórios nacionais do Congresso da EATLP de 2016 (Munique), disponível em: http://www.eatlp.org/uploads/public/Brazil%20(2%20Dec%202015).pdf.

[141] Ana Paula Dourado, *Direito Fiscal, Lições*, cit., pp. 287-288.

5.2. Elementos comuns a vários ordenamentos jurídicos

O conceito de abuso coincide com o de elisão fiscal. Existem elementos comuns nos vários ordenamentos jurídicos de Estados de Direito ao abuso fiscal e ao abuso fiscal internacional[142]: os elementos normativo, de meio e de finalidade.

No caso do abuso fiscal internacional, a finalidade do esquema fiscal abusivo é a de utilizar os elementos de conexão e as dificuldades de qualificação dos rendimentos para reduzir a carga tributária no Estado da fonte ou no Estado de residência.

Independentemente do tipo de cláusula antiabuso ou da doutrina de interpretação utilizada para combater o abuso, os elementos para identificar o abuso são comuns: esquemas ou negócios lícitos, escolha da forma determinada essencialmente por razões fiscais, resultado fiscalmente menos oneroso[143].

O abuso fiscal internacional pode consistir no abuso de normas nacionais ou de normas de convenções bilaterais de dupla tributação. E de entre estas, pode tratar-se de mero abuso das normas das convenções (preços de transferência ou abuso na qualificação de categorias de rendimentos; abuso de estabelecimento estável) ou do abuso indireto de normas nacionais (por exemplo, abuso de residência, através da colocação de uma entidade intermediária ou de uma sociedade veículo para aproveitamento do regime de uma convenção, tal como o regime de isenção na fonte; ou abuso na transferência da residência de intangíveis para Estados onde estes não sejam tributados).

Na União Europeia, o conceito de abuso construído pelo Tribunal de Justiça tem também elementos comuns[144]: Um esquema artificial, com o objetivo de evitar a aplicação de normas fiscais nacionais mais onerosas, e por isso dirigido à obtenção de vantagens fiscais. Tal pode acontecer através de negócios artificiais ou de um exercício artificial das liberdades

[142] Ana Paula Dourado, *Direito Fiscal...*, cit., pp. 278-279.

[143] *Tax Avoidance Revisited...*, ed. Ana Paula Dourado..., cit.; e uma versão preliminar dos relatórios nacionais do Congresso da EATLP de 2016 (Munique), disponível em: http://www.eatlp.org/index.php/congresses/this-years-congress/262-national-reports.

[144] V. Ana Paula Dourado: "A Single Principle of Abuse in European Union Law: a Methodological Approach to Rejecting a Different Concept of Abuse in Personal Taxation", *Prohibiton of Abuse of Law, A New General Principle of EU Law?*, eds. Rita de la Feria & Stefan Vogenauer, Hart, Oxford and Portland, Oregon, 2011; Paolo Piantavigna, "Tax Abuse in European Union Law: A Theory", *EC Tax Review*, 2011, nº 3, pp. 134-147.

fundamentais. A artificialidade pode ser concretizada através da busca da finalidade do negócio. Assim, se a finalidade deste for meramente fiscal e se não houver razões económicas (extrafiscais) válidas, o negócio é abusivo.

Temos defendido que o teste do objetivo essencial de elisão no quadro da artificialidade e a regra do teste do objetivo principal da ação 6 do BEPS não são, à partida, distintos[145]. Em ambos os casos, se averigua a existência de razões comerciais para a celebração do negócio jurídico. Todavia, a aplicação que o TJUE faz da artificialidade, torna-o mais restritivo do que a aplicação do "objetivo negocial" por parte de alguns tribunais nacionais. No quadro da OCDE e da União Europeia, a atividade substancial aparece ligada ao conceito de "nexo modificado" com o Estado da fonte[146].

5.3. Elementos não comuns aos ordenamentos jurídicos

A partir destes elementos comuns, existem, porém, muitas diferenças. Em alguns ordenamentos, a indagação sobre o comportamento abusivo só exige elementos objetivos ou, mesmo que a lei exija a verificação da intenção, os elementos subjetivos são objetivizados através da procura de factos que denotem a intenção (Alemanha, Áustria, França, Itália, Portugal, Espanha, entre muitos outros[147]).

Noutros ordenamentos, a indagação sobre a intenção é um elemento componente da indagação do abuso. É o caso da França e dos Países Baixos, onde a doutrina civilista da *fraus legis* de influência napoleónica é aplicada ao abuso[148].

Em qualquer caso, verifica-se que os tribunais preferem recorrer a cláusulas específicas antiabuso, mais concretas e orientadas para comportamentos específicos, identificados na lei, do que ao conceito geral de abuso[149].

145 Ana Paula Dourado "Aggressive Tax Planning in EU Law...", cit. , pp. 54-57.

146 V. sobre o conceito de atividade económica substancial (como o oposto da artificialidade), António Carlos dos Santos, "What is Substantial Economic Activity for Tax Purposes in the Context of the European Union and the OECD Initiatives against Harmful Tax Competition?", *EC Tax Review*, 2015, nº 3, pp. 166-175.

147 *Tax Avoidance Revisited...*, ed. Ana Paula Dourado..., cit.

148 Emmanuel Raingeard de la Blétière, "France", *Tax Avoidance Revisited: Exploring the Boundaries of Anti Avoidance Rules in the EU BEPS Context*, ed. Ana Paula Dourado http://www.eatlp.org/uploads/public/France%20(7%20Feb%202016).pdf;

149 Maarten de Wilde e Ciska Wisman, "Netherlands", *Tax Avoidance Revisited...*, ed. Ana Paula Dourado..., cit., disponível em: http://www.eatlp.org/uploads/public/Netherlands%20(30%20Dec%202015).pdf: nºs 1.1.1., 1.1.4., 1.2., 2.1.1., pp. 2, 5, 9 e espec. 10 e ss.

Por outras palavras, os tribunais preferem controlar a aplicação de regras de subcapitalização, de sociedades estrangeiras controladas, de não transferência de prejuízos no caso de reestruturações empresariais, do que verificar os elementos de cláusulas gerais antiabuso.

Secção II
As Ações BEPS e a sua interação

1. As 15 Ações BEPS

Já referimos acima que são 15 as ações do projeto BEPS – economia digital (ação 1); híbridos (ação 2); sociedades estrangeiras controladas (ação 3); dedutibilidade de juros e de outros gastos (ação 4); práticas fiscais agressivas, transparência e substância (ação 5); abuso de tratados fiscais (ação 6); estabelecimento estável (ação 7); preços de transferência, criação de valor e riscos – intangíveis, risco e capital e transações de alto risco (ações 8-10); análise de dados (ação 11); reporte de esquemas de planeamento fiscal agressivo (ação 12); obrigações de reporte e documentação de preços de transferência (ação 13); mecanismos de resolução de conflitos (ação 14); e desenvolvimento de um instrumento multilateral (ação 15).

Elas pretendem colmatar lacunas e disparidades, para evitar duplas não tributações e transferência de lucros, constituam elas planeamento ou abuso fiscal. Para tal, recomenda-se a adoção de medidas unilaterais (deixando espaço para as medidas regionais, de que é exemplo a União Europeia) e alterações às convenções de dupla tributação, neste caso, através do instrumento multilateral da ação 15.

Não pretendemos descrever e analisar cada uma das ações, mas perceber a relação entre elas, como se coordenam, se existe alguma hierarquia entre as mesmas, e em que medida vão mudar o sistema fiscal internacional.

2. Os preços de transferência como a medida principal do projeto BEPS e a coordenação entre as ações

As ações do projeto BEPS e as recomendações que delas constam estão interligadas, mas não existe uma ordem de prioridade entre elas. Não existe tão-pouco um mandato para uma hierarquia entre as ações, ou uma prevalência dos interesses do Estado da fonte ou da residência.

O cerne do BEPS são as ações 8-10 que pretendem melhorar o funcionamento dos preços de transferência[150]. Na ausência de uma alteração radical ao sistema fiscal internacional, o objetivo do projeto BEPS é que a tributação ocorra nos Estados em que o valor é criado e assim evitar transferência de lucros de forma artificial[151].

A utilização deficiente dos preços de transferência está especialmente relacionada com as áreas digital, de serviços desmaterializados (serviços financeiros, por exemplo) e de intangíveis[152], mais facilmente manipuláveis.

Se a reforma dos preços de transferência produzir os efeitos pretendidos, as outras ações são secundárias ou instrumentais ao projeto BEPS. O problema é que a concretização do valor produzido não vai ser facilmente aplicada[153]. As assimetrias entre as capacidades das diferentes administrações tributárias vão continuar a manifestar-se ou a acentuar-se, dada a complexidade dos parâmetros que concretizam a "criação de valor".

Seja como for, o facto de se ligar os preços de transferência ao território onde é criado valor, significa atribuir as receitas tributárias ao Estado da fonte.

Também a Comissão Europeia está a assumir o papel de guardiã na correta aplicação dos preços de transferência, através do artigo 107º do TFUE – proibição de auxílios de Estado, através de informações vinculativas ou de acordos prévios que deturpem os preços de transferência.

Ainda assim, os preços de transferência e a identificação da fonte dos rendimentos não conseguirão ser aplicados de modo a evitar a erosão das bases tributárias e a transferência de lucros. E isso também acontece porque a ação 7 do BEPS, sobre o conceito de estabelecimento estável, e consequente tributação na fonte, fica aquém do desejável. Assim, as regras anti-híbridos, CFC e de limites à dedutibilidade de juros terão um papel complementar importante, para reduzir as duplas não tributações e a transferência de lucros[154].

[150] Yariv Brauner, "Transfer Pricing in BEPS: First Round...", cit., pp. 79-84.

[151] Yariv Brauner, "BEPS: An Interim Evaluation", *World Tax Journal*, 2014, nº 1, pp. 30 e ss.

[152] Sobre os preços de transferência aplicáveis aos intangíveis, V. Andreas Oestreicher, "Transfer Pricing of Intangibles in Cases of Post-merger Reorganization: Lessons from the Revised OECD Draft", *Intertax*, 2014, nºs 8-9, pp. 509-524.

[153] Yariv Brauner, "BEPS: An Interim Evaluation", cit., pp. 10 e ss.

[154] V. Arnaud de Graaf et al., "Fundamental Change...", cit., pp. 306-316.

Elas operam como respostas defensivas, que assumirão um papel relevante e que ao mesmo tempo, irão redistribuir a competência de tributação a favor do Estado de residência.

3. A Economia digital (ação 1), intangíveis (ação 5) e (a elisão a)o estabelecimento estável (ação 7)

3.1. A ação 1 como paradigma de interação entre várias ações do BEPS

A ação 1 teve como objetivo identificar as dificuldades principais que a economia digital colocou à aplicação das regras fiscais internacionais em vigor[155] e desenvolver opções pormenorizadas para enfrentar essas dificuldades, numa perspetiva holística e tendo em conta a tributação direta e indireta.

Assim, foram analisadas as questões da presença digital significativa de uma empresa na economia de um outro Estado, sem ser possível tributá-la neste outro Estado, dada a ausência de conexão suficiente: como tratar a criação de valor, resultante da obtenção de dados relevantes sobre a localização de mercados através do uso de produtos e serviços digitais; como caracterizar o rendimento derivado de novos modelos negociais; como aplicar as regras da fonte relacionadas com esse rendimento; como assegurar a cobrança efetiva de IVA e outros impostos gerais sobre o consumo, quanto à oferta de bens e serviços transfronteiriços.

A questão principal era a de saber se seria possível isolar a economia digital do resto da economia e, caso não fosse possível, se os tipos específicos de transações digitais poderiam ser identificados e tratados com regras específicas.

Para além da ação 1, foi nomeado pela Comissão Europeia, em 28 de maio de 2014, o grupo de peritos de tributação da economia digital. Este grupo apresentou um Relatório cujas conclusões não são muito diferentes das da ação 1[156]. Em especial, em ambos os relatórios, se conclui que a economia digital não deve ter um tratamento autónomo daquele que é dado aos outros setores. No Relatório da Comissão Europeia apontou-se para uma mudança de paradigma, centrada na substituição dos impostos sobre

[155] V. também, Tatiana Falcão & Bob Michel, "Assessing the Tax Challenges of the Digital Economy: An Eye-Opening Case Study", *Intertax*, 2014, nº 5, pp. 317 e ss.

[156] Paolo Centore & Maria Teresa Sutich, "Taxation and Digital Economy: Europe is Ready", *Intertax*, 2014, nº 12, pp. 784 e ss.

o rendimento das pessoas coletivas por impostos sobre o rendimento com base no princípio do destino[157].

Por seu turno, a ação 1 identificou os elementos-chave da economia digital, a saber: a mobilidade dos intangíveis (ação 5), dos utilizadores e das funções empresariais; a fiabilidade dos dados; o efeito multiplicador das redes de contactos; os modelos empresariais com múltiplas facetas (os dois lados do mercado em diferentes territórios); a tendência em relação a monopólio ou oligopólio; a volatibilidade. Entende-se que a economia digital pode exarcebar os problemas de erosão das bases fiscais e transferência de lucros, nomeadamente, a segregação artificial do rendimento das atividades que o gera; e que não existe IVA sobre as ofertas digitais remotas, ou então, que é muito baixo.

A economia digital facilita a não tributação – no sentido em que é fácil, com as regras atuais, evitar a presença geradora de tributação, o facto tributário[158]. A sociedade fornecedora de bens ou serviços reside num Estado (normalmente de baixa tributação) e os clientes residem noutro Estado. A interação entre ambos ocorre através de uma página eletrónica ou de outro meio digital, tal como a aplicação num telemóvel. As normas de conexão unilaterais (de Direito interno) ou bilaterais (convenções de dupla tributação) em vigor exigem uma presença física da sociedade fornecedora no Estado do cliente, como condição de tributação. Assim resulta, no caso do Modelo da OCDE, dos artigos 5º e 7º.

A ação 1 aconselha um reforço de medidas fiscais na área dos intangíveis (ação 5) e a adequação do conceito de estabelecimento estável (ação 7) e do regime dos preços de transferência (ações 8-10) à economia digital.

Os esquemas de planeamento enumerados na ação 1 são comuns aos diferentes sectores e implicam uma interação entre eles.

3.2. A fragmentação artificial de operações das multinacionais

São identificados como típicos alguns esquemas de fragmentação artificial de operações das multinacionais, nomeadamente: a atribuição ao estabelecimento estável de atividades preparatórias ou auxiliares; a atribuição ao

[157] V. Maarten de Wilde, "Tax jurisdiction in a digitalizing Economy; Why 'Online Profits' Are so Hard to Pin Down", *Intertax*, 2015, nº 12, pp. 796 e ss.

[158] Por exemplo, Manoj Kumar Singh, "Taxing E-Commerce on the Basis of Permanent Establishment: Critical Evaluation", *Intertax*, 2014, nº 5, pp. 325-333.

estabelecimento estável de gastos maiores do que os lucros, nomeadamente com intangíveis e financiamento; a conjugação de uma atividade auxiliar com utilização de instrumentos híbridos. Todos estes esquemas têm conduzido à dupla não tributação dos rendimentos do grupo empresarial.

3.2.1. Atividades preparatórias ou auxiliares

Um desses esquemas recorre à fragmentação artificial de operações, entre múltiplas entidades de um grupo, permitindo o enquadramento de muitas dessas operações nas atividades preparatórias ou auxiliares do artigo 5º do referido Modelo. Assim, as atividades conduzidas nos diferentes Estados ficam fora do conceito de estabelecimento estável e, consequentemente, de tributação no Estado da fonte[159].

3.2.2. Estabelecimento estável com lucro reduzido

Outras vezes, existe um estabelecimento estável no Estado de residência dos clientes, mas esse estabelecimento revela ter um lucro reduzido. Isso pode acontecer, por exemplo, através do pagamento elevado de *royalties*, serviços e juros para um estabelecimento estável ou uma afiliada do grupo, localizado ou residente num Estado de baixa tributação.

Assim, no Estado A está a sociedade-mãe (SM) que constitui uma entidade prestando serviços "genuínos" (com substância económica); SM paga *royalties* a uma afiliada intermediária (AI), localizada no Estado B, Estado de baixa tributação. E por seu turno, o estabelecimento estável de SM, bem como os clientes do grupo, estão localizados no Estado C e o estabelecimento estável paga *royalties* a AI.

Comum a todos os esquemas de planeamento é a minimização de funções, ativos e riscos nos Estados de tributação normal ou elevada. Um dos problemas identificados no projeto BEPS é a distorção entre as funções declaradas, para efeitos fiscais, e as funções realmente exercidas.

SM fornece os bens ou serviços digitais, tem um número significativo de trabalhadores, recebe os rendimentos e paga *royalties* a AI; a AI é proprietária de intangíveis, fornece licenças de utilização dos intangíveis às

[159] Sobre as ações 1 e 7 do BEPS e a crise do conceito de estabelecimento estável, V. Eva Escribano, "An Opportunistic, and yet Appropriate, Revision of the Source Threshold for the Twenty-First Century Tax Treaties", *Intertax*, 2015, nº 1, pp. 6-13; Justus Eisenbeiss, "BEPS Action 7...", cit., pp. 481 e ss.

empresas do grupo, e suporta, por contrato, os riscos. Em contrapartida, recebe *royalties* do estabelecimento estável; a convenção de dupla tributação entre A e B não prevê uma retenção na fonte sobre o pagamento de *royalties*, pelo que A não pode tributar os *royalties* e B isenta-os.

Os bens tangíveis são vendidos por via eletrónica, o estabelecimento estável pode ter um armazém cuja função é auxiliar o cumprimento dos pedidos, e apresenta lucro reduzido.

3.2.3. Atividade auxiliar e híbridos

Este exemplo tem algumas variantes. Há casos envolvendo híbridos: a obtenção de empréstimos por AI, a taxas baixas e a concessão de empréstimos pela mesma AI, a taxas mais elevadas dentro do grupo. As convenções de dupla tributação nos Estados envolvidos, preveem que o Estado da fonte não tributa os juros e que a SM e o estabelecimento estável deduzem os custos dos juros pagos. Por seu turno, AI qualifica os rendimentos como de dividendos, e isenta-os.

Outros casos envolvem também pagamentos excessivos de despesas de direção a AI.

Em alternativa, a propriedade intelectual pode ser transferida de SM para AI, a custo baixo, e a cobrança pela AI de *royalties* elevados ao estabelecimento estável e a sub-afiliadas (SA).

Todos estes esquemas aparecem conjugados com regimes de isenção de participação no Estado da sociedade-mãe e com a ausência ou inaplicação de regras CFC.

3.3. Combater o BEPS na economia digital: ligação entre as várias ações

Identificados os esquemas de planeamento na economia digital que visam a erosão de bases fiscais e a transferência de lucros, o objetivo é conjugar diferentes respostas, nas diferentes ações, de modo que o rendimento apátrida volte a ser tributado.

A ação 6 do BEPS pretende evitar que as convenções de dupla tributação sejam objeto de abuso e que facilitem as duplas não tributações. As medidas vão desde as cláusulas de limitação de benefícios, à regra geral antiabuso, baseada no teste do objetivo principal, e ainda à regra que permite ao Estado de residência invocar o seu direito de tributação, em caso de não tributação na fonte. Além disso, as ações 2, relativamente aos híbridos, 3, relativamente a regras CFC, 4, para introduzir limites à dedução de juros e 8-10, para alinhar os preços de transferência com a criação de valor, todas conjugadas, permitirão resolver, pelo menos em parte, alguns dos esquemas de planeamento[160].

A inovação no sector digital precisa de ser financiada; deve ser também apurada a atividade substancial – o nexo modificado – exigida para o tratamento fiscal dos *royalties*; os intangíveis têm de ser definidos de modo amplo e claro, para se evitarem transferências ocultas de intangíveis, e para se fazer depender o tratamento fiscal mais favorável, à criação substancial de valor[161].

O projeto BEPS propõe também limites na dedução de pagamentos transfronteiriços (ação 4) e um alargamento do conceito de estabelecimento estável reajustando as atividades auxiliares e preparatórias à economia digital e o conceito de comissário (até agora um agente independente[162]) à economia global, com grande mobilidade (ação 7).

Finalmente, as regras CFC devem passar a ser aplicadas aos – e ter como alvo os -intangíveis e atividades de venda por via eletrónica, o que até agora não acontece.

4. As regras anti-híbridos (ação 2)

Dissemos anteriormente que os preços de transferência constituem o cerne do projeto BEPS. E que as regras CFC, anti-híbridos e de limitação de dedutibilidade de juros e *royalties*, funcionam como regras de salvaguarda, para o caso de os preços de transferência não operarem cabalmente.

Por comparação com os relatórios preliminares colocados a discussão pública, os relatórios finais relativos às ações 2, 3 e 4 fazem um esforço de coordenação de medidas.

4.1. Dedução/não-inclusão

A ação 2 do BEPS pretende neutralizar os efeitos dos acordos híbridos, cobrindo todo o tipo de situações. As situações de híbridos abrangem a dedução-não inclusão – por exemplo, quando um pagamento é caracteri-

[160] Sobre a alteração de repartição de competências entre fonte e residência, resultante da utilização destas medidas, Arnaud de Graaf et al., "Fundamental Change...", cit., pp. 306-309.

[161] António Carlos dos Santos, "What is Substantial Economic Activity...", cit., pp. 166-175.

[162] Alberto Xavier, *Direito Tributário Internacional*, cit., pp. 341-342.

zado como pagamento do juro e é dedutível num Estado, mas no outro é caracterizado como dividendo e como tal isento[163].

Uma solução seria o Estado de residência do beneficiário seguir a qualificação do Estado da fonte, mas esta solução não é aceite pelos Estados, como se verifica na aplicação das regras das convenções de dupla tributação e do artigo 3º, nº 2, do Modelo da OCDE.

A neutralização aplica-se a todos os sujeitos passivos, e a regra geral é a de que não há isenção de dividendos quando os pagamentos são dedutíveis. Não existe neste caso dupla tributação económica e, portanto, não tem de ser eliminada.

Esta solução foi consagrada no artigo 4º da Diretiva sociedades-mães afiliadas[164]. Mas como a Diretiva só cobre determinadas situações (sociedades mães afiliadas e situações triangulares), as restantes têm de ser resolvidas pelo Direito interno, em conformidade com as liberdades fundamentais.

4.2. Resposta primária e resposta defensiva

A ação 2 propõe uma resposta primária e uma resposta defensiva.

A resposta primária recomenda que "os países recusem a dedução de um pagamento, na medida em que não seja incluído no rendimento tributável do contribuinte do outro Estado".

A resposta defensiva recomenda uma reação do Estado de residência do beneficiário: assim, se o Estado da fonte autorizar a dedução de um gasto, qualificável no Estado de residência do beneficiário como um rendimento isento, este segundo Estado deve tributar[165].

5. As Regras CFC (ação 3)

5.1. Modelos

As regras CFC implicam a inclusão do rendimento de uma entidade estrangeira controlada no lucro tributável anual das sociedades-mães, ou no ren-

[163] Reinout de Boer & Otto Marres, "BEPS Action 2: Neutralizing the Effects on Hybrid Mismatch Arrangements", *Intertax*, 2015, nº 1, pp. 14-41.

[164] Sobre esta alteração à Diretiva, Isabella de Groot, "Exemption Method in the EU Parent-Subsidiary Directive Amended in Respect of Hybrid Instruments: What about the Credit Method?", *EC Tax Review*, 2015, nº 3, pp. 158-165.

[165] V. a resposta espanhola: Félix Daniel Martínez Laguna, "Institutional Hybrid Financial Instruments and Double Non-taxation under Domestic Rules and Tax Treaty Law: The Example of Spain", *Intertax*, 2016, nºs 6 e 7, pp. 447 e ss., espec. 453 e ss.

dimento global dos acionistas que controlam essa entidade estrangeira. Os estabelecimentos estáveis no exterior podem ser abrangidos pelas regras CFC[166].

Há quatro modelos de regras CFC, todos eles pretendendo tributar o acionista antes da distribuição dos lucros e evitar o deferimento da tributação: tributação do valor justo das ações; atribuição do rendimento da sociedade ao acionista; desconsideração da personalidade jurídica da sociedade; ficção de distribuição de dividendos[167].

No terceiro modelo ignora-se a personalidade jurídica da entidade no exterior (desconsideração da personalidade jurídica) ou a repartição de competências que dá o direito exclusivo de tributação dos lucros ao Estado da fonte[168]. Neste caso, o rendimento é atribuído diretamente ao acionista quando auferido ou colocado à disposição da entidade no exterior. Os prejuízos são também tomados em consideração pelo Estado do acionista. Aplica-se o regime fiscal do Estado do acionista e os impostos pagos no estrangeiro são creditados. Além disso, não se exige um mínimo de participação para desconsiderar a personalidade jurídica ou a repartição de competências a favor do Estado da fonte.

O quarto modelo presume a distribuição de dividendos[169]. Assim, ficciona-se que os lucros da entidade no estrangeiro são distribuídos no ano seguinte ou no mesmo ano, ao do lucro obtido por essa entidade. Os prejuízos não são reconhecidos no Estado do acionista. Os impostos pagos na fonte são dedutíveis. Exige-se o controlo das participações. Neste caso, a determinação do lucro é feita segundo as regras do Estado da entidade controlada.

As legislações normalmente contêm elementos de ambos os modelos.

Por exemplo, o lucro tributável da entidade no exterior é determinado segundo as regras de imposto do Estado de residência das sociedades-mães ou acionistas, mesmo que os lucros não tenham sido distribuídos, nem existam mais-valias realizadas. Esse lucro tributável é submetido às taxas do imposto aplicáveis às sociedades-mães ou acionistas que controlam a entidade estrangeira. Exige-se o controlo, embora o significado deste

[166] Rui Duarte Morais, *Imputação de Lucros de Sociedades...*, cit., pp 447-453. Alberto Xavier, *Direito Tributário Internacional*, cit., pp.

[167] V. Alexander Rust, "CFC Legislation and EC Law", *Intertax*, 2008, nº 11, pp. 493-494.

[168] V. Alexander Rust, "CFC Legislation and EC Law", cit., p. 493.

[169] Alexander Rust, "CFC Legislation and EC Law", cit., p. 493 e ss.

varie consoante as legislações. Além do mais, pode ser incluído todo o rendimento da sociedade estrangeira controlada (o seu rendimento ativo e passivo) ou apenas o seu rendimento passivo. Este último é o alvo principal das regras CFC com objetivos antiabuso, porque se trata de rendimento com elevada mobilidade e fácil de desviar artificialmente[170].

5.2. As regras CFC na ação 3 do BEPS e na União Europeia

A ação 3 do BEPS propõe que as regras CFC sejam adotadas por todos os Estados e que sejam mais restritivas do que têm sido até agora[171]. A ação 3 do BEPS recomenda regras CFC mais restritivas, dado que, por um lado, a localização de sociedades estrangeiras controladas em territórios de baixa tributação aumentou nas últimas décadas (e a consequente transferência de lucros) e, por outro lado, os Estados não têm conseguido aplicar de modo eficiente as regras CFC:

> "*One area in which the OECD has not done significant work in the past is CFC rules.* One of the sources of BEPS concerns is the possibility of creating affiliated non-resident taxpayers and routing income of a resident enterprise through the non-resident affiliate. CFC and other antideferral rules have been introduced in many countries to address this issue. However, the CFC rules of many countries do not always counter BEPS in a comprehensive manner. While CFC rules in principle lead to inclusions in the residence country of the ultimate parent, they also have positive spillover effects in *source countries* because taxpayers have no (or much less of an) incentive to shift profits into a third, low-tax jurisdiction"[172].

A ação 3 teve resultados dececionantes, pois não houve consenso quanto a aspetos essenciais no desenho das regras CFC, nomeadamente, o conceito de rendimento a abranger[173].

Seja como for, há recomendações várias.

[170] V. Matthias Dahlberg/Bertil Wiman, "General Report", *Cahiers de Droit Fiscal International*, IFA, 2013, Copenhagen Congress, vol. 98a, p. 19; Blazej Kuzniacki, "The Need to Avoid Double Economic Taxation Triggered by CFC Rules under Tax Treaties, and the Way to Achieve it", *Intertax*, 2015, nº 12, 758-772; Alexander Rust, "CFC Legislation and EC Law", cit., pp. 494 e ss.

[171] *Action Plan on Base Erosion and Profit Shifting – Report: 2013* (OECD 2013), p. 16.

[172] *Action Plan on Base Erosion and Profit Shifting – Report: 2013* (OECD 2013), p. 16.

[173] Ana Paula Dourado, "The Role of CFC Rules in the BEPS Initiative and in the EU", *BTR*, 2015, nº 3, pp. 340 e ss.

O objetivo é abranger o rendimento móvel, de modo a cobrir o "rendimento auferido por sociedades estrangeiras controladas que são sociedades gestoras de participações sociais, rendimento auferido por sociedades estrangeiras controladas que fornecem serviços financeiros e bancários, rendimento auferido por sociedades estrangeiras controladas que operam na emissão de faturas de vendas, rendimento de ativos de propriedade intelectual, rendimento de bens e serviços digitais, e rendimento de companhias seguradoras cativas e de resseguros"[174].

Pretende-se que as regras CFC tratem, pelo menos, das seguintes categorias de rendimentos: dividendos, juros e outro rendimento de financiamento, rendimento de vendas e de serviços, *royalties* e outro rendimento de propriedade intelectual.

Por outro lado, recomenda-se o alargamento das regras CFC a todos os residentes (não apenas sociedades de capitais, mas também, por exemplo, fundações, sociedades de pessoas, *trusts* e estabelecimentos estáveis).

A aplicação das regras CFC pode dizer respeito não apenas a participações diretas, mas também a participações indiretas, e pode abranger não apenas o rendimento das sociedades controladas no seu Estado de residência, mas também o rendimento das intermediárias (chamadas regras de "foreign-to-foreign stripping"). Neste último caso, há um efeito multiplicador antiabuso, porque os Estados das intermediárias, se não tiverem eles próprios regras CFC, também beneficiam da aplicação da regra CFC por parte do Estado de residência da última sociedade-mãe ou do último acionista controlador. Mas as regras CFC também podem cumular-se, cabendo ao Estado de residência da última sociedade-mãe ou do último acionista controlador, atenuar a dupla tributação.

A ação 3 recomenda ainda o alargamento das regras CFC a fundos de investimento estrangeiros, isto é, a adoção de regras FIF (*Foreign Investment Funds*) as quais não se aplicam apenas a situações de controlo. Na verdade, os fundos de investimento estrangeiros podem ser utilizados abusivamente ou como forma de adiar a tributação pelo Estado de residência de rendimento passivo.

Segundo a ação 3, as regras CFC devem envolver uma análise da atividade da controlada, numa lógica de prevalência de substância sobre a forma. A OCDE dá três sugestões para densificar esse juízo: uma análise

[174] Ana Paula Dourado, "The Role of CFC Rules...", cit., pp. 350-351.

de contribuição substancial; uma análise sobre a viabilidade como entidade independente; ou uma análise envolvendo o número de trabalhadores e o estabelecimento.

A análise mencionada em primeiro lugar recomenda um teste com um limiar, de modo a determinar-se se os trabalhadores da CFC deram um contributo substancial ao rendimento auferido pela CFC; só se a contribuição substancial não existir e o limiar for atingido, todo o rendimento da CFC é tratado como rendimento da sociedade-mãe.

Esta perspetiva, por se basear no limiar, é dificilmente conciliável com o princípio da proporcionalidade do Direito Europeu.

Já defendemos que as outras duas análises, porque não envolvem o limiar, são possivelmente mais compatibilizáveis com a jurisprudência do TJUE[175]. Elas centram-se na averiguação caso a caso sobre a existência de uma atividade genuína. A compatibilidade com as liberdades fundamentais do TFUE será mais fácil de atingir, se tais análises observarem o princípio da proporcionalidade e não forem aplicadas numa lógica de sim ou não, ou de tudo ou nada.

A análise mencionada em terceiro lugar, usaria os trabalhadores e estabelecimento como uma "forma mais mecânica de determinar se as atividades estão localizadas nos territórios das sociedades estrangeiras controladas" e pode exigir uma comparação inviável: "uma comparação dos trabalhadores e estabelecimento na sociedade estrangeira controlada com a dos trabalhadores e estabelecimentos que seriam necessários para gerar todo o rendimento em causa"[176].

A aprovação de uma regra CFC, muito pormenorizada, pela Diretiva ATAD, 1164/2016, de 17 de junho, é uma concretização da ação 3 do BEPS, enfrentando os limites das liberdades fundamentais, mas sem ter em conta a jurisprudência mais recente do TJUE e do Tribunal EFTA.

5.3. O significado das regras CFC

Vimos que as regras CFC implicam a tributação dos lucros da entidade estrangeira por parte do Estado exportador de capital, independentemente da distribuição de dividendos ou da competência para tributar os lucros de um estabelecimento estável no exterior. A tributação universal

[175] Ana Paula Dourado, "The Role of CFC Rules...", cit., pp. 358-359 e ss.

[176] Ana Paula Dourado, "The Role of CFC Rules...", cit., pp. 350-351.

das sociedades com investimento no exterior, seja através de afiliadas ou de estabelecimentos estáveis, pode ser entendida como a regra, e o reconhecimento da personalidade jurídica da afiliada para efeitos de tributação pode ser vista como a exceção[177]. A personalidade jurídica do investimento no exterior não teria consequências em termos fiscais, como resulta das regras CFC brasileiras[178].

As regras CFC surgiram, nesta conceção, ligadas à tributação universal. Elas podem ser também entendidas como regras antiabuso. Neste caso, podem estar associadas à tributação universal ou à tributação territorial. Se a tributação regra assentar no princípio da territorialidade, as regras CFC implicam uma alteração de elementos de conexão (inversão de método ou *switch-over*): uma conversão da territorialidade em universalidade e consequente tributação à transparência da sociedade afiliada.

A ação 3 do BEPS não toma posição sobre este assunto, deixando aos Estados a escolha quanto à função a desempenhar pelas regras CFC. A razão de ser desta indiferença reside na dificuldade em atingir acordo quanto a este ponto.

Mas na verdade, os resultados do plano BEPS deveriam limitar-se a controlar as situações de abuso e de planeamento fiscal agressivo, pelo que a desconsideração da personalidade jurídica da afiliada deveria ser excecional e não a regra. Além do mais, a aplicação das regras CFC altera a repartição de competências entre a fonte e a residência e o plano BEPS não tem como mandato redefinir os elementos de conexão da residência e da fonte.

A OCDE e a ação 3 do BEPS reconhecem a compatibilidade das regras CFC com o artigo 7º, nº 1, primeira parte, do Modelo da OCDE, e a tributação do rendimento pelo Estado da sociedade-mãe, como referimos anteriormente. O projeto BEPS vem reforçar o princípio da tributação singular (*single tax principle*), condenando a dupla tributação e a dupla não tributação.

As regras CFC aplicam-se para evitar as duplas não tributações, e, se causarem dupla tributação, o Estado de residência deve atribuir um crédito

[177] J. Clifton Fleming, Jr., R.J. Peroni and S.E. Shay, "Worse than Exemption", Emory Law Journal, 2009, n.º 1, pp. 80 e ss.

[178] Luis Eduardo Schoueri & Ricardo André Galendi Júnior, "Brazil", *Tax Avoidance Revisited* ..., ed. Ana Paula Dourado ..., cit., e disponível em http://www.eatlp.org/uploads/public/Brazil%20(2%20Dec%202015).pdf: ponto 3.3., pp. 18-20.

sobre a dupla tributação jurídica[179]. O crédito será, em regra, ordinário e não total. O *single tax principle* é neste caso orientado pela carga tributária (taxas) do Estado de residência e pode contribuir para um aumento das taxas de imposto a nível muncial.

5.4. Rendimento ativo vs rendimento passivo

Outro aspeto sobre o qual não existe acordo é o significado de rendimento para efeitos de aplicação da regra CFC. Alguns Estados abrangem nas regras CFC apenas os rendimentos passivos, enquanto outros cobrem os rendimentos ativos. Os primeiros estão mais sujeitos a manipulação, e por isso é mais frequente encontrarmos regras CFC limitadas a esses rendimentos.

O projeto da ação 3 submetido a discussão pública, de 12 de maio de 2015, "reforçando as regras CFC", reconhecia que os grupos societários "podem ser afiliadas situadas em territórios de baixa tributação para as quais podem transferir rendimentos e que estas afiliadas são estabelecidas nesses territórios total ou parcialmente por razões fiscais".[180] A OCDE, na ação 3, mandatou o Grupo de Trabalho nº 11 para desenvolver recomendações sobre o desenho de regras CFC.

Apesar de não ter havido entendimento sobre o significado de rendimento, a abranger pelas regras CFC, as recomendações nos vários capítulos dirigem-se, teoricamente, a todos os Estados da ordem jurídica internacional, e não só aos Estados da OCDE.

Dado que as regras CFC protegem os interesses dos Estados exportadores líquidos de capital, são os Estados da OCDE, ou alguns deles, que têm mais interesse em aplicar estas regras.[181]

5.5. Fonte e residência

As regras CFC estão relacionadas com o significado de residência fiscal das sociedades. Se a residência estiver bem definida, coincidindo com a

[179] Blazej Kuzniacki, "The Need to Avoid Double Economic Taxation...", cit., pp. 758-772; Alexander Rust, "CFC Legislation and EC Law", cit., pp. 496 e ss.; Ekkehart Reimer, Article 7, "Business Profits", *Klaus Vogel on Double Taxation Conventions*, 4.th ed., Eds. Ekkehart Reimer & Alexander Rust, Kluwer Law International, The Netherlands, Vogel Commentary, 2015, vol. 1, p. 511, nº 55.

[180] Public Discussion Draft BEPS Action 3: Strengthening CFC Rules, 12 May 2015, p. 6, disponível em: https://www.oecd.org/ctp/aggressive/discussion-draft-beps-action-3-strengthening-CFC-rules.pdf.

[181] Ana Paula Dourado, "The Role of CFC Rules...", cit., pp. 344-349.

substância, ou desenvolvimento genuino de atividade, a necessidade de aplicação das regras CFC fica muito reduzida.

A opção do projeto BEPS foi a de não alterar as regras de residência, nem, pelo menos formalmente, a repartição de competências entre os Estados de residência e o Estado da fonte. Ainda assim, ao se aperfeiçoar o conceito de estabelecimento estável, pretende-se alargar o conceito de fonte. O mesmo é verdade, quando se densificam as regras de preços de transferência, mais próximas da criação de valor. A comunicação por parte das empresas do grupo da matéria tributável consolidada, em cada Estado onde operam, bem como a comunicação de esquemas de planeamento fiscal agressivo, pretendem assegurar a tributação no Estado onde o valor é criado, e portanto, no Estado da fonte.

É claro que se a fonte for o Estado da residência da sociedade, teremos uma coincidência entre ambos os elementos de conexão.

Finalmente, no quadro das ações 6 e 15, o alargamento dos benefícios do Tratado a entidades transparentes, pode evitar as disparidades decorrentes dos instrumentos híbridos.

A entrada em ação de regras CFC reforça as competências do Estado de residência. Todavia, é bom ter presente que a OCDE não tem um mandato para dar prioridade a uma ou outra ação, a um ou outro conjunto de regras[182].

6. Coordenação entre as ações 2 e 3

As regras CFC implicam a tributação compensatória pelo Estado de residência. Se o Estado da fonte não tributar suficientemente a sociedade estrangeira controlada, o Estado da sociedade-mãe (ou equiparada) tributa. Por conseguinte, elas surgem, neste contexto, como um elemento de tensão entre a fonte e a residência.

Além disso, as regras CFC interagem com todas ou a maior parte das outras ações: 1, 2, 4, 5, 8-10, 11 e 15. Os relatórios finais das ações 2 e 3 trazem alguma clarificação sobre a interação entre as ações[183]. Mas fazem-no mais implícita do que explicitamente.

[182] V. a crítica em Yariv Brauner, "The Bad, the Worse and the Ugly", cit., pp. 103-107.

[183] OECD, *Neutralising the Effects of Hybrid Mismatch Arrangements – Action 2: 2015 Final Report*, OECD/G20 Base Erosion and Profit Shifting Project (OECD 2014), pp. 97–98, disponível em

Na ação 2, esclarece-se que antes de se aplicarem regras anti-híbridos, os Estados devem considerar se uma regra CFC é aplicável, e o ónus da prova funciona em desfavor do contribuinte[184].

A ação 3 não se refere a uma hierarquia, centra-se antes em justificar a necessidade de regras CFC na iniciativa BEPS, especialmente em relação às normas de preços de transferência. Para o efeito, compara o papel das regras CFC e de preços de transferência, sem uma indicação clara de prioridade ou de coordenação entre as mesmas.

O projeto de discussão pública referia-se às regras de preços de transferência como "pretendendo ajustar os lucros tributáveis das empresas associadas para eliminar distorções que surjam quando os preços ou outras condições de transações entre essas empresas diferem do que teriam sido se as empresas fossem independentes".

Se as regras de preços de transferência conseguissem atingir este resultado, elas restaurariam os direitos de tributação de todos os Estados envolvidos.

Tal como acontece com as regras CFC, os preços de transferência têm um efeito preventivo. Se as regras de preços de transferência funcionarem corretamente, as regras CFC terão um papel secundário, complementando aquelas.

7. Regras de limitação de dedutibilidade dos juros (ação 4)

7.1. O tratamento fiscal dos juros

As regras de limitação de dedutibilidade de juros têm como objetivo reduzir o tratamento fiscal mais favorável que é dado à dívida societária em detrimento do tratamento fiscal dado ao capital próprio de uma sociedade. Numa lógica de tributação do rendimento líquido, o pagamento dos juros é dedutível no cálculo da base do imposto societário, enquanto os lucros distribuídos e os dividendos não são dedutíveis, gerando dupla tributação económica.

A solução tradicionalmente adotada eram as regras de subcapitalização que proibiam, através de presunções inilidíveis, a dedutibilidade de

http://www.oecd-ilibrary.org/docserver/download/2315291e.pdf?expires=1489484554&id=id&accname=guest&checksum=E8126C315E7C6DCC9CDAACFED8B3EDE9.

[184] Ponto 5.3.

juros que ultrapassasse um determinado *rácio* em relação ao capital próprio, cabendo ao legislador nacional decidir o *rácio* adequado[185].

As regras de subcapitalização tinham sido recomendadas pela OCDE e aplicavam-se apenas às relações interestaduais, no caso de empresas associadas e de forma automática. As regras de subcapitalização assentam em geral numa proporção entre capital próprio e endividamento, proibindo a dedutibilidade de juros quando o endividamento ultrapassa uma determinada proporção em relação ao capital próprio. Cabe ao legislador nacional determinar essa proporção que varia entre o dobro e o sêxtuplo, consoante as legislações[186].

Para além da proibição da dedutibilidade, alguns Estados-Membros previam ainda a requalificação do excesso dos juros como dividendos[187].

A questão da não neutralidade fiscal do tratamento dos juros tem sido amplamente discutida internacionalmente, pois tem gerado comportamentos de planeamento fiscal agressivo, incluindo, de elisão fiscal. O artigo 41º-A do Estatuto dos Benefícios Fiscais, sobre remuneração convencional de capital, pretende tornar mais neutro o tratamento do financiamento por capital próprio e por empréstimos dos sócios. A mesma função tem o artigo 11º da nova proposta de Diretiva de uma Base Fiscal Comum de Tributação das Sociedades[188]: *"Allowance for Growth and Investment Equity Base"*. No futuro ver-se-á se estas medidas contribuem para diminuir o recurso ao endividamento excessivo.

Como referimos atrás, têm sido também utilizados com frequência instrumentos e entidades híbridas para conseguir a dedução de juros e a dupla não tributação de rendimentos: dedução num Estado que qualifica os rendimentos como juros e não tributação no Estado do beneficiário que qualifica os rendimentos como dividendos.

[185] Ana Paula Dourado & Rita de la Feria, "Thin Capitalization and Outbound Investment: Thin Capitalization Rules in the Context of the CCCTB", *Common Consolidation Corporate Tax Base*, eds. Michael Lang, Pasquale Pistone, Josef Schuch, Claus Staringer, Linde Verlag, Wien, 2008.

[186] Ana Paula Dourado & Rita de la Feria, "Thin Capitalization and Outbound Investment...", cit., pp. 785 e ss.

[187] Era o caso da Alemanha, como se pode confirmar no caso TJCE, 12 de dezembro de 2002, Caso C-324/00 (Lankhorst-Hohorst v Finanzamt Steinfurt).

[188] Proposal for a Council Directive on a Common Corporate Tax Base, Strasbourg, 25.10.2016 COM(2016) 685 final 2016/0337 (CNS): https://ec.europa.eu/taxation_customs/sites/taxation/files/com_2016_685_en.pdf.

Este tipo de planeamento, como toda a problemática de transferência de lucros, gera distorções de concorrência, perda de receita fiscal e perda de sentido de justiça fiscal.

As regras de preços de transferência do artigo 9º do Modelo da OCDE, bem como as ações 8-10 do BEPS, alinhando a tributação no Estado onde é criado valor, nem sempre são suficientes para resolver este problema. Por exemplo, elas não legitimam, exceto em situações muito restritas, a proibição de dedução do empréstimo por parte das administrações tributárias nacionais, nem a requalificação (Paras. 1.121-1.125). Todavia, elas devem ser tidas em conta como testes de referência: para apurar se haveria empréstimo entre entidades independentes (primeiro teste) e qual o montante do juro aplicável entre entidades independentes (segundo teste): ver o caso *Thin Cap GLO*[189].

O montante de juro aplicável, segundo o princípio das entidades independentes, implica uma avaliação de mercado e uma interpretação em que a substância prevalece sobre a forma, como recomendam as orientações da OCDE: avaliação do tipo de empréstimo, do período do empréstimo, do montante do empréstimo; dos objetivos do empréstimo, do risco, da credibilidade e garantias do devedor[190].

No caso finlandês KHO 2010/3092 (73), a A Oy pertencia a um grupo norueguês, e os factos apontavam para dois empréstimos bancários de 36 milhões, garantidos pelos ativos de A. Os empréstimos foram contabilizados à taxa média de 9,5%, após a reorganização empresarial. A administração tributária aplicou a taxa de 7,04%, apresentada antes da reorganização; e a taxa aplicada entre entidades independentes não era superior a 3,25%. Além disso, A tinha uma situação de solvabilidade excelente.

A indedutibilidade dos juros colocou a questão de saber se todo o empréstimo é desconsiderado e se os juros podem ser requalificados como dividendos.

189 TJCE, 13 de março de 2007, Caso C-524/04 (Test Claimants in the Thin Cap Group Litigation v Commissioners of Inland Revenue).

190 V. OECD Model Tax Convention, commentaries on Article 9, nos. 66, 103; commentaries on Article 11, para. 6, nos. 32, 36; OECD (2015), Action 4, *Limiting Base Erosion Involving Interest Deductions and Other Financial Payments*, 2015, Final Report, OECD/G20 Base Erosion and Profit Shifting Project, OECD Publishing, Paris, pp. 19-20. http://www.keepeek.com/Digital-Asset-Management/oecd/taxation/limiting-base-erosion-involving-interest-deductions-and-other-financial-payments-action-4-2015-final-report_9789264241176-en#.WDwOVrKLTcs

No caso KHO 2014/2117 (219), envolvendo uma afiliada finlandesa que recebeu um financiamento híbrido da sociedade-mãe no Luxemburgo, o tribunal finlandês entendeu que, apesar das características híbridas, se tratava de um empréstimo e, portanto, de uma dívida, e que os juros não podiam ser requalificados como dividendos[191].

Nestes casos, o tribunal finlandês limitou-se a aplicar as regras dos preços de transferência, dado que a Finlândia não tinha uma regra de subcapitalização.[192]

7.2. A ação 4 do BEPS

A ação 4 do BEPS[193] aconselha um regime de limites à dedutibilidade de juros, pelo menos a grupos multinacionais, com exceção dos setores bancário e de seguros. Estes precisam de regras próprias, estando previsto que a OCDE desenvolva regras adequadas aos setores em causa.

No quadro do BEPS, os limites à dedutibilidade dos juros baseiam-se no critério EBITDA: limites de dedutibilidade aplicados aos gastos de financiamento líquidos.

No caso das regras de limitação de dedutibilidade de juros, a interação com uma cláusula geral antiabuso (CGAA) é mais complexa do que no caso anteriormente referido da interação entre uma regra de subcapitalização e uma CGAA. Cabe saber se os juros são sempre dedutíveis, caso os limites de dedutibilidade não sejam atingidos, ou se existindo artificialidade na qualificação dos rendimentos – se houver uma distribuição oculta de dividendos – pode ser ainda aplicada a CGAA e consequente requalificação. Entende-se que, desde que os pressupostos de aplicação de uma CGAA sejam diferentes dos pressupostos da norma de limitação de dedutibilidade dos juros, a CGAA deve ainda aplicar-se. Isto significa que uma distribuição oculta de dividendos pode ser tratada ao abrigo de

[191] V., no mesmo sentido, Werner Haslehner, *Klaus Vogel on Double Taxation Conventions*, eds. Ekkehart Reimer & Alexander Rust, Kluwer Law International, The Netherlands, 2015, commentaries on Article 11, p. 947, nº 141.

[192] Raimo Immonen & Juha Lindgren, "Finland", *Tax Avoidance Revisited...*, ed. Ana Paula Dourado..., cit., ponto 4.7., disponível em: http://www.eatlp.org/uploads/public/Finland%20(4%20November%202015).pdf

[193] OECD (2017), Limiting Base Erosion Involving Interest Deductions and Other Financial Payments, Action 4 – 2016 Update: Inclusive Framework on BEPS, OECD/G20 Base Erosion and Profit Shifting Project, OECD Publishing, Paris. http://dx.doi.org/10.1787/9789264268333-en

uma CGAA e não ao abrigo das regras de limitação de dedutibilidade de juros.

7.3. Subcapitalização, híbridos e cláusula geral antiabuso

Dada a insuficiência das regras de preços de transferência para tratar dos problemas da subcapitalização[194] e das disparidades geradas pelos instrumentos híbridos[195], estes são abordados autonomamente – complementarmente – nas ações 4 e 2 do BEPS.

Como referimos no ponto 7.1., as consequências da não dedutibilidade de juros não são por vezes claras: cabe saber se as regras de subcapitalização implicam a total ou apenas parcial indedutibilidade dos juros; se implicam requalificação dos rendimentos; e, além disso, se pode ser usada subsidiariamente uma cláusula geral antiabuso.

Os tribunais tendem a considerar que a cláusula geral antiabuso pode ser aplicada subsidiariamente quando a cláusula específica não cobre o caso satisfatoriamente, mas esta solução é controversa[196]. Se uma regra de subcapitalização prevê a indedutibilidade dos juros, mas não prevê a requalificação dos juros em dividendos, pode entender-se que o legislador não quis requalificar, e, portanto, não pode haver requalificação ao abrigo de uma CGAA, aplicando um raciocínio de substância sobre a forma. Ou seja, se não estão preenchidos os pressupostos da cláusula específica, pode entender-se que o elemento normativo não está preenchido e que o legislador quis excluir a aplicação da CGAA.

[194] Antevendo a ação 4 e explicando as soluções possíveis, Emilio Cencerrado Milán & Maria Teresa Soler Roch, "Limit Base Erosion via Interest Deduction and Others", *Intertax*, 2015, nº 1, pp. 60-71.

[195] V. o exemplo de Espanha: Félix Daniel Martínez Laguna, "Institutional Hybrid Financial Instruments and Double Non-Taxation under Domestic Rules and Tax Treaty Law: The Example of Spain", *Intertax*, 2016, nºs 6-7, pp. 447-462.

[195] V. A discussão do assunto na Alemanha, em Ekkehart Reimer, "Germany", *Tax Avoidance Revisited*, ..., cit., no prelo. Uma versão preliminar disponível em: http://www.eatlp.org/uploads/public/Germany%20(21%20March%202016).pdf; Maarten de Wilde & Ciska Wisman, "The Netherlands", *Tax Avoidance Revisited*, ..., cit., no prelo, ponto 5 do Relatório. Versão preliminar disponível em: *Tax Avoidance Revisited*, ..., cit., no prelo.

8. Cláusula de limitação de benefícios e cláusula geral antiabuso (ação 6)

A ação 6 faz três recomendações, a incluir nos acordos de dupla tributação: em primeiro lugar, deve ficar claro que os acordos pretendem evitar a dupla tributação e a criação de oportunidades para a elisão fiscal; em segundo lugar, a introdução de uma cláusula de limitação de benefícios (CLB), inspirada nas cláusulas dos Estados Unidos e de outros países; em terceiro lugar, a adoção de uma cláusula geral antiabuso baseada no teste do "objetivo principal do negócio" [197].

A ação 6 deixa aos Estados a decisão quanto à introdução de ambas as cláusulas ou de uma delas apenas. Por exemplo, pode ser incluída somente uma CLB nas convenções bilaterais, se a doutrina antiabuso, aplicável internamente, abranger as situações cobertas pela cláusula do objetivo principal.

8.1. A cláusula de limitação de benefícios

A CLB proposta na ação 6 nega o regime da convenção às pessoas não qualificadas para efeitos da mesma (Artigo X)[198]. Segundo a redação de CLB sugerida na ação 6, são qualificadas:

- As pessoas singulares; os Estados contratantes, as suas subdivisões políticas e entidades totalmente detidas pelos primeiros; algumas entidades cotadas numa bolsa pública de valores e suas afiliadas; algumas instituições de sem fins lucrativos e fundos de pensões; outras entidades que preencham determinados requisitos de participações; alguns veículos de investimento coletivo.

Além disso, certos rendimentos de uma pessoa não qualificada podem beneficiar da convenção, se essa pessoa apenas desenvolver atividades empresariais de forma ativa, e o rendimento estiver relacionado com essas atividades; certas pessoas não qualificadas podem estar abrangidas pela convenção, se forem detidas em certa proporção por pessoas qualificadas; e finalmente, as autoridades competentes dos Estados contratantes poderiam atribuir certos benefícios da convenção a uma pessoa não qualificada (juízo discricionário).

[197] OECD (2015), Preventing the Granting of Treaty Benefits in Inappropriate Circumstances, Action 6 – 2015 Final Report, OECD/G20 Base Erosion and Profit Shifting Project, OECD Publishing, Paris. Disponível em: http://dx.doi.org/10.1787/9789264241695-en.

[198] OECD (2015), "Preventing the Granting of Treaty Benefits...", p. 21.

A CLB apresenta um teste de empresa cotada em mercado de capitais (bolsa pública de valores), quanto à propriedade indireta da sociedade beneficiária dos rendimentos de um Estado contratante de residência. O teste de propriedade implica que não sejam concedidos os benefícios de uma convenção de dupla tributação quando mais do que 50% do capital é detido por acionistas não residentes.

Partindo desta proposta de artigo X, a ação 6 desenvolve pormenorizadamente cada teste, propondo versões mais detalhadas e outras simplificadas.

As CLB são regras específicas antiabuso e têm sido crescentemente utilizadas nas convenções de dupla tributação, sob forte influência dos EUA[199]. Elas não diferem em substância do conceito de beneficiário efetivo, ou da ideia que subjaz a este conceito. Todavia, são mais fáceis de aplicar do que o conceito de beneficiário efetivo[200].

A função das CLB é atribuir o regime da Convenção em três casos: apenas aos contribuintes que, para além de serem residentes, desenvolvam atividades empresariais genuínas; quando exista um nexo suficiente com o Estado de residência; ou quando as pessoas qualificáveis atuem de boa-fé. Daí que sejam aplicados um conjunto de testes alternativos[201].

Pode questionar-se se, nos tratados bilaterais concluídos por Estados-Membros com outros Estados-Membros ou com Estados terceiros, a discriminação dos acionistas estabelecidos na UE constitui uma restrição à liberdade de estabelecimento.

A jurisprudência existente, nomeadamente, nos casos D. e ACT GLO[202], leva-nos a concluir que as cláusulas cláusulas de limitação de benefícios não são incompatíveis com as liberdades fundamentais (liberdade de estabelecimento), porque resultam do equilíbrio bilateral das convenções de dupla tributação[203]. Defendemos anteriormente que sendo as CLB

[199] Luc de Broe, "BEPS Action 6, Tax Treaty Abuse", *Intertax*, 2015, nº 2, pp. 122 e ss.

[200] Considerando que só se aplica a CLB se estivermos perante o beneficiário efetivo, Luc de Broe, "BEPS Action 6...", cit., p. 129.

[201] Luc de Broe, "BEPS Action 6...", cit., p. 128.

[202] TJCE 5 de julho de 2005, Caso C-376/03 (D. v Inspecteur van de Belastingdienst/Particulieren/Ondernemingen buitenland te Heerlen); TJCE 12 de dezembro de 2006, Caso C-374/04 (Test Claimants in Class IV of the ACT Group Litigation v Commissioners of Inland Revenue).

[203] Criticando esta jurisprudência, Eric Kemmeren, "Where is EU Law in the OECD BEPS Discussion?", *EC Tax Review*, 2014, nº 4, pp. 191-192.

regras de atribuição de competência, escapam ao crivo do Tribunal de Justiça[204].

A Comissão Europeia, ainda assim, já no contexto do projeto BEPS, questiona se a CLB, na Convenção entre os Países Baixos e o Japão, é compatível com o direito de estabelecimento. Em 19 de novembro de 2015, a Comissão pediu aos Países Baixos para alterar a sua CLB na convenção de dupla tributação entre os Países Baixos e o Japão[205].

8.2. A cláusula geral antiabuso – o teste do objetivo principal

A ação 6 propõe uma regra geral antiabuso que assenta no teste do objetivo principal do negócio – denominada em inglês de "Principal Purpose Test" (PPT).

Podemos traduzir assim a redação proposta:

> "Sem prejuízo de outras disposições desta Convenção, um benefício ao abrigo da mesma, não será atribuído a uma categoria de rendimento ou de capital, se for razoável concluir, tendo em conta todos os factos e circunstâncias, que a obtenção desse benefício foi um dos objetivos principais de um esquema ou transação que resultou direta ou indiretamente nesse benefício, a não ser que se conclua que a atribuição desse benefício nestas circunstâncias, seria conforme ao objecto e fim das disposições relevantes desta Convenção" (***"Notwithstanding the other provisions of this Convention, a benefit under this Convention shall not be granted in respect of an item of income or capital if it is reasonable to conclude, having regard to all relevant facts and circumstances, that obtaining that benefit was one of the principal purposes of any arrangement or transaction that resulted directly or indirectly in that benefit, unless it is established that granting that benefit in these circumstances would be in accordance with the object and purpose of the relevant provisions of this Convention."***)

A cláusula PPT, recomendada na ação 6, contém testes de abuso que correspondem aos elementos que encontramos no Direito Comparado.

[204] Klaus Vogel, Daniel Gutmann, Ana Paula Dourado, "Tax Treaties between Member States and Third States: 'Reciprocity' in Bilateral Tax Treaties and non-Discrimination in EC Law", *EC Tax Review*, 2006, nº 2, pp. 84-86.

[205] "Commission Asks the Netherlands to Amend the Limitation on Benefits Clause in the Dutch-Japanese Tax Treaty for the Avoidance of Double Taxation (Comments by the Editorial Board)", *Highlights & Insights*, 2015, nº 12, pp. 86-89.

Embora a linguagem utilizada não coincida totalmente com a do Direito Europeu, já defendemos que os conceitos de abuso de Direito Europeu e os da regra PPT têm em comum elementos fundamentais[206].

Encontramos na cláusula PPT a averiguação do objeto e finalidade das disposições fiscais potencialmente elididas. E encontramos também a averiguação da finalidade principal do esquema adotado. Esta pode ser interpretada como uma referência ao objetivo essencialmente fiscal, por contraposição a razões económicas válidas, tal como recentemente construído no Direito Europeu.

A introdução de uma cláusula geral antiabuso nas convenções de dupla tributação elimina algumas dúvidas. Desde logo, fica resolvida a questão de saber se é legítimo aplicar cláusulas antiabuso de Direito interno, para afastar as regras das convenções que limitam a tributação dos Estados[207].

Todavia, a regra PPT da ação 6 contém uma presunção de abuso, e esta não é compatível com o TFUE[208].

9. Estabelecimento estável (ação 7)

9.1. O conceito de estabelecimento estável

A exigência de um certo grau de permanência da atividade de um não residente (ligação geográfica) é condição de tributação por parte dos Estados da fonte. Esse grau de permanência é concretizado pela existência de um estabelecimento estável e tem gerado tensões entre países importadores e exportadores líquidos de capital[209].

O artigo 5º do Modelo da OCDE contém diversas categorias de estabelecimentos estáveis, e a evolução da economia fez aparecer novas categorias reconhecidas em algumas convenções bilaterais de dupla tributação. De entre várias classificações possíveis, destacam-se as seguintes[210]:

[206] Ana Paula Dourado, "Aggressive Tax Planning in EU Law...", cit., pp. 54-56. V. também, Luc de Broe, "Tax Treaty and the EU Law Aspects of the LOB and PPT Provision Proposed by BEPS Action 6", *Base Erosion and Profit Shifting (BEPS)...*, cit., pp. 197 e ss.

[207] V. sobre as relações entre as convenções de dupla tributação e o direito interno, por exemplo, Luís Eduardo Schoueri, "Tax Treaty Override: A Jurisdictional Approach", *Intertax*, 2014, nº 11, pp. 682-694.

[208] Eric Kemmeren "Where is EU Law in the OECD BEPS Discussion?", cit., pp.192-193.

[209] Jean Schaffner: "The Territorial Link...", cit., pp. 638-640.

[210] Seguimos a classificação de Jean Schaffner: "The Territorial Link...", cit., pp. 639.

1) Um estabelecimento estável com presença física (instalação fixa): artigo 5º, nº 1, do Modelo da OCDE;
2) Um estaleiro de construção ou de montagem: artigo 5º, nº 3, do Modelo da OCDE;
3) Um agente dependente: artigo 5º, nº 5, do Modelo da OCDE;
4) Um estabelecimento estável de serviços (não exige instalação física e por isso recai no nº 5, é uma subcategoria deste: comentários ao Modelo da OCDE nºs 42.11-42-48);
5) Um estabelecimento estável segurador (local de cobrança de prémios ou locação de riscos, reconhecido pelo artigo 5º, nº 5, do Modelo da OCDE);
6) Local de situação do equipamento substancial (em alguns acordos de dupla tributação);
7) Exploração de recursos naturais.

O artigo 5º do Modelo da OCDE distingue ainda entre agentes dependentes e agentes independentes, contrapondo o nº 5 ao nº 6. Os primeiros constituem estabelecimento estável e legitimam a tributação das empresas não residentes no Estado da fonte. Os segundos não constituem estabelecimento estável da empresa não residente. Para evitar cair nos pressupostos do conceito de estabelecimento estável (de agente dependente), as empresas também recorrem a pessoal local sem autoridade formal para a conclusão de contratos.

9.2. A finalidade da ação 7

O objetivo da ação 7 era prevenir a elisão ao *Tatbestand* de estabelecimento estável. Os Estados tradicionalmente importadores de capital, e, em especial, os BRICs e os Estados da OCDE, foram tomando consciência das insuficiências do conceito: fundamentalmente, o estabelecimento estável deixou de proteger as bases fiscais do Estado da fonte e passou a servir a elisão fiscal nestes Estados[211].

Para criar uma divisão justa de receitas tributárias entre a fonte e a residência, teria sido necessário aprovar novas regras de atribuição de lucros

[211] Já em 1991, Arvid Skaar tinha reconhecido esta situação, referindo-se a uma questão que ocorria nas "últimas décadas": *Permanent Establishment: Erosion of a Tax Treaty Principle*, Kluwer Law and Taxation Publishers, Boston, 1991, p. 559; sobre a tensão entre fonte e residência, Jean Schaffner, "The Territorial Link..., cit., pp. 639.

entre a fonte e a residência, mas os resultados da ação 7 ficaram aquém do desejável[212].

Apenas se recomendam normas respeitantes às atividades preparatórias e auxiliares (artigo 5º, nº 4, do Modelo da OCDE), ao conceito de agente dependente (artigo 5º, nº 5, do Modelo da OCDE) e de agente independente (artigo 5º, nº 6º, do Modelo da OCDE).

Não admira por isso que alguns Estados estejam a adotar um imposto sobre os lucros desviados com objetivos antiabuso e de alargar o conceito de estabelecimento estável[213]. A ação 7 também não resolve a tributação dos serviços digitais, porque o estabelecimento estável continua a exigir a presença física da atividade. Em 16 de março a OCDE apresentou o seu relatório provisório sobre a tributação digital[214] e em 21 de março de 2018, a Comissão Europeia apresentou duas propostas de Diretivas sobre a mesma matéria, que incluem um imposto provisório e um conceito de estabelecimento estável digital[215].

9.3. Atividades preparatórias e auxiliares

Na versão atual do artigo 5º, nº 4, excluem-se do conceito de estabelecimento estável, as atividades preparatórias e auxiliares: as atividades de armazenamento, exposição e entrega de mercadorias; de depósito para armazenamento, exposição, entrega ou transformação; de compra de mercadorias e de reunião de informações; uma combinação entre as atividades anteriores ou qualquer atividade preparatória ou auxiliar.

[212] Justus Eisenbeiss, "BEPS Action 7...", pp. 481-502 (pp. 481-483 e ss). Para uma análise da ação 7, V. Peter H. Blessing, "Preventing the Artificial Avoidance of PE Status", *Base Erosion and Profit Shifting (BEPS)*, cit., pp. 368 e ss.

[213] V. nº 11 deste capítulo.

[214] OECD, *Tax Challenges Arising from Digitalisation: Interim Report 2018 – Inclusive Framework on BEPS*, OECD/G20 BEPS Project (OECD Publishing 16 March 2018).

[215] European Commission, Proposal for a Council Directive on the Common System of a Digital Services Tax on Revenues Resulting from the Provision of Certain Digital Services, Brussels, 21 Mar. 2018, COM(2018) 148 final, 2018/0073 (CNS), https://ec.europa.eu/taxation_customs/sites/taxation/files/proposal_common_system_digital_services_tax_21032018_en.pdf; European Commission, Proposal for a Council Directive Laying Down Rules Relating to the Corporate Taxation of a Significant Digital Presence, Brussels, 21 Mar. 2018 COM (2018) 147 final 2018/0072 (CNS), https://ec.europa.eu/taxation_customs/sites/taxation/files/ proposal_significant_digital_presence_21032018_en.pdf.).

Todavia, com a economia digitalizada e desmaterializada, as referidas atividades nem sempre constituem atividades preparatórias e auxiliares. Além disso, o planeamento das multinacionais caracteriza-se por uma fragmentação artificial de atividades de modo a situar as atividades preparatórias e auxiliares em territórios de alta tributação para elidir o conceito de estabelecimento estável e, assim, a tributação na fonte.

Por isso, a ação 7 propõe que se acrescente ao nº 4 a seguinte frase: "desde que essa atividade ou, no caso da alínea *f*), o conjunto da atividade da instalação fixa, tenha carácter auxiliar ou preparatório".

Nem todos os Estados concordaram com esta recomendação, com o argumento de que aceitaram introduzir uma norma anti-fragmentação – um novo número 4.1. – Este preceito será, alegadamente, suficiente para cobrir o abuso em redor do carácter auxiliar e preparatório:

> "4.1. O nº 4 não é aplicável a uma instalação fixa que seja usada ou mantida por uma empresa, se a mesma empresa, ou outra com quem ela esteja numa relação especial, desenvolver atividades no mesmo lugar ou num outro lugar do mesmo Estado Contratante e
>
> *a*) esse lugar ou outro lugar constitua um estabelecimento estável para a empresa ou para outra com quem ela esteja numa relação especial, ao abrigo das disposições deste artigo; ou
>
> *b*) o conjunto da atividade, resultando da combinação das atividades desenvolvidas pelas duas empresas no mesmo local, ou pela mesma empresa ou pela empresa com quem ela esteja numa relação especial, nos dois locais diferentes, não tenha carácter preparatório ou auxiliar
>
> desde que as atividades empresariais conduzidas pelas duas empresas nos dois locais, constituam funções complementares que sejam parte de uma operação empresarial coerente".

Na versão original:

> "4.1. Paragraph 4 shall not apply to a fixed place of business that is used or maintained by an enterprise if the same enterprise or a closely related enterprise carries on business activities at the same place or at another place in the same Contracting State and
>
> *a*) that place or other place constitutes a permanent establishment for the enterprise or the closely related enterprise under the provisions of this Article, or

b) the overall activity resulting from the combination of the activities carried on by the two enterprises at the same place, or by the same enterprise or closely related enterprises at the two places, is not of a preparatory or auxiliary character,

provided that the business activities carried on by the two enterprises at the same place, or by the same enterprise or closely related enterprises at the two places, constitute complementary functions that are part of a cohesive business operation."

9.4. Agente dependente e agente independente

Quanto ao agente dependente, é a seguinte a redação proposta para o artigo 5º, nº 5:

> "Não obstante o disposto nos nºs 1 e 2, mas com subordinação às regras do nº 6, quando uma pessoa atue num Estado Contratante por conta de uma empresa e conclua habitualmente contratos nessa qualidade, ou *habitualmente desempenhe o papel principal na conclusão dos contratos que são celebrados rotineiramente, sem modificações materiais pela empresa e estes contratos tenham sido celebrados:*
>
> *a)* Em nome da empresa, ou
>
> *b)* Para *transferência de propriedade* de, ou para atribuir um direito ao uso, propriedade daquela empresa ou aquela empresa tenha o direito de uso, ou
>
> *c)* Para o fornecimento de serviços por aquela empresa,
>
> Será considerado que esta tem um estabelecimento estável nesse Estado...".

É criticável que a alínea *a)* "em nome da empresa" se mantenha, pois é das cláusulas que mais controvérsia têm gerado, dada a facilidade em ser elidida. Todavia, as alíneas *b)* e *c)* pretendem colmatar os esquemas que elidem a alínea *a)*.

As alterações ao nº 6 do artigo 5º excluem as empresas que atuam exclusivamente ou quase exclusivamente por conta de uma ou mais empresas com a qual estejam numa relação especial.

Deste modo, alarga-se o âmbito do nº 5 (do agente dependente).

10. O instrumento multilateral (ação 15)

10.1. Procedimento e medidas

O Relatório sobre a ação 15 (desenvolvimento de um instrumento multilateral para modificar as convenções bilaterais de dupla tributação) conclui que o instrumento multilateral é possível e desejável para implementar as medidas BEPS relacionadas com as convenções de dupla tributação[216].

Foi estabelecido um grupo *Ad Hoc* em 27 de maio de 2015 para trabalhar em tal instrumento. Segundo a OCDE, mais de 100 países participaram nas negociações, incluindo Estados-Membros dessa organização, do G20 e outros Estados desenvolvidos e em vias de desenvolvimento[217]. Em agosto de 2016, o Grupo *Ad Hoc* incluía 96 países, participando em pé de igualdade, e ainda territórios não estaduais e organizações internacionais a participar como observadores.

Como resultado, foram concluídas as negociações da "Convenção Multilateral para implementar medidas relacionadas com o Tratado para prevenir a erosão das bases e a transferência de lucros", em 24-25 novembro de 2016. A Convenção Multilateral foi assinada em 7 de junho de 2017, por 68 países, incluindo Portugal.[218]

O objetivo da Convenção multilateral é modificar, de modo célere e coordenado, as convenções de dupla tributação, implementando as medidas das ações BEPS.

A ação 15 identificou as medidas a implementar:

1) As medidas a introduzir nas convenções de dupla tributação, ao abrigo da ação 2, relativas a disparidades causadas por híbridos, e incluindo a revisão do Artigo 1º do Modelo da OCDE, relativamente às pessoas cobertas pelas convenções de dupla tributação, de modo a tratar da questão das entidades fiscalmente transparentes; regras destinadas a tratar de questões relativas à aplicação do método de

[216] Sobre a Convenção Multilateral prevista no Plano de Ação BEPS, Jacques Malherbe, "The Issues of Dispute Resolution and Introduction of a Multilateral Treaty", *Intertax*, 2015, nº 1, pp. 93-95. Os EUA não participarão nesta Convenção Multilateral: Robert G. Rinninsland & Kenneth Lobo, "US-Based Pushback on BEPS", *Intertax*, 2015, nº 1, pp. 104-105.

[217] "The multilateral convention was developed over the past year, via negotiations involving more than 100 jurisdictions including OECD member countries, G20 countries and other developed and developing countries, under a mandate delivered by G20 Finance Ministers and Central Bank Governors at their February 2015 meeting. The negotiations were led by Mike Williams, Director of Business and International Tax at HM Treasury, United Kingdom": http://www.oecd.org/tax/treaties/multilateral-convention-to-implement-tax-treaty-related-measures-to-prevent-beps.htm.

[218] http://www.oecd.org/tax/treaties/multilateral-convention-to-implement-tax-treaty-related-measures-to-prevent-beps.htm. http://www.oecd.org/tax/treaties/beps-mli-signatories-and-parties.pdf.

isenção para atenuar a dupla tributação. Estas medidas estão consagradas na parte II da convenção multilateral.

2) As medidas desenvolvidas ao abrigo da ação 6 para evitar a atribuição de benefícios dos tratados em circunstâncias inapropriadas, incluindo o padrão mínimo sobre abuso dos tratados; a introdução de uma cláusula de salvaguarda para explicitar que os tratados não limitam o direito de um Estado tributar os seus residentes e as regras antiabuso específicas relacionadas com certas operações relativas a transferência de dividendos; operações envolvendo sociedades que detêm propriedade imobiliária; situações de entidades com dupla residência; e "*treaty shopping*" utilizando estabelecimentos estáveis em terceiros Estados. Estas medidas estão previstas na parte III da convenção multilateral.
3) As medidas desenvolvidas ao abrigo da ação 7 (para prevenir a evitação artificial do estabelecimento estável), incluindo: medidas para tratar de acordos de comissário e estratégias semelhantes; modificações nas isenções de determinadas atividades ao abrigo do artigo 5º, nº 4, e regras anti-fragmentação; e medidas para tratar da separação de contratos com o objetivo de abusar da exceção do artigo 5º, nº 3, do Modelo da OCDE. Estas medidas estão previstas na parte IV da convenção multilateral.
4) Medidas incluindo os padrões mínimos e as melhores práticas ao abrigo da ação 14 (tornando mais efetivos os mecanimos de resolução de litígios), incluindo alterações aos parágrafos 1 a 3 do artigo 25º do Modelo da OCDE, e ao parágrafo 2 do artigo 9º do Modelo OCDE. Estas medidas estão previstas nas partes V (resolução de litígios) e VI (arbitragem).

Um número significativo de países declarou o seu compromisso em introduzir um procedimento de arbitragem multilateral obrigatória vinculativa, como mecanismo para garantir os litígios relacionados com tratados, e a resolver em período de tempo limitado. O instrumento multilateral desenvolve um regime optativo sobre a arbitragem obrigatória e vinculativa (nos artigos 18º a 26º da convenção multilateral).

Também foram estudadas algumas questões levantadas pela convenção multilateral relacionadas com a modificação das convenções bilaterais de dupla tributação. Por exemplo, a relação entre as alterações no instrumento multilateral e a alteração da rede de convenções bilaterais em vigor, porque estas não só não correspondem exatamente ao Modelo da OCDE, como variam entre si.

São incluídas cláusulas de compatibilidade para resolver a questão de saber em que casos a nova regra deve ser acrescentada ou deve substituir as regras de uma convenção de dupla tributação em vigor.

Dado o carácter multilateral da convenção, as suas disposições têm mais opções do que as disposições do Modelo da OCDE e das convenções bilaterais. Só os regimes da convenção multilateral das partes III (ação 6), IV (ação 7) e V (quanto ao mecanismo de resolução de litígios) são vinculativos, sendo os restantes opcionais (os Estados contratantes podem incluir reservas totais ou parciais na sua adoção). Assim, a Convenção multilateral gerará mais dúvidas de interpretação. Por isso, é acompanhada de comentários ou de memorandos explicativos para orientar uma aplicação mais coordenada das novas disposições ou das alterações a serem introduzidas nas convenções bilaterais.

Foi abandonado – pelo menos por agora – o objetivo de uma versão consolidada de convenções de dupla tributação. O instrumento multilateral foi negociado em inglês e em francês, e só estas línguas terão valor oficial quando a convenção for assinada. Isso significa que os tribunais nacionais terão de aplicar as convenções bilaterais celebradas na língua nacional (nas línguas nacionais) e a convenção multilateral em inglês ou francês. Pode existir uma tradução da convenção multilateral para as línguas nacionais, mas tais traduções não têm força vinculativa. Em qualquer dos casos, surgirão dúvidas de interpretação.

10.2. Alcance e interpretação

A Parte I da convenção multilateral diz respeito ao seu alcance e à interpretação dos termos. O artigo 1º esclarece que a convenção multilateral modifica os "acordos fiscais abrangidos" tal como definidos no artigo 2º, nº 1 (isto é, as convenções de dupla tributação em vigor entre duas ou mais "partes" e/ou territórios que são partes de uma convenção (artigo 2º, nº 1, alínea *a)*); partes são os Estados ou territórios que assinaram a convenção multilateral (artigo 2º, nº 1, alínea *b)*).

10.3. As disparidades causadas pelos híbridos

A Parte II da convenção multilateral introduz medidas relativas à ação 2, isto é, a disparidades causadas por híbridos. Para esse efeito, revê o tratamento das entidades fiscalmente transparentes (artigo 3º), o regime da dupla residência de entidades (artigo 4º) e a aplicação dos métodos de dupla tributação (artigo 5º).

Segundo o artigo 3º, nº 1, se um Estado contratante (por exemplo, o Estado A) qualificar uma entidade X como transparente, e o outro Estado contratante (por exemplo, o Estado B) lhe atribuir personalidade tributária, o primeiro Estado (A) deve aceitar a qualificação do outro Estado (B).

Admitamos que X e Y são empresas associadas. Os acionistas de X residem num Estado C de baixa tributação. X está localizada em A e obtém rendimentos em B, que são pagos por Y, aí residente.

Admitamos ainda que o Estado B aceita a dedução dos juros (gastos) pagos por Y a X e que não retém imposto na fonte sobre os juros auferidos por X. Se A não reconhecer a personalidade tributária de X, não tributará os juros de X (por X ser transparente). Teríamos uma situação de dupla não tributação dos juros, acrescida da dedução dos mesmos por uma entidade do grupo.

Assim, o objetivo do artigo 3º, nº 1, da convenção multilateral é eliminar a dupla não tributação: perante uma situação fiscal internacional (i.e., interestadual), se um Estado contratante reconhecer a personalidade tributária de uma entidade, o outro deve também reconhecê-la.

Além disso, um Estado contratante que seja Estado de residência segundo uma convenção fiscal coberta, não deve isentar ou atribuir um crédito, se o outro Estado contratante também tributar o contribuinte como residente, ao abrigo das regras de repartição de competências dessa convenção fiscal coberta (artigo 3º, nº 2). Evita-se assim a dupla residência causada por sujeitos passivos híbridos.

O artigo 3º, nº 3, estabelece o direito último à tributação dos residentes (cláusula de salvaguarda), a não ser que os Estados tenham prescindido desse direito ao abrigo do artigo 11º, nº 3, no caso de: ajustamentos de preços de transferência, serviços prestados noutro Estado, bolsas de estudantes, rendimentos de estagiários, docentes ou investigadores; atribuição de crédito ou isenção; aplicação de regras de não discriminação; reclamações contra aplicação ilegal da convenção; membros de missões diplomáticas, governamentais ou consulares; renúncia à tributação de pensões e pagamentos semelhantes; renúncia expressa, em casos determinados, à tributação dos residentes ou previsão de tributação exclusiva pela fonte.

O artigo 4º, nº 1, prevê que as entidades (pessoas que não sejam pessoas físicas) consideradas residentes de mais de um Estado contratante só beneficiam de uma convenção se houver acordo entre os Estados sobre qual deles é o Estado de residência. Esta disposição não se aplica às sociedades que participem em acordos de empresas de dupla cotação, se o acordo bilateral coberto tiver disposições que tratem especificamente da residência dessas sociedades.

O artigo 5º trata da aplicação dos métodos para eliminar a dupla tributação, dando-se três opções aos Estados contratantes. A primeira opção (opção A) contém uma regra de inversão de isenção pelo Estado de residência em tributação e eventual crédito de imposto ordinário se o Estado da fonte não tributar o rendimento em causa ou lhe aplicar uma taxa reduzida. A segunda opção (opção B) contém uma regra de inversão da isenção de dividendos em tributação pelo Estado de residência do acionista, e eventual crédito ordinário, se no Estado da fonte o mesmo rendimento der origem a uma dedução. A terceira opção (opção C) aplica-se aos casos em que o rendimento é tributado na fonte, devendo o Estado de residência tributar esse rendimento e dar um crédito ordinário; se o Estado de residência preferir dar uma isenção, deve ter esse rendimento isento em conta para calcular o imposto sobre o restante rendimento.

10.4. O abuso dos tratados

A parte III da convenção multilateral diz respeito ao "abuso dos tratados".

Nos termos do artigo 6º, um tratado fiscal coberto deve incluir no seu preâmbulo um parágrafo esclarecendo o objetivo do mesmo: eliminar a dupla tributação quanto aos impostos abrangidos pelo acordo, mas sem criar oportunidades de não tributação ou de redução de impostos. As partes contratantes podem também incluir um parágrafo em que manifestem intenção de aumentar a cooperação em matéria fiscal.

O artigo 7º contém a regra geral antiabuso baseada no teste do objetivo principal (regra "PPT", *principal purpose test*):

> "Um benefício ao abrigo de uma convenção fiscal coberta não deve ser conferido relativamente a um tipo de rendimento ou de capital se for razoável concluir, tendo em conta todos os factos e circunstâncias relevantes, que a obtenção do benefício era um dos principais objetivos de um esquema ou operação que resultou direta ou indiretamente nesse benefício, a não ser que se conclua que a atribuição desse benefício, nestas circunstâncias, estaria de

acordo com o objeto e finalidade das disposições relevantes da convenção fiscal coberta".

Esta regra contém os elementos do abuso contidos noutras cláusulas gerais antiabuso e assim também uma presunção elidível: o contribuinte pode demonstrar que teria direito ao regime da convenção mesmo que não tivesse adotado uma transação ou esquema específico (artigo 7º, nº 4).

Por seu turno, os nºs 8-13 do artigo 7º consagram uma regra de limitação de benefícios simplificada que só deve ser aplicada se todas as partes contratantes quiserem aplicá-la (artigo 7º, nºs 6-7) – sendo que os Estados que não queiram adotá-la num primeiro momento, podem decidir aplicá-la mais tarde ou concordar que outros Estados contratantes a apliquem.

A regra simplificada de limitação de benefícios, ao abrigo do nº 8 do artigo 7º, estabelece que só se aplicam os seguintes benefícios do tratado fiscal coberto (a não ser que a pessoa seja qualificada ao abrigo do nº 9): (i) regras de determinação da residência de uma pessoa que não seja pessoa singular em caso de dupla residência; (ii) regras de ajustamento de preços de transferência, para eliminar a dupla tributação causada por uma correção inicial de outro Estado contratante; (iii) reclamações quanto à aplicação ilegal de um tratado fiscal coberto.

Nos termos do nº 9, uma pessoa é qualificada se for uma pessoa singular; uma entidade contratante, subdivisão política ou autoridade local; uma empresa cuja classe principal de ações seja negociada numa bolsa de valores reconhecida; determinadas pessoas, tais como certas organizações não lucrativas segundo troca diplomática de notas, uma entidade tratada autonomamente para efeitos fiscais, tal como entidades gestoras de fundos de pensões, de fundos de investimento, e detentoras durante pelo menos metade do ano fiscal de 50% ou mais daquelas entidades ou fundos; entidades que recebam rendimentos de pessoas não qualificadas desde que estas desenvolvam uma atividade empresarial.

Além do mais, não se qualificam como atividades empresariais, as sociedades gestoras de participações sociais, as entidades que prestem serviços de fiscalização ou de administração de um grupo de empresas, as entidades que fornecem financiamento de grupo; as entidades de gestão de investimentos (artigo 7º, nº 10). Também beneficiam da convenção as pessoas não qualificadas que sejam detidas em pelo menos 75% das ações ou direitos por pessoas residentes qualificadas (artigo 7º, nº 11).

Finalmente, as pessoas que não sejam qualificadas ao abrigo desta cláusula simplificada de limitação de benefícios, podem elidir a presunção de abuso ao abrigo da regra geral antiabuso (regra "PPT"), e dessa forma beneficiar da convenção (artigo 7º, nº 12).

Esta cláusula simplificada de limitação de benefícios pode não ser aplicada por um Estado contratante, se o outro Estado a não aplicar, fazendo prevalecer a concorrência entre Estados sobre o modelo de cooperação.

A regra PPT é assim uma regra subsidiária à cláusula simplificada de limitação de benefícios. Esta solução permite aos Estados-Membros da União Europeia, incluírem cláusulas de limitação de benefícios nas convenções fiscais bilaterais. Na verdade, as cláusulas antiabuso são consideradas uma restrição às liberdades fundamentais da União Europeia, que pode ser justificada desde que não contenham presunções inilidíveis de abuso. Como veremos no capítulo seguinte, a Diretiva europeia antiabuso não contém regras de limitação de benefícios, pelo facto de a Comissão Europeia entender que elas são incompatíveis com o TFUE.

A esta cláusula de limitação de benefícios, seguem-se regras específicas antiabuso, relativas aos rendimentos passivos.

O artigo 8º estabelece condições para a isenção dos dividendos pelo Estado de residência do acionista, de modo a evitar a dupla não tributação dos dividendos. Assim, exige-se que essa isenção só seja concedida se a detenção dos ativos ocorrer durante um período de 365 dias incluindo o dia do pagamento dos dividendos.

O artigo 9º estabelece condições semelhantes às do artigo 8º, para que o Estado da situação dos imóveis possa tributar as mais-valias decorrentes da alienação de ações ou direitos relativos a imóveis.

O Estado da situação dos imóveis pode tributar as mais-valias, se se verificarem duas condições: se as mais-valias resultarem, em mais de 50% do seu valor, de ações ou direitos em imóveis aí situados (artigo 9º, nº 4); se as ações ou direitos sobre os imóveis forem detidos durante um período consecutivo de 365 dias, anterior à alienação e incluindo o dia da alienação (artigo 9º, nº 3).

O artigo 10º contém uma regra antiabuso relativa a estabelecimentos estáveis situados em países terceiros. Trata-se de uma regra de inversão da isenção em tributação com crédito. Assim, se o Estado contratante de residência considerar que o rendimento supostamente obtido no outro Estado contratante, é imputável a um estabelecimento estável de um terceiro Estado; e se esse rendimento for isento no Estado de residência, o Estado de residência passa a tributá-lo se o imposto sobre esse rendimento no Estado terceiro for inferior a 60% do imposto que seria aplicável no Estado de residência (artigo 10º, nº 1).

Este regime de inversão pode não se aplicar, se o rendimento obtido no outro Estado contratante resultar de uma atividade empresarial (artigo 10º, nº 2); ou se o contribuinte reclamar e a autoridade competente do Estado de residência considerar a relação justificada, após consultar o Estado contratante da fonte (artigo 10º, nº 3).

O artigo 11º contém regras que restringem a tributação pelo Estado de residência. Trata-se dos casos acima referidos de ajustamentos de preços de transferência; de serviços prestados noutro Estado; de bolsas de estudantes; de rendimentos de estagiários, docentes ou investigadores; de atribuição de crédito ou isenção; de aplicação de regras de não discriminação; de reclamações contra aplicação ilegal da convenção; de membros de missões diplomáticas, governamentais ou consulares; de renúncia à tributação de pensões e pagamentos semelhantes; de renúncia expressa, em casos determinados, à tributação dos residentes ou previsão de tributação exclusiva pela fonte.

10.5. A elisão ao conceito de estabelecimento estável

A parte IV da convenção multilateral contém quatro disposições (artigos 12º a 15º) que colmatam lacunas no conceito de estabelecimento estável e regras antiabuso.

O artigo 12º tem como epígrafe a "elisão artificial do estabelecimento estável através de acordos de agência e estratégias semelhantes"; a epígrafe do artigo 13º refere-se à "elisão artificial do estatuto de estabelecimento estável através de desconsiderações específicas da atividade". Em qualquer dos casos a referência à artificialidade é desnecessária, pelo pleonasmo que introduz: a elisão contém em si um elemento de artificialidade.

São tratados no artigo 12º os casos de elisão ao artigo 5º, nº 5, do Modelo da OCDE (estabelecimento estável pessoal), através dos acordos de agência e estratégias semelhantes.

Assim, nos termos do nº 1 do artigo 12º, são consideradas estabelecimentos estáveis as pessoas que atuam num Estado contratante por conta de uma empresa e, ao fazê-lo, habitualmente concluam contratos ou desempenhem o papel principal na conclusão de contratos que são habitualmente assinados sem modificações substanciais pela empresa. A atuação destas pessoas preenche o conceito de estabelecimento, desde que as seguintes condições adicionais se verifiquem: os contratos serem concluídos em nome da empresa; ou serem concluídos para a transferência de propriedade ou para a atribuição de direitos de uso de bens da empresa, ou de bens que a empresa tenha o direito de usar; ou para a prestação de serviços por essa empresa.

Tais situações só não serão consideradas estabelecimento estável se no caso de existir uma instalação fixa, esta também não fosse considerada estabelecimento estável.

Além disso, e tal como decorre do Modelo da OCDE, não são considerados estabelecimentos estáveis os agentes independentes, que atuem no quadro da sua atividade habitual. Todavia, uma pessoa que atue exclusivamente ou quase exclusivamente, por conta de uma ou mais empresas com as quais esteja numa relação de proximidade, não pode ser considerada estabelecimento estável (artigo 12º, nº 2).

O artigo 13º trata do caso da "elisão artificial do estabelecimento estável através de desconsiderações de actividades específicas". O termo "desconsideração" refere-se ao nº 4 do artigo 5º do Modelo da OCDE. Este nº 4 contém exceções à regra.

O artigo 13º da convenção multilateral requer uma análise casuística das exceções baseada no carácter auxiliar ou preparatório das atividades. Ele oferece duas opções aos Estados para alargarem o conceito de estabelecimento estável, limitando as exceções. A primeira opção (A), exclui do conceito de estabelecimento estável as atividades enumeradas nas convenções fiscais cobertas (a), ou outras que não estejam aí enumeradas (b), ou a combinação de ambas (*a)* e *b)*), desde que elas tenham natureza preparatória ou auxiliar.

A opção B exceciona do conceito de estabelecimento estável as atividades enumeradas numa convenção fiscal coberta, tenham ou não carácter preparatório auxiliar, a não ser que a referida convenção só excecione as atividades que tenham carácter preparatório ou auxiliar (a)); as instalações fixas não enumeradas em *a)* com carácter auxiliar ou preparatório (b)); uma combinação de *a)* e *b)*.

A análise casuística implica um juízo de substância sobre a atividade em causa e a sua relação com a atividade principal que não é fácil determinar: por exemplo, é discutível se no caso de multinacionais cujo produto seja o fabrico de café, os armazéns de depósito do mesmo para ser vendido num determinado Estado terão carácter auxiliar.

Por isso, a opção B) do artigo 13º acrescenta um nº 4, segundo o qual não são consideradas atividades preparatórias ou auxiliares, as atividades empresariais conduzidas por duas empresas relacionadas no mesmo local, ou pela mesma empresa ou empresas relacionadas nos dois locais, se elas constituírem funções complementares parte de uma operação empresarial coesa.

O artigo 14º da convenção multilateral refere-se à "divisão de contratos" para efeitos de contagem do prazo de estaleiros de construção ou montagem (estaleiros de construção ou montagem). Segundo o Modelo da OCDE, tais empresas só constituem estabelecimento estável se a sua atividade for superior a 12 meses. A divisão de contratos foi um dos esquemas elisivos utilizados pelos contribuintes, para não atingirem o referido prazo e, portanto, de modo a não serem considerados estabelecimentos estáveis e tributados no Estado da fonte (artigo 7º, nº 1, primeira parte, Modelo da OCDE).

Para prevenir a elisão fiscal, o artigo 14º exige a agregação dos diferentes prazos, relativos a atividades diversas e complementares ao estaleiro de construção ou montagem. Essa agregação ocorre se cada uma destas atividades for exercida por uma ou mais empresas relacionadas com a primeira, em diferentes períodos de tempo, e exceder o prazo de trinta dias, sem ultrapassar o prazo de 12 meses (nº 1, alínea *b)*).

O preceito abrange as atividades exercidas no local do estaleiro ou outro projeto específico previsto na convenção fiscal coberta (nº 1, alínea *a)*), e as atividades de fiscalização ou consultoria conexas com o estaleiro (nº 1, alínea *a)*).

Finalmente, segundo o artigo 15º, são pessoas relacionadas com uma empresa se, tendo em conta todos os factos e circunstâncias relevantes, uma das pessoas controlar a outra, ou ambas forem contratadas pelas mesmas pessoas ou empresas.

Ao abrigo desse mesmo artigo, consideram-se situações de pessoas relacionadas: as participações no capital social, diretas ou indiretas, superiores a 50%; no caso de sociedades, também o direito de voto e o valor agregado superior a 50%, bem como o valor superior a 50% das ações da empresa ou da remuneração de capital da empresa; a detenção por outra pessoa, direta ou indireta, de mais de 50% da remuneração de capital, nessa pessoa ou empresa (e, no caso de sociedades, também a detenção por outra pessoa do direito de voto e do valor agregado superior a 50%, e do valor superior a 50% das ações da empresa ou da remuneração de capital da empresa).

11. Medidas unilaterais não coordenadas

Dado que as recomendações do BEPS são vagas e indeterminadas, e dado que são apenas recomendações, a implementação das mesmas tem dado azo a soluções descoordenadas: aquilo a que já chamámos de unilateralismos não coordenados[219].

De entre vários exemplos, um é o do "imposto sobre os lucros desviados" do Reino Unido (também designado de "imposto Google"), aprovado em 10 de dezembro de 2014 e que entrou em vigor em 1 de abril de 2015[220]. Ele aplica-se em duas situações: a primeira ocorre se a sociedade não residente no Reino Unido desenvolver atividade nesse território em conexão com a oferta de bens ou serviços para os clientes no Reino Unido, e for razoável entender que qualquer das suas atividades é configurada de modo a assegurar a ausência de um estabelecimento estável: "elisão de estabelecimento estável".

A segunda situação diz respeito às sociedades do Reino Unido (ou um estabelecimento estável no Reino Unido) que tenham esquemas aos quais falte a substância económica[221].

Este imposto tem como objetivo colmatar as lacunas da definição de estabelecimento estável do Modelo da OCDE e convenções de dupla tributação, e antecipa-se à ação 7 do BEPS[222]. Além disso, a segunda situação coberta pelo imposto permite que ele funcione como uma CGAA.

Outro exemplo de medida unilateral é o "tributo de igualização" indiano aprovado pela Lei Financeira de 2016 (capítulo VII) e aplicado desde esse mesmo ano[223]. Ele aplica-se a serviços de publicidade "online" e o âmbito de incidência foi alargado aos serviços.

Por isso, as alterações recentes ao conceito de estabelecimento estável na Alemanha vão de encontro aos objetivos e critérios do projeto BEPS, e

[219] Ana Paula Dourado, "May you live in interesting times", Intertax, n. 1, 2016, pp. 3-5.

[220] Ana Paula Dourado, "May You Live in Interesting Times", cit., p. 3.

[221] Heather Self, "The UK's New Diverted Profits Tax: Compliance with EU Law", *Intertax*, 2015, pp. 333 e ss.

[222] Sobre a ação 7 do BEPS, Justus Eisenbeiss, "BEPS Action 7..., cit., p. 481.

[223] http://www.incometaxindia.gov.in/Pages/acts/finance-acts.aspx. V. também: Samira Varanasi & Meyyappan Nagappan, "Financial Budget for 2016-2017: Has India Put its BEPS Foot Forward?", *Intertax*, 2016, nºs 6-7, pp. 550 e ss.

têm em conta a atribuição dos ativos consoante as funções desempenhadas pelas sociedades nacionais e estrangeiras com que o estabelecimento estável está relacionado, as funções significativas do pessoal envolvido e os riscos, transações, rendimento e despesa[224].

Outro exemplo surge a propósito da ação 2, relativa aos híbridos. A França e a Áustria adotaram uma resposta primária, antes da apresentação da proposta de Diretiva ATAD.

E cada um dos Estados interpretou "não inclusão no rendimento tributável do contribuinte do outro Estado" de modo diverso.

A França vai além da "não inclusão" e aplica a regra primária de modo maximalista, sem fazer referência ao rendimento tributável nem ao beneficiário efetivo, mas à taxa: só admite a dedução, se o juro pago a uma entidade relacionada for submetido a "tributação suficiente" ao nível do beneficiário. E "tributação suficiente" significa, segundo a legislação francesa, 25% do imposto societário que teria sido pago ao abrigo da lei francesa: 8,33%[225].

A lei austríaca, por seu turno, também aplica uma resposta primária. Mas afasta-se da recomendação da ação 2, pois também não baseia a sua regra na "não inclusão do rendimento na matéria tributável do contribuinte do outro Estado".

Segundo a lei austríaca, a dedução é proibida, quando o pagamento é feito a uma sociedade estrangeira, as entidades pagadora e beneficiária pertencem ao mesmo grupo, e o pagamento é isento ao nível da beneficiária[226].

Cabe saber se estas regras são compatíveis com a recomendação da ação 2, qual o valor jurídico, interpretativo ou vinculativo da ação 2 para o legislador nacional, contribuintes e tribunais. E cabe saber se as soluções francesa e austríaca são compatíveis com o artigo 4º, nº 1, alínea *a)*, da Diretiva sociedades-mães/afiliadas, o qual contém uma resposta defensiva e não primária.

224 Xaver Ditz & Hagen Luckhaupt, "Germany Adopts New Regulations Governing Allocation of Income to Permanent Establishments", *Intertax*, 2015, nºs 8-9, pp. 508-518.

225 François Rontani & Daniel Gutmann, "Mauvaise année pour les Instruments Hybrides", *Entreprise et Expertise fiscal, Option Finance*, nº 1252, 13 Jan. 2014, pp. 20–21.

226 Ana Paula Dourado, "May You Live in Interesting Times", cit., p. 3; Alexander Rust, "BEPS Action 2: 2014 Deliverable – Neutralising the Effects of Hybrid Mismatch Arrangements and Its Compatibility with the Non-Discrimination Provisions in Tax Treaties and the Treaty on the Functioning of the European Union", *British Tax Review*, 2015, nº 3, pp. 319–321.

No primeiro caso, cabe aos tribunais nacionais responder. No segundo, a última palavra é do TJUE. Uma coisa é certa: as respostas unilaterais não atingem o efeito coordenado pretendido pelas ações BEPS, pelo que quer a Diretiva ATAD, quer o instrumento multilateral previsto na ação 15 são fundamentais para reduzir a insegurança, descoordenação e novas disparidades.

Capítulo III
O Pacote Antiabuso da Comissão Europeia

Secção I
Os pacotes da União Europeia

1. O projeto BEPS e o pacote antiabuso da União Europeia

A Comissão Europeia tem estado na linha da frente do combate ao BEPS. Apresentou duas recomendações para fazer face ao planeamento fiscal agressivo em 6 de dezembro de 2012.[227] Propôs uma cláusula geral antiabuso e uma regra anti-híbridos na Diretiva das sociedades-mães-filiais[228]

[227] Mirurgia Richardson, "Fighting Tax Fraud and Tax Evasion in the EU: The 2012 Action Plan", *EC Tax Review*, 2015, nº 4, pp. 220 e ss.

[228] Romero J.S. Tavares & Bret N. Bogenschneider, "The New De Minimis Anti-abuse Rule in the Parent-Subsidiary Directive: Validating EU Tax Competition and Corporate Tax Avoidance?", *Intertax*, 2015, nºs 8-9, pp. 484 e ss.; Bruxelas, 25.11.2013 COM(2013) 814 final 2013/0400 (CNS) Proposta de Diretiva do Conselho que altera a Diretiva 2011/96/UE relativa ao regime fiscal comum aplicável às sociedades-mães e sociedades afiliadas de Estados-Membros diferentes; Diretiva 2014/86/UE do Conselho, de 8 de julho de 2014, que altera a Diretiva 2011/96/UE relativa ao regime fiscal comum aplicável às sociedades-mães e sociedades afiliadas de Estados-Membros diferentes, JO L 219, de 25.7.2014; Diretiva (UE) 2015/121 do Conselho de 27 de janeiro de 2015 que altera a Diretiva 2011/96/UE relativa ao regime fiscal comum aplicável às sociedades-mães e sociedades afiliadas de Estados-Membros diferentes, JO L 21 de 28.1.2015. Estrasburgo, 25.10.2016 COM(2016) 687 final 2016/0339(CNS), Proposta de Diretiva do Conselho que altera a Diretiva (UE) 2016/1164 no que respeita a assimetrias híbridas com países terceiros.

e uma cláusula antiabuso na Diretiva de juros e *royalties*[229]. Propôs a troca automática das informações vinculativas[230]. Todas estas propostas foram aprovadas, exceto a relativa à Diretiva sobre juros e royalties.

O pacote antiabuso, de 28 de janeiro de 2016 e o pacote da reforma de imposto societário, de 25 de outubro de 2016, são o culminar destas iniciativas. O pacote antiabuso tem como objetivo coordenar a adoção das recomendações da OCDE nas diversas ações BEPS. O pacote vai também além dessas recomendações, ao apresentar uma estratégia externa de boa governação fiscal, dirigida a terceiros Estados.

O pacote é composto por uma proposta de Diretiva antielisão fiscal[231]; por uma estratégia externa[232]; por alterações à Diretiva de assistência mútua para aplicação automática de informações à comunicação país-a-país (*country-by-country reporting*)[233]; por uma recomendação relativa a tratados fiscais[234].

A aplicação do BEPS de modo harmonizado na União Europeia é uma condição essencial – embora não suficiente[235] – ao mercado interno. A interpretação das recomendações do BEPS por parte de cada Estado significa a introdução de obstáculos ao mercado interno e de disparidades. Como o combate ao planeamento fiscal agressivo pretende reduzir ou eliminar as disparidades, a introdução de diferentes medidas na concretização das ações BEPS vai trazer novas disparidades. Com as novas disparidades, aparecem novamente as duplas tributações e duplas não tributações. E o processo tornar-se-á um ciclo vicioso. A Comissão tem cons-

[229] "Foram aditados novos requisitos para a isenção de imposto: o beneficiário tem de ser sujeito passivo de imposto sobre o rendimento das sociedades no Estado-Membro em que está situado o seu estabelecimento, em relação ao rendimento proveniente de juros e royalties. Esta condição visa garantir que o benefício fiscal não seja concedido se o correspondente rendimento não for passivo de imposto, o que permite colmatar uma lacuna que poderia ser utilizada por evasores fiscais": Bruxelas, 11.11.2011COM(2011) 714 final 2011/0314 (CNS) Proposta de Diretiva do Conselho relativa a um regime fiscal comum aplicável aos pagamentos de juros e royalties efectuados entre sociedades associadas de Estados-Membros diferentes.

[230] Proposal for a Council Directive amending Directive 2011/16/EU as regards mandatory automatic exchange of information in the field of taxation, COM/2016/025 final – 2016/010 (CNS)

[231] COM (2016) 23 final.

[232] COM (2016) 24 final.

[233] COM (2016) 25 final.

[234] COM (2016) 271 final.

[235] Michel Aujean, "Plea for a New Tax Package", *EC Tax Review*, 2015, nº 2, pp. 60-62.

ciência destes riscos, como resulta da avaliação do impacto do BEPS no seu Memorando Explicativo da Proposta de Diretiva Antielisão Fiscal[236].

O Projeto BEPS e o movimento da transparência fiscal aparecem como duas faces da mesma medalha. A UE tem sido muito ativa em ambos os processos, querendo estar na primeira linha do combate à erosão de bases fiscais. Para além das Recomendações apresentadas em 6 de dezembro de 2012, em janeiro de 2016 foi apresentada a Proposta de Diretiva Antiabuso[237], aprovada pelo ECOFIN no dia 23 de junho do mesmo ano e pelo Conselho no dia 12 de julho (ATAD)[238].

Pode defender-se que a harmonização de regras antiabuso é relevante para o bom funcionamento do mercado interno, e por isso compatível com o artigo 115º do TFUE.

Por seu turno, a Comissão Europeia, ao propor a Diretiva, recebe a sua competência do artigo 17º do Tratado da União Europeia, justificando-se a sua iniciativa por uma atuação em prol do interesse da União. Pode de facto defender-se que a efetiva cobrança dos impostos devidos em cada Estado-Membro (a aplicação das regras de impostos societários em cada Estado-Membro e uma repartição de receitas segundo a atividade genuína), ainda que se trate de impostos nacionais, é no interesse da União.

A ATAD contém regras mínimas antiabuso relativas aos impostos societários dos Estados-Membros (impostos nacionais), o que torna a sua eficácia e a segurança jurídica muito duvidosas. Mas, na verdade, tudo depende de como os Estados-Membros a vão transpor. Diz-nos o artigo 1º, que a Diretiva não impede a aplicação de disposições internas ou convencionais que tenham como objetivo salvaguardar um nível de proteção mais elevado para as bases de imposto nacional sobre as sociedades.

Se os Estados-Membros mantiverem as regras antiabuso que já estão em vigor e acrescentarem os aspetos que não estão ainda tratados, não haverá verdadeira harmonização, mas apenas uma questão de compatibilidade do direito interno com a Diretiva (direito secundário) e com o TFUE.

236 Proposta de Diretiva, COM (2016) 26 final, Memorando, p. 6; Diretiva 16/10426, de 17 de junho de 2016 FISC 104, ECOFIN 628.

237 Ana Paula Dourado, "The EU Anti Tax Avoidance Package...", cit., , pp. 440-442.

238 Diretiva do Conselho, 16/1164 UE de 12 de julho, JO L193, 19 de julho de 2016, pp. 1-14.

Algumas recomendações das ações BEPS têm tradução na Diretiva, de que são exemplo as regras CFC e as regras de limitação da dedutibilidade de juros.

A Diretiva é a concretização multilateral do projeto BEPS para os Estados-Membros da União Europeia.

O Preâmbulo à Diretiva apresenta como objetivos da mesma, os seguintes:

1. a necessidade de garantir que o imposto é pago no país onde os lucros e o valor são gerados;
2. garantir soluções comuns, ainda que flexíveis, ao nível da UE, consistentes com as conclusões do projeto BEPS da OCDE. Salienta-se a necessidade de medidas coordenadas, no mercado interno, um mercado caracterizado pela forte integração das economias. A coordenação das medidas é necessária para evitar "uma fragmentação do mercado e pôr termo às assimetrias e distorções do mercado atualmente existentes. ...(a) existência de medidas nacionais de execução que sigam uma linha comum a toda a União dará segurança jurídica aos contribuintes quanto à compatibilidade dessas medidas com o direito da União."[239]
3. criar regras que reforcem o nível de proteção contra o planeamento fiscal agressivo no mercado interno, que sejam regras mínimas, no contexto de 28 (27, com a saída do Reino Unido) regimes diferentes de impostos societários (nível de proteção comum para o mercado interno em domínios específicos).
4. criar regras aplicáveis a todos os contribuintes sujeitos a imposto societário num Estado-Membro: residentes e estabelecimentos estáveis de não residentes.
5. criar regras que atinjam o objetivo de lutar contra a erosão de bases tributárias no mercado interno e a transferência de lucros para fora desse mercado, a saber: limites à dedutibilidade de juros; tributação à saída; uma cláusula geral antiabuso; regras sobre sociedades estrangeiras controladas (CFC, na sigla inglesa); regra relativas a disparidades resultantes de híbridos. Acrescenta-se a necessidade

[239] Já sobre a necessidade de coordenação de medidas na UE, como forma de combate à crise financeira de 2011, V. Giuseppe Mellis & Federica Pitrone, "Coordinating Tax Strategies at the EU Level as a Solution to the Economic and Financial Crisis", *Intertax*, 2011, nºs 8/9, pp. 374-380.

de eliminar a dupla tributação que possa resultar da aplicação destas regras.

Há várias medidas aprovadas pela Diretiva que constituem presunções legais de abuso, tais como a regra de limitação de dedutibilidade de juros e os impostos à saída. São regras não discriminatórias e por isso compatíveis com as liberdades fundamentais do TFUE.

As medidas fiscais prejudiciais (ou práticas fiscais prejudiciais), proibidas ao abrigo do código de conduta, constituem uma interpretação do projeto BEPS pelo Direito da União Europeia. Por seu turno, as cláusulas de boa governação fiscal que aparecem no pacote antiabuso, não têm equivalente no projeto BEPS, são uma questão específica do Direito da União Europeia, e podem constituir ou não auxílios de Estado.

A utilização dos preços de transferência sem observância do princípio da plena concorrência pode constituir auxílios de Estado, mas o desenvolvimento dos preços de transferência, tal como consta das ações 8-10 do pacote BEPS, não tem equivalente na Diretiva.

2. A Diretiva antiabuso

A Diretiva antiabuso contém regras comuns que concretizam as recomendações do BEPS e as adaptam ao mercado interno segundo a jurisprudência do TJUE[240]. As regras da Diretiva destinam-se ao imposto sobre o rendimento das pessoas coletivas residentes na União Europeia e abrangendo estabelecimentos estáveis situados num Estado-Membro da União Europeia, mesmo que a residência dos sujeitos passivos esteja situada num Estado terceiro.

Na Proposta de Diretiva eram enumeradas as seguintes regras: regras de limitação de dedutibilidade de juros; impostos à saída; regra de inversão (*switch-over*); regras SEC; regra geral antiabuso; regras antihíbridos.

A Diretiva não tem como finalidade a harmonização de taxas, o que seria essencial para eliminar a concorrência fiscal, mas trata-se de um objetivo completamente afastado dos objetivos dos Estados-Membros, mesmo no quadro de uma harmonização de bases tributárias consolidadas (CCCTB),

[240] Diretiva do Conselho, 16/1164 UE de 12 de julho, cit.; V. também, 16/10426, de 17 de junho de 2016, cit.

podendo argumentar-se que a harmonização é subsidiária, na ausência de federalismo orçamental e político.

Secção II
O Regime da Diretiva Antiabuso

1. Regras de limitação da dedutibilidade dos juros
1.1. Subcapitalização e liberdades fundamentais

Nos Estados-Membros da União Europeia, no caso *Lankhorst-Hohorst*[241], o TJUE considerou contrárias ao direito de estabelecimento, as regras nacionais de subcapitalização que introduziam limites à dedutibilidade de gastos intragrupo e transfronteiriços (e sem existir tal limite para os gastos intragrupo dentro do território nacional).

As regras de subcapitalização aplicam-se a grupos societários e por isso pretendem abranger as situações de «influência decisiva» de uma sociedade sobre outra. A restrição à liberdade de estabelecimento poderia ser justificada pelo princípio interpretativo do abuso, se a regra de subcapitalização contivesse uma presunção elidível. Mas não é esse o caso, pois as regras de subcapitalização são desenhadas como presunções inilidíveis e como tal violam o princípio da proporcionalidade.

Esta jurisprudência está na origem das regras de limitação de dedutibilidade dos juros segundo o critério EBITDA, as quais foram introduzidas em primeiro lugar na Alemanha, tendo por exemplo, a Itália, Espanha e Portugal (artigo 67º do CIRC) seguido esse mesmo caminho[242].

As regras de limitação à dedução de juros segundo o critério EBITDA não são apenas uma consequência do caso *Lankhorst-Hohorst* e subsequente alteração do regime alemão (e do *Thin Cap GLO*[243], seguindo a doutrina do ato claro). Elas são também uma consequência do caso *Bosal*[244]. Neste

[241] TJCE: Caso C-324/00, Lankhorst-Hohorst ..., cit.

[242] V. Ekkehart Reimer, "Germany", *"Tax Avoidance Revisited..."*, cit., n.4.2., Versão preliminar disponível em: http://www.eatlp.org/uploads/public/Germany%20(21%20March%202016).pdf; Giuseppe Zizzo, "Italy", *"Tax Avoidance Revisited..."*, cit., III. 5; versão preliminar disponível em disponível em http://www.eatlp.org/uploads/public/Italy%20(8%20Feb%202016).pdf.

[243] TJCE, Caso C-524/04, Test Claimants in the Thin Cap Group Litigation...cit.

[244] TJCE, 18 de setembro de 2003, Caso C-168/01 (Bosal Holding v Staatssecretaris van Financiën).

último caso, não se podiam deduzir juros relacionados com o financiamento de afiliadas estrangeiras, porque não havia um regime simétrico: os dividendos destas vinham do exterior e não eram tributados nos Países Baixos. A dedução de juros permitiria uma dupla não tributação.

A dupla não tributação foi consistentemente considerada uma disparidade pelo TJUE[245]. Por isso, não justificava medidas de eliminação, ou melhor, de compensação dessa disparidade, através de regras antiabuso discriminatórias e contendo presunções inilidíveis. No caso *Cadbury-Schweppes*, por exemplo, o TJUE reiterou a sua jurisprudência assente:

> "A este respeito, resulta de jurisprudência assente que a existência de uma vantagem fiscal resultante da fiscalidade pouco elevada a que está sujeita uma filial num Estado-Membro diferente daquele em que foi constituída a sociedade-mãe não autoriza, por si própria, este último Estado-Membro a compensar essa vantagem através de um tratamento fiscal menos favorável da sociedade-mãe (v., neste sentido, acórdão de 28 de Janeiro de 1986, Comissão/França, 270/83, Colect., p. 273, nº 21; ver igualmente, por analogia, acórdãos de 26 de Outubro de 1999, Eurowings Luftverkehr, C-294/97, Colect., p. I-7447, nº 44, e de 26 de Junho de 2003, Skandia e Ramstedt, C-422/01, Colect., p. I-6817, nº 52). A necessidade de prevenir a redução das receitas fiscais não figura entre os objectivos enunciados no artigo 46º, nº 1, CE, nem entre as razões imperiosas de interesse geral susceptíveis de justificar uma restrição a uma liberdade instituída pelo Tratado (v., neste sentido, acórdãos de 3 de Outubro de 2002, Danner, C-136/00, Colect., p. I-8147, nº 56, e Skandia e Ramstedt, já referido, nº 53)"[246].

Os limites à dedutibilidade dos juros aplicam-se a situações nacionais e interestaduais e não são por isso discriminatórios[247]. Todavia, eles constituem limite ao princípio da tributação do rendimento real, razão pela qual a constitucionalidade da regra pode ser questionada. Exemplo disso, foi o Supremo Tribunal Financeiro alemão que questionou o seu Tribu-

[245] Ana Paula Dourado, *Lições de Direito Fiscal Europeu, Tributação Directa*, Wolters Kluwer, Coimbra, 2010, p. 156 e jurisprudência aí citada.

[246] V., por todos, TJCE, 12 de setembro de 2006, Caso C-196/04 (Cadbury Schweppes PIC, Cadbury Schweppes Overseas Ltd v Commissioners of Inland Revenue), para. 49.

[247] Ao contrário dos regimes de subcapitalização: V. Ana Paula Dourado, *Lições de Direito Fiscal Europeu...*, cit., pp. 166-168.

nal Constitucional sobre a constitucionalidade da regra de limitação da dedutibilidade dos juros[248].

1.2. O artigo 4º da Diretiva

Na senda da ação 4 do BEPS, o preâmbulo da Diretiva antiabuso esclarece que uma CGAA bem como regras de subcapitalização podem (devem) ser aplicadas subsidiariamente às cláusulas específicas da Diretiva (V. nºs 6 e 7 do Preâmbulo da Diretiva).

O artigo 4º da Diretiva antiabuso dispõe sobre os limites à dedução de juros: aquilo que designa de custos excessivos de empréstimos. Em termos gerais, o artigo 4º da Diretiva segue as recomendações da ação 4 do BEPS[249].

Nos termos do nº 1 do artigo 4º, "(o)s custos excessivos de empréstimos obtidos são dedutíveis no período de tributação em que são incorridos apenas até 30 % dos resultados antes de juros, impostos, depreciações e amortizações (EBITDA)". Os montantes de juros e depreciações e amortizações a ter em conta para efeitos de aplicação do regime, são os montantes ajustados para efeitos fiscais.

Os rendimentos isentos de imposto são excluídos do EBITDA do contribuinte (nº 2 do mesmo artigo).

A Diretiva, na versão final, abandonou a proposta inicial que estabelecia uma regra mínima, um *ratio* fixo de dedutibilidade, de 10-30%, consoante a percentagem mais adequada à situação do país.

O artigo 4º, nº 1, 2º parágrafo, da Diretiva, dá também a opção de estabelecer um *ratio* de grupo, tal como recomenda a ação 4 do BEPS[250]:

> "Para efeitos do presente artigo, os Estados-Membros podem também equiparar a contribuinte:

[248] Bundesfinanzhof (BFH), 14.10.2015, I R 20/15 – Verfassungsmässigkeit der sog. Zinsschranke – Billigkeitsmassnahme.

[249] V. Pieter van Os, "Interest Limitation under the Adopted Anti-Tax Avoidance Directive and Proportionality", *EC Tax Review*, 2016, nº 4, pp. 190 e ss.; Emilio Cencerrado Millán & Maria Teresa Soler Roch, *Limit Base Erosion ...*, cit., pp. 60 e ss.

[250] OECD (2017), *Limiting Base Erosion Involving Interest Deductions and Other Financial Payments, Action 4 – 2016 Update: Inclusive Framework on BEPS, OECD/G20 Base Erosion and Profit Shifting Project*, OECD Publishing, Paris, capítulo 7. Disponível em: http://dx.doi.org/10.1787/9789264268333-en.

a) Uma entidade autorizada ou obrigada a aplicar as regras em nome de um grupo, tal como definido nos termos do direito fiscal nacional;

b) Uma entidade de um grupo, tal como definido nos termos do direito fiscal nacional, que não efetue a consolidação dos resultados dos seus membros para efeitos fiscais.

Nestas circunstâncias, os custos excessivos de empréstimos obtidos e o EBITDA podem ser calculados a nível do grupo e incluem os resultados de todos os seus membros."

O nº 3, dá a opção ao Estado-Membro de substituir o *ratio* de 30% por um limite de 3 000 000 de EUR de juros.

As entidades independentes e projetos públicos de infraestrutura podem ser excluídos da regra. Assim, o Estado-Membro pode ainda autorizar a dedução da totalidade dos custos excessivos de empréstimos obtidos, se o contribuinte for uma entidade autónoma, isto é, "um contribuinte que não faz parte de um grupo consolidado para efeitos de contabilidade financeira e não tem qualquer empresa associada nem estabelecimento estável" (nº 3, 3º para.).

E a alínea *b)* do nº 4, autoriza os Estados-Membros a excluírem da regra de limitação de dedutibilidade de custos excessivos, os "[e]mpréstimos utilizados para financiar um projeto de infraestruturas públicas de longo prazo quando o operador do projeto, os custos de empréstimos obtidos, os ativos e os rendimentos estão todos eles situados na União Europeia".

O artigo 4º, nº 4, alínea *a)*, estabelece uma regra transitória, permitindo a salvaguarda dos empréstimos concluídos antes de 17 de junho de 2016 (desde que as cláusulas não sejam alteradas posteriormente).

O nº 5 contém ainda exceções à regra de limites de dedutibilidade. Por exemplo, caso o contribuinte seja sócio ou acionista de um grupo consolidado para efeitos de contabilidade financeira, o contribuinte pode dispor da plena dedução dos seus custos excessivos de empréstimos obtidos, se puder demonstrar que o rácio entre o seu capital próprio e o total dos seus ativos é igual ou superior ao rácio equivalente do grupo, segundo as condições definidas nesse nº 5.

O nº 6, seguindo uma recomendação da ação 4 do BEPS[251], estabelece uma regra de reporte para o futuro (do excesso) dos juros não dedutíveis,

[251] OECD (2017), *Limiting Base Erosion Involving Interest Deductions...*, cit., pp. 72-74.

e dá a possibilidade de reporte para o passado, neste caso, com limite de tempo. Estas regras permitem fazer face à volatilidade nos ganhos e a disparidades entre o momento da despesa e o resultado EBITDA.

Os limites à dedutibilidade dos juros estabelecem uma regra de neutralidade (ou coerência fiscal) entre a dedução e a tributação dos juros: os custos de empréstimos obtidos devem ser sempre deduzidos na medida em que o contribuinte receba juros ou outros rendimentos tributáveis provenientes de ativos financeiros (artigo 4º, nº 1, da Diretiva antiabuso).

Quando se ultrapassa a regra da coerência, entende-se que existem «custos excessivos de empréstimos». Este entendimento dos juros, através da coerência, aproxima-o do tratamento da dedutibilidade de outros gastos, tal como gastos de seguros e gastos com pensões de alimentos.

Mas na verdade, as regras de limitação de dedutibilidade de juros vão além do princípio da coerência: elas funcionam como uma regra antiabuso, presumindo esse abuso, de forma inilidível, a partir de um tipo médio.

O facto de elas dizerem respeito ao grupo de empresas e poderem ter por parâmetro o grupo[252], justifica-se porque é o grupo e as suas relações especiais que podem promover o sobre-endividamento como uma forma de poupança fiscal artificial.

Assim se justifica o nº 5 do artigo 4º. Mas a elisão fiscal pode ocorrer também através do sobre-endividamento com entidades independentes, como forma de o grupo conseguir uma poupança fiscal, e por isso a ação 4 do BEPS recomenda que as limitações à dedutibilidade sejam estendidas ao endividamento de um grupo para com terceiros.

O artigo 4º contém um regime fácil de aplicar e de verificar por parte do fisco: basta colocar uma cruz no quadrado (*check-the-box*). Mas implica custos elevados de cumprimento para as empresas.

Pode ainda perguntar-se se as regras de limitação de dedução de juros são prejudiciais para os países. Há um aumento efetivo do custo do capital e por isso pode questionar-se se pode haver uma redução do investimento real[253].

[252] A favor da perspetiva do grupo, na avaliação dos limites de dedutibilidade de juros: C. Burnett, "Intra-Group Debt at the Crossroads: Stand-Alone *versus* Worldwide Approach", *World Tax Journal*, 2014, nº 1, pp. 40-76.

[253] Para uma crítica ao regime, Ana Paula Dourado, "The Interest Limitation Rule in the ATAD and the Net Taxation Principle", *EC Tax Review*, 2017, nº 3, pp. 112-121.

2. Os impostos à saída

2.1. Considerações introdutórias

Na ação 6 do BEPS, são mencionados os impostos à saída, defendendo-se que não são incompatíveis com as convenções de dupla tributação, mas não há uma recomendação concreta para a sua redação ou introdução[254]. Ainda assim, a ATAD optou por introduzi-los (artigo 5º), sistematizando, parcialmente, a jurisprudência do TJUE sobre o assunto.

Os impostos à saída não são regras de reação ao abuso, mas regras de prevenção de evasão fiscal. Eles pretendem assegurar a cobrança de imposto sobre o património do sujeito passivo, no momento em que este ou um estabelecimento seu, e portanto também os ativos móveis se deslocam para outro Estado. Trata-se de uma tributação excecional de mais-valias potenciais.

Ao tratarem de modo diferenciado os residentes de um Estado-Membro que não exercem nenhuma liberdade fundamental e os residentes que a exercem, os impostos à saída constituem uma restrição às liberdades fundamentais[255].

2.2. Objeto

No seu artigo 5º, a Diretiva submete a impostos à saída a transferência interestadual de ativos da sede para um seu estabelecimento estável; e de um estabelecimento estável para a sua sede; a transferência de residência, com exceção dos ativos que permaneçam no Estado de saída afetos a um estabelecimento estável; a transferência interestadual de um estabelecimento estável.

Assim, o artigo 5º, nº 1, refere-se à tributação das mais-valias potenciais, apuradas pela diferença entre o valor de mercado e o valor contabilístico (para objetivos fiscais). São abrangidos os seguintes casos:

> "*a)* Um contribuinte que transfere ativos da sua sede para o seu estabelecimento estável situado noutro Estado-Membro ou num país terceiro;
>
> *b)* Um contribuinte que transfere ativos do seu estabelecimento estável situado num Estado-Membro para a sua sede ou outro estabelecimento estável situado noutro Estado-Membro ou num país terceiro;

[254] Katia Cejie, sobre os impostos à saída, no cenário internacional: "Emigration Taxes – Several Questions, Few Answers: From Lasteryie to National Grid Indus and Beyond", *Intertax*, 2012, nºs 6-7, pp. 383-390.

[255] Por exemplo, TJUE: 29 de novembro de 2011, Caso C-371/10 (National Grid Indus BV v Inspecteur van de Belastingdienst Rijnmond/kantoor Rotterdam).

c) Um contribuinte que transfere o seu domicílio fiscal para outro Estado-Membro ou para um país terceiro, com exceção dos ativos que permanecem efetivamente afetos a um estabelecimento estável situado no primeiro Estado-Membro;

d) Um contribuinte que transfere o seu estabelecimento estável para fora de um Estado-Membro."

O caso da alienação não é abrangido pela Diretiva.

Para efeitos da alínea *c)*, qualquer transferência subsequente para um país terceiro, de ativos do estabelecimento estável situado no primeiro Estado-Membro, e ao qual os ativos estejam efetivamente afetos, deve ser considerada como uma alienação ao valor de mercado.

Um contribuinte pode diferir o pagamento de um imposto à saída a que se refere o nº 1, mediante o pagamento em prestações ao longo de, pelo menos, cinco anos, se se tratar de uma transferência para outro Estado-Membro da UE ou do EEE (artigo 5º, nº 2), mas neste caso pode ser obrigado a pagar uma garantia e juros (artigo 5º, nº 3)[256].

Na primeira versão da proposta de Diretiva, previa-se que, em caso de diferimento do pagamento do imposto, podiam ser cobrados juros num montante que preservasse o valor do ativo, além da garantia. A versão aprovada refere-se à possibilidade de cobrança de juros nos termos da legislação do Estado-Membro do contribuinte ou do estabelecimento estável, consoante o caso. A ideia é que garantia e juros sejam cobrados apenas na medida do necessário para preservar o valor da carga fiscal determinada (para compensar o valor da inflação).

2.3. Diferimento

A Diretiva aceita um pagamento em prestações por 5 anos, também no caso do Espaço Económico Europeu e de terceiros Estados, se existir um acordo equivalente à Diretiva 2010/24 (assistância à cobrança). O diferimento deixa de ser aceite em certas situações.

Pretende-se ainda evitar a dupla tributação e, para tal, exige-se o reconhecimento do valor fiscal por parte do Estado de entrada. Assim, aquando da transferência de ativos, de residência ou de um estabelecimento estável para outro Estado-Membro, o Estado-Membro de destino deve aceitar o

[256] V., novamente, 29 de novembro de 2011, Caso C-371/10,National Grid Indus BV..., cit.

valor fiscal do Estado de saída como o valor de tributação, a não ser que este não reflita o valor de mercado.

Este artigo 5º, no seu nº 5, define valor de mercado, como o "montante pelo qual os ativos podem ser trocados ou as obrigações mútuas podem ser regularizadas entre compradores e vendedores não relacionados e interessados numa transação direta". A Diretiva das fusões, cisões e outras reestruturações empresariais, pelo contrário, não contém nenhuma definição de valor de mercado, aceitando portanto a definição dada pelas legislações nacionais.

As transferências temporárias dos sujeitos ativos não estão sujeitas a imposto à saída: "Desde que os ativos revertam para o Estado-Membro do autor da transferência num prazo de 12 meses, o presente artigo não é aplicável às transferências de ativos relacionadas com o financiamento através de valores mobiliários, aos ativos constituídos como garantia, ou caso a transferência de ativos seja efetuada a fim de satisfazer requisitos prudenciais em matéria de fundos próprios ou para efeitos de gestão de liquidez."

Quanto a estes aspetos, o preceito não parece conter um "de minimis", cabendo saber se existe alguma margem de discricionariedade para os Estados-Membros, na transposição destas regras.

Recorde-se que as liberdades abrangem os movimentos na União Europeia, alguns movimentos de um Estado-Membro da União Europeia para a Suíça[257] e os movimentos nos Estados do Espaço Económico Europeu.

Por vezes, os acordos de associação entre a União Europeia e terceiros Estados estabelecem liberdades fundamentais, de que são exemplo o direito de estabelecimento e a livre circulação de capitais[258]. Nesse caso, também os terceiros Estados que sejam contraparte nos acordos de associação devem ficar sujeitos ao regime de impostos à saída aplicável dentro da União Europeia, a não ser que se aplique alguma justificação considerada válida pelo TJUE. Essa justificação é a ausência de mecanismos de assistência à cobrança semelhantes aos da Diretiva.

Quanto ao resto do mundo, a transferência de elementos patrimoniais para Estados terceiros, implicará a cobrança imediata de impostos à saída.

[257] Acordo entre a Comunidade Europeia e os seus Estados-Membros, por um lado, e a Confederação Suíça, por outro, sobre a livre circulação de pessoas, assinado no Luxemburgo em 21 de junho de 1999, JO 2002, L 114, p. 6.

[258] V. Ana Paula Dourado, "Free Movement of Capital and Third Countries: Recent Developments", *Intertax*, 2017, nº 3, pp. 192 e ss.

2.4. A jurisprudência do TJUE: pessoas singulares e pessoas coletivas

Os primeiros casos de impostos à saída, chegados ao TJUE, respeitaram a pessoas singulares, com a transferência de residência da França para a Bélgica (*De Lasteryie du Saillant*[259]) e dos Países Baixos para o Reino Unido (caso *N.*[260]). No caso N., a mudança da residência da sociedade participada para um território não cooperante, não evitou a consideração de que o direito de estabelecimento tinha sido exercido[261].

Quer em *Lasteryie du Saillant* quer em *N.*, o TJUE entendeu existir uma restrição ao direito de estabelecimento, e que a cobrança das mais-valias só podia ocorrer no momento da sua realização.

Além disso, foram consideradas contrárias ao direito de estabelecimento: a prestação de garantias, como condição de atribuição de um regime de diferimento de cobrança do imposto à saída[262]; a não consideração, pelo Estado de saída, das reduções no valor dos ativos, ocorridas depois da transferência de residência, se o Estado de entrada não as tomasse em conta[263]; e também a obrigação de entregar uma declaração para informar sobre a mudança de residência[264].

O Tribunal aceitou ainda, na linha da sua jurisprudência constante, que a restrição podia ser justificada por razões de interesse público. Estas concretizavam-se, neste caso, através do princípio da territorialidade, em ligação com uma componente temporal e com a distribuição equilibrada de direitos de tributação (*balanced allocation of taxing rights*)[265]. O princípio da proporcionalidade, por seu turno, implicava a ponderação entre a comunicação imediata dos valores (mais-valias potenciais) no momento da transferência e a cobrança adiada para o momento de realização[266]. Como se disse, o TJUE não aceitou a prestação de garantias[267] e a questão da cobrança de juros não foi levantada.

[259] TJCE: 11 de março de 2004, Caso C-9/02, Lasteryie du Saillant..., cit.

[260] TJCE: 7 de setembro de 2006, Caso C-471/04 (N v Inspecteur van de Belastingdienst Osst/kantoor Almelo).

[261] V. caso C-471/04, N., para. 1, cit.

[262] Para. 36 do caso C-471/04, N., cit.; para. 47, do caso C-9/02, Lasteryie du Saillant..., cit.

[263] Para. 37 do caso C-471/04, N., cit.

[264] Para. 38 do caso C-471/04, N., cit.

[265] Paras. 41-46 do caso C-471/04, N., cit.

[266] Paras. 47-50 do caso C-471/04, N., cit.

[267] Para. 51 do caso C-471/04, N., cit.

2.5. A influência da jurisprudência do TJUE no artigo 5º da Diretiva

A jurisprudência relativa aos impostos à saída sobre pessoas coletivas é muito mais tolerante para com os Estados-Membros. Ela recupera o princípio da territorialidade e põe em causa os avanços do caso *Marks & Spencer*[268]: veja-se, por exemplo, os casos *National Grid Indus*[269], *DMC*[270], *Verder Lab Tec*[271]. Assim, o Tribunal permite os impostos à saída sobre pessoas coletivas e respetivos estabelecimentos estáveis, desde que seja dada a opção ao sujeito passivo de adiar a sua cobrança até ao momento de realização das mais-valias[272]. Neste caso, o Estado pode exigir uma garantia e juros até ao momento em que as mais-valias são realizadas[273]. Isto significa que o juízo de proporcionalidade é diverso do que existe para as pessoas singulares.

A jurisprudência sobre impostos à saída de sociedades pode também ser relacionada com a ausência de harmonização dos elementos de conexão: quem determina o nascimento e a morte das sociedades é a legislação interna, e por isso, os impostos à saída, sendo restritivos, podem ser justificados[274].

[268] Yariv Brauner, Ana Paula Dourado e Edoardo Traversa, "Ten Years of Marks & Spencer", *Intertax*, 2015, nº 4, p. 309.

[269] TJUE: 29 de novembro de 2011, Caso C-371/10, cit.

[270] TJUE: 23 de janeiro de 2014, Caso C-164/12 (DMC Beteiligungsgesellschaft mbH v Finanzamt Hamburg-Mitte).

[271] TJUE: 21 de maio de 2015, Caso C-657/13 (Verder LabTec GmbH & Co. KG v Finanzamt Hilden).

[272] Pasquale Pistone et al., "Mobility of Companies in the European Union: A Jigsaw of Company Law and Tax Law, Case Law and Secondary Law Falls into Place?", *Movement of Persons and Tax Mobility...*, cit., pp. 135-170; Otto Marres, "Exit Taxes on Companies", *Movement of Persons and Tax Mobility...*, cit , pp. 171-187; Richard Lyal, "Taxation of Unrealized Profits on the Occasion of a Transfer of Company Seat or Assets, *Movement of Persons and Tax Mobility...*, cit., pp. 189-200; Klaus von Brocke & Stefan Mueller, "Exit Taxes: The Commission *versus* Denmark Case Analysed against the Background of the Fundamental Conflict in the EU: Territorial Taxes and an Internal Market without Barries", *EC Tax Review*, 2013, nº 6, pp. 299-304; Olga Sendetska, "ECJ Case Law on Corporate Exit Taxation: From *National Grid Indus* to *DMC*: What is the Current State of Law?", *EC Tax Review*, 2014, nº 4, pp. 230 e ss.; Reinout Kok, "Exit Taxes for Companies in the European Union After National Grid Indus", *EC Tax Review*, 2012, nº 4, pp. 200-206.

[273] Pasquale Pistone et al., "Mobility of Companies...", cit., pp. 135-170; Cf. Eric Kemmeren, "Recovery of Income Taxes: ECJ Tends to Allow Member States more Leeway", *EC Tax Review*, 2013, nº 1, pp. 7-8; Katia Cejie, referindo-se e analisando a jurisprudência do TJUE: "Emigration Taxes...", cit., pp. 392-399. Daria Zernova, "Exit Taxes on Companies in the Context of the EU Internal Market", *Intertax*, 2011, nº 10, pp. 471-493.

[274] V. o caso do TJCE: C- 81/87 (H. M. Treasury and Commissioners of Inland Revenue, ex parte Daily Mail and Gener).

A Diretiva codifica esta jurisprudência. Como referimos, o artigo 5º da ATAD prevê a consagração de impostos à saída, tendo em conta o valor de mercado dos ativos transferidos para o exterior.

A Diretiva permite ainda a escolha entre o pagamento imediato e o diferimento, sendo que o pagamento diferido pode ser feito em prestações, no prazo de 5 anos[275]; com juros[276]; com garantia se existir risco demonstrado e real de não cobrança de imposto, e se não residir no Estado de saída uma outra entidade do grupo que possa responder pelo imposto[277]; com declarações anuais; além disso, não existe uma obrigação de reavaliação no Estado de saída, quando a mais-valia for realizada.

Não é claro, nos casos do TJUE envolvendo pessoas coletivas, que o Estado de saída devesse ter em conta reduções subsequentes de valor. O artigo 5º, nº 5, da Diretiva estabelece que o Estado de entrada deve aceitar o valor estabelecido pelo Estado-Membro de saída como o valor inicial dos ativos para efeitos fiscais, a não ser que este não reflita o valor de mercado. Evita-se desta forma a dupla tributação dos ativos.

Ao contrário do que acontece com as pessoas singulares, é difícil autonomizar os ativos societários e atribuir-lhes um valor individualizado, caso sejam alienados mais tarde e separadamente, no Estado de entrada. Por isso, é necessário avaliar imediamente os ativos no momento de saída.

O regime encontrado pelo artigo 5º da ATAD atenua as restrições provocadas pelos impostos à saída.

3. As regras CFC e o TFUE

A primeira questão que se coloca é a de saber que liberdades fundamentais podem ser afetadas pelas regras CFC. A constituição de uma afiliada num Estado-Membro, por parte de uma sociedade-mãe situada noutro Estado-Membro, cai no âmbito da liberdade de estabelecimento secundário (artigo 49º do TFUE) e da livre circulação de capitais, nos termos do artigo 63º e Anexo I da Diretiva 88/361/CEE[278]. Esta Diretiva contém uma nomenclatura indicativa sobre o significado de capitais para efeitos

275 TJUE: Caso C-164/12, 23 de janeiro de 2014, DMC..., cit.

276 TJUE: Caso C-371/10, 29 de novembro de 2011, National Grid Indus..., cit.

277 TJUE: Caso C-657/13, 21 de maio de 2015, Verder Lab Tec..., cit.: garantia só se houver um risco real de não recuperação.

278 Diretiva 88/361/CEE, de 24 de junho de 1988, OJ L 178, 8.7.1988, pp. 5-18.

do Tratado da CEE. A Diretiva caducou com a entrada em vigor do Tratado de Maastricht, mas, dado que nem o TCE nem o TFUE contêm uma definição de capitais, o anexo I da Diretiva ainda é utilizado para determinarmos o significado e alcance de capitais.

A livre circulação de capitais tem um objeto amplíssimo, abrangendo os direitos sobre qualquer tipo de ativo, como resulta do anexo A da Diretiva 88/361/CEE: I. Investimentos diretos; II. Investimentos imobiliários (não incluídos na categoria I); III. Operações sobre títulos normalmente transacionados no mercado de capitais (não incluídas nas categorias I, IV e V); IV. Operações sobre certificados de participação em organismos de investimento coletivo; V. Operações sobre títulos e outros instrumentos, normalmente transacionados no mercado monetário; VI. Operações em contas correntes e de depósitos junto de instituições financeiras; VII. Créditos ligados a transações comerciais ou a prestações de serviços em que participa um residente; VIII. Empréstimos e créditos financeiros (não incluídos nas categorias I, VII e XI); IX. Cauções, outras garantias e direitos de garantia; X. Transferências em execução de contratos de seguros; XI. Movimentos de capitais de carácter pessoal; Outros movimentos de capital.

3.1. As regras CFC, direito de estabelecimento e livre circulação de capitais

Assim, no caso de obstáculos fiscais criados a uma afiliada constituída noutro Estado-Membro, podem estar em causa, em simultâneo, a livre circulação de capitais e o direito de estabelecimento. A livre circulação de capitais proíbe os obstáculos de qualquer natureza aplicados por um Estado-Membro a contribuintes nacionais de um Estado-Membro ou de um Estado terceiro, ou com rendimentos em qualquer desses Estados. Todas as outras liberdades fundamentais (incluindo, portanto, o direito de estabelecimento) só proíbem discriminações e restrições aplicadas por um Estado a contribuintes nacionais de um Estado-Membro.

Se se aplicar em simultâneo a livre circulação de capitais e o direito de estabelecimento, alarga-se o âmbito do direito de estabelecimento a nacionais de terceiros Estados. E o mesmo se diga quanto a casos envolvendo livre circulação de trabalhadores e livre prestação de serviços ou livre circulação de trabalhadores.

Ou seja, a aplicação da livre circulação de capitais a par das outras liberdades fundamentais alargaria o alcance subjetivo das outras liberdades a nacionais de Estados terceiros[279].

Nos casos que envolvem regras de tributação direta, o TJUE criou uma panóplia de critérios para distinguir o âmbito de aplicação das diferentes liberdades fundamentais.

No caso do direito de estabelecimento e da livre circulação de capitais, um dos critérios aplicáveis é o da averiguação da posição do acionista. Se a legislação for aplicável a situações de «influência decisiva» de um acionista numa sociedade, de tal modo que lhe permita determinar as atividades da sociedade, o Tribunal entende que está em causa o direito de estabelecimento (*Baars*[280]).

Mas este critério foi combinado com o da finalidade da legislação, isto é, cabe saber se a legislação fiscal que introduz um obstáculo à livre circulação, apenas pretende abranger situações de influência decisiva, ou incluir as outras situações em que não há tal influência decisiva[281].

Foi o critério da influência decisiva corrigido do da finalidade da legislação (*FII GLO, Holböck*[282]) que foi adotado para a análise das regras CFC (*Cadbury Schweppes*[283]). Entende-se que estas se aplicam apenas aos casos de controlo de uma sociedade sobre outra, isto é, aos casos de influência decisiva.

Pode ainda defender-se que se tem que averiguar o controlo (influência decisiva) pelo acionista caso a caso, isto é, segundo a situação factual de cada caso (*Burda, KBC, Aberdeen*[284]).

[279] TJUE: 13 de novembro de 2012, Caso C-35/11 (Test Claimants in the FII Group Litigation v. Commissioners of Inland Revenue e The Commissioners for Her Majesty's Revenue & Customs); V. Ana Paula Dourado, "Free Movement of Capital, the European Union Anti-Tax Avoidance Package and Brexit", *Intertax*, 2016, nº 12, pp. 870-877; e Ana Paula Dourado, "Free Movement of Capital and Third Countries...", cit., pp. 192 e ss.

[280] TJCE: 13 de abril de 2000, Caso C-251/98 (C. Baars v Inspecteur der Belastingdienst Particulieren/Ondernemingen Gorinchem).

[281] Por exemplo, TJCE: Caso C-196/04 (Cadbury Schweppes PlC..., cit., paras. 65-68; 12 de dezembro de 2006, Caso C-446/04 (Test Claimants in the FII Group Litigation v Commissioners of Inland Revenue).

[282] TJCE: Test Claimants in the FII Group Litigation..., cit.; 24 de maio de 2007, Caso C-157/05 (Holböck v FA Salzburg-Land).

[283] TJCE: Cadbury Schweppes PlC..., cit, paras. 65-68.

[284] TJCE: 26 de junho de 2008, Caso C-284/06 (Finanzamt Hamburg-Am Tierpark v Burda GmbH); 4 de junho de 2009, Caso C-439/07 (Belgische Staat v. KBC Bank NV e Beleggen,

Todavia, em jurisprudência mais recente, o TJUE entendeu que a distribuição dos dividendos (dividendos à entrada) é matéria que cai no âmbito da livre circulação de capitais. Fê-lo no caso *FII GLO 2*, em que o Tribunal clarificou que os dividendos à entrada de um Estado da UE, e vindos de terceiros Estados, caem na livre circulação de capitais, independentemente do montante de participação, porque não estão relacionados com o acesso ao mercado[285]. E também o fez no caso *Glaxo*, por considerar que o estabelecimento não era genuíno (era abusivo) e por isso a situação enquadrava-se apenas na circulação de capitais[286].

No caso das regras CFC, o que está em causa é uma não distribuição de dividendos. Mas estamos a tratar da tributação dos mesmos pelo Estado de residência da sociedade-mãe. Podemos assim questionar se as regras CFC são regras que pretendem tributar dividendos (e que, portanto, cairiam na liberdade de circulação de capitais, segundo o caso *FII 2*) ou regras que pretendem demonstrar que não há exercício genuíno da liberdade de estabelecimento.

3.2. As regras CFC e a livre circulação de capitais

A aplicação de regras CFC por um Estado-Membro foi considerada uma restrição ao direito de estabelecimento, e, na ausência de atividade económica no Estado de acolhimento, à livre circulação de capitais.

Tal restrição só é justificada se permitir a demonstração de que há abuso, e há abuso, se os esquemas utilizados forem puramente artificiais (*Cadbury-Schweppes*[287]).

A artificialidade do estabelecimento, tal como definida até agora, pelo TJUE e pelo Tribunal EFTA aplica-se às meras caixas postais, ou à ausência de atividade económica (laços e vínculos económicos). Aceitando a definição de genuinidade do estabelecimento pelo Tribunal EFTA no caso *Olsen*[288]

Risicokapitaal, Beheer NV contra Belgische Staat (C-499/07); 18 de junho de 2009, Caso C-303/07 (Proceedings brought by Aberdeen Property Fininvest Alpha Ou).

[285] TJUE: 13 de novembro de 2012, Caso C-35/11, Test Claimants in the FII Group Litigation..., cit., para. 100.

[286] TJCE: 17 de setembro de 2009, Caso C-182/08 (Glaxo Wellcome GmbH & Co. KG v. Finanzamt Muenchen I), paras. 46 e 51.

[287] Paras. 65-68.

[288] Tribunal EFTA, casos apensos E-3/13 e E-20/13, de 9 de julho de 2014, Fred. Olsen and Others e Petter Olsen and Others, v. the Norwegian State.

(para. 98), é preciso que uma pessoa ou entidade conduza um negócio, oferecendo serviços remunerados, e por um período indeterminado, através de um estabelecimento estável, para estar protegida pela referida liberdade. Para tal, deve averiguar-se ainda se foi contratado o pessoal necessário e se existe o equipamento adequado para efetuar a atividade proposta.

Esta definição de estabelecimento é o reverso da definição de abuso da recomendação da Comissão Europeia nº 8806 de 6 de dezembro de 2012. Segundo esta:

> "4.4. For the purposes of point 4.2 an arrangement or a series of arrangements is artificial where it lacks commercial substance. In determining whether the arrangement or series of arrangements is artificial, national authorities are invited to consider whether they involve one or more of the following situations:
>
> (a) the legal characterisation of the individual steps which an arrangement consists of is inconsistent with the legal substance of the arrangement as a whole;
>
> (b) the arrangement or series of arrangements is carried out in a manner which would not ordinarily be employed in what is expected to be a reasonable business conduct;
>
> (c) the arrangement or series of arrangements includes elements which have the effect of offsetting or cancelling each other;
>
> (d) transactions concluded are circular in nature;
>
> (e) the arrangement or series of arrangements results in a significant tax benefit but this is not reflected in the business risks undertaken by the taxpayer or its cash flows;
>
> (f) the expected pre-tax profit is insignificant in comparison to the amount of the expected tax benefit. [289]

[289] Brussels, 6.12.2012 C(2012) 8806 final Commission Recommendation of 6.12.2012 on aggressive tax planning: "A artificialidade dos esquemas é artificial quando não tiver substância comercial. Para determinar se a montagem ou a série de montagens é artificial ou não, as autoridades nacionais são convidadas a examinar se essas montagens dizem respeito a uma ou várias das seguintes situações:
a) A qualificação jurídica de cada uma das medidas que compõem a montagem é incompatível com o fundamento jurídico da montagem no seu conjunto;
b) A montagem ou a série de montagens é executada de uma forma que seria normalmente utilizada no quadro do que se espera ser um comportamento comercial razoável;

Todavia, não encontramos um conceito europeu de abuso da livre circulação de capitais.

Como veremos, a Diretiva antiabuso parece seguir o entendimento de que o caso *Cadbury-Schweppes* é o que dita o enquadramento das regras CFC no Tratado.

Mas, já em plena era das ações BEPS, o Tribunal EFTA (no caso *Olsen* de 9 de julho de 2014[290]) e o próprio TJUE (*Comissão/Reino Unido,* de 13 de novembro de 2014[291]) parecem alargar a análise da compatibilidade das regras CFC, à livre circulação de capitais no AEEE e no TFEU, respetivamente. O critério adotado é o da atividade económica.

A liberdade de estabelecimento seria preenchida quando existisse atividade económica empresarial (investimento ativo), através de um estabelecimento e por um período indefinido; a livre circulação de capitais diria respeito ao investimento passivo. Nas palavras do Tribunal EFTA, seguindo o caso *SEVIC Systems* do TJUE, atividade económica implica a participação efetiva na vida económica do país e ao abrigo das mesmas regras que os nacionais[292].

A característica essencial de uma atividade real e genuína que constitua estabelecimento para efeitos do TFUE e do AEEE, é que uma pessoa ou entidade desenvolva uma atividade empresarial, tal como a prestação de serviços, remunerada, por um período de tempo indefinido, através de um estabelecimento estável (caso *Olsen*).

No caso *Olsen* e no caso do TJUE *Comissão/Reino Unido* (C-112/14, de 13 de novembro de 2014), estavam em causa regras CFC ou, pelo menos, regras com função idêntica às regras CFC: em ambos os casos, foi entendido

c) A montagem ou a série de montagens inclui elementos que têm por efeito compensar-se ou anular-se entre si;

d) As transações concluídas são de natureza circular;

e) A montagem ou a série de montagens dá origem a um benefício fiscal considerável, mas que não se reflete nos riscos comerciais assumidos pelo contribuinte nem nos seus fluxos de caixa;

f) O lucro esperado antes de imposto é negligenciável relativamente ao montante da vantagem fiscal previsto.

290 Tribunal EFTA, casos apensos E-3/13 e E-20/13, Fred. Olsen and Others...cit.

291 TJUE: caso C-112/14, de 13 de novembro de 2014 (Comissão Europeia contra Reino Unido da Grã-Bretanha e da Irlanda do Norte).

292 TJCE: Caso C-411/03, de 13 de dezembro de 2005 (SEVIC Systems AG), para. 18.

que o mero investimento sem atividade económica cai no âmbito da livre circulação de capitais, mesmo em caso de controlo ou influência decisiva.

Diz-nos o caso *Olsen*:

"94. The concept of establishment within the meaning of the EEA Agreement is therefore a very broad one, allowing an EEA national to participate, on a stable and continuous basis, in the economic life of a EEA State other than his State of origin and to profit therefrom, thus contributing to economic and social interpenetration within the EEA (see, to this effect, Case E-1/09 *ESA* v *Liechtenstein* [2009-2010] EFTA Ct. Rep. 46, paragraph 28, and case law cited).

95. Having regard to that objective of integration, the right of establishment covers all measures which permit or even merely facilitate access to other EEA States and the pursuit of an economic activity in those States by allowing the persons concerned to participate in the economic life of the country effectively and under the same conditions as national operators (see, for comparison, Case C-411/03 *SEVIC Systems* [2005] ECR I-10805, paragraph 18).

96. Accordingly, the concept of establishment under Articles 31 and 34 EEA has a specific EEA meaning and must not be interpreted narrowly. Thus, any person or entity, such as a trust, that pursues economic activities that are real and genuine must be regarded as taking advantage of its right of establishment under Articles 31 and 34 EEA.

97. The essential feature of real and genuine business activities that constitute establishment is that a person or an entity carries on a business, such as by offering services, which are effected for consideration, for an indefinite period through a fixed establishment.

98. A fixed establishment may be gained and maintained by such activities as settling personally in the host State, establishing the seat of management there and/or recruiting staff to perform the services that may be required from the establishment there. In contrast, an entity not carrying out any business in another EEA State, due to the extent it exists in terms of premises, staff and equipment, and whose incorporation may thus not reflect economic reality cannot invoke Articles 31 and 34 EEA due to its lack of actual economic activity (compare, to that effect, Case C-196/04 *Cadbury Schweppes and Cadbury Schweppes Overseas* [2006] ECR I-7995, paragraphs 67 to 68, and case law cited).

99. Whether the entity in question conducts a real and genuine economic activity cannot be answered in the abstract. It depends on the actual terms of the entity's statutes, such as, in the case at hand, the trust's deed, and the

actual activities of that entity and its management. If a specific assessment reveals, for example, that the trust is involved in the management of a group's companies or other activities for a group, such as managing a pool of resources, and its actual incorporation reflected its actual activities, it has to be regarded as a real and genuine economic activity, which constitutes establishment. As the Commission stated in response to a question from the bench, it is not required that the economic activities take effect in the EEA State of establishment. It suffices that they take effect in the EEA."

Em conclusão, nos casos *Olsen* e *Comissão vs. Reino Unido,* as regras CFC abrangem as situações de movimentos de capitais, sem estabelecimento. A confirmar-se esta jurisprudência, as regras CFC têm de ser compatíveis com as liberdades fundamentais, quer sejam aplicáveis a entidades noutro Estado-Membro ou num Estado terceiro.

Ou seja, será difícil aos Estados-Membros da UE aplicarem e reforçarem as suas cláusulas CFC a lucros não distribuídos por afiliadas de Estados-Membros e de Estados terceiros, porque o TJUE exige a demonstração da artificialidade do negócio para legitimar a aplicação das regras CFC por parte de um Estado-Membro. No caso da livre circulação de capitais, a artificialidade é muito difícil, se não impossível, de demonstrar.

3.3. As regras CFC e o abuso fiscal

No quadro da União Europeia, as regras CFC são regras antiabuso, dada a jurisprudência do TJUE, iniciada com o caso *Cadbury-Schweppes*[293]. O ponto de partida para a análise de medidas fiscais nacionais aplicáveis a rendimentos obtidos noutro Estado ou a sujeitos situados noutro Estado são as liberdades fundamentais. As regras CFC são entendidas como obstáculos à livre circulação, pelo que só podem ser aceites se forem justificadas, e, neste caso, a justificação potencial é o controlo do abuso.

No caso da aplicação de uma regra CFC, o Estado de residência da sociedade-mãe tributa diretamente os rendimentos da afiliada, desrespeitando o critério da fonte e o critério da residência: desconsiderando, para efeitos

[293] TJCE: Caso C-196/04, Cadbury Schweppes PIC..., cit., paras. 61 e ss. Para uma análise de regras CFC compatíveis com o Direito da União, Blazej Kuzniacki, "Strengthening CFC Rules in a Comparable Way with EU Law under BEPS Action 3 in Light of the European Commission's Proposal – A Critical Evaluation", *Base Erosion Profit Shifting (BEPS)*, cit., pp. 132 e ss.

fiscais, que a fonte dos rendimentos e a residência do sujeito passivo (entidade controlada) estejam noutro Estado-Membro.

3.4. O regime dos artigos 7º e 8º da Diretiva

Os artigos 7º e 8º da Diretiva antiabuso respondem ao repto da ação 3 do BEPS e ao acórdão do TJUE no caso *Cadbury-Schweppes*.

As sociedades estrangeiras controladas são definidas de modo amplo, sendo equiparadas a estas, outras entidades e estabelecimentos estáveis noutro território. O objetivo é cobrir qualquer sujeito passivo de imposto societário, cujos lucros não estejam sujeitos a imposto ou estejam isentos de imposto no Estado-Membro da entidade controlada.

Assim, abrangem-se as participações de um contribuinte que, por si só ou juntamente com as suas empresas associadas, sejam direta ou indiretamente superiores a 50 % dos direitos de voto, ou a 50 % do capital; abrangem-se também as situações em que o contribuinte, por si só ou juntamente com as suas empresas associadas, tenha direito a receber mais de 50 % dos lucros dessa entidade.

Nos termos da alínea *b)*, do nº 1 do artigo 7º, "se o imposto sobre as sociedades efetivamente pago sobre os seus lucros pela entidade ou pelo estabelecimento estável for inferior à diferença entre o imposto sobre as sociedades que teria sido cobrado à entidade ou ao estabelecimento estável ao abrigo do sistema de tributação das sociedades aplicável no Estado-Membro do contribuinte e o imposto sobre as sociedades efetivamente pago sobre os seus lucros pela entidade ou pelo estabelecimento estável", o Estado do sócio ou acionista controlador aplica a regra CFC. Esta fórmula não se baseia nas taxas mínimas dos impostos sobre os lucros. Ela elege como elemento de comparação, a diferença entre o imposto sobre os lucros efetivamente pago pela entidade controlada e o imposto que seria calculado à luz das regras fiscais vigentes no Estado-Membro do sócio ou entidade controladora.

O nº 2 concretiza as recomendações BEPS.

Desde logo, o nº 2, parágrafo 1, dá duas opções aos Estados-Membros:

Uma delas permite aos Estados aplicarem a regra CFC a todas as categorias de rendimentos com maior mobilidade, tal como enumeradas na ação 3 do BEPS:

> "*i)* juros ou outros rendimentos gerados por ativos financeiros;
> *ii)* *royalties* ou outros rendimentos da propriedade intelectual;

iii) dividendos e rendimentos provenientes da alienação de ações ou quotas;

iv) rendimentos provenientes de locação financeira;

v) rendimentos provenientes de atividades de seguros, bancárias e de outras atividades financeiras;

vi) rendimentos provenientes de empresas de faturação que obtenham rendimentos de comércio e serviços provenientes de bens e serviços comprados e vendidos a empresas associadas, e que acrescentam pouco ou nenhum valor económico."

O nº 2, alínea *a)*, segundo parágrafo, contém uma regra de aferição da genuinidade da atividade da sociedade controlada, aproximando-se da primeira análise ou teste do BEPS: "A regra CFC não é aplicável caso a sociedade estrangeira controlada exerça uma atividade económica substantiva com recurso a pessoal, equipamento, ativos e instalações, comprovada por factos e circunstâncias relevantes". Esta formulação também se aproxima da formulação utilizada pelo TJUE no caso *Cadbury-Shweppes*:

> "65 Nestas condições, para que a legislação relativa às SEC seja conforme ao direito comunitário, a aplicação da tributação prevista pela referida legislação deve ser excluída quando, não obstante a existência de razões de natureza fiscal, a constituição de uma SEC corresponde a uma realidade económica.
>
> 66 Essa constituição deve corresponder a uma implantação real que tem por objectivo a realização de actividades económicas efectivas no Estado-Membro de acolhimento, como resulta da jurisprudência recordada nos nºs 52 a 54 do presente acórdão.
>
> 67 Como sugeriram o Governo do Reino Unido e a Comissão na audiência, esta verificação deve assentar em elementos objectivos e comprováveis por terceiros, relativos, especialmente, ao grau de existência física da SEC em termos de instalações, de pessoal e de equipamentos."[294].

Os Estados-Membros podem limitar a aplicação deste teste aos Estados-Membros da União Europeia e do Espaço Económico Europeu. Esta opção baseia-se no entendimento de que as regras CFC constituem sempre restrições ao direito de estabelecimento e que a livre circulação de capi-

[294] TJCE: Caso C-196/04, Cadbury Schweppes PIC..., cit.

tais nunca está em causa. Este entendimento é duvidoso tendo em conta os referidos casos *Olsen*[295] e *Comissão v. Reino Unido*[296].

Os Estados-Membros podem escolher outra opção legislativa, dada na alínea *b)*, também conforme ao BEPS e ao TFUE. Neste caso, não se limita o âmbito da regra CFC às atividades passivas; e não se distingue entre, por um lado, Estados-Membros da UE e do Espaço Económico Europeu, e, por outro lado, o resto do mundo:

> "Os Estados-Membros podem decidir aplicar a regra CFC apenas aos rendimentos não distribuídos da entidade ou do estabelecimento estável resultantes de montagens não genuínas postas em prática com a finalidade essencial de obter uma vantagem fiscal".

A concretização desta alínea *b)* segue de perto a doutrina BEPS do valor criado:

> "Para efeitos da alínea *b)*, considera-se que uma montagem ou série de montagens não é genuína na medida em que nem a entidade nem o estabelecimento estável seriam detentores dos ativos que geram a totalidade ou parte dos seus rendimentos, nem teriam assumido os riscos a eles associados se não fossem controlados por uma sociedade na qual são exercidas as funções dos dirigentes, que são relevantes para esses ativos e riscos, e que são essenciais para gerar os rendimentos da sociedade controlada".

Em ambos os casos, os Estados-Membros podem introduzir um limiar para excluir da aplicação das regras CFC uma entidade ou um estabelecimento estável com dimensão económica pouco significativa.

O artigo 8º trata do cálculo dos rendimentos das sociedades estrangeiras controladas.

Esclarece-se que o rendimento a ser incluído na base tributável da sociedade controladora, é calculado segundo as regras do imposto societário aplicável a essa sociedade (artigo 8º, nº 1, primeira parte, da Diretiva antiabuso).

Acrescenta-se que as perdas não são tidas em conta para esse cálculo, mas que podem ser reportadas para futuros períodos fiscais, para serem deduzidas de futuros lucros (artigo 8º, nº 1, segunda parte, da Diretiva antiabuso).

[295] Tribunal EFTA, casos apensos E-3/13 e E-20/13, Fred. Olsen and Others...,cit.

[296] TJUE: caso C-112/14, Comissão Europeia contra Reino Unido..., cit.

Esclarece-se também que para o cálculo do rendimento tributável da sociedade controladora, caso seja aplicável a segunda alternativa (artigo 7º, número 2, alínea *b*)) os preços de transferência devem ser, primeiro, aplicados corretamente: "os rendimentos a incluir na base tributável do contribuinte estão limitados aos montantes gerados através de ativos e riscos ligados às funções dos dirigentes que são assumidas pela empresa que exerce o controlo. A atribuição dos rendimentos das sociedades estrangeiras controladas é calculada segundo o princípio da plena concorrência" (artigo 8º, nº 2 da Diretiva antiabuso).

O artigo 8º, nºs 5 a 7, trata da eliminação da dupla tributação.

O nº 5 prevê a eliminação da dupla tributação, a propósito de uma futura distribuição de lucros pela entidade controlada, através da dedução do imposto anteriormente pago ao abrigo da regra CFC. Não se exige a eliminação de duplas (múltiplas) tributações acumuladas, o que desmotiva a constituição de sociedades intermediárias no território da União Europeia.

A dupla tributação também é evitada em caso de qualquer parte do produto resultante da alienação da participação na entidade controlada, ou da atividade desenvolvida pelo estabelecimento estável, ter sido anteriormente incluída na regra CFC (artigo 8º nº 6).

Finalmente, o Estado de residência da entidade controladora deve permitir uma dedução, ao abrigo da sua legislação interna, do imposto pago pela entidade controlada ou estabelecimento estável, no Estado de residência da controlada ou no Estado em que está situado o estabelecimento estável.

3.5. Residência e Direito Europeu

O Direito Europeu aceita o conceito de residência fiscal das sociedades, tal como reconhecido pelas convenções de dupla tributação. Isso resulta, por exemplo, do artigo 2º, nº 1, alínea *b*), da Diretiva Sociedades-mães/afiliadas; do artigo 3º alínea *a*) *ii*) da Diretiva juros e *royalties*; e do artigo 6º da versão originária da Proposta de Diretiva do CCCTB.

Na verdade, os problemas BEPS causados pelo conceito de residência são idênticos no quadro das convenções de dupla tributação e no ordenamento da União Europeia[297].

[297] V. a favor da harmonização dos conceitos de fonte e de residência na União Europeia, Aurora Ribes Ribes, "Tax Residence and the Mobility of Companies...", cit., pp. 606-615.

No caso *Factortame II*[298], o TJUE considerou que o significado de residência para efeitos do artigo 53º e ss. do TCE, atual artigo 54º e ss. do TFUE, implica a prossecução efetiva de uma atividade económica através de um estabelecimento estável, noutro Estado-Membro, por um período indefinido de tempo.

Existe, portanto, uma lógica de relação duradoura da atividade no território de um outro Estado, eventualmente relacionada com o lugar de direção efetiva.

Este conceito é desenvolvido pelo Tribunal EFTA no caso *Olsen et al.*[299], relacionando residência com "influência decisiva", e com estabelecimento. Em contrapartida, os meros investimentos financeiros não implicam residência, mas apenas movimentos de capital. Assim, de acordo com o Tribunal EFTA, a legislação CFC abrange "não apenas empresas independentes que permitem ao acionista exercer uma influência decisiva nas decisões da empresa e determinar as suas atividades, mas também estruturas de capital domiciliadas em países de baixa tributação, que o contribuinte controla, direta ou indiretamente, e dos quais beneficia"[300].

Segundo o Tribunal, "as participações adquiridas somente com a intenção de fazer um investimento financeiro sem intenção de influência na direção e controlo da sociedade, devem ser examinadas exclusivamente à luz da livre circulação de capitais"[301]. Esta interpretação torna difícil encontrar um conceito de residência para o investimento financeiro.

Se existisse um conceito internacional ou europeu de residência com prevalência da substância, a tensão entre os interesses dos Estados de residência (exportadores líquidos de capital) e da fonte (importadores líquidos de capital) seria menor.

4. A regra de inversão

A regra de inversão estava prevista só para o rendimento vindo do exterior. A regra de inversão estabelecia que se o rendimento proveniente do exterior fosse tributado a uma taxa nominal inferior a 40% da taxa nominal do Estado-Membro em causa, este não aplicaria o regime de isenção,

[298] TJCE: Caso C-411/03, SEVIC Systems AG, cit., para. 18.

[299] Tribunal EFTA, casos conjuntos E-3/17 e 20/13, Fred Olsen et al, cit., paras. 114-115.

[300] Tribunal EFTA, casos conjuntos E-3/17 e 20/13, Fred Olsen et al, cit. para. 115.

[301] Tribunal EFTA, casos conjuntos E-3/17 e 20/13, Fred Olsen et al, cit. para. 114.

deveria tributar o rendimento e conceder um crédito para eliminar a dupla tributação. Esta regra era considerada complementar à regra CFC. Alguns Estados-Membros têm regras de inversão – é o caso da Alemanha[302] e da Áustria[303] – e não têm regras CFC (o caso da Áustria[304]).

A principal crítica feita à regra de inversão está relacionada com uma política protecionista da União Europeia em relação a terceiros Estados, pois a percentagem de 40% garantia que, na situação atual, essa regra não se aplicava entre Estados-Membros[305].

Havia dois cenários possíveis: os Estados de tributação mais alta descerem as suas taxas de imposto societário, aproximando-se dos Estados-Membros de tributação mais baixa e evitando assim também a aplicação da regra de inversão a alguns ou muitos Estados terceiros. Ou, se estes não descessem as suas taxas de imposto societário, os Estados de tributação mais baixa também não poderiam descê-las, para não caírem nos pressupostos e estatuição da regra. Porém, estes últimos Estados tornar-se-iam mais atraentes do ponto de vista do estabelecimento de sociedades europeias, com investimentos no exterior, provocando uma deslocalização de empresas dentro da UE. Todavia, haveria que distinguir duas situações.

Uma, em que a deslocalização se processaria através de estabelecimento secundário. A sociedade-mãe permanece num Estado-Membro de tributação mais alta e são constituídos num Estado-Membro de tributação mais baixa uma afiliada ou um estabelecimento estável. Neste caso, o Estado-Membro da sociedade-mãe poderia aplicar uma regra CFC, verificados os pressupostos.

Numa outra situação, a deslocalização ocorreria através da saída de uma sociedade para outro Estado, à semelhança dos factos de *Daily Mail*[306] ou

[302] V. TJCE: 6 de dezembro de 2007, C-298/08 (Columbus Container Services BVBA v Bielefeld-Innenstadt).

[303] TJCE: 10 de Fevereiro de 2011, Caso C-436/08 e C-437/08 (Haribo and Salinen v. Finanzamt Linz).

[304] Sebastian Bergmann, "Austria", *Tax Avoidance Revisited ...*, cit., 3.3.; versão preliminar disponível em: http://www.eatlp.org/uploads/public/Austria%20(2%20November%202015).pdf; Dana Nerudová and Veronika Solilova, "Czech Republic" , III, versão preliminar disponível em: http://www.eatlp.org/uploads/public/National%20report%20Czech%20Republic_incl.%20names.pdf; Werner Haslehner, "Luxembourg", *Tax Avoidance Revisited* ..., cit.;

[305] Ana Paula Dourado, "The EU Anti Tax Avoidance Package...", cit., , p. 441.

[306] TJCE: Caso C-81/87, Daily Mail, cit.

de *Cartesio*[307], ou da constituição de uma sociedade *ab initio*, com deslocalização de capital.

Este tipo de deslocalização já conseguiria evitar a aplicação quer das regras de inversão quer das regras CFC.

A regra de inversão foi controversa, desde o início, e embora se supusesse em certo momento que iria ser adotada, foi eliminada da Diretiva. Todavia, uma vez que a Diretiva só contém regras mínimas, nada impede que os Estados mantenham ou adotem regras de inversão.

5. A Cláusula Geral Antiabuso

A Diretiva também contém uma cláusula geral antiabuso. Trata-se de uma formulação mais simples do que a que encontramos em Estados-Membros com tradição em cláusulas gerais, de que é exemplo a Alemanha[308], e noutros que ponderaram cuidadosamente a introdução de uma CGAA. Deste último grupo é exemplo o Reino Unido[309] e, de certa forma, Portugal[310].

5.1. O conceito de abuso no artigo 6º da Diretiva

Nos termos do artigo 6º da Diretiva antiabuso, o abuso ocorre no caso de esquemas não genuínos, na medida em que os esquemas não foram adotados por razões económicas (comerciais) válidas. A existência de substância económica, genuinidade ou razões económicas válidas terá de ser interpretada segundo o Direito Europeu e jurisprudência constante do TJUE[311].

Segundo o nº 1, não são genuínos os esquemas que, ponderados todos os factos e circunstâncias, tenham sido adotados com o objetivo principal ou um dos objetivos principais de obter uma vantagem fiscal contrária ao objeto e finalidade da lei fiscal aplicável. Acrescenta-se que esses podem incluir mais do que um passo ou parte.

[307] TJCE: 22 de maio de 2008, Caso C-210/06, Cartesio..., cit.

[308] Ekkehart Reimer, "Germany", *Tax Avoidance Revisited*, ..., cit.

[309] Sandra Eden, "UK", *Tax Avoidance Revisited*, ..., cit.

[310] Gustavo Lopes Courinha, "Portugal", *Tax Avoidance Revisited*, ..., cit.

[311] Dinis Tracana, *Abuse under the Merger Directive, A Different Approach to the Concept of "Valid Commercial Reasons"*, Cadernos IDEFF, nº 21, Almedina, Coimbra, 2016, nº 4 do capítulo 3, pp. 114 e ss..Ana Gabriela Rocha, *Conceitos de Direito Europeu em Matéria Societária*, Cadernos IDEFF, nº 17, Almedina, Coimbra, 2014, capítulo 2.

Diz o artigo 6º:

"1. Para efeitos do cálculo da matéria coletável das sociedades, os Estados-Membros ignoram uma montagem ou série de montagens que, tendo sido posta em prática com a finalidade principal ou uma das finalidades principais de obter uma vantagem fiscal que frustre o objeto ou a finalidade do direito fiscal aplicável, não seja genuína tendo em conta todos os factos e circunstâncias relevantes. Uma montagem pode ser constituída por mais do que uma etapa ou parte.

2. Para efeitos do nº 1, considera-se que uma montagem ou série de montagens não é genuína na medida em que não tenha sido posta em prática por razões comerciais válidas que reflitam a realidade económica.

3. Caso as montagens ou série de montagens não sejam tomadas em consideração nos termos do nº 1, a coleta é calculada nos termos do direito nacional."

5.2. Genuinidade e artificialidade

A CGAA da Diretiva antiabuso codifica os elementos da jurisprudência do TJUE sobre o princípio do abuso. Este princípio é comum a todos os impostos e a todas as matérias de Direito Europeu, com adaptações em cada ramo do Direito[312].

A jurisprudência contrapõe esquemas artificiais a esquemas genuínos (V. *Cadbury-Schweppes*[313]), e a Diretiva optou pelo conceito positivo de genuinidade, talvez pelo facto de a artificialidade ser mais difícil de demonstrar, especialmente quando envolvidos movimentos financeiros (ou livre circulação de capitais sem sobreposição com outras liberdades).

Por isso, para fugir ao conceito de artificialidade ou para não utilizá-lo expressamente, a Diretiva terá optado por definir genuinidade através do conceito de "razões comerciais válidas que refletem a realidade económica" originariamente utilizada pela Diretiva fusões, cisões e outras operações de reestruturação empresarial.

312 V. os vários capítulos sobre o assunto em diversas áreas do Direito Europeu em: AAVV, *Prohibition of Abuse of Law, A New General Principle of EU Law?*, ed. Rita de la Feria & Stefan Vogenhauer, Hart Publishing, Oxford and Portland, Oregon, 2011.

313 TJCE: Caso C-196/04, Cadbury Schweppes PlC..., cit., nºs 65-68.

A CGAA, à primeira vista, parece uma regra ortodoxa, referindo-se a um "objetivo essencial" de elisão como condição de se verificar abuso fiscal. A referência ao objetivo essencial segue a linha do caso *Halifax*[314].

Cabe saber até que ponto a doutrina *Cadbury-Schweppes* confirmada em diversos acórdãos posteriores, vai ser modificada pela interpretação da nova CGAA.

No caso *Cadbury-Schweppes*, o Tribunal de Justiça referiu-se à artificialidade do esquema como critério aferidor do abuso, dando o exemplo das caixas postais, e contrapôs as operações genuínas à artificialidade[315]. A artificialidade, especialmente ligada às caixas postais, tem limitado o controlo do abuso na União Europeia. Se não se tratar de uma caixa postal, pode entender-se que existe uma presença efetiva.

No caso *Cadbury-Schweppes*, o Tribunal de Justiça não aceitou argumentos relacionados com a proporção entre o montante de lucros tributados na Irlanda e a criação de valor neste país, para aferir a existência de uma realidade económica:

> "Nestas condições, para que a legislação relativa às SEC seja conforme ao direito comunitário, a aplicação da tributação prevista pela referida legislação deve ser excluída quando, não obstante a existência de razões de natureza fiscal, a constituição de uma SEC corresponde a uma realidade económica" (para. 65).
>
> "Essa constituição deve corresponder a uma implantação real que tem por objectivo a realização de actividades económicas efectivas no Estado-Membro de acolhimento, como resulta da jurisprudência recordada nos nºs 52 a 54 do presente acórdão" (para. 66).
>
> "Como sugeriram o Governo do Reino Unido e a Comissão na audiência, esta verificação deve assentar em elementos objectivos e comprováveis por terceiros, relativos, especialmente, ao grau de existência física da SEC em termos de instalações, de pessoal e de equipamentos" (para. 67).

Cabe saber se a cláusula antiabuso da ATAD vai permitir uma interpretação em que seja tida em conta a proporção entre o montante a tributar e

[314] TJCE: 21 de fevereiro de 2006, Caso C-255/02 (Halifax plc, Leeds Permanent Development Services Ltd e County Wide Property Investments Ltd contra Commissioners of Customs & Excise).

[315] TJCE: Caso C-196/04, Cadbury Schweppes PIC..., cit. nºs 65-68.

o valor criado, através de elementos ligados ao "grau de existência física" de uma entidade. No projeto BEPS, a inexistência de razões comerciais válidas implica a avaliação dessa proporção.

Tendo em conta a jurisprudência do Tribunal sobre abuso, é provável que ou a Diretiva ou a legislação nacional que a transpõe – as diversas legislações nacionais que a transpõem –, sejam postas em causa.

A proporção entre genuinidade e artificialidade ao abrigo do critério do valor criado não implica encontrar uma proporção entre imposto e lucro, mas sim entre imposto e atividade económica real.

A cláusula do artigo 6º da Diretiva antiabuso é bastante vaga e se transposta assim, vai gerar muita insegurança jurídica. Cláusulas como a do Reino Unido, introduzida em 2010, e de Estados-Membros da UE que vêm acompanhadas de exemplos padrão, de um procedimento autónomo e de uma comissão com competência exclusiva para interpretar a cláusula, seriam exemplos a seguir. Mais do que isso, a cláusula que consta da Recomendação 8806/12/UE continha uma densificação da jurisprudência do Tribunal de Justiça cobrindo os diversos casos já julgados e antevendo futuros casos[316]. Embora a cláusula contida na mencionada Recomendação não se aplique apenas ao imposto sobre o rendimento das pessoas coletivas, a verdade é que traria mais segurança jurídica, sem deixar de ser suficientemente abrangente para desempenhar o seu papel de Cláusula Geral Antiabuso.

A CGAA, agora aprovada, é muito mais sintética.

Quanto às consequências do abuso, à partida, os esquemas não genuínos devem ser ignorados, isto é, o imposto é calculado como se não tivessem sido adotados os esquemas não genuínos, sendo a situação reconstituída nos termos da legislação normalmente aplicável. É isso que resulta do nº 3 do artigo 6º da Diretiva antiabuso.

5.3. Montagens fictícias e razões económicas válidas

Para efeitos da cláusula geral antiabuso, as montagens fictícias acontecem quando se verifiquem três elementos: terem como objetivo principal ou como um dos objetivos principais obter uma vantagem fiscal; essa vanta-

[316] Brussels, 6.12.2012 C(2012) 8806...cit.; V. Ana Paula Dourado, "Aggressive Tax Planning in EU Law...", cit., pp. 52-54; Tobias Franz, "The General Anti-Abuse Rule Proposed by the European Commission", *Intertax*, 2015, nº 11, pp. 660-672.

gem fiscal anular o objeto das disposições fiscais normalmente aplicáveis; ou anular a finalidade dessas disposições.

Saber quais são as disposições fiscais "normalmente" aplicáveis implica averiguar qual a tributação que ocorreria na ausência das montagens.

A definição de "não genuína" é feita por referência a razões económicas válidas que refletam a realidade económica.

Finalmente, esclarece-se que em caso de abuso ao abrigo do nº 1, a carga fiscal é calculada com base na "substância económica", interpretada em conformidade com a legislação nacional.

O Tribunal de Justiça terá de interpretar o significado de montagens não genuínas, de razões económicas válidas. Pode remeter e aperfeiçoar a jurisprudência que já vem elaborando sobre o significado de razões económicas válidas no contexto da Diretiva das fusões e cisões[317]. Todavia, analisar o significado de razões económicas válidas para efeitos de aplicação das leis nacionais implica necessariamente uma densificação por parte dos tribunais nacionais. Caberá a estes interpretar o objeto e/ou a finalidade das disposições fiscais nacionais objeto de abuso fiscal.

O caso *Foggia* é um precedente neste aspeto: tratava-se de um conceito colocado na lei interna, por iniciativa do legislador nacional, e não por transposição da diretiva (embora por influência desta); os factos eram internos e não interestaduais; e apesar disso, o Tribunal entendeu ser da sua competência interpretá-lo[318].

O princípio da proporcionalidade aplicado pelo TJUE aos casos de abuso, e que na prática tem invalidado as presunções inilidíveis de abuso, não é mencionado neste artigo 6º, podendo entender-se que não é necessário estar mencionado na Diretiva, por ser um princípio geral.

5.4. Cláusulas gerais antiabuso nacionais

As cláusulas gerais antiabuso nacionais não integram todos os elementos desenvolvidos pelo Direito Europeu. Por exemplo, a cláusula antiabuso alemã contém o teste do objetivo principal (a vantagem advinda é contrária à finalidade da disposição legal); contém o elemento negativo (2º perí-

[317] V. TJUE: 10 de novembro de 2011, Caso C-126/10 (Foggia – Sociedade Gestora de Participações Sociais SA v. Secretário de Estado dos Assuntos Fiscais).

[318] Ana Paula Dourado, "Portugal: ECJ Pending Cases", *ECJ Pending Cases*, 2011, Vienna, Linde/Kluwer, 2011, pp. 215-222.

odo do artigo 42º, nº 2, da AO): a obtenção da vantagem fiscal é o objetivo principal das transações em causa; mas não inclui o teste subjetivo, na linha do princípio de abuso de Direito Europeu. Se se entender que o "*business purpose test*" proposto pela ação 6 do BEPS implica um elemento subjetivo, a CGAA alemã também se afasta deste teste; e o princípio da proporcionalidade não é utilizado na aplicação de nenhuma cláusula antiabuso alemã.

A não aplicação do princípio da proporcionalidade parece justificar-se porque a finalidade de financiamento do orçamento pelos impostos não pode ser submetida ao teste da proporcionalidade[319].

Pode argumentar-se, pelo contrário, que o princípio da proporcionalidade poderia ser relevante para avaliar a necessidade de claúsulas específicas antiabuso em casos de planeamento fiscal não agressivo.

5.5. Consequências em caso de abuso

O artigo 6º não é uma regra mínima quanto ao conceito de abuso, mas, ainda assim, há uma abertura para que a legislação interna vá mais longe, pois, segundo o nº 3 do artigo 6º, a obrigação fiscal é calculada de acordo com o Direito nacional.

Deve interpretar-se obrigação fiscal em sentido estrito: desconsideração dos esquemas adotados e tributação segundo os esquemas genuínos. Numa perigosa direção contra o Estado de Direito, alguns Estados qualificam o abuso de ilícito e aplicam sanções a comportamentos abusivos[320]. Trata-se, em alguns casos, de uma consequência negativa do projeto BEPS e do impacto que teve nos meios de comunicação social e em algumas opiniões públicas nacionais.

A CGAA na Diretiva tem como objetivo conferir às autoridades nacionais o poder de recusar aos contribuintes o benefício de regimes fiscais abusivos. Há uma preocupação da Comissão em propor uma cláusula que seja conforme à jurisprudência do TJUE.

Dentro da União, quer a CGAA quer a maior parte das cláusulas específicas previstas na Diretiva têm uma aplicação limitada a esquemas não

[319] Ekkehart Reimer, "Germany", Tax Avoidance Revisited...ed. Ana Paula Dourado... cit.

[320] Jorge Martín López & Elizabeth Gil García, "Spain", *Tax Avoidance Revisited...*, cit., II. I.; versão preliminar disponível em: http://www.eatlp.org/uploads/public/Spain%20(11%20November%202015).pdf; Yariv Brauner, "USA", *Tax Avoidance Revisited...*, cit.; versão preliminar disponível em: http://www.eatlp.org/uploads/public/United%20States%20(6%20Dec%20 2015).pdf.

genuínos. Na ausência de artificialidade, e também na linha de jurisprudência constante do TJEU, o contribuinte deveria dispor do direito de optar pela estrutura mais eficiente em termos fiscais para as suas atividades.

A tributação à saída, o limite à dedutibilidade dos juros e a regra de inversão (esta última estava na Proposta de Diretiva, mas não foi aprovada) são uma exceção a esta lógica. Outro objetivo prosseguido com a consagração de uma cláusula geral antiabuso harmonizada, é o de que ela seja aplicável de modo uniforme em situações nacionais, no interior da União e na relação com os países terceiros.

O facto de a Diretiva conter regras *de minimis* não ajuda a atingir a aplicação uniforme, e o Tribunal terá um desafio para o conseguir.

A regra geral antiabuso dará origem a muitas dúvidas de interpretação. Ela não é propriamente uma regra *de minimis*, pois consagra os limites da jurisprudência relacionados com a genuinidade e as razões económicas (comerciais) válidas. Alguns Estados-Membros não sentirão necessidade de transpô-la, por já terem CGAA compatíveis com o artigo 6º da Diretiva antiabuso. Admitindo que outros Estados-Membros a transpõem, terá de haver um trabalho conjugado dos tribunais nacionais e do Tribunal de Justiça, para eliminar dúvidas de interpretação.

Coloca-se também a questão de saber se tem de ser transposta, caso não exista uma CGAA escrita. Há ainda alguns Estados-Membros onde, apesar de não existir uma CGAA aprovada por lei, os tribunais aplicam uma doutrina antiabuso. Para tal, recorrem a princípios gerais de Direito, como a fraude à lei, como acontece nos Países Baixos.

6. Disparidades causadas pelos híbridos – *assimetrias híbridas*

O artigo 9º da Diretiva antiabuso tem como objeto as disparidades causadas pelos híbridos e refere-se às mesmas como "assimetrias híbridas".

Nos termos do seu nº 1, "(n)a medida em que uma assimetria híbrida resulte numa dupla dedução, a dedução é concedida apenas no Estado-Membro em que esse pagamento tem origem". A determinação da origem do gasto pressupõe a aplicação das novas regras dos preços de transferência.

6.1. O regime do artigo 9º e comparação com a ação 2 do BEPS

O artigo 9º vai para além da ação 2 do BEPS. Enquanto esta trata das respostas primária e defensiva a dar aos híbridos, o artigo 9º segue, em primeiro lugar, o espírito do projeto BEPS. E fá-lo através de um regime em que a substância prevalece sobre a forma. Na verdade, a regra do nº 1 do artigo 9º da Diretiva antiabuso concretiza as ações 8-10 do projeto BEPS, sobre preços de transferência, relacionando a dedução do gasto com o Estado-Membro onde esse gasto teve lugar, segundo as regras de "criação de valor".

O nº 2 contém uma regra anti-híbridos *stricto sensu*, e optou por uma resposta primária:

> "(n)a medida em que uma assimetria híbrida resulte numa dedução sem inclusão, o Estado-Membro do ordenante..." (i.e., da entidade pagadora) "... recusa a dedução desse pagamento".

O regime do artigo 9º, nº 2, da Diretiva antiabuso, também difere do artigo 4º, nº 1, alínea *a)*, da Diretiva sociedades-mães afiliadas, bem como da interpretação/transposição nacional da recomendação da ação 2 do BEPS pela Áustria e pela França.

Se conjugarmos este artigo 9º, nº 2, da Diretiva antiabuso, com o artigo 4º, nº 1, alínea *a)*, da Diretiva sociedades-mães afiliadas, percebemos que os Estados-Membros da União Europeia passam a ter uma resposta primária (artigo 9º, nº 2, da Diretiva antiabuso) e uma resposta defensiva (artigo 4º, nº 1, alínea *a)*, da Diretiva sociedades-mães/afiliadas).

Antes da apresentação da Proposta de Diretiva antiabuso, já tinha sido questionado se a resposta primária era compatível com as liberdades fundamentais do TFUE e o princípio da não-discriminação, dado que as regras anti-híbridos só se aplicam a situações transfronteiriças[321].

Há duas razões fundamentais para defendermos a sua compatibilidade com o Tratado.

Em primeiro lugar, as regras anti-híbridos são regras de repartição de competências, e estas saem fora do crivo do TJUE.

Em segundo lugar, mesmo que houvesse dúvidas sobre a natureza destas regras, a partir do momento em que são aprovadas por meio de Direito secundário da UE, o juízo do TJUE é mais benevolente quanto à compatibilidade deste Direito secundário com o Direito primário[322].

321 Alexander Rust, "BEPS Action 2: 2014 Deliverable...", cit, pp. 308 e ss.

322 Rita Szudoczky, *The Sources of EU Law and their Relationships: Lessons for the Field of Taxation, Faculteit der Rechtsgeleerdheid*, por exemplo, pontos 8.3.4., 8.3.5 e 8.3.6.; Ana Paula Dourado, "The Relationship between Primary and Secondary EU Law in Tax Law: The Legitimacy of Different Interpretation Criteria Applied to EU and National Legal Sources", *Traditional and Alternative Routes to EU Integration*, ed. Dennis Weber, IBFD, Amsterdam, 2010, pp. 171 e ss.

Somos por isso do entendimento que o artigo 9º não é incompatível com as liberdades fundamentais, nomeadamente, com o direito de estabelecimento e a livre circulação de capitais. No dia 29 de maio de 2017, o Conselho adotou uma diretiva destinada a impedir a elisão fiscal das empresas através de regras que eliminam as "assimetrias híbridas" com os sistemas fiscais de países terceiros[323].

6.2. A ação 2 e a compatibilidade com o TFUE

Como as regras anti-híbridos só se aplicam às situações transfronteiriças, cabe saber se são discriminatórias[324]. Deve entender-se que as regras da Diretiva, porque aprovadas por unanimidade, gozam da presunção de legalidade. Por outro lado, como acabámos de referir, o Tribunal de Justiça é mais benevolente na apreciação do Direito secundário europeu à luz do TFUE, do que na apreciação do Direito nacional a luz do mesmo TFUE[325].

Mas também as regras nacionais que sigam as recomendações do BEPS são conformes ao TFUE, porque são regras de repartição de competências e não regras de exercício de competências. É ato claro que os Estados-Membros têm discricionariedade para legislar sobre as regras de repartição de competências, na ausência de harmonização.

7. A transposição da Diretiva Antiabuso

Os Estados-Membros devem transpor a Diretiva antiabuso e publicar as novas regras que cumpram as exigências da Diretiva, até 31 de dezembro de 2018, sendo que essas regras têm de entrar em vigor, o mais tardar, até 1 de janeiro de 2019.

A transposição da Diretiva antiabuso vai manter algumas disparidades entre os Estados-Membros, dado que as suas regras contêm um regime "mínimo" e algumas disposições contêm um número excessivo de opções (é o caso do artigo 4º).

No caso português, as regras de limitação de juros correspondem, no essencial, à regra da Diretiva, pelo que não há uma obrigação de alterar

[323] Diretiva (UE) 2017/952 do Conselho de 29 de maio de 2017 que altera a Diretiva (UE) 2016/1164 no que respeita a assimetrias híbridas com países terceiros, JO L 144/1 , de 7 de junho de 2017.

[324] Sobre a compatibilidade das respostas recomendadas pela Ação 2 e as liberdades fundamentais, V. Alexander Rust, "BEPS Action 2", cit., pp. 308, 319-321.

[325] Rita Szudoczky, *The Sources of EU Law...*, cit., pontos 8.3.4., 8.3.5 e 8.3.6.; Ana Paula Dourado, "The Relationship between Primary and Secondary...", cit., pp. 271 e ss.

em grande extensão as regras internas, mas podem ser incluídas algumas das regras optativas sugeridas pela Diretiva.

As regras portuguesas de imposto à saída têm vindo a ser compatibilizadas com a jurisprudência do TJUE, na sequência de procedimentos de infração iniciados pela Comissão Europeia contra Portugal (quanto aos artigos 76º-A e 76º-B do CIRC, de 1 de janeiro de 2007; e artigos 10º, nº 9, alínea *a)* e 38º, nº 1, alínea *a)*, do CIRS, em vigor em 2009)[326]. Dada a dispersão de cláusulas, seria mais claro se a legislação fosse alterada e introduzida a regra do artigo 5º, que contém um regime mais sistemático.

A regra geral antiabuso, a ser introduzida no CIRC, gerará muitas dúvidas de articulação com o artigo 38º, nº 2, da LGT e a regra geral antiabuso relativa à distribuição de dividendos por sociedades afiliadas a sociedades-mães, pelo que seria preferível não a transpor. Todavia, o fisco e os tribunais ficam obrigados a interpretar o artigo 38º, nº 2, da LGT, à luz do artigo 6º da Diretiva antiabuso. Esta solução tem um risco de insegurança jurídica, sendo que no caso Itelcar, o TJUE já considerou, noutro contexto, que as regras do CIRC sobre relações especiais eram contrárias ao princípio de segurança jurídica de Direito Europeu, emanado do TFUE[327]:

> "41 Com efeito, como decorre do nº 20 do presente acórdão, o conceito de «relações especiais», conforme definido no artigo 58º, nº 4 do CIRC, engloba situações que não implicam necessariamente uma participação da sociedade mutuante de um país terceiro no capital da sociedade mutuária residente. Na falta de tal participação, resulta do modo de cálculo do excesso de endividamento previsto no artigo 61º, nº 3, do CIRC que qualquer endividamento existente entre estas duas sociedades deveria ser considerado excessivo.
>
> 42 Há que concluir que, nas circunstâncias descritas no número anterior, a legislação em causa no processo principal afeta também comportamentos cuja realidade económica não pode ser contestada. A referida legislação, ao presumir nessas circunstâncias uma erosão da base tributável do imposto sobre o rendimento das pessoas coletivas devido pela sociedade mutuária residente, vai além do que é necessário para alcançar o seu objetivo.
>
> 43 Por outro lado, na medida em que, segundo as indicações do Governo português resumidas no nº 21 do presente acórdão, a legislação em causa no

[326] V. Ana Paula Dourado "Portugal: Pending Cases", *ECJ – Recent Developments in Direct Taxation 2009*, eds. Michael Lang et al, Linde Verlag, Wien, 2010, pp. 225 e ss.

[327] TJUE, de 3 de outubro de 2013, C-282/12, Itelcar – Automóveis de Aluguer Lda contra Fazenda Pública, paras. 41-44.

processo principal só se aplica às situações em que a sociedade mutuante detenha uma participação direta ou indireta no capital da sociedade mutuária, pelo que não se verifica a circunstância evocada no nº 41 do presente acórdão, a verdade é que essa limitação do âmbito de aplicação desta legislação não decorre da sua redação que, pelo contrário, parece sugerir que também são abrangidas as relações especiais em que não existe essa participação.

44 Nestas circunstâncias, a referida legislação não permite determinar previamente e com precisão suficiente o seu âmbito de aplicação. Consequentemente, não satisfaz as exigências da segurança jurídica segundo as quais as regras de direito devem ser claras, precisas e previsíveis nos seus efeitos, em especial quando podem ter consequências desfavoráveis para os indivíduos e as empresas. Ora, uma regra que não satisfaça as exigências do princípio da segurança jurídica não pode ser considerada proporcionada aos objetivos prosseguidos (v. acórdão SIAT, já referido, nºs 58 e 59)."

A regra CFC da Diretiva antiabuso não tem de ser totalmente transposta, mas por razões de segurança jurídica será preferível transpor o artigo 7º, quanto ao objeto e âmbito do regime CFC.

A regra anti-híbridos terá de ser transposta, por não existir uma regra correspondente ao regime aprovado pela Diretiva antiabuso.

Secção III
A conjugação de diferentes cláusulas antiabuso

1. A função das cláusulas gerais antiabuso

As medidas adotadas pela Diretiva antiabuso e atrás enunciadas podem ser divididas em três grupos (tal como as medidas das ações do BEPS):

(i) regras que pretendem colmatar lacunas não intencionais, de que são exemplo as regras de limitação da dedutibilidade dos juros (dado que a dedutibilidade total significa um regime fiscal não neutro entre juros e dividendos e favorável ao endividamento);

(ii) regras que pretendem colmatar disparidades, i.e., lacunas resultantes da interação de dois ou mais ordenamentos, tais como as regras anti-híbridos;

(iii) regras antiabuso no sentido próprio do termo, de que são exemplo as regras CFC e as cláusulas gerais antiabuso.

A esta terceira categoria dedicamos os parágrafos seguintes.

O papel das cláusulas gerais antiabuso tem sido discutido pela doutrina. Para alguns, as CGAA não são necessárias, bastando uma interpretação teleológica da lei fiscal. Em caso de abuso, não releva o elemento subjetivo. As CGAA são regras interpretativas e a sua adoção revela o falhanço da política legislativa e da legislação fiscal[328].

A CGAA seria prejudicial, por dar poderes à administração tributária, discricionariedade e insegurança jurídica. Como já defendemos no nosso *"Direito Fiscal – Lições"*, as CGAA são, em muitos casos, mais do que simples regras de interpretação[329].

Constituem a concretização dos princípios de igualdade e de abuso, princípios constitucionais e de Direito Europeu. Quando o abuso se consuma em transações com várias etapas, são as CGAA que permitem a não aplicação de regras substantivas.

Em princípio, elas não trazem mais incerteza, pelo contrário, enquadram e limitam a discricionariedade. Incentivam o legislador a clarificar o que é o objeto e fim da lei.

Alguns países, como a Espanha e o Reino Unido, criaram departamentos especiais na administração tributária, com competência exclusiva na aplicação da CGAA, o que, conjuntamente com procedimentos especiais de aplicação da CGAA, reduz a incerteza e a discricionariedade na interpretação das CGAA[330].

Por conseguinte, neste contexto, as cláusulas antiabuso contidas em Diretivas da UE trazem mais segurança jurídica ao contribuinte do que o desenvolvimento do princípio do abuso pelo TJUE[331].

2. Cláusulas antiabuso nacionais, cláusulas antiabuso de Direito Europeu e cláusulas antiabuso nas convenções de dupla tributação

Assistimos, no entanto, a uma nova realidade. Com o projeto BEPS e a Diretiva antiabuso, passámos a ter diferentes níveis de cláusulas gerais antia-

[328] Joachim Englisch (Seer, Hey, Montag, Englisch, Hennrichs), *Tipke/Lang Steuerrecht*, 21. Auflage, Dr. Otto Schmidt, Köln, 2013, pp. 195 e ss.

[329] Ana Paula Dourado, *Direito Fiscal, Lições*, cit., pp. 267-271.

[330] Jorge Martín López & Elizabeth Gil García, "Spain", *Tax Avoidance Revisited...*, cit., IV. Sandra Eden, "UK", *Tax Avoidance Revisited...*, cit., 2.1.

[331] V. Romero J.S. Tavares & Bret Bogenschneider, "The New *De Minimis* Anti-abuse Rule in the Parent-Subsidiary Directive: Validating EU Tax Competition and Corporate Tax Avoidance?", *Intertax*, 2015, nºs 8-9, pp. 491-493.

buso: cláusulas nacionais (que podem ser escritas ou desenvolvidas pela jurisprudência), cláusulas de Direito Europeu e cláusulas nas convenções de dupla tributação (regra *PPT*).

A sua sobreposição e conciliação vão gerar dúvidas e incertezas. Como se referiu atrás, é discutível se a aplicação das cláusulas gerais antiabuso nacionais são compatíveis com as convenções de dupla tributação[332].

A regra PPT, agora proposta na ação 6 do BEPS, é compatível com o Direito Europeu, se estiver ligada a um teste de "atividade económica genuína".

A introdução em cada Estado-Membro de diferentes cláusulas gerais antiabuso – uma para o imposto societário, outra para a Diretiva sociedades mães-afiliadas, e outra resultante da Recomendação 8806/12/UE[333], para aqueles Estados que não tinham uma GAAR, é algo de inédito e de duvidosa política legislativa. Justifica-se pela dificuldade de atingir a unanimidade em matérias tributárias, e pela política realista de pequenos passos: começou-se pela recomendação, sem valor vinculativo, e ela foi adotada por alguns Estados-Membros. Continuou-se na diretiva sociedades-mães afiliadas, a qual tem um objeto limitado. E finalmente conseguiu-se aprovar a Diretiva antiabuso, com um alcance maior, buscando elementos de definição a mais uma diretiva (a das fusões, cisões e outras reestruturações empresariais) mas ainda assim limitada aos impostos societários.

Coloca-se por outro lado a questão de saber como conjugar a CGAA da Diretiva com a da Recomendação. A Grécia, a Itália e a Polónia acabaram de aprovar uma CGAA com a redação proposta na Recomendação 8806/12/UE[334].

[332] Klaus Vogel/Alexander Rust, "Introduction", *Klaus Vogel...*, cit., pp. 69-72, nos. 154-161. Gustavo Lopes Courinha, *A Residência no Direito Internacional Fiscal...*, cit., § 5, pp. 293 e ss.; Alexander Rust, "Article 1, Persons Covered", *Klaus Vogel on Double Taxation Conventions*, cit., pp. 124-129, nos. 55-60; Stef Van Weeghel, "General Report", *Tax Treaties and Tax Avoidance...*, cit. ,pp. 25 e seq.

[333] Commission Recommendation of 6.12.2012, Brussels (6.12.2012), C (2012) 8806 final.

[334] Eleni Theocharapoulo, "Greece", 1.1., primeira versão do relatório, disponível em: http://www.eatlp.org/uploads/public/Greece%20(11%20November%202015).pdf; Giuseppe Zizzo, "Italy", *Tax Avoidance Revisisted...*,cit., 2.1., primeira versão do relatório, disponível em: http://www.eatlp.org/uploads/public/Italy%20(8%20Feb%202016).pdf; Joanna Niedojadło, Agnieszka Olesińska, "Poland", *Tax Avoidance Revisisted...*,cit. 2.1., primeira versão do relatório, disponível em: http://www.eatlp.org/uploads/public/Poland%20(16%20November%202015).pdf

A regra geral antiabuso proposta é uma regra subsidiária às cláusulas nacionais antiabuso: segundo a Comissão Europeia, ela "destina-se a colmatar as lacunas que possam existir nas regras antiabuso específicas contra a elisão fiscal vigentes num determinado país".

As cláusulas específicas, sejam as da Diretiva Antiabuso, sejam as nacionais que vão além das cláusulas específicas dessa Diretiva, nunca conseguem cobrir todas as situações de abuso. Mas as lacunas existentes que podem ser colmatadas por uma CGAA são, por um lado, as lacunas não intencionais; e, por outro lado, não são as lacunas das regras específicas antiabuso que podem justificar a aplicação de uma CGAA, mas as lacunas das normas fiscais que são utilizadas abusivamente.

Além disso, cabe saber qual a influência que as cláusulas gerais antiabuso de Direito Europeu vão ter nas CGAA nacionais.

É difícil perceber como a CGAA do artigo 6º da Diretiva antiabuso vai operar como um padrão mínimo. Outras regras antiabuso da Diretiva, tal como os limites de dedutibilidade dos juros, abrem opções aos Estados-Membros e podem ter um âmbito objetivo e subjetivo mais ou menos alargado. A cláusula geral concretiza a jurisprudência do Tribunal de Justiça, e não dá margem aos Estados para cláusulas mais restritivas.

Não é claro como pode a CGAA interagir com as cláusulas específicas, apesar de os nºs 6 e 7 do Preâmbulo da Diretiva antiabuso referirem que a CGAA bem como regras de subcapitalização, podem (devem) ser aplicadas subsidiariamente às cláusulas específicas da Diretiva.

3. A CGAA e as cláusulas específicas na Diretiva Sociedades-Mães/Afiliadas

Também não é claro como a CGAA da Diretiva sociedades-mães/afiliadas interage com as cláusulas específicas antiabuso na mesma Diretiva[335]. Diz-nos o artigo 1º da Diretiva (UE) 2015/121[336] que altera a Diretiva sociedades-mães/afiliadas:

> "Na Diretiva 2011/96/UE, o artigo 1.º, nº 2, é substituído pelos seguintes números:

[335] Sobre esta cláusula e os problemas de interpretação que suscita: Cécile Brokelind, "Legal Issues in Respect of the Changes to the Parent-subsidiary Directive as a Follow-up of the BEPS Project", *Intertax*, 2015, nº 12, pp. 819-824.

[336] Artigo 1º da Diretiva (UE) 2015/121 do Conselho de 27 de janeiro de 2015, JO L 21 de 28 de janeiro de 2015.

2. Os Estados-Membros não concedem os benefícios da presente diretiva a uma montagem ou série de montagens que, tendo sido posta em prática com a finalidade principal ou uma das finalidades principais de obter uma vantagem fiscal que fruste o objeto ou a finalidade da presente diretiva, não seja genuína tendo em conta todos os factos e circunstâncias relevantes.

Uma montagem pode ser constituída por mais do que uma etapa ou parte.

3. Para efeitos do nº 2, considera-se que uma montagem ou série de montagens não é genuína na medida em que não seja posta em prática por razões comerciais válidas que reflitam a realidade económica.

4. A presente diretiva não obsta a que sejam aplicadas as disposições nacionais ou convencionais necessárias para prevenir a evasão fiscal, a fraude fiscal ou práticas abusivas em matéria fiscal"[337].

Esta é uma versão mais reduzida da que constava da Proposta de Diretiva[338], cuja redação se aproximava mais da versão da Recomendação 8806/UE de 2012[339]:

"1. Artigo 1º-A – Os Estados-Membros devem retirar o benefício da presente diretiva em caso de montagem artificial ou de uma série artificial de montagens, que tenha sido posta em prática com o objetivo principal de obter uma vantagem fiscal indevida ao abrigo da presente diretiva e que seja incompatível com o objetivo, o espírito e a finalidade das disposições fiscais invocadas.

Constitui uma montagem artificial ou parte de uma série artificial de montagens uma transação, um regime, uma ação, uma operação, um acordo, um entendimento, uma promessa ou um compromisso que não reflitam a realidade económica. Para determinar se uma montagem ou uma série de montagens é artificial ou não, os Estados-Membros devem examinar, em especial, se essas montagens dizem respeito a uma ou várias das seguintes situações:

[337] Sobre esta cláusula, V. Romero J.S. Tavares & Bret Bogenschneider, "The New *De Minimis* Anti-abuse Rule...", cit., pp. 484 e ss.

[338] Bruxelas, 28.1.2016 COM(2016) 26 final 2016/0011 (CNS) Proposta de Diretiva do Conselho que estabelece regras contra as práticas de elisão fiscal que afetam diretamente o funcionamento do mercado interno.

[339] Brussels, 6.12.2012 C(2012) 8806...cit.; V. Ana Paula Dourado, "The Meaning of Aggressive Tax Planning and Avoidance in the European Union and the OECD: An Example of Legal Pluralism in International Law" in Joachim Englisch (ed.), *International Tax Law: New Challenges to and from Constitutional and Legal Pluralism* (IBFD, 2016), pp. 273-278; "Aggressive Tax Planning in EU Law and in the light of BEPS – The EC Recommendation on Aggressive Tax Planning and BEPS Actions 2 and 6", *Intertax*, vol.43, nº 1, 2015, pp. 267-272.

(a) A qualificação jurídica de cada uma das medidas que compõem a montagem é incompatível com a natureza jurídica da montagem no seu conjunto;

(b) A montagem é levada a cabo de um modo diferente do que seria normalmente usado no âmbito de uma conduta empresarial razoável;

(c) A montagem inclui elementos que têm como efeito compensar-se ou anular-se entre si;

(d) As transações concluídas são de natureza circular;

(e) A montagem resulta num benefício fiscal significativo que não se reflete nos riscos empresariais assumidos pelo contribuinte ou nos seus fluxos de caixa".

Finalmente, acrescente-se que a cláusula antiabuso da Diretiva sociedades-mães afiliadas foi assim transposta para o artigo 51º do nosso CIRC[340], com uma ligeira alteração na parte final:

"13 – O disposto no nº 1 não é aplicável aos lucros e reservas distribuídos quando exista uma construção ou série de construções que, tendo sido realizada com a finalidade principal ou uma das finalidades principais de obter uma vantagem fiscal que frustre o objeto e finalidade de eliminar a dupla tributação sobre tais rendimentos, não seja considerada genuína, tendo em conta todos os factos e circunstâncias relevantes. *(redação da Declaração de Retificação nº 4/2016, de 19 de abril)*

14 – Para efeitos do número anterior, considera-se que uma construção ou série de construções não é genuína na medida em que não seja realizada por razões económicas válidas e não reflita substância económica."

A condição "construção ... que não seja realizada por razões económicas válidas que não reflitam substância económica" não significa o mesmo que "construção ... não realizada por razões económicas válidas e não reflita substância económica".

No caso da Diretiva, "substância económica" é um critério densificador, interpretativo de razões económicas válidas, o que aliás, não corresponde à jurisprudência do TJUE. Em contrapartida, "substância económica" no CIRC, é um elemento adicional, separado do anterior, o que significa que a aferição de razões económicas válidas não implica a "substância econó-

[340] Também transposta para o artigo 14º do Código do IRC, nºs 17 e 18, pela Lei nº 5/2016, de 29.2.

mica", mas apenas, seguindo a jurisprudência do TJUE, que as razões fiscais não sejam exclusivas ou predominantes[341]. A substância económica tem de ser procurada na jurisprudência de esquemas não artificiais, na linha do caso *Cadbury-Schweppes*[342].

4. A cláusula geral antiabuso na Diretiva antiabuso e a cláusula geral antiabuso na Diretiva sociedades-mães/afiliadas

Cabe saber ainda se a CGAA da Diretiva antiabuso pode ser aplicada subsidiariamente à CGAA da Diretiva sociedades-mães/afiliadas.

Tomemos o exemplo do artigo 3º, nº 2, segundo parágrafo, desta última Diretiva. Ele dá a opção aos Estados de não aplicarem o regime da mesma, se a detenção das ações não respeitar um período mínimo de pelo menos 2 anos. Admitamos que um Estado exige o período mínimo de 1 ano para aplicação do regime de eliminação de dupla tributação económica de lucros e dividendos da Diretiva, e que a alienação das ações ocorre um dia depois.

A aplicação do artigo 1º da Diretiva sociedades mães/afiliadas ou, subsidiariamente, do 6º da CGGA da Diretiva antiabuso a esta situação, implicaria averiguar se a detenção das ações pelo referido período correspondeu a uma detenção genuína para efeitos da Diretiva. Admitamos que a análise da genuinidade implicaria o não reconhecimento de uma sociedade intermediária cujo único ativo é uma patente comprada a baixo preço à sociedade-mãe. A intermediária, por seu turno, cede o direito da patente a um valor elevado às sociedades do grupo, incluindo à sociedade-mãe.

Neste caso, a alienação das ações, decorridos um ano e um dia, implicaria a perda do regime da Diretiva sociedades-mães/afiliadas quanto aos lucros distribuídos. A perda do regime não se deve ao período mínimo de detenção, mas sim, a uma causa diferente.

Caso a resposta fosse negativa, a alienação das ações implicaria a perda do regime da Diretiva sociedades-mães/afiliadas.

Imagine-se, porém, que a alienação ao fim de um ano e um dia é considerada um comportamento elisivo da própria regra que estabelece o prazo de um ano como condição de aplicação do regime da Diretiva.

A aplicação da CGAA a este caso, tornaria inútil a citada regra do artigo 3º, nº 2, segundo parágrafo, da Diretiva, e o contribuinte já não poderia

[341] V., por todos, o caso Foggia: TJUE: caso C-126/10, Foggia..., cit.

[342] TJCE: Caso C-196/04, Cadbury Schweppes PIC..., cit. nºs 65.68.

guiar-se por ela (desde que essa regra tivesse sido transposta pelo Estado-Membro, dado que é optativa).

5. As cláusulas de limitação de benefícios

A aplicação regional do BEPS na União Europeia implicaria uma cláusula de limitação de benefícios (LOB), mas a Diretiva antiabuso não contém tal cláusula.

As cláusulas de limitação de benefícios são muito complexas. De um modo simplificado, podemos dizer que as cláusulas LOB assentam na definição de residente qualificado para que um sujeito possa invocar os benefícios de uma convenção de dupla tributação. As clásulas LOB contêm uma presunção inilidível de abuso em caso de situações triangulares, normalmente quanto a rendimentos passivos: pelo menos 50% do capital tem de ser detido por sujeitos passivos residentes para que os rendimentos distribuídos pelo Estado da fonte ao Estado de residência possam beneficiar de isenção de tributação (por exemplo, isenção de retenção na fonte sobre dividendos, juros ou *royalties*). Caso contrário, os benefícios da convenção são recusados.

Dado que a Diretiva tem regras mínimas, e dada a ausência de harmonização de bases e de taxas de imposto sobre o rendimento das pessoas coletivas e equiparadas, ainda há muito espaço para o planeamento fiscal.

6. Apreciação crítica

Em jeito de reflexão pode dizer-se que antes da aprovação e entrada em vigor da Diretiva, o TJUE tem rejeitado as regras antiabuso com base na lógica da criação de valor proporcional; que a harmonização e consolidação de bases tributáveis resolveriam o problema da correspondência entre a tributação e a atividade económica genuína ou a criação de valor.

Pode discutir-se se a aprovação célere desta Diretiva, durante a presidência neerlandesa, corresponde apenas aos interesses do Conselho (Estados-Membros) ou apenas aos interesses da Comissão. Dado que a Comissão (em estreita colaboração com o Parlamento Europeu[343]) tem estado na vanguarda do processo de transparência fiscal (troca de informações) e do projeto BEPS, pode dizer-se que há uma conjugação de esforços de ambas as instituições.

[343] Veja-se por exemplo, a Resolução já citada atrás: P8_TA (2015)0408, *Tax rulings and other measures similar in nature or effect*, European Parliament resolution of 25 November 2015, cit.

Pode ainda questionar-se se a União Europeia não deveria ter esperado que outros Estados, tais como a China, a Índia, os Estados Unidos da América, o Japão, implementassem o BEPS. A saída do Reino Unido da União Europeia bem como a política nacionalista unilateral anunciada pelo Presidente norte-americano recém-eleito, podem travar o projeto BEPS, se políticas unilaterais ou alianças bilaterais optarem por uma maior concorrência fiscal. Seja como for, a implementação regional do BEPS é um exemplo de coordenação a seguir, e preferível à implementação unilateral[344]. O imposto sobre os lucros desviados introduzido em 2015 pelo Reino Unido[345], e a implementação da ação 2 pela Áustria e pela França são dois exemplos de implementação unilateral, sem coordenação[346], e que darão origem a novas disparidades.

Do ponto de vista do sector empresarial, não pode ser excluído que a Diretiva antiabuso seja um fator importante nas decisões de investimento.

Secção IV
O tratamento fiscal dos intangíveis na União Europeia

1. Considerações introdutórias

Os intangíveis estão no centro do sucesso empresarial e constituem o cerne do seu valor. Isto é verdade para o sector digital, mas também para as empresas que atuam, por exemplo, na área da biotecnologia ou da indústria farmacêutica. A identificação, atribuição e avaliação dos intangíveis é muito difícil, e determina a repartição de competências tributárias entre Estados, na ordem jurídica internacional[347].

As taxas efetivas de tributação das multinacionais no sector de informação e tecnologia são inferiores a 5%[348]. A propriedade económica (beneficiário efetivo) dos intangíveis, o tratamento fiscal da clientela, de oportunidades de negócio, de vantagens competitivas, de elementos que

[344] Como defendemos em "May You Live in Interesting Times", cit.

[345] Heather Self, "The UK's New Diverted Profits Tax...", cit., pp. 333-336.

[346] V. adiante, o desenvolvimento destes exemplos.

[347] Andreas Oesterreicher, "Transfer Pricing of Intangibles...", p. 509.

[348] Andreas Oesterreicher, "Transfer Pricing of Intangibles...", cit. p. 509.

aumentem o valor da empresa não têm tido resposta[349], apesar do documento de trabalho da OCDE de 2013, denominado "Special Considerations for Intangibles". O projeto BEPS retomou este trabalho e dedicou-o fundamentalmente ao apuramento de preços de transferência na área dos intangíveis[350].

2. A mobilidade dos intangíveis

É conhecida a mobilidade dos intangíveis (tratada globalmente pelas leis fiscais como propriedade intelectual ou industrial) e o facto de estes serem facilmente registados nos territórios de baixa tributação[351]. Esta situação justifica que, nos últimos anos, diversos Estados-Membros da UE e também a Suíça tenham introduzido regimes favoráveis de dedução de gastos com atividades de investigação e desenvolvimento e de tributação de *royalties* derivados de contratos de utilização e cedência de utilização da referida propriedade intelectual ou industrial[352].

Os gastos têm sido deduzidos de modo favorável nos Estados onde a atividade de investigação e desenvolvimento ocorre (territórios de tributação "normal"), e os *royalties* são transferidos para Estados de baixa tributação, através da transferência da titularidade dos intangíveis ou da residência, quando os rendimentos aparecem. Dentro dos grupos de empresas multinacionais, os contratos de cedência de utilização dos intangíveis são feitos a preços elevados, difíceis de corrigir, dada a ausência de comparável.

349 Andreas Oesterreicher, "Transfer Pricing of Intangibles...", cit. p. 509.

350 Andreas Oesterreicher, "Transfer Pricing of Intangibles...", cit. pp. 509 e ss.

351 Sobre a importância dos intangíveis e os desafios para a tributação, V. Michelle Markham, "A Rose by Any Other Name...? The OECD's Proposed Revised Definition of Intangibles", *Intertax*, 2015, nº 11, pp. 673-687.

352 Frank Engelen & Anna Gunn, "Towards a Theoretical Assessment Framework", *State Aid and Tax Law*, eds. Alexander Rust & Claire Micheau, Kluwer, 2012, pp. 144 e ss.; Claire Micheau & Charles de la Brousse Gauthier, "Case Studies of Tax Issues on Selectivity: Analysis of the Patent Box Schemes and the Reduced Taxation of Foreign Source Interest Income", *State Aid and Tax Law*, cit., pp. 163 e ss.; Robert Danon "Introducing EU Compliant Patent Box Regimes in Swiss Tax Law – a Note on the Swiss Finance Department Interim Report of 17 May 2013", *Litigating EU Tax Law in International, National and Non-EU National Courts*", eds. Daniel Sarmiento e Domingo Jímenez-Valladolid de L'Hotellerie Fallois, IBFD, The Netherlands, 2014, pp. 269 e ss.

V. ainda, por ex., *State Aid N 480/2007 – Spain – The Reduction of Tax for Intangible Assets*, OJ C-80/3, 1.4.2008.

Ao serem transferidos os intangíveis para territórios de baixa tributação e dada a dificuldade de demonstrar a sua residência num outro qualquer território (dado serem intangíveis), os *royalties* passaram a ser tributados exclusivamente nesses territórios de baixa tributação.

Na verdade, as convenções de dupla tributação atribuem a competência exclusiva de tributação aos Estados de residência dos intangíveis (artigo 12º do Modelo da OCDE).

A concorrência fiscal que se verificou nos últimos anos na UE, através da introdução de regimes cedulares de tributação dos *royalties*, é também justificada pelos Estados-Membros, pela importância da atividade de investigação e desenvolvimento para as suas economias e pelas falhas de mercado, associadas a essa atividade. A atividade científica e tecnológica de investigação gera resultados incertos, não sendo garantida a remuneração futura.

Por exemplo, a Irlanda está nos lugares de topo de entre 141 países mais inovadores do mundo e assim justifica a necessidade de um regime atrativo para a propriedade intelectual.

3. Os regimes de tributação cedular da propriedade intelectual: "as caixas das patentes"

A atividade de investigação e desenvolvimento abrangida por regimes fiscais favoráveis vai muito além do conceito de patente. A tributação cedular dos *royalties* (rendimentos derivados da cedência de utilização de propriedade intelectual) ou os "regimes de patentes" abrangem rendimentos de marcas, desenhos, direitos de autor, *software* e investigação que não só não sabemos se dará origem a patentes, como raramente é inovadora – sendo certo que, no caso português, o tratamento favorável concedido aos rendimentos de patentes de outros direitos de propriedade industrial, apenas abrange os rendimentos resultantes de contratos que tenham por objeto a cessão ou a utilização temporal de patentes, desenhos ou modelos industriais (artigo 50º-A do Código do IRC).

Além do mais, a depreciação/amortização dos gastos de propriedade intelectual não é recuperada fiscalmente no momento da alienação do ativo intangível.

As empresas usualmente combinam diferentes formas de "propriedade intelectual" e acabam por ser subsidiadas em excesso, pelo investimento nesses diferentes processos.

Por outro lado, antes do projeto BEPS e suas recomendações, quer as patentes criadas num Estado quer as adquiridas podiam beneficiar de regimes fiscais favoráveis, sem ser exigido que a investigação e desenvolvimento da propriedade intelectual tivesse ocorrido nesse Estado.

A tributação cedular mais favorável dos *royalties* em Estados-Membros da UE de tributação normal, pode ser feita através de diferentes instrumentos: redução de taxas, redução da matéria tributável, isenções totais ou parciais, ou créditos fiscais.

4. A ação 5 do BEPS e o pacote da UE de 28 de janeiro de 2016

Até ao projeto BEPS, os regimes de tributação cedular dos rendimentos da propriedade intelectual ou industrial atraíam multinacionais, mas não necessariamente o desenvolvimento local dessa propriedade em termos de investigação e desenvolvimento.

A ação 5 do BEPS exige um nexo entre a dedução fiscal das despesas associadas à investigação e desenvolvimento e a tributação mais favorável dos *royalties* em relação a outras categorias de rendimentos. Esta exigência permitirá uma concorrência fiscal mais justa, embora sem eliminá-la[353]. O regime fiscal português introduzido na reforma de 2014, incluindo as alterações entretanto aprovadas pelo Decreto-Lei nº 47/2016, de 20 de agosto, acomoda esta exigência de nexo entre gastos de investigação e regime fiscal mais favorável dos *royalties* (artigo 50º-A nºs 1, 6-9 do CIRC).

Quer o G20/OCDE quer a UE propõem uma estratégia externa de tributação mais justa e efetiva. Coloca-se então a questão de saber como compatibilizar os regimes favoráveis de tributação de propriedade intelectual, com regras CFC e de inversão impostas a terceiros Estados.

Se estes adotarem regimes fiscais favoráveis para atração e desenvolvimento de outros sectores que não a propriedade intelectual, a aplicação de regras CFC e de inversão neutraliza essas políticas fiscais. Num plano internacional – de justiça fiscal internacional – esta neutralização não é coerente com a admissibilidade de regimes fiscais mais favoráveis para a propriedade intelectual, sabendo que esta se desenvolve nos Estados exportadores de capital.

A lista comum de territórios não cooperantes, e a tributação mínima por parte de terceiros Estados, desenvolvida pela Comissão Europeia e

[353] António Carlos dos Santos, "What is Substantial Economic Activity...", cit., pp. 166-175.

pelo Grupo do Código de Conduta, e aprovada pelo Conselho em 5 de dezembro de 2017, não é coerente com a manutenção de regimes cedulares na tributação da propriedade intelectual. Dito de outro modo, esta orientação da política fiscal na ação 5 e no pacote fiscal denota um regime protecionista por parte dos Estados exportadores de capital.

Capítulo IV
BEPS e os auxílios de Estado no TFUE

Secção I
Os acordos secretos

Nos termos do artigo 107º, nº 1, do TFUE, e "(s)alvo disposição em contrário dos Tratados, são incompatíveis com o mercado interno, na medida em que afetem as trocas comerciais entre os Estados-Membros, os auxílios concedidos pelos Estados ou provenientes de recursos estatais, independentemente da forma que assumam, que falseiem ou ameacem falsear a concorrência, favorecendo certas empresas ou certas produções"[354].

O regime europeu dos auxílios de Estado, inserido na política de concorrência, está a ser utilizado pela Comissão Europeia para combater a erosão de bases fiscais[355], sendo certo que o Tribunal de Justiça, já em 2006, aplicou o artigo 107º, nº 1, do TFUE, aos preços de transferência, nos casos apensos *Bélgica e Forum 187/Comissão*[356].

[354] Sobre os auxílios de Estado, pressupostos, António Carlos dos Santos, *L'Union Européenne et la Régulation de la Concurrence Fiscale,* cit., pp. 413-416; 458 e ss., e capítulo III do Título III (pp. 491 e ss.).

[355] Pierpaolo Rossi-Maccanico, "Fiscal State Aids, Tax Base Erosion and Profit Shifting", *EC Tax Review*, 2015, nº 2, pp. 64 (pp. 63 e ss.).

[356] Ver acórdão do Tribunal de Justiça de 22 de junho de 2006, Bélgica e Forum 187/Comissão, processos apensos C-182/03 e C-217/03, ECLI:EU:C:2006:416, nº 81. Ver também acórdão do Tribunal Geral de 25 de março de 2015, Bélgica/Comissão, T-538/11, ECLI:EU: T:2015:188, nºs 65 e 66, e a jurisprudência citada.

Nestes casos, o regime fiscal belga para os centros de coordenação, determinava o lucro tributável através de um montante fixo, correspondente a uma percentagem do montante total das despesas e dos custos de funcionamento, e dele se excluíam as despesas com pessoal e os encargos financeiros.

O Tribunal de Justiça apreciou em recurso a decisão da Comissão de 2003 sobre esse regime[357], e concluiu que o método de determinação do rendimento tributável ao abrigo do mesmo conferia uma vantagem seletiva a esses centros. A base tributável da empresa ficava reduzida, e afastava-se do princípio da plena concorrência.

De acordo com o Tribunal, *«para examinar se a determinação dos lucros tributáveis, como prevista no regime dos centros de coordenação, confere uma vantagem a estes últimos, importa [...] comparar o referido regime com o do direito comum baseado na diferença entre receitas e despesas de uma empresa que exerça as suas atividades em condições de livre concorrência.»*

O Tribunal declarou que *«a exclusão das despesas [com pessoal e encargos financeiros] que servem para a determinação dos rendimentos tributáveis dos referidos centros, não permite obter preços de transferência próximos dos que seriam praticados em condições de livre concorrência, (proporcionando] uma vantagem aos centros de coordenação em causa»* (nºs 96 e 97).

O princípio da plena concorrência é assim uma expressão da proibição de auxílios de Estado, no artigo 107º, nº 1, do TFUE, isto é, da proibição de tratamento desigual de empresas que se encontrem numa situação legal e factual semelhante.

1. Preços de transferência e acordos secretos

Como reflexo do projeto BEPS, a Comissão Europeia intensificou a aplicação do artigo 107º do TFUE aos preços de transferência e aos acordos fiscais secretos, como uma forma de combater o planeamento fiscal agressivo – interpretando/aplicando as linhas orientadoras daquele projeto ao Direito da União[358].

[357] Decisão 2003/757/CE da Comissão, de 17 de fevereiro de 2003, relativa ao regime de auxílios criado pela Bélgica a favor dos centros de coordenação estabelecidos neste país, JO L 282 de 30.10.2003, p. 25.

[358] Pierpaolo Rossi-Maccanico, "Fiscal State Aids, Tax Base Erosion and Profit Shifting", cit., pp. 63 e ss. V. DG Competition Working Paper on State Aid and Tax Rulings of 3 June 2016,

O objetivo é apurar a matéria tributável segundo o valor criado em cada Estado-Membro, através da informação de como foram aplicados os preços de transferência em cada um desses Estados. As regras de auxílio de Estado parecem ser utilizadas como um meio acrescido para colmatar lacunas e disparidades e para assegurar que todas as empresas, independentemente do seu tamanho e área geográfica de atuação, paguem uma parcela justa de imposto.

A erosão das bases fiscais e a transferência de lucros resulta frequentemente da inadequação dos preços de transferência para distribuírem os proveitos e os gastos das multinacionais[359]. Esperava-se que o projeto BEPS reconhecesse o fracasso do princípio da plena concorrência (*arm's length principle*) e aproveitasse a oportunidade para uma reforma do sistema. Isso não aconteceu com a amplitude desejável.

Dada a ligação entre preços de transferência e acordos secretos – informações vinculativas ou acordos prévios unilaterais de preços de transferência –, a Comissão Europeia começou a defender que esses acordos, conferindo regimes fiscais vantajosos a certas empresas multinacionais, por parte de alguns Estados-Membros, constituem auxílios de Estado se não respeitarem o princípio da plena concorrência[360].

A posição da Comissão Europeia denota uma evolução. No documento intitulado "Draft Commission Notice on the notion of State aid pursuant to Article 107(1) TFEU"[361], a Comissão não se refere a um princípio da "plena concorrência" de Direito da União, concretizador dos preços de transferência, nem a qualquer critério para avaliar a compatibilidade das informações vinculativas com o Direito Europeu.

Em contrapartida, na Comunicação de maio de 2016 (Comunicação da Comissão sobre a noção de auxílio estatal nos termos do artigo 107º,

disponível em http://ec.europa.eu/competition/state_aid/legislation/working_paper_tax_rulings.pdf.

359 Veja-se o caso dos tribunais indianos e as hesitações na sua aplicação: Dhruv Sanghavi, "Vodafone Transfer Pricing Decision: A Mistake of Judgment", *Intertax*, 2015, nº 5, pp. 428-436.

360 Criticando esta posição, Richard Lyal, "Transfer Pricing Rules and State Aid", *Fordham International Law Journal* 2015, nº 4, pp. 1042-1043; Luc de Broe, "The State Aid Review...", cit., pp. 292-293. Peter Wattel, "Stateless income, State Aid and the (which?) Arm's Length Principle", *Intertax*, 2016, nº 11.

361 http://ec.europa.eu/competition/consultations/2014_state_aid_notion/draft_guidance_en.pdf

nº 1, do Tratado sobre o Funcionamento da União Europeia[362]), a Comissão Europeia cria um princípio autónomo da plena concorrência e menciona um critério decisivo para avaliar a referida compatibilidade das informações vinculativas com o Direito Europeu: esse critério assenta "[n]uma aproximação fiável aos resultados baseados no mercado".

No ponto 3, a Comissão explica qual o objetivo da sua Comunicação: segundo a Comissão, "(u)ma vez que a noção de auxílio estatal é um conceito objetivo e jurídico diretamente definido pelo Tratado, a presente comunicação esclarece a forma como a Comissão entende o artigo 107º, nº 1, do Tratado, tal como interpretado pelo Tribunal de Justiça e pelo Tribunal Geral («Tribunais da União»). Em questões que não tenham ainda sido consideradas pelos Tribunais da União, a Comissão definirá a forma como considera que a noção de auxílio estatal deve ser interpretada. Os pontos de vista apresentados na Comunicação não prejudicam a interpretação da noção de auxílio estatal pelos Tribunais da União; a principal referência para interpretar o Tratado é sempre a jurisprudência dos Tribunais da União"[363].

A Comissão acrescenta que os preços de transferência fazem parte das medidas a analisar ao abrigo do artigo 107º, nº 1, do TFUE, mesmo que o Estado-Membro não os tenha incorporado no seu ordenamento jurídico nacional.

> "172. O princípio da plena concorrência faz necessariamente parte da apreciação efetuada pela Comissão das medidas fiscais concedidas a empresas de um grupo nos termos do artigo 107º, nº 1, do Tratado, independentemente de um Estado-Membro ter incorporado este princípio no seu sistema jurídico nacional e sob que forma. É utilizado para determinar se os lucros tributáveis de uma empresa de um grupo para efeitos do imposto sobre o rendimento das sociedades foram determinados com base numa metodologia que produz uma aproximação fiável dos resultados baseados no mercado. Uma decisão fiscal que subscreva essa metodologia assegura que essa empresa não é tratada favoravelmente ao abrigo das regras gerais de tributação dos lucros das sociedades no Estado-Membro em causa comparativamente a empresas autónomas que são tributadas sobre os seus lucros contabilísticos, o que reflete

[362] Comunicação da Comissão sobre a noção de auxílio estatal nos termos do artigo 107º, nº 1, do Tratado sobre o Funcionamento da União Europeia, JO C 262/01 de 19 de julho de 2016, ponto 5.4.4.4.1.

[363] Comunicação da Comissão de 19 de julho de 2016, cit., p. 3.

os preços determinados no mercado negociados em condições de plena concorrência. O princípio da plena concorrência aplicado pela Comissão para apreciar as decisões relativas à fixação dos preços de transferência ao abrigo das regras em matéria de auxílios estatais é, por conseguinte, uma aplicação do artigo 107º , nº 1, do Tratado, que proíbe as desigualdades de tratamento em matéria de tributação de empresas na mesma situação factual e jurídica. Este princípio vincula os Estados-Membros, e as regras fiscais nacionais não estão excluídas do seu âmbito de aplicação.

173. Ao examinar se uma decisão relativa à fixação dos preços de transferência é conforme com o princípio da plena concorrência inerente ao artigo 107º, nº 1, do Tratado, a Comissão pode ter em conta as orientações fornecidas pela Organização de Cooperação e de Desenvolvimento Económicos («OCDE»), em especial os «Princípios da OCDE em matéria de preços de transferência destinados às empresas multinacionais e às administrações fiscais». Estes princípios não tratam de questões de auxílios estatais *per se*, mas captam o consenso internacional em matéria de fixação de preços de transferência e fornecem orientações úteis para administrações fiscais e empresas multinacionais sobre a forma de assegurar que a metodologia de fixação dos preços de transferência produz resultados em conformidade com as condições de mercado. Por conseguinte, se um acordo de fixação dos preços de transferência estiver em conformidade com as orientações fornecidas pelos Princípios da OCDE em matéria de preços de transferência, incluindo as orientações sobre a escolha do método mais apropriado, e conduzir a uma aproximação fiável de resultados baseados no mercado, uma decisão fiscal que subscreva esse acordo não é suscetível de constituir um auxílio estatal.

174. Em suma, as decisões fiscais conferem uma vantagem seletiva aos respetivos destinatários, em especial se:

a) a decisão aplicar de forma errada o direito fiscal nacional e daí resultar um montante de imposto inferior;

b) a decisão não estiver à disposição de empresas que se encontram numa situação factual e jurídica semelhante; ou

c) a administração aplica um tratamento fiscal mais «favorável» que o acordado a outros contribuintes que se encontram em situação factual e jurídica semelhante. Tal poderia, por exemplo, ser o caso se a autoridade fiscal aceitasse um acordo em matéria de fixação de preços de transferência em condições que não de plena concorrência, porque a metodologia subscrita por essa decisão produz um resultado que se

> afasta de uma aproximação fiável dos resultados baseados no mercado. O mesmo se aplica se a decisão permitir ao seu destinatário utilizar métodos alternativos, mais indiretos, para o cálculo dos lucros tributáveis, por exemplo, a utilização de margens fixas para um método do preço do custo majorado ou um método do preço de revenda-minorado para determinar um custo de transferência adequado, quando estiverem disponíveis métodos mais diretos."[364]

A Comissão está a construir um princípio de plena concorrência baseado na exigência de livre concorrência no mercado interno, autónomo do Direito interno e das orientações da OCDE. Seja como for, a Comissão Europeia parte do princípio da plena concorrência tal como desenvolvido pela OCDE nas suas diretrizes, considerando que se for escolhido o método mais adequado da OCDE, não existirão auxílios de Estado[365]. Mas se houver métodos adequados "mais diretos" (do que, por exemplo, o método do fracionamento do lucro ou o método da margem líquida da operação[366]), o Estado-Membro deve optar por estes.

2. Acordos prévios vinculativos

A adoção de informações vinculativas e de acordos prévios unilaterais vinculativos (sobre preços de transferência) são práticas correntes nos Estados-Membros. Os acordos prévios vinculativos com carácter bilateral foram recomendados pelo Fórum dos Preços de Transferência[367], no seu documento de 10 de março de 2005[368]. Aqueles seriam um meio de reduzir a insegurança jurídica, a litigância e a dupla tributação no mercado interno[369]. Leia-se o documento do Fórum onde se sugere aos Estados-Membros a celebração de tais acordos:

[364] Comunicação da Comissão de 19 de julho de 2016, cit., pontos 172-173, pp. 37-38.

[365] Peter Wattel, "Stateless income, State Aid and the (which?) Arm's Length Principle", cit.

[366] V. o artigo 4º da nossa Portaria de Preços de Transferência, nº 1446-C/2001, de 21 de dezembro.

[367] O Fórum dos preços de transferência teve a sua reunião inaugural em 3 de outubro de 2002: http://ec.europa.eu/taxation_customs/business/company-tax/transfer-pricing-eu-context/joint-transfer-pricing-forum/eu-joint-transfer-pricing-forum-held-its-first-meeting-3-october-2002_en

[368] JTPF/003/2005/EN.

[369] V. a nossa Portaria 1446-C/2001, cit., prevendo a celebração de acordos prévios vinculativos (sobre preços de transferência).

> "One possibility to overcome the problem of uncertainty of transfer pricing both for business and national tax administrations are APAs, which for the taxpayer are a means to request a binding transfer pricing ruling from the tax administration(s) on the treatment of future transactions involving transfer prices. The disadvantage is that so far they can usually only be obtained via a lengthy and costly procedure, both for taxpayers and tax administrations, which makes them generally useful only for very important cases. However, such disadvantage must be compared to the length and the cost of an audit and a MAP and/or litigation"[370].

Recomenda-se neste texto a ponderação entre as desvantagens do procedimento longo e oneroso de conclusão de acordos prévios vinculativos, e a duração e custos resultantes de auditorias e de procedimentos amigáveis.

Já resultava, portanto, da atividade do Fórum de preços de transferência, que a Comissão não considerava incompatíveis com o TFUE, as "decisões fiscais" administrativas (informações vinculativas), aprovadas caso a caso, através de acordos prévios vinculativos (*Advanced Pricing Agreements*) embora dando preferência aos acordos bilaterais ou multilaterais. Estes conferem segurança jurídica ao sujeito passivo e promovem a certeza sobre a aplicação de convenções de dupla tributação e o princípio da plena concorrência[371].

A Comissão Europeia publicou entretanto um documento de trabalho sobre as informações vinculativas (*tax rulings*), reconhecendo a sua importância, e analisando a sua relação com os auxílios de Estado[372].

370 "EU Joint Transfer Pricing Forum Secretariat Discussion Paper on Alternative Dispute Avoidance and Resolution Procedures", Meeting of Wednesday 16 March and Thursday 17 March 2005, *DOC: JTPF/003/2005/EN*, Brussels, 10 March 2005 *Taxud/E1/WB*, p. 4: http://ec.europa.eu/taxation_customs/sites/taxation/files/resources/documents/forum11/discussion_paper_10032005.pdf

371 Pierpaolo Rossi-Maccanico, "Fiscal State Aids...", cit., pp. 68-69.

372 "DG Competition – Internal Working Paper – Background to the High Level Forum on State Aid of 3 June 2016": http://ec.europa.eu/competition/state_aid/legislation/working_paper_tax_rulings.pdf. Ponto 5: "The Commission does not call into question the granting of tax rulings by the tax administrations of the Member States. It recognises the importance of advance rulings as a tool to provide legal certainty to taxpayers. Provided they do not grant a selective advantage to specific economic operators, tax rulings do not raise issues under EU State aid law. Since 2013, the Commission's Directorate-General for Competition (DG Competition) has been carrying out an inquiry into tax ruling practices from this perspective of EU State aid rules".

O problema diz respeito ao uso que alguns Estados-Membros fizeram destes acordos, supostamente, em violação das regras de preços de transferência e de auxílios de Estado. Se um acordo prévio vinculativo não refletir uma "aplicação normal do regime fiscal comum", pode conferir uma vantagem seletiva ao destinatário[373].

Deve então verificar-se se os elementos que caracterizam um auxílio de Estado ocorreram, nomeadamente, se o tratamento seletivo resulta numa diminuição da dívida fiscal do destinatário da "decisão fiscal" no Estado-Membro. Para esse efeito, deve comparar-se o tratamento conferido na decisão fiscal com o tratamento dado a empresas que se encontram em situação factual e jurídica semelhante.

3. As ações da Comissão Europeia sobre acordos prévios vinculativos e o artigo 107º do TFUE

Em 11 de junho de 2014, a Comissão Europeia iniciou três ações de investigação sobre preços de transferência alegadamente inadequados, aprovados em acordos prévios vinculativos. As ações envolvem a Irlanda, os Países Baixos e o Luxemburgo. Uma das ações diz respeito à informação vinculativa emitida pelas autoridades irlandesas sobre o cálculo da matéria tributável dos ramos da Apple Sales International and Apple Operations Europe (Auxílio nº SA-38374); a segunda trata da informação vinculativa emitida pelas autoridades neerlandesas sobre o cálculo da matéria tributável das atividades de manufatura da Starbucks Manufacturing EMEA BV (Auxílio nº SA-38374); a terceira, tem como alvo a informação vinculativa emitida pelas autoridades luxemburguesas quanto ao cálculo da matéria tributável das atividades de financiamento da Fiat Finance and Trade (Auxílio nº SA-34914)[374]. Seguiram-se outras investigações[375].

[373] Anna Gunn & Joris Luts, "Tax Rulings APAs and State Aid: Legal Issue", *EC Tax Review*, 2015, nº 2, pp. 119 e ss.; Pierpaolo Rossi-Maccanico, "Fiscal State Aids...", cit., p. 69. ; e documento de trabalho, esclarecedor do anterior: DG Competition working paper on State aid and tax rulings of 3 June 2016, available at http://ec.europa.eu/competition/state_aid/legislation/working_paper_tax_rulings.pdf. V. também, Conor Quigley Q.C., "Differential Tax Treatment, Tax Rulings and EU State Aid Law", *Base Erosion and Profit Shifting (BEPS)*, cit. pp. 427 e ss.

[374] Pierpaolo Rossi-Maccanico, "Fiscal State Aids, Tax Base Erosion and Profit Shifting", cit., pp. 63 e ss. Estão ainda em curso, entre outras, Decisões da Comissão Europeia de 21 outubro de 2015, SA.38374, Starbucks, e SA.38375, Fiat, de 11 de janeiro de 2016, SA.37667, isenção de excesso de lucros. Os referidos casos estão a ser apreciados pelo Tribunal Geral da

As investigações da Comissão Europeia sobre a compatibilidade entre acordos prévios vinculativos e as regras de auxílios de Estados, foram iniciadas apenas contra os referidos três (pequenos) Estados-Membros da UE: Irlanda, Luxemburgo e Países Baixos. Três dos quatro beneficiários de acordos prévios vinculativos foram multinacionais norte-americanas. O alvo restrito destas ações da Comissão tem originado críticas[376].

Tais críticas estarão na origem dos pedidos de informação sobre acordos prévios vinculativos junto de 15 Estados, por parte da Comissão Europeia. Elas terão ainda provocado a alteração da Diretiva 2011/16/EU[377], sobre troca automática de informações. Assim, a Diretiva 2015/2376, de 8 de dezembro[378], passou a incluir no âmbito da troca automática de informações, as informações vinculativas prévias; os acordos prévios vinculativos; acordos ou decisões determinando a existência ou não de factos com um impacto potencial na matéria tributável de um estabelecimento estável; acordos ou decisões determinando o estatuto fiscal de uma entidade híbrida num Estado-Membro, cuja residência se localiza noutro Estado; acordos ou decisões sobre a matéria tributável para a depreciação de um ativo num Estado-Membro, que tenha sido adquirido a uma sociedade do grupo noutro Estado[379].

UE. ; V. DG Competition working paper on State aid and tax rulings of 3 June 2016, available at http://ec.europa.eu/competition/state_aid/legislation/working_paper_tax_rulings.pdf. 10 Commission Decision of 11 June 2014, Case SA.38373 Alleged aid to Apple, available at http://ec.europa.eu/competition/elojade/isef/case_details.cfm?proc_code=3_SA_38373. 11 Commission Decision of 11 June 2014, Case SA.38375 Alleged aid to FFT, Decision of 11 June 2014 available at http://ec.europa.eu/competition/elojade/isef/case_details.cfm?proc_code=3_SA_38375. 12 Commission Decision of 11 June 2014, Case SA.38374 Alleged aid to Starbucks, Decision of 11 June 2014 available at http://ec.europa.eu/competition/elojade/isef/case_details.cfm?proc_code=3_SA_38374. 13 Commission Decision of 7 October 2014, Case SA.38944 Alleged aid to Amazon, available at http://ec.europa.eu/competition/elojade/isef/case_details.cfm?proc_code=3_SA_38944. 14 Commission Decision of 3 December 2015, Case SA.38945 Alleged aid to McDonald's, not yet published, see IP/15/6221 available at http://europa.eu/rapid/press-release_IP-15-6221_en.htm.

[375] Pierpaolo Rossi-Maccanico, "Fiscal State Aids, Tax Base Erosion and Profit Shifting", cit., p. 64.

[376] Luc de Broe, "The State Aid Review against Aggressive Tax Planning: 'Always Look a Gift Horse in the Mouth", *EC Tax Review*, 2015, nº 6, p. 290 (e ss.).

[377] Diretiva 2011/16/EU de 15 de fevereiro de 2011 sobre a cooperação administrativa no domínio da tributação e revogando a Diretiva 77/799/CEE (JO L 64, 11.3.2011, p. 1).

[378] Diretiva 2015/2376, de 8 de dezembro, JO L 332, 18.12.2015, p. 1).

[379] V. o Preâmbulo da Diretiva, 2015/2376, de 8 de dezembro, cit.

4. O caso *Apple*

Tomemos como exemplo o caso *Apple*, iniciado pela Comissão Europeia contra a Irlanda[380], ao abrigo do artigo 108º nº 2 do TFUE:

> "Se a Comissão, depois de ter notificado os interessados para apresentarem as suas observações, verificar que um auxílio concedido por um Estado ou proveniente de recursos estatais não é compatível com o mercado interno nos termos do artigo 107º, ou que esse auxílio está a ser aplicado de forma abusiva, decidirá que o Estado em causa deve suprimir ou modificar esse auxílio, no prazo que ela fixar.
>
> Se o Estado em causa não der cumprimento a esta decisão no prazo fixado, a Comissão ou qualquer outro Estado interessado podem recorrer directamente ao Tribunal de Justiça da União Europeia, em derrogação do disposto nos artigos 258º e 259º".

A Comissão começa por lembrar os quatro elementos que permitem qualificar uma medida como auxílio de Estado, ao abrigo do artigo 107º, nº 1, do Tratado: medida imputada ao Estado e financiada por recursos estaduais; atribuição de uma vantagem ao destinatário; a vantagem deve ser seletiva; e a medida deve distorcer a concorrência ou ameaçar distorcê-la e ter o efeito potencial de afetar o comércio entre os Estados-Membros (para. 47 da decisão de iniciar um procedimento contra a Apple ao abrigo do artigo 108º nº 2 do TFUE).

Nos parágrafos 48 e seguintes da decisão, a Comissão tece a sua argumentação. Começa por indagar se as informações vinculativas constituem uma vantagem seletiva por conduzirem a um abaixamento da carga fiscal da Apple (para. 48 da mesma decisão).

A Comissão continua a argumentação, aferindo da imputabilidade da medida ao Fisco Irlandês, o qual é parte do Estado Irlandês. E verifica que as informações vinculativas foram usadas pela Apple para calcular a base tributária em imposto sobre o rendimento societário, na Irlanda. Esse cálculo apresentado pela Apple foi aceite pelo Fisco (para. 49).

[380] State aid SA.38373 (2014/C) (ex 2014/NN) (ex 2014/CP) – Ireland *Alleged Aid to Apple*, Brussels, 11.06.2014 C(2014) 3606 final. V. uma reação preliminar ao caso, de Peter Wattel, "Stateless Income, State Aid...", cit.; e a descrição dos acordos da Apple em Antony Ting, "iTax – Apple's International Tax Structure and the Double Non-Taxation Issue", *British Tax Review*, 2014, nº 1, pp. 40 e ss.

Se se provar que a liquidação fiscal foi reduzida em relação ao padrão, existiu uma perda de receitas fiscais, tendo existido uma relação de causalidade entre a primeira e a segunda (para. 50).

Quanto à quarta condição de auxílio de Estado, como a Apple é uma empresa que atua "globalmente", operando em vários Estados-Membros, um auxílio a seu favor distorce ou ameaça distorcer a concorrência, e tem efeitos potenciais no comércio intra-União (para. 51).

A Comissão recorda que a noção de auxílio de Estado, segundo a jurisprudência, abrange não apenas benefícios positivos, mas também medidas que mitigam encargos. As medidas discricionárias que vão além da gestão das receitas tributárias por referência a critérios objetivos, também podem constituir auxílios de Estado (para. 52).

Por conseguinte, as informações vinculativas não devem ter o efeito de conferir às empresas em causa, uma tributação mais baixa do que a tributação das outras empresas, em situação legal e factualmente equiparável. As autoridades tributárias, ao aceitarem que as multinacionais se afastem das condições de mercado estabelecendo condições diferentes nas operações comerciais intra-grupo, através de informações vinculativas discricionárias, renunciam a receitas fiscais. Isso acontece, especialmente, quando aceitam condições para as operações comerciais que se afastam das condições aplicáveis entre entidades independentes (para. 53).

Continua a Comissão que, para se determinar se um método de apuramento do lucro tributável dá origem a uma vantagem, é necessário comparar esse método com o sistema regras. Este assenta na diferença entre lucros e perdas de uma empresa que desenvolve a sua atividade, segundo as condições normais de mercado. As informações vinculativas não se devem portanto afastar dos acordos ou remunerações que um operador independente e prudente atuando segundo as condições normais do mercado, teria aceitado (para. 54).

Essas condições de mercado podem ser atingidas através dos preços de transferência, segundo o princípio da plena concorrência. A Comissão lembra que o TJUE já confirmou que o método de tributação no caso de operações intra-grupo, originando tributações mais baixas do que as resultantes do princípio da plena concorrência, constituem auxílios de Estado[381].

[381] Decisão da Comissão de 2003/438/EC de 16 de outubro de 2002 sobre auxílios de Estado, C 50/2001, Luxembourg Finance Companies, OJ L 153, 20.6.2003, p. 40, nºs 43 e

O problema principal não é a informação vinculativa, mas a aceitação de métodos de tributação que não refletem os princípios de mercado (para. 55).

Finalmente, a Comissão reconhece que as linhas orientadoras da OCDE são um documento de referência para a aplicação do princípio das entidades independentes. Mas os diferentes métodos explicados nessas linhas orientadoras podem dar origem a diferentes resultados quanto à matéria tributável e nem todos são adequados ao caso. Assim, segundo a Comissão, antes de aceitarem um método proposto pelo contribuinte, as autoridades tributárias devem comparar esse método com o comportamento prudente de um operador de mercado hipotético. Este exigiria uma remuneração conforme ao mercado e que refletisse as condições normais de concorrência. Por exemplo, um operador de mercado não aceitaria um método que atingisse o resultado mais baixo, se os factos e circunstâncias do caso justificassem a utilização de outros métodos mais apropriados (56).

Segundo a Comissão:

> "(255) Contrary to the claims made by Ireland and Apple, the Commission does not directly apply Article 7(2) and/or Article 9 of the OECD Model Tax Convention or the guidance provided by the OECD on profit allocation or transfer pricing, as described in Section 2.4, in its State aid assessment of tax rulings on profit allocation and transfer pricing. As explained in Recital, the OECD framework consists of non-binding guidance on profit allocation and transfer pricing methods that do not deal directly with matters of State aid. Rather, when examining a tax ruling under the State aid rules, the Commission applies Article 107(1) of the Treaty and the arm's length principle, as interpreted by the Court of Justice as described in Recital. However, while the OECD framework is non-binding, the Commission considers that framework to provide useful guidance to tax administrations and multinational enterprises on how to ensure that transfer pricing and profit allocation arrangements produce outcomes in line with market conditions. Therefore, to the extent a profit allocation method departs from the guidance provided by that framework, this provides an additional indication that that method does not result in a reliable

44; Decisão da Comissão 2003/501/EC de 16 de outubro de 2002 sobre auxílios de Estado C- OJ L 28249/2001, Luxembourg Coordination Centres, OJ L 170, 9.7.2003, p. 20, nºs 46-47 e 50; Decisão da Comissão 2003/755/EC de 17 de fevereiro de 2003, Belgian Coordination Centres, OJ L 282, 30.10.2003, p. 25, nºs 89-95 e os casos apensos C-182/03 e C-217/03 Belgium and Forum 187..., cit., paras. 96 e 97; Decisão da Commissão, 2004/76/EC de 13 de maio de 2003, French Headquarters and Logistic Centres, OJ L 23, 28.1.2004, p. 1, nºs 50 e 53.

approximation of a market-based outcome in line with the arm's length principle. Conversely, a tax ruling endorsing a profit allocation method that fully complies with the guidance provided by the OECD framework in letter and spirit, including the guidance on the choice of the most appropriate transfer pricing method, is unlikely to confer a selective advantage upon its recipient.

(256) Contrary to Ireland's submission, the Commission applies the arm's length principle in this context not as a basis for "imposing" taxes that would otherwise not be due under the reference system, but as a benchmark to verify whether the taxable profit of a branch, to which the ordinary rules of taxation of corporate profit are applied, is determined in a manner that ensures that non-resident integrated companies operating through a branch in Ireland are not granted favourable treatment under those rules as compared to non-integrated companies whose taxable profit reflects prices determined on the market negotiated at arm's length.

(257) Finally, as regards Ireland's insistence that Irish tax law does not allow taxes to be imposed on the basis of general principles, the Commission recalls that the arm's length principle it applies flows from Article 107(1) of the Treaty, as interpreted by the Court of Justice, which binds the Member States and from the scope of which national tax rules are not excluded. That principle therefore applies independently of whether the Member State"[382].

Secção II
O Regime de auxílios de Estado

Recorde-se que o regime de auxílios de Estado abrange a concessão de vantagens financeiras que implicam o gasto de recursos financeiros públicos e a distorção da concorrência[383]. Ao contrário da política fiscal, a política de concorrência é da competência exclusiva da União Europeia[384].

[382] Commission Decision of 30.8.2016 on State Aid SA.38373 (2014/C) (ex 2014/NN) (ex 2014/CP) implemented by Ireland to Apple Brussels, 30.8.2016 C(2016) 5605 final (Only the English text is authentic), pp. 72-73.

[383] V. António Carlos dos Santos, *L'Union Européenne et la Régulation de la Concurrence Fiscale*, cit., pp. 391 e ss, 413-416; 458 e ss., e capítulo III do Título III (pp. 491 e ss.).

[384] V. Pierpaolo Rossi-Maccanico, "EU Review of Direct Tax Measures: Interplay between Fundamental Freedoms and State Aid Control", *EC Tax Review*, 2013, nº 1, p. 19.

O artigo 107º, nº 1, do TFUE, define auxílios estatais como «os auxílios concedidos pelos Estados ou provenientes de recursos estatais, independentemente da forma que assumam, que falseiem ou ameacem falsear a concorrência, favorecendo certas empresas ou certas produções».

1. Objeto

Os auxílios de Estado não se limitam a subsídios diretos. As medidas nacionais, incluindo as fiscais[385], estão sujeitas a permanente escrutínio pela Comissão Europeia. Desta forma é averiguado o cumprimento das regras de concorrência do TFUE. Se a Comissão Europeia considerar que as regras nacionais são incompatíveis com o artigo 107º, propõe medidas adequadas aos Estados-Membros notificando estes, nos termos do artigo 108º, nº 1, do TFUE.

Se um Estado quiser adotar medidas que possam constituir auxílios de Estado, deve notificar *ex ante* a Comissão Europeia e aguardar a sua aprovação (artigo 108º, nº 3, do TFUE). A Comisão Europeia analisa os efeitos da medida no mercado interno, independentemente da sua forma.

Depois de um procedimento com contraditório, a Comissão Europeia pode concluir que a medida é um auxílio de Estado proibido pelo Tratado, e nesse caso notifica o Estado para este suspendê-la ou alterá-la. Se o Estado concedeu um auxílio de Estado sem ter notificado a Comissão Europeia, esta pode ordenar que o Estado recupere os montantes do destinatário, a não ser que, devido ao comportamento da Comissão, tenham sido criadas expectativas legítimas de que a medida era compatível com o mercado interno[386].

Na sua Comunicação de 2016, a Comissão Europeia enumera os elementos que constituem auxílios de Estado, ao abrigo do artigo 107º, nº 1, do TFUE, a saber: a existência de uma empresa, a imputabilidade da medida ao Estado, o financiamento através de recursos estatais, a concessão de uma vantagem, a seletividade da medida e os seus efeitos sobre a concorrência e as trocas comerciais entre Estados-Membros[387]. São auxí-

[385] Pierpaolo Rossi-Maccanico, "Fiscal Aid Review and Cross-Border Tax Distortions", *Intertax*, 2012, nº 2, pp. 92-100.

[386] Para uma explicação destes passos, Pierpaolo Rossi-Maccanico, "EU Review of Direct Tax Measures...", cit., p. 20.

[387] Comunicação da Comissão sobre a noção de auxílio estatal nos termos do artigo 107. nº 1, do Tratado sobre o Funcionamento da União Europeia de 19 de julho de 2016 (2016/C 262/01)

lios de Estado todas as medidas de auxílio público, incluindo medidas fiscais, que dispensem os destinatários, de modo seletivo, de encargos que eles teriam em regra de suportar, no desenvolvimento da sua atividade, e sem existir justificação para que só alguns destinatários beneficiem desse tratamento preferencial[388]. Existe portanto uma violação do princípio da igualdade de tratamento, que por vezes pode ser aferida através da violação às liberdades fundamentais, mas nem sempre[389].

Até agora, o Tribunal de Justiça da União Europeia tem entendido que as disparidades – dupla tributação, dupla não tributação e diferentes taxas de imposto – não violam as liberdades fundamentais. As regras de auxílios de Estado, em conjunto com regras anti-híbridos, sociedades estrangeiras controladas (regras CFC, na sigla em inglês) e de limitação de dedutibilidade de juros na Diretiva antiabuso, constituem instrumentos para combater as disparidades e o uso indevido das regras de preços de transferência. As taxas ficam de fora desta análise de erosão de bases fiscais e transferência de lucros.

2. Destinatários: a existência de uma empresa

O destinatário é uma entidade que desenvolve uma atividade económica, mas essa entidade não coincide necessariamente com um sujeito passivo, podendo ser um grupo empresarial. Como lembra a Comissão no ponto 7 da sua Comunicação, "O Tribunal de Justiça tem sistematicamente definido empresas como entidades que desenvolvem uma atividade económica, independentemente do seu estatuto jurídico e do modo como são financiadas[390]".

cit., pp. 3 e ss. Raymond Luja, "Just a Notion of Aid: How (Not) to Create A Fiscal State Aid Doctrine", *Intertax*, 2016, nº 11, pp. 778-790; V., por exemplo, na doutrina: Frank Engelen & Anna Gunn, "State Aid: Towards a Theoretical Assessment Framework", *State Aid and Tax Law*, cit., pp. 137 e ss.; Hein Vermeulen, "Fiscal State Aid and Real Estate Collective Investment Vehicles (CIVs)", *EC Tax Review*, 2011, nº 3, p. 155.

388 Pierpaolo Rossi-Maccanico, "EU Review of Direct Tax Measures...", cit., p. 20.

389 Pierpaolo Rossi-Maccanico, "EU Review of Direct Tax Measures...", cit., p. 20 e ss..

390 Acórdão do Tribunal de Justiça de 12 de setembro de 2000, Pavlov e outros, processos apensos C-180/98 a C-184/98, nº 74; acórdão do Tribunal de Justiça de 10 de janeiro de 2006, Cassa di Risparmio di Firenze SpA e outros, C-222/04, nº 107; acórdão do Tribunal de Justiça de 8 de setembro de 2011, C-78/08 a C-80/08, Paint Graphos e outros, paras. 61, 69 e 72. Pierpaolo Rossi-Maccanico, "Fiscal State Aids...", p. 67.

É irrelevante a forma jurídica da entidade que beneficia da vantagem fiscal, bastando a presença de um operador económico:

> "73 – A ordem jurídica da União é neutra no que respeita ao regime de propriedade e em nada prejudica o direito dos Estados-Membros de atuar como operadores económicos. No entanto, quando as autoridades públicas efetuam direta ou indiretamente operações económicas, qualquer que seja a sua forma, são abrangidas pelas regras da União em matéria de auxílios estatais.
>
> 74 – As operações económicas realizadas por organismos públicos (incluindo as empresas públicas) não conferem uma vantagem à sua contraparte e, por conseguinte, não constituem auxílios, desde que sejam efetuadas em conformidade com as condições normais de mercado. Este princípio foi desenvolvido tendo em conta diferentes operações económicas. Os Tribunais da União desenvolveram o *«princípio do investidor numa economia de mercado»* para identificar a presença de auxílios estatais em casos de investimento público (nomeadamente, injeções de capital): para determinar se o investimento de um organismo público constitui auxílio estatal, é necessário apreciar se, em circunstâncias semelhantes, um investidor privado de dimensão comparável a operar em condições normais de uma economia de mercado poderia ter sido levado a fazer o investimento em questão. Do mesmo modo, os Tribunais da União desenvolveram o *«critério do credor privado»*, a fim de examinar se as renegociações de dívidas por credores públicos implicam auxílios estatais, comparando o comportamento de um credor público com o de credores privados hipotéticos que se encontrem em situação semelhante. Por último, os Tribunais da União desenvolveram o *«critério do vendedor privado»*, a fim de apreciar se a venda realizada por um organismo público implica um auxílio estatal, analisando se um vendedor privado, em condições normais de mercado, poderia ter obtido um preço igual ou melhor."[391]

3. Imputabilidade ao Estado e recursos financeiros do Estado

O regime de auxílios de Estado implica a imputação das medidas ao Estado, mesmo que a vantagem seja concedida por uma outra autoridade pública a um beneficiário.

[391] Comunicação da Comissão..., de 19 de julho de 2016, p. 17. V. também a aplicação do critério pelo TJCE: Acórdão do Tribunal Geral (Terceira Secção), de 15 de dezembro de 2009, T-156/04, EDF v. Comissão Europeia, ECLI:EU:T:2009:505; e Tribunal de primeira instância: (CJ C-124/10P).

Estado significa "autoridade pública", abrangendo os governos locais que também podem conceder auxílios de Estado:

> "Nos casos em que uma autoridade pública concede uma vantagem a um beneficiário, a medida é, por definição, imputável ao Estado, mesmo que a autoridade em questão goze de autonomia jurídica em relação às outras autoridades públicas. O mesmo se aplica se uma autoridade pública designar um organismo público ou privado para administrar a medida que confere uma vantagem. Com efeito, o direito da União não pode permitir que se contornem as regras em matéria de auxílios estatais através da criação de instituições autónomas encarregadas da distribuição dos auxílios.
>
> A imputabilidade é menos evidente, no entanto, se a vantagem for concedida através de empresas públicas. Nesses casos, é necessário determinar se é possível considerar que as autoridades públicas estiveram implicadas, de uma forma ou de outra, na adoção da medida[392]".

Apenas as vantagens concedidas direta ou indiretamente através de recursos estatais são consideradas auxílios de Estado, na aceção do artigo 107º, nº 1, do TFUE, mas desde que sejam imputáveis a um Estado e não a uma obrigação de Direito Europeu[393].

4. Vantagem

Uma vantagem na aceção do artigo 107º, nº 1, do Tratado, é qualquer benefício económico que uma empresa não poderia ter obtido em condições normais de mercado, isto é, na ausência da intervenção do Estado[394].

No caso *SFEI*, diz-nos o Tribunal de Justiça:

> "Considerando que as condições de assistência logística e comercial fornecida pela La Poste à SFMI constituem auxílios de Estado incompatíveis com o mercado comum, violando a igualdade de concorrência, o SFEI, em 21 de Dezembro de 1990, apresentou uma queixa à Comissão das Comunidades Europeias e ao conselho francês da concorrência. Alegou, designadamente,

[392] Comunicação da Comissão..., de 19 de julho de 2016, ponto 39, p. 9.

[393] A não ser que os recursos estatais sejam utilizados na sequência de uma obrigação de Direito Europeu: V. Caso CFI T-351/02, Deutsche Bahn, 2006: Acórdão do Tribunal de Primeira Instância (Primeira Secção Alargada) 5 de abril de 2006.

[394] Comunicação da Comissão, de 19 de julho de 2016, cit., ponto 66, p. 15.

que a participação da administração postal permite que a SFMI pratique tarifas nitidamente inferiores às dos seus concorrentes"[395].

Para sabermos se existe uma vantagem, em regra, compara-se o tratamento fiscal dado, com o sistema fiscal nacional "normal" – ou a situação financeira em que a empresa estaria, se a medida não tivesse sido tomada[396].

Além disso, para averiguarmos se existe um auxílio de Estado, "(a)penas o efeito da medida sobre a empresa é relevante, e não a causa ou o objetivo da intervenção do Estado. Sempre que a situação financeira de uma empresa melhorar como resultado da intervenção do Estado em condições diferentes das condições normais de mercado, existe uma vantagem. Para proceder a esta apreciação, deve ser comparada a situação financeira da empresa na sequência da medida com a situação financeira em que estaria se a medida não tivesse sido tomada. Uma vez que apenas o efeito da medida sobre a empresa conta, a questão de saber se a vantagem é obrigatória para a empresa, na medida em que não podia evitar ou recusá-la, é irrelevante" [397].

É de efeitos que nos fala o Tribunal, no referido caso *SFMI*: assim, a proibição de auxílios de Estado "tem por objeto evitar que as trocas comerciais entre Estados-Membros sejam afetadas por benefícios concedidos pelas autoridades públicas que, sob diversas formas, falseiem ou ameacem falsear a concorrência ao favorecer certas empresas ou certas produções (acórdãos de 15 de Março de 1994, Banco Exterior de España, C-387/92, Colect., p. 1-867, nº 12 e de 2 de julho de 1974, Itália/Comissão, 173/73, Colect., p. 357, nº26). O conceito de auxílio abrange, por isso, não apenas prestações positivas como os próprios subsídios, mas também intervenções que, sob diversas formas, aliviam os encargos que normalmente oneram o orçamento de uma empresa, pelo que, não sendo subsídios na acepção estrita da palavra, têm a mesma natureza e efeitos idênticos (acórdão Banco Exterior de España, já referido, nº 13)"[398].

[395] TJCE: 11 de julho de 1996, *SFEI e outros*, C-39/94, para. 9.

[396] Comunicação da Comissão, de 19 de julho de 2016, cit., ponto 67, p. 15.

[397] V., por exemplo, TJCE: 11 de julho de 1996, SFEI e outros, C-39/94, cit., para. 60; 29 de abril de 1999, Espanha/Comissão, C-342/96, ECLI:EU:C:1999:210, para. 41; 2 de julho de 1974, Itália/Comissão, 173/73, para. 13; 12 de outubro de 2000, Magefesa, C-480/98, nºs 19 e 20; 2 de julho de 1974, Itália/Comissão, 173/73, cit., para. 13.

[398] TJCE: 11 de julho de 1996, *SFEI e outros*, C-39/94, cit., para. 58.

Mesmo um erro ou má interpretação da lei são cobertos pela definição de auxílio de Estado. A averiguação de um auxílio de Estado deve ponderar se o destinatário recebeu um benefício ou vantagem, caso a caso. Não é relevante por exemplo, se, no conjunto, o Estado conseguiu mais receitas fiscais por ter descido a carga tributária.

Só se existir uma obrigação legal de Direito Europeu de dar isenções ou benefícios, é que não se aplica a definição de auxílio de Estado. Disso são exemplo as isenções de IVA, aprovadas ao abrigo das diretivas IVA[399].

Não é claro se podem existir auxílios de Estado quando o Estado exerce opções dadas por Diretivas, pois estas também são submetidas ao crivo do TFUE. Como as opções têm de respeitar o Tratado, se elas puderem ser exercidas de modo compatível com o artigo 107º, o Estado deve sempre exercê-las desse modo. Se se tratar de um regime derrogatório, claro, preciso e incondicional, a concessão de vantagens é uma obrigação legal. Deve adotar-se um raciocínio semelhante ao utilizado pelo Tribunal de Justiça nos casos de regimes fiscais parcialmente harmonizados e regimes derrogatórios[400].

A vantagem pode consistir numa isenção de encargos fiscais (por exemplo, numa isenção de pagamentos antecipados por conta), no diferimento de impostos (reservas fiscais, depreciação acelerada, isenção de pagamentos especiais por conta), em taxas de imposto mais baixas ou em créditos de imposto. As práticas atualmente adotadas pelos Estados-Membros estão relacionadas com a manipulação dos elementos da matéria tributável[401].

É disso exemplo, entre muitas outras, a medida de amortização especial espanhola, no caso *Autogrill*:

> "A medida controvertida prevê que, em caso de aquisição de participações numa «empresa estrangeira» por uma empresa tributável em Espanha, se essa aquisição de participações for, pelo menos, de 5%, e for mantida por um período ininterrupto mínimo de um ano, a mais-valia resultante da aquisição de participações, registada na contabilidade da empresa como ativo incor-

[399] V., por exemplo, o acórdão do Tribunal de primeira instância (1ª Secção alargada), 5 de abril de 2006, caso T-351/02, Deutsche Bahn, cit.

[400] Ana Paula Dourado, "The Relationship between Primary and Secondary ...", cit., pp. 171-190.

[401] Pierpaolo Rossi-Maccanico, "Fiscal State Aids...", pp. 68-75.

póreo distinto, pode ser deduzida, sob a forma de amortização, da matéria coletável do imposto sobre o rendimento das sociedades de que a empresa seja devedora. A medida controvertida especifica que, para ser qualificada de «empresa estrangeira», uma empresa deve estar sujeita a um imposto semelhante ao aplicado em Espanha e as suas receitas devem resultar sobretudo de atividades empresariais realizadas no estrangeiro (considerando 21 da decisão impugnada)."[402]

O Tribunal também clarificou que a manipulação da cobrança de impostos pode constituir auxílios de Estado.

No caso *Grupo Magefesa*, a Espanha não aplicava medidas de cobrança coerciva, se as sociedades continuassem a operar, mas elas continuavam a incorrer em novas dívidas não recuperáveis:

> "Ora, resulta dos autos que, não obstante as afirmações do Governo espanhol segundo as quais a administração exerceu todos os meios legais previstos para obter o pagamento das dívidas das empresas do grupo Magefesa, as empresas em questão puderam continuar as suas actividades durante vários anos sem respeitarem as respectivas obrigações fiscais e as obrigações para com a segurança social. Embora algumas tenham finalmente sido declaradas em situação de falência, a pedido de credores privados e não das autoridades públicas, uma delas, a Indosa, foi autorizada, aparentemente sem quaisquer condições, sem oposição dos credores e sem intervenção judiciária, a prosseguir a sua actividade após a declaração da falência e acumulou por este facto novas dívidas, das quais apenas pagou uma ínfima parte."[403]

De entre as práticas de manipulação da matéria tributável, que são agora objeto de procedimentos de infração, estão as referidas manipulações dos preços de transferência.

[402] Acórdão do Tribunal Geral (Segunda Secção alargada), 7 de novembro de 2014, Autogrill Espanha SA, para. 9.

[403] TJCE: 12 de outubro de 2000, Reino da Espanha, Caso C-480/98, cit., para. 20.

5. Seletividade

Para se inserir no âmbito de aplicação do artigo 107º, nº 1, do TFUE, uma medida estatal deve favorecer «certas empresas ou certas produções». Por conseguinte, nem todas as medidas que favorecem os operadores económicos são abrangidas pela noção de auxílio, mas apenas aquelas que concedem uma vantagem de forma seletiva a certas empresas, categorias de empresas ou sectores económicos. O significado de seletividade é dos mais difíceis no conceito de auxílios de Estado[404].

5.1. Ponto de comparação

O ponto de comparação para averiguar a existência de auxílios de Estado é o sistema fiscal nacional, cabendo, a partir daí, indagar se existe um tratamento fiscal especial. Para tal, é preciso identificar o sistema de referência.

Na Comunicação de 19 de julho de 2016, diz a Comissão que o sistema de referência

> "é constituído por um conjunto coerente de regras que são, em geral, aplicáveis – com base em critérios objetivos – a todas as empresas abrangidas pelo seu âmbito de aplicação, definido pelo seu objetivo. Normalmente, essas regras definem não só o âmbito de aplicação do sistema, mas também as condições em que se aplica o sistema, os direitos e obrigações das empresas a ele sujeitas e as especificidades técnicas do funcionamento do sistema.
>
> No caso dos impostos, o sistema de referência baseia-se em elementos como a matéria coletável, os sujeitos passivos, o facto gerador do imposto e as taxas de imposto. Por exemplo, um sistema de referência poderia ser identificado no que diz respeito ao regime de tributação das sociedades[405],

[404] V. Roland Ismer & Sophia Piotrowski, "The Selectivity of Tax Measures: A Tale of Two Inconsistencies", *Intertax*, 2015, nº 10, pp. 559 e ss.; Conor Quigley, "Direct Taxation and State Aid: Recent Developments Concerning the Notion of Selectivity", *Intertax*, 2012, nº 2, pp. 112-119; Raymond H.C. Luja, "The Selectivity Test: The Concept of Sectorial Aid", *State Aid and Tax Law*, cit., pp. 115 e ss.; Edoardo Traversa, "The Selectivity Test: The Concept of «Regional Aid»", *State Aid and Tax Law*, cit., pp. 119 e ss.

[405] Ver acórdão do Tribunal de Justiça de 8 de setembro de 2011, Paint Graphos e outros, processos apensos C-78/08 a C-80/08, cit., nº 50. Por vezes, o Tribunal aplica, neste contexto, o termo «regime fiscal comum» (ver acórdão do Tribunal de Justiça de 22 de junho de 2006, Bélgica e Forum 187/Comissão, processos apensos C-182/03 e C-217/03, nº 95) ou «regime fiscal geral» (ver acórdão do Tribunal de Justiça de 15 de dezembro de 2005, Itália/Comissão, C-66/02, nº 100). V. uma análise ao caso Paint Graphos em Raymond H.C. Luja, "The Selectivity Test: The Concept of Sectorial Aid", cit. pp. 115 e ss.

ao sistema de IVA[406] ou ao sistema geral de impostos sobre os prémios de seguro[407]. O mesmo se aplica às tributações para fins especiais (autónomas), tais como imposições sobre determinados produtos ou atividades que tenham um impacto negativo sobre o ambiente ou a saúde, que não façam parte de um sistema de tributação mais amplo."[408]

Em 1998, a Comissão Europeia emitiu uma nota sobre a aplicação das regras de auxílios de Estado à tributação direta das empresas, em que a seletividade era definida como uma medida excecional ao sistema fiscal[409].

Na sua Comunicação de 19 de julho de 2016, a Comissão admite que nem sempre é fácil identificar a exceção e o regime regra:

> "...em determinados casos excecionais, não é suficiente analisar se uma dada medida constitui uma derrogação às regras do sistema de referência, tal como definidas pelo Estado-Membro em causa. Também é necessário avaliar se os limites do sistema de referência foram concebidos de uma forma coerente ou, pelo contrário, de uma forma claramente arbitrária ou tendenciosa, de modo a favorecer determinadas empresas que se encontram numa situação comparável no que se refere à lógica subjacente do sistema em causa"[410].

O caso *Adria-Wien Pipeline*[411] é um marco na definição de seletividade na tributação. Ele sintetiza a primeira fase da jurisprudência do Tribunal de Justiça sobre o assunto, mais tarde substituída pela jurisprudência do caso *Paint Graphos* [412].

No caso *Adria-Wien Pipeline*, a medida é seletiva se favorecer certas empresas em comparação com outras:

[406] Ver a argumentação do Tribunal no que se refere à seletividade no acórdão do Tribunal de Justiça de 3 de março de 2005, Heiser, C-172/03, paras. 40 e seguintes.

[407] Ver TJCE: 29 de abril de 2004, GIL Insurance, C-308/01, paras. 75 e 78.

[408] Comunicação da Comissão..., de 19 de julho de 2016, cit., ponto 5231.

[409] OJ 1998 C-384/3 de 10.12.1998 C-50/2001 Luxembourg Finance Companies, OJ L 153, 20.6.2003 e Relatório COM (2004) 434.

[410] P. 29, ponto 129. V., por exemplo, Pierpaolo Rossi-Maccanico, "Fiscal Aid Review and Tax Competition", *State Aid and Tax Law*, cit., pp. 39 e ss., 50 e ss.

[411] TJCE: C-143/99, *Adria Wien Pipeline* 2001, ECR I-08365.

[412] TJCE: casos apensos C-78/08 a C-80/08, *Paint Graphos* 2001, cit. V., também, a confirmação, nos casos do TJUE: C-6/12, P Oy, 2013, paras 19 e ss.; e C-522/13, Navantia 2014, paras. 35, 40.

> "De resto, como salientou, com razão, a Comissão, resulta da exposição de motivos do projecto que veio a resultar na legislação nacional em causa nos processos a título principal que a concessão de condições vantajosas ao sector das empresas produtoras de bens corpóreos era destinada a preservar a sua competitividade, nomeadamente no interior da Comunidade"[413].

Em contrapartida, no caso *Paint Graphos*, a seletividade não é avaliada à luz da medida fiscal vantajosa objetiva, mas tem em conta a finalidade prosseguida pelo imposto em si, há uma seletividade abstrata e não necessariamente verificada em concreto[414]:

> "Assim, há que determinar se as isenções fiscais como as que estão em causa no processo principal são susceptíveis de favorecer certas empresas ou certas produções relativamente a outras empresas que se encontrem numa situação factual e jurídica comparável à luz do objectivo prosseguido pelo regime do imposto sobre as sociedades, isto é, a tributação dos lucros das sociedades"[415].

5.2. Seletividade material

A seletividade material de uma medida está relacionada com o alvo, com o beneficiário[416]: significa a sua aplicação limitada a algumas empresas, grupos de empresas ou setores da economia num Estado-Membro. A seletividade material pode ser *de jure* ou de facto. No primeiro caso, decorre da lei, de regulamento ou de orientações genéricas; no segundo caso, de práticas administrativas discricionárias que limitam o alcance de uma lei não seletiva, a certas empresas[417].

Há inúmeros exemplos em que pode existir seletividade material: benefícios dirigidos a sectores específicos, benefícios relacionados com exportações, benefícios individuais, tal como um acordo favorável de preços de transferência; seletividade com base no montante do investimento, ao se colocar como condição da medida um nível mínimo de investimento que se revela muito elevado; nível mínimo elevado de número de empregos a

[413] TJCE: caso C-143/99, cit., para. 41.
[414] Roland Ismer & Sophia Piotrowski, "The Selectivity of Tax Measures...", pp. 559-562.
[415] TJCE: casos apensos C-78/08 a C-80/08, cit., para. 54.
[416] Comunicação da Comissão..., de 19 de julho de 2016, cit., ponto 5.2.
[417] Comunicação da Comissão..., de 19 de julho de 2016, cit., ponto 5.2.

serem criados; área geográfica envolvida – múltiplos países ou continentes envolvidos[418].

A seletividade de facto ocorre quando as condições legais fiscais mais vantajosas são aparentemente gerais e abstratas, mas na realidade se destinam apenas a um conjunto de entidades, porque só essas estão em condições de cumprir as condições legais.[419]

Exemplo de seletividade de facto acontece se se derem isenções a sociedades que entrem em bolsa, mas dando um prazo curto para a preparação de toda a documentação necessária e sendo claro que apenas um conjunto determinado de empresas conseguiria cumprir o prazo.

5.3. Benefícios regionais e municipais

A seletividade também pode ser apurada em razão do território, se o benefício ou vantagem disser respeito a uma parcela apenas do território. O território relevante para avaliar a seletividade é o território que confere os benefícios ou vantagens, por exemplo, território nacional, regional ou território municipal.

Se cada um destes conferir um benefício a uma parcela de território menor do que o âmbito da sua autonomia competencial, pode existir seletividade regional[420].

A avaliação da seletividade implica saber se existe autonomia institucional, procedimental e económica (orçamental e financeira). Têm de verificar-se, em simultâneo, os três critérios.

A região ou município têm autonomia institucional e procedimental, mas não é suficiente. Se a região ou município conferirem regimes mais vantajosos à respetiva região ou município do que o regime nacional, numa lógica de concorrência fiscal, e suportarem as consequências, ficam com menos receitas tributárias e reduzem, concomitantemente, as despesas. Neste caso têm autonomia económica e não se verifica seletividade.

Numa outra situação, são ainda a região ou município a aprovar formalmente regimes mais vantajosos do que o regime nacional, mas recebem transferências orçamentais compensatórias da redução dos tributos. Neste último caso, não há verdadeira autonomia económica (orçamental

[418] Comunicação da Comissão..., de 19 de julho de 2016, cit., ponto 5.2.

[419] Comunicação da Comissão..., de 19 de julho de 2016, cit., ponto 5.2. V., TJUE: 21 de dezembro de 2016, Casos C-20/15 P e C-21/15 P (Comissão Europeia v. World Duty Free Group S.A. et al.).

[420] Comunicação da Comissão..., de 19 de julho de 2016, cit., ponto 5.3.

e financeira) e a compensação significa que a vantagem fiscal foi seletiva: foi conferida, na verdade, ao nível das finanças centrais, porque foi suportada pelo orçamento estadual.

O caso dos *Açores* ilustrou uma situação de seletividade e preenchimento dos pressupostos de auxílios de Estado[421].

A Região Autónoma tem autonomia institucional, com um estatuto político e administrativo autónomo; tem também autonomia procedimental, porque é da sua competência aprovar legislação para reduzir os impostos na Região.

Para tal redução ser conforme ao artigo 107º, nº 1, do TFUE, o governo central não pode ter a possibilidade de intervir posteriormente à decisão regional para reduzir o imposto.

Isto é, a autonomia económica significa que as consequências financeiras da decisão não podem ser compensadas por transferências governamentais (não pode haver uma relação clara e precisa entre a perda de receitas e a compensação central).

5.4. Entidades beneficiárias: os fundos de investimento

No caso *Fineco*, os benefícios fiscais eram atribuídos a fundos de investimento especializados (por exemplo, fundos verdes) e não estavam disponíveis a fundos e gestores de fundos não especializados[422]:

> «1. La misura controversa è stata introdotta con l'artigo 12 del decreto legge italiano 30 settembre 2003, n. 269, recante «Disposizioni urgenti per favorire lo sviluppo e la correzione dell'andamento dei conti pubblici» (in prosieguo: il «DL 269/2003 »), convertito nella legge 24 novembre 2003, n. 326. La detta misura è entrata in vigore il 2 ottobre 2003, con la pubblicazione del DL 269/2003 nella *Gazzetta Ufficiale della Repubblica italiana*, senza previa notifica alla Commissione.
>
> 2. L'artigo 12 del DL 269/2003 modifica il trattamento fiscale di taluni organismi di investimento collettivo in valori mobiliari specializzati in società di piccola o media capitalizzazione quotate in mercati regolamentati dell'Unione europea (in prosieguo: gli «strumenti di investimento specializzati»).

[421] Acórdão do Tribunal de Justiça (Grande Secção) de 6 de setembro de 2006, C-88/03, Portugal v. Comissão Europeia (caso Açores).

[422] CFI T-424/05 e T-445/05, Fineco, para. 139.

3. Tale articolo stabilisce, in particolare, che, a partire dall'anno fiscale in cui vengono soddisfatte determinate condizioni specifiche, i risultati di gestione degli strumenti di investimento specializzati sono soggetti ad imposta sostitutiva dell'imposta sui redditi d'impresa con l'aliquota del 5%, anziché con l'aliquota ordinaria del 12,5%.

4. Onde ottenere un identico livello d'imposizione reale degli strumenti di investimento italiani ed esteri, l'artigo 12 del DL 269/2003 prevede che il risultato di gestione degli strumenti di investimento italiani non specializzati che investono in strumenti di investimento italiani specializzati sia assoggettato ad imposta sostitutiva con un'aliquota ridotta del 5%, mentre il 60% dei redditi di capitale degli strumenti di investimento italiani derivanti da strumenti di investimento stranieri è esente da imposta.

5. Al fine di estendere tale incentivo ad altri strumenti di investimento, l'artigo 12 del DL 269/2003 prevede che i fondi di pensione fruiscano anch'essi di un livello di tassazione reale del 5% per la parte dell'attivo generata da strumenti di investimento specializzati di diritto estero e che per i proventi derivanti dagli strumenti di investimento italiani è concesso un credito d'imposta del 6%, con un effetto equivalente all'applicazione di un'imposta sostitutiva del 5% gravante sul risultato di gestione degli strumenti di investimento specializzati di cui i suddetti fondi pensione sono sottoscrittori.

6. Tutti gli strumenti di investimento italiani e gli strumenti di investimento disciplinati dalla direttiva del Consiglio 20 dicembre 1985, 85/611/CE, concernente il coordinamento delle disposizioni legislative, regolamentari ed amministrative in materia di taluni organismi d'investimento collettivo in valori mobiliari (o.i.c.v.m.) (GU L 375, pag. 3), possono beneficiare dell'aliquota ridotta al 5%, a condizione che siano specializzati nell'investimento in azioni di società di piccola o media capitalizzazione quotate nei mercati azionari europei regolamentati (in prosieguo: le «società di piccola o media capitalizzazione»). Secondo l'artigo 12 del DL 269/2003, con tale termine s'intendono le società con una capitalizzazione di mercato non superiore a EUR 800 milioni, determinata sulla base dei prezzi medi delle azioni di tali società l'ultimo giorno di quotazione di ciascun trimestre.

7. A norma dell'artigo 12 del DL 269/2003, gli strumenti di investimento sono specializzati se il loro valore di investimento in azioni di società di piccola o media capitalizzazione non risulta inferiore, nel corso dell'anno solare, ai due terzi del valore dell'attivo per più di un sesto dei giorni di valorizzazione del fondo, in base a quanto rilevato da appositi prospetti contabili periodici

del fondo. La misura si applica solo a partire dall'anno fiscale in cui uno strumento di investimento investe almeno due terzi del proprio attivo in azioni di società di piccola o media capitalizzazione o a partire dal momento in cui il regolamento di detto strumento statuisca l'obbligo di investire prevalentemente in azioni di società di piccola o media capitalizzazione.

8. Oltre agli strumenti di investimento italiani, tutti gli altri fondi aperti e chiusi italiani (i cosiddetti «fondi lussemburghesi storici»), le società d'investimento a capitale variabile (in prosieguo: le « SICAV ») e gli strumenti di investimento stranieri possono fruire per la totalità del loro attivo del livello di tassazione limitato al 5%, a condizione che siano statutariamente strumenti di investimento specializzati, o per la quota dei loro proventi derivante da strumenti di investimento statutariamente specializzati...

110. Si deve rilevare, nella specie, che il beneficio indirettamente concesso alle imprese di cui trattasi scaturisce dalla rinuncia dello Stato membro al gettito fiscale che avrebbe normalmente percepito, laddove proprio tale rinuncia offre agli investitori la possibilità di acquisire partecipazioni in tali imprese a condizioni fiscalmente più vantaggiose. L'intervento di una decisione autonoma da parte degli investitori non produce l'effetto di far venire meno il nesso esistente tra lo sgravio fiscale ed il beneficio a favore delle imprese interessate, atteso che, in termini economici, la modificazione delle condizioni di mercato che genera tale beneficio costituisce la risultante del venir meno di risorse tributarie per i pubblici poteri (v., in tal senso, sentenza Germania/Commissione, punto 108 supra, punti 26 e 27).

111. Nello stesso senso, il Tribunale ha recentemente ammesso che un'esenzione fiscale concessa ai risparmiatori potesse costituire un aiuto di Stato a favore della banca che distribuiva i prodotti d'investimento. A tal proposito ha dichiarato che, per poter accertare l'esistenza di un intervento a favore di un'impresa mediante risorse statali, non è necessario che quest'ultima ne sia la diretta beneficiaria. Allo stesso modo, il fatto che uno Stato membro rinunci ad entrate tributarie può implicare un trasferimento indiretto di risorse statali, che può essere qualificato come aiuto a favore di operatori economici diversi da quelli ai quali il vantaggio fiscale è concesso direttamente (sentenza del Tribunale 18 gennaio 2005, causa T-93/02, Confédération nationale du Crédit mutuel/Commissione, Racc. pag. II-143, punto 95).

112. Nel caso di specie, la misura in questione è diretta a promuovere la capitalizzazione di mercato delle società di piccola o media capitalizzazione

(punto 32 della decisione impugnata). Non si può contestare che essa abbia lo scopo di orientare il risparmio dei sottoscrittori verso gli strumenti di investimento specializzati.

113. Orbene, se, conformemente alla sua finalità, la misura in questione spinge i sottoscrittori ad acquistare quote di strumenti di investimento specializzati, questi ultimi o le società che li gestiscono ne ricaveranno necessariamente un vantaggio, ad esempio sotto forma di aumento delle commissioni di sottoscrizione e/o di gestione percepite in tale ambito. Infatti, non è contestato che, anche se le modalità possono variare, le commissioni sono versate proporzionalmente ai volumi di cui si tratta, al momento della sottoscrizione delle quote e/o per la gestione dei fondi.»[423]

Os benefícios fiscais tornam os fundos mais atrativos para os investidores e assim conduzem ao aumento de remuneração dos gestores (para. 113 do caso *Fineco*). Os regimes especiais para fundos, como todos os regimes que potencialmente constituam auxílios de Estado, têm que ser autorizados pela Comissão[424].

5.5. Utilização abusiva de regimes fiscais favoráveis

A utilização de regimes fiscais mais favoráveis, de forma abusiva, também pode significar auxílio de Estado. O caso *Paint Graphos* (C-78/08)[425] respeita a benefícios fiscais concedidos a diferentes tipos de cooperativas ao abrigo do Direito italiano. As autoridades tributárias italianas negaram a concessão de isenções a algumas cooperativas, considerando que esta forma jurídica estava a ser utilizada abusivamente, com a finalidade exclusiva de obtenção dos benefícios fiscais. Se as cooperativas forem utilizadas como sociedades intermediárias, meramente gestoras de participações sociais (*holdings*), podem estar a beneficiar de regimes fiscais indevidamente.

Durante o procedimento junto do TJUE, surgiu a questão de saber se os benefícios fiscais concedidos às cooperativas eram auxílios de Estado.

[423] CFI T-424/05 e T-445/05, Fineco, ECR 2009, II-289, cit.

[424] Sobre os fundos de investimento sujeitos a regimes fiscais especiais e a autorização pela Comissão Europeia, Hein Vermeulen, "Fiscal State Aid...", cit., pp. 155-158. V. também Raymond H.C. Luja, "(Re)shaping Fiscal State Aid: Selected Recent Cases and Their Impact", *Intertax*, 2012, nº 2, pp. 121-122.

[425] V. TJUE: 8 de setembro de 2011, Paint Graphos e outros, processos apensos C-78/08 a C-80/08, cit.

E se havia seletividade, porque uma cooperativa e os seus membros estariam, em princípio, numa situação legal e factual comparável à de uma sociedade de capitais (e os seus investidores e acionistas).

A forma jurídica não justifica um regime fiscal diferente, se as condições objetivas legais e factuais forem comparáveis às sociedades de capitais.

Neste caso *Paint Graphos*, o Tribunal considerou que as sociedades cooperativas não estavam numa situação factual e jurídica comparável à das empresas comerciais, tendo em conta as especificidades daquelas. Mas isso só seria assim, se as cooperativas atuassem de acordo com o interesse económico dos seus membros e as suas relações com esses membros não fossem de natureza puramente comercial, mas pessoal e particular. Na verdade, os membros de uma cooperativa participam ativamente no funcionamento desta e têm direito à distribuição equitativa dos resultados do desempenho económico[426]:

> " 61. Tendo em conta as características particulares próprias das sociedades cooperativas, impõe-se, por conseguinte, declarar que, em princípio, não se pode considerar que sociedades cooperativas de produção e de trabalho como as que estão em causa no processo principal estejam numa situação de facto e de direito comparável à das sociedades comerciais, desde que, todavia, prossigam o interesse económico dos seus membros e mantenham uma relação não meramente comercial, mas pessoal particular com estes últimos, na qual os seus membros estão activamente implicados e têm direito a uma repartição equitativa dos resultados económicos.
>
> 62. Com efeito, as sociedades cooperativas de produção e de trabalho que apresentem características diferentes das inerentes a este tipo de sociedade não prosseguem verdadeiramente uma finalidade mutualista e devem, por conseguinte, distinguir-se do modelo descrito na Comunicação da Comissão relativa à promoção das cooperativas na Europa.
>
> 63. Em última análise, compete ao órgão jurisdicional de reenvio verificar, à luz do conjunto das circunstâncias que caracterizam os litígios que lhe foram submetidos, se, em função dos critérios referidos nos nºs 55 a 62 do presente acórdão, as sociedades cooperativas de produção e de trabalho em causa no processo principal se encontram, de facto, numa situação comparável à das sociedades com fins lucrativos sujeitas ao imposto sobre as sociedades.

[426] V. acórdão do Tribunal de Justiça de 8 de setembro de 2011, Paint Graphos e outros, processos apensos, cit., para. 61.

64. Na hipótese de o juiz nacional chegar à conclusão de que, nos litígios que lhe foram submetidos, a condição referida no número precedente se encontra efectivamente preenchida, importa ainda determinar, em conformidade com a jurisprudência do Tribunal de Justiça, se se justificam isenções fiscais como as que estão em causa no processo principal pela natureza ou pela economia geral do sistema em que se inscrevem (v., neste sentido, acórdão Adria-Wien Pipeline e Wietersdorfer & Peggauer Zementwerke, já referido, nº 42).

65. Assim, uma medida que constitua uma excepção à aplicação do sistema fiscal geral pode ser justificada se o Estado-Membro em causa conseguir demonstrar que esta medida resulta directamente dos princípios fundadores ou directores do seu sistema fiscal (v. acórdão Portugal/Comissão, já referido, nº 81).

66. Neste contexto, importa fornecer ao órgão jurisdicional de reenvio as seguintes precisões com vista a permitir que este profira uma decisão útil nos litígios que lhe foram submetidos.

67. Em primeiro lugar, há que recordar que o Tribunal de Justiça decidiu repetidamente que a finalidade prosseguida por intervenções estatais não basta para as fazer automaticamente escapar à qualificação de «auxílio», na acepção do artigo 87º CE (v., nomeadamente, acórdão de 22 de Dezembro de 2008, British Aggregates/Comissão, C-487/06 P, Colect., p. I-10505, nº 84 e jurisprudência aí referida).

68. Com efeito, o artigo 87º, nº 1, CE, não faz distinções consoante as causas ou os objectivos das intervenções estatais, antes definindo essas intervenções em função dos respectivos efeitos (acórdão British Aggregates/Comissão, já referido, nº 85 e jurisprudência aí referida).

69. Importa igualmente recordar que uma medida que constitui uma excepção à aplicação do sistema fiscal geral pode ser justificada se esta medida resultar directamente dos princípios fundadores ou directores do referido sistema fiscal. A este respeito, deve fazer-se uma distinção entre, por um lado, os objectivos de um dado regime fiscal, que lhe são exteriores, e, por outro, os mecanismos inerentes ao próprio sistema fiscal, que são necessários para a realização de tais objectivos (v., neste sentido, acórdão Portugal/Comissão, já referido, nº 81).

70. Por conseguinte, as isenções fiscais que resultem de um objectivo alheio ao sistema fiscal no qual se inscrevem não podem eludir as exigências que resultam do artigo 87º, nº 1, CE"[427].

[427] Paint Graphos e outros, processos apensos C-78/08 a C-80/08, cit.

5.6. Três fases de identificação da seletividade

A seletividade é fácil de verificar quando os Estados adotam medidas positivas *ad hoc*, beneficiando uma ou mais empresas identificáveis. Essa identificação é também fácil quando o tratamento favorável é reservado a uma empresa ou um pequeno número de empresas. Mas pode tornar-se complicada, quando as medidas fiscais favoráveis se aplicam de modo universal a todas as empresas que satisfazem determinados critérios, os quais podem parecer critérios gerais, não discriminatórios.

Nestes casos menos claros, a Comissão Europeia recomenda uma análise da seletividade em três fases.

Em primeiro lugar, o sistema de referência deve ser identificado[428].

O sistema de referência é o conjunto coerente de regras que são aplicáveis a todas as empresas e constitui o marco em função do qual a seletividade de uma medida é apreciada. O sistema de referência em matéria de impostos deveria ser orientado por critérios de repartição segundo o princípio de igualdade (capacidade contributiva).

Em segundo lugar, é necessário determinar se uma dada medida constitui uma derrogação a esse sistema, por estabelecer uma diferenciação entre operadores económicos em situação comparável[429]. A Comunicação da Comissão Europeia de maio de 2016 faz referência a "uma situação factual e jurídica comparável" "à luz dos objetivos intrínsecos ao sistema".[430]

Esses objetivos intrínsecos do sistema fiscal são os princípios constitucionais fiscais comuns aos Estados de Direito, nomeadamente, a capacidade contributiva, na vertente positiva de uma igual repartição de encargos, e na vertente negativa da não discriminação.

O sistema de referência baseia-se nos elementos do *Tatbestand* sistemático, normas de incidência, determinação da matéria tributável, taxas ou alíquotas e deduções à coleta. Quer o sistema de referência dos impostos quer a sua derrogação têm de ser analisados a nível desses elementos. Se a medida em causa não constituir uma derrogação ao sistema de referência, não é seletiva. Se constituir uma derrogação, é seletiva *prima facie*, mas pode ser justificada pela natureza ou regime geral do sistema de referência[431].

[428] Comunicação da Comissão... de 19 de julho de 2016, ponto 128, p. 29.

[429] Comunicação da Comissão... de 19 de julho de 2016, cit., ponto 128, p. 29.

[430] Comunicação da Comissão .. de 19 de julho de 2016, cit., ponto 128, p. 29.

[431] Ver acórdão do Tribunal de Justiça de 12 de julho de 2001, Smits e Peerbooms, C-157/99, ECLI:EU:C:2001:404, para. 90; acórdão do Tribunal de Justiça de 3 de junho de 2010,

Em terceiro lugar, se uma medida seletiva *prima facie* for justificada pela natureza ou pelo regime geral do sistema, não será considerada seletiva e, portanto, não será abrangida pelo âmbito de aplicação do artigo 107º, nº 1, do Tratado[432].

Esta análise em três fases nem sempre é aplicável e o que importa ao abrigo do artigo 107º, nº 1, do Tratado, são os efeitos. O sistema de referência por vezes não existe ou é criado artificialmente, sendo ele próprio discriminatório, como aconteceu no caso *Gibraltar* (C-106/09 P e C-107/09 P[433]).

O sistema de tributação a introduzir pela reforma fiscal e aplicável a todas as empresas estabelecidas em Gibraltar, era constituído por um imposto sobre o número de trabalhadores (*payroll tax*); um imposto sobre a ocupação de instalações para fins comerciais (*business property occupation tax*, a seguir «BPOT»); e por uma taxa de registo (*registration fee*). Este sistema apresentava as seguintes características:

- quanto ao imposto sobre o número de trabalhadores, todas as sociedades de Gibraltar estariam sujeitas a um imposto sobre o número de trabalhadores assalariados em Gibraltar, no valor de 3 000 GBP por trabalhador e por ano;
- quanto ao BPOT, todas as sociedades que ocupassem instalações em Gibraltar para fins profissionais pagariam um imposto sobre a ocupação das referidas instalações, a uma taxa equivalente a uma percentagem do montante devido a título do imposto predial de Gibraltar;
- quanto à taxa de registo, todas as sociedades de Gibraltar pagariam uma taxa de registo anual cujo montante ascendia a 150 GBP para as sociedades não destinadas a gerar receitas e a 300 GBP para as empresas destinadas a gerar receitas.

«Betfair»/Minister van Justitie, C-203/08, ECLI:EU:C:2010:307, para. 50; acórdão do Tribunal de Justiça de 4 de junho de 2015, Comissão/MOL, C-15/14 P, ECLI:EU:C:2015:362, paras. 60 e seguintes; conclusões do advogado-geral Mengozzi, de 27 de junho de 2013, Deutsche Lufthansa, C-284/12, ECLI:EU:C:2013:442, nº 52; acórdão do Tribunal de Justiça de 8 de setembro de 2011, Comissão/Países Baixos, C-279/08 P, ECLI:EU:C:2011:551, nº 62; acórdão do Tribunal de Justiça de 8 de novembro de 2001, Adria-Wien Pipeline, C-143/99, cit.

432 Comunicação da Comissão... de 19 de julho de 2016, cit., ponto 128, p. 29.

433 TJCE, de 15 de novembro de 2011, casos C-106/09P e C-107/09P, Governo de Gibraltar; V. Pierpaolo Rossi-Maccanico, "Fiscal State Aids...", cit., pp. 66-67.

A tributação em imposto sobre o número de trabalhadores e em BPOT seria limitada a 15% dos lucros. Resultava da instituição deste limite que as sociedades apenas pagariam o imposto sobre o número de trabalhadores e o BPOT se obtivessem lucros.

Os serviços financeiros e os serviços públicos à população estariam sujeitos a um imposto adicional sobre os lucros gerados por estas atividades.

A tributação total das sociedades de serviços financeiros (imposto sobre o número de trabalhadores, BPOT e imposto adicional sobre os lucros gerados pelas atividades de serviços financeiros a uma taxa compreendida entre 4% e 6% dos lucros) era limitada a 15% dos lucros.

As sociedades de serviços públicos à população estavam sujeitas a um imposto adicional sobre os lucros gerados pelas suas atividades, à taxa de 35% dos lucros. Estas sociedades poderiam deduzir o imposto sobre o número de trabalhadores e o BPOT do imposto adicional (V. paras. 10-12 do acórdão).

Neste caso, o Tribunal de Justiça considerou que o sistema de referência definido pelo Estado-Membro, embora assentasse em critérios de carácter geral, na prática, discriminava entre empresas que se encontravam numa situação comparável no respeitante ao objetivo da reforma fiscal, resultando na concessão de uma vantagem seletiva às sociedades *offshore*[434]. Ou seja, os regimes fiscais gerais, promovendo investimentos, podem ser seletivos, se se verificar que os seus efeitos são seletivos, a não ser que os níveis diferenciados de tributação possam ser justificados com base em razões objetivas[435].

Na verdade, as sociedades *offshore* tinham uma base fiscal que se aproximava do zero.

A ausência de outras regras de avaliação da matéria tributável excluía de tributação as sociedades *offshore*, devido às suas características específicas, e portanto, conduzia a um benefício seletivo.

Como Gibraltar teve como objetivo delinear um sistema fiscal que cobriria todas as sociedades nesse território, a procura do sistema de referência não ajudava a identificar a seletividade, e portanto, não se aplicava ao caso.

[434] Pierpaolo Rossi-Maccanico, "Fiscal State Aids...", cit., pp. 66-67.

[435] Pierpaolo Rossi-Maccanico, "Fiscal Aid Review and Cross-Border Tax Distortions", *Intertax*, 2012, nº 2, p. 67.

Segundo o Tribunal, no caso *Gibraltar*, o facto de as sociedades *offshore* não terem sido tributadas não foi uma consequência aleatória do regime, mas a consequência inevitável do facto de as bases de apreciação terem sido especificamente concebidas de modo a que as sociedades offshore não tivessem matéria coletável. A decisão no caso *Gibraltar* pode ser criticada, nomeadamente, porque se Gibraltar não tivesse um imposto societário não seria obrigada a tal. Com a Diretiva antiabuso, pode colocar-se a questão de saber se os Estados-Membros estão obrigados a adotar um imposto societário.

Seja como for, resulta do caso *Gibraltar* que pode haver seletividade sempre que os limites da tributação tenham sido concebidos de forma arbitrária ou tendenciosa, de modo a favorecer certos produtos ou certas atividades.

6. Justificações

A *ratio* de um regime fiscal pode justificar uma medida que parece seletiva.

Por exemplo, é inerente aos impostos cuja lógica assente no princípio do poluidor-pagador, que só atinjam as empresas poluidoras. Também se reconhece alguma discricionariedade na política fiscal e nas medidas legislativas.

A Comunicação da Comissão autonomiza, no seu ponto 5.4., "Questões específicas relativas às medidas fiscais". Nesse ponto, enuncia alguns regimes tributários especiais que não constituem necessariamente auxílios de Estado: regimes fiscais das sociedades cooperativas; dos organismos de investimento coletivo; amnistias fiscais; decisões fiscais e acordos de transação; regras de amortização e depreciação; regime fiscal de base fixa para atividades específicas; regras antiabuso; impostos especiais de consumo.

A propósito da seletividade material, a Comissão refere-se à discricionariedade legislativa, mencionando as finalidades políticas estruturais de outras medidas fiscais:

> "136. A estrutura de certas tributações para fins especiais (e, em especial, as suas bases tributáveis), tais como os impostos em matéria de ambiente e saúde para desencorajar certas atividades ou produtos com um efeito adverso sobre o ambiente ou a saúde humana, integrará, regra geral, os objetivos políticos visados. Em tais casos, um tratamento diferenciado para atividades ou produtos cuja situação é diferente da situação das atividades ou produtos sujeitos ao imposto no que se refere ao objetivo intrínseco prosseguido, não constitui uma derrogação.

137. Se uma medida favorecer certas empresas ou produções que se encontram numa situação jurídica e factual comparável, a medida é seletiva prima facie.

138. Uma medida que constitui uma derrogação ao sistema de referência (seletividade *prima facie*) é não seletiva quando se justificar pela natureza ou pelo regime geral do sistema. Tal é o caso quando uma medida resulta diretamente dos princípios básicos ou orientadores intrínsecos do sistema de referência ou quando resulta de mecanismos inerentes necessários para o funcionamento e a eficácia do sistema. Em contrapartida, não é possível invocar objetivos de política externa que não sejam inerentes ao sistema.

139. A base para uma possível justificação poderia ser, por exemplo, a necessidade de combater a fraude ou a evasão fiscal, a necessidade de tomar em consideração exigências específicas em matéria de contabilidade, a capacidade de gestão administrativa, o princípio da neutralidade fiscal, a natureza progressiva do imposto sobre o rendimento e a sua lógica redistributiva, a necessidade de evitar a dupla tributação ou o objetivo de otimização da cobrança das dívidas fiscais.

140. Os Estados-Membros devem, no entanto, introduzir e aplicar procedimentos adequados de controlo e monitorização para assegurar que as derrogações são coerentes com a lógica e o regime geral do sistema fiscal. Para que as derrogações sejam justificadas pela natureza ou pelo regime geral do sistema, é igualmente necessário garantir que essas medidas são proporcionais e não excedem o necessário para atingir o objetivo legítimo prosseguido, sendo que o objetivo não poderia ser atingido por medidas menos abrangentes."

No caso *P OY*[436], discutiu-se se a proibição de transferência de prejuízos fiscais podia ser excecionada com uma avaliação discricionária do fisco.

O Tribunal lembra que uma medida vantajosa pode ser justificada pela natureza ou economia geral do sistema, pelos seus princípios fundadores:

"22. Segundo a jurisprudência do Tribunal de Justiça, não preenche o requisito de seletividade uma medida que, ainda que constitutiva de uma vantagem para um beneficiário, se justifique pela natureza ou pela economia geral do sistema em que se inscreve (acórdão de 8 de novembro de 2001, Adria-Wien Pipeline e Wietersdorfer & Peggauer Zementwerke, C-143/99, Colet., p. I-8365, nº 42 e jurisprudência referida). Assim, uma medida que

[436] Acórdão do Tribunal de Justiça de 18 de julho de 2013, P Oy, C-6/12, cit., nº 27 e seguintes.

constitua uma exceção à aplicação do sistema fiscal geral pode ser justificada se o Estado-Membro em causa conseguir demonstrar que esta medida resulta diretamente dos princípios fundadores ou diretores do seu sistema fiscal (v., acórdão Paint Graphos e o., já referido, nº 65 e jurisprudência referida)."

Além disso, o Tribunal analisa se as autorizações discricionárias pelo Fisco podem constituir auxílios de Estado. O Tribunal entende que os beneficiários ou requisitos da medida não podem fazer parte do juízo discricionário:

"23. A este respeito, importa realçar que a presença de um sistema de autorização não exclui, por si só, essa justificação.

24. Com efeito, a justificação é possível se, no âmbito do processo de autorização, o poder de apreciação da autoridade competente estiver limitado à verificação das condições criadas para servir um objetivo fiscal identificável e se os critérios a aplicar por esta autoridade forem inerentes à natureza do regime fiscal.

25. Quanto ao poder da autoridade competente, é jurisprudência assente do Tribunal de Justiça que um poder discricionário que permita a esta autoridade determinar os beneficiários ou os requisitos da medida concedida não pode ser considerado como revestindo um carácter geral (v., neste sentido, acórdão de 29 de junho de 1999, DM Transport, C-256/97, Colet., p. I-3913, nº 27 e jurisprudência referida)."

Para o Tribunal, a discricionariedade circunscrita a critérios objetivos permite evitar a seletividade e a atribuição de auxílios de Estado:

"26. Assim, a aplicação de um sistema de autorização que permita reportar prejuízos para os exercícios fiscais seguintes, como o que está em causa no processo principal, não pode, em princípio, ser considerada seletiva se as autoridades competentes apenas dispuserem, ao decidirem a respeito do seguimento a dar a um pedido de autorização, de um poder de apreciação circunscrito por critérios objetivos que não são alheios ao sistema fiscal criado pela regulamentação em causa, como o objetivo de evitar um comércio de prejuízos.

27. Em contrapartida, se as autoridades competentes dispuserem de um amplo poder discricionário para determinar os beneficiários e os requisitos da medida concedida com base em critérios alheios ao sistema fiscal, como a manutenção do emprego, deve então considerar-se que o exercício desse poder

favorece «certas empresas ou certas produções» relativamente a outras que, à luz do objetivo prosseguido, se encontram numa situação factual e jurídica comparável (v., neste sentido, acórdão Comissão e Espanha/Government of Gibraltar e Reino Unido, já referido, nº 75).

28. Ora, a este respeito, decorre da decisão de reenvio que a Direção-Geral dos Impostos da Finlândia emitiu uma carta de orientação, referida no nº 8 do presente acórdão, que enumera como «razão especial» para a autorização derrogatória à proibição de deduções dos prejuízos, entre outras, a existência de consequências particulares sobre o emprego.

29. Neste contexto, há que recordar que o Tribunal de Justiça decidiu que a aplicação de uma política de desenvolvimento regional ou de coesão social não basta enquanto tal para que uma medida adotada no âmbito dessa política se possa considerar justificada pela natureza e pela economia do sistema fiscal nacional (v., neste sentido, acórdão de 6 de setembro de 2006, Portugal/Comissão, C-88/03, Colet., p. I-7115, nº 82)."

7. Distorção de concorrência

Para sabermos se uma medida fiscal constitui um auxílio de Estado, tem de se verificar se provoca ou é suscetível de provocar uma distorção de concorrência. Para tal basta a ameaça de distorção da concorrência. Por outro lado, o pagamento de uma carga fiscal efetiva no estrangeiro não permite justificar a existência de um regime fiscal especial (i.e., seletivo). Diz-nos a Comunicação da Comissão Europeia de 19 de julho de 2016:

"187. Considera-se que uma medida concedida pelo Estado falseia ou ameaça falsear a concorrência quando é suscetível de melhorar a posição concorrencial do beneficiário em relação a outras empresas com as quais concorre. Para todos os efeitos práticos, considera-se geralmente que existe uma distorção da concorrência na aceção do artigo 107º, nº 1, do Tratado, quando o Estado conceder uma vantagem financeira a uma empresa num setor liberalizado em que existe, ou poderia existir, concorrência.

188. O facto de as autoridades atribuírem um serviço público a um prestador interno (mesmo se tivessem poder para confiar esse serviço a terceiros) não exclui uma possível distorção da concorrência. No entanto, exclui-se uma possível distorção da concorrência se forem preenchidas as seguintes condições cumulativas:

a) Um serviço está sujeito a um monopólio legal (estabelecido em conformidade com o direito da UE);

b) O monopólio legal não só exclui a concorrência no mercado como também a concorrência para o mercado, na medida em que impede toda a potencial concorrência de se tornar o prestador exclusivo do serviço em questão;

c) O serviço não está em concorrência com outros serviços; e

d) Se o prestador de serviços exercer a sua atividade noutro mercado (geográfico ou do produto) que está aberto à concorrência, há que excluir a subsidiação cruzada. Tal requer a utilização de contas separadas, uma afetação adequada dos custos e das receitas e a impossibilidade de o financiamento público concedido ao serviço objeto do monopólio legal poder beneficiar outras actividades."[437]

8. Recuperação dos auxílios de Estado

A recuperação dos auxílios de Estado, em caso de vantagens fiscais, traduz-se na recuperação dos impostos. O objetivo é retirar os benefícios líquidos de que o sujeito passivo gozou, e ilegalmente atribuídos. A recuperação diz respeito a cada Estado-Membro[438]. Os Estados-Membros devem ter legislação clara sobre o que são impostos, para efeitos de se saber exatamente o que deve ser recuperado.

No caso *Apple*, diz a Comissão Europeia:

> "Article 16(1) of Regulation (EU) 2015/1589 establishes an obligation on the Commission to order recovery of unlawful and incompatible aid. That provision also provides that the Member State concerned must take all necessary measures to recover unlawful aid that is found to be incompatible with the internal market. Article 16(2) of Regulation (EU) 2015/1589 establishes that the aid is to be recovered, including interest from the date on which the unlawful aid was at the disposal of the beneficiary until the date of its effective recovery. Commission Regulation (EC) No 794/2004 sets out the methods to be used for the calculation of recovery interest. Finally, Article 16(3) of Regulation (EU) 2015/1589 states, that "*recovery shall be effected without delay and in accordance with the procedures under the national law of the Member State concerned, provided that they allow the immediate and effective execution of the Commission's decision*"[439].

[437] Comunicação da Comissão.... de 19 de julho de 2016, cit., p. 41.

[438] V. Margarida Afonso, "Fiscal Aid Review and Tax Competition", *State Aid and Tax Law*, cit., pp. 57 e ss.

[439] Commission Decision of 30.8.2016 on State Aid SA.38373 (2014/C) (ex 2014/NN) (ex 2014/CP) implemented by Ireland to Apple..., cit., para. 432, p. 122.

Esta recuperação através do sistema fiscal é importante, não apenas por razões de segurança jurídica, mas também para evitar que outros Estados apliquem regras antiabuso ao abrigo das recomendações BEPS, tais como regras CFC e regras de inversão ("switch-over").

Os auxílios de Estado recuperados por Estados-Membros podem ser neutralizados por Estados terceiros, se, supostamente ao abrigo de convenções de dupla tributação, aplicarem créditos fiscais indevidos ou excessivos (créditos presumidos ou fictícios, previstos ou não nas convenções de dupla tributação). Assim, pode perguntar-se se a compensação estrangeira de auxílios recuperados, através de créditos fiscais é algo que tem de ser considerado no cálculo do imposto – benefício líquido – a recuperar. Se o auxílio de Estado não é conferido por um Estado-Membro, mas por um Estado terceiro, a resposta tem de ser dada pelas chamadas cláusulas de boa governação fiscal, que a Comissão Europeia quer alargar a terceiros Estados[440]. Outra questão que não vamos tratar neste livro, é a da proteção dos investidores, que criaram expectativas quanto aos impostos a pagar, ao abrigo de acordos de investimento. Cabe também saber se em caso de litígio a solucionar por arbitragem, a interpretação do Direito Europeu pode ser concedida a árbitros.

9. Consequências do procedimento de auxílio de Estado: ressarcimento de danos

A empresa que beneficiou indevidamente de regimes fiscais declarados auxílio de Estado proibido pode pedir uma indemnização por danos contra o Estado em causa, mas tem de pagar o imposto devido – a diferença entre o benefício e o imposto que constitui o quadro de referência. O mesmo é dizer que do ponto de vista do Direito Europeu, o dano para o contribuinte é zero.

10. Controlo das informações fiscais vinculativas

A Diretiva 2015/2376 do Conselho, de 8 de dezembro de 2015[441], introduz a troca automática de informações obrigatória em matéria de deci-

[440] Brussels, 6.12.2012 C(2012) 8806...cit.

[441] Diretiva (UE) 2015/2376 do Conselho de 8 de dezembro de 2015 que altera a Diretiva 2011/16/UE no que respeita à troca automática de informações obrigatória no domínio da fiscalidade, JO L 332/1, 18.12.2015.

sões fiscais prévias transfronteiriças e de acordos prévios sobre preços de transferência. O nº 1 do artigo 8º-A diz respeito ao "[â]mbito de aplicação e condições da troca automática de informações obrigatória em matéria de decisões fiscais prévias transfronteiriças e de acordos prévios sobre preços de transferência". Segundo este preceito, as informações vinculativas e acordos prévios sobre preços de transfrência devem ser automaticamente comunicados aos outros Estados-Membros e à Comissão Europeia:

> "1. A autoridade competente de um Estado-Membro em que tenha sido emitida, alterada ou renovada uma decisão fiscal prévia transfronteiriça ou um acordo prévio sobre preços de transferência após 31 de dezembro de 2016 comunica às autoridades competentes de todos os outros Estados-Membros, bem como à Comissão Europeia, mediante troca automática, as informações correspondentes, com as restrições estabelecidas no nº 8 do presente artigo, nos termos das modalidades práticas aplicáveis adotadas por força do artigo 21".

O nº 6 do artigo 8º-A enumera o conjunto de elementos a transmitir por um Estado-Membro aos outros Estados-Membros e à Comissão Europeia. A comunicação de informações vinculativas e acordos prévios de preços de transferência à Comissão Europeia, está, porém, sujeita a restrições. Desta forma, é limitado o objetivo inicialmente pretendido, de controlo destas informações e acordos, por parte da Comissão.

Com efeito, o nº 8 do artigo 8º-A, diz-nos que não são identificados, junto da Comissão, os contribuintes destinatários desses acordos. E esse nº 8 acrescenta que não são comunicados à Comissão os seguintes elementos: a identificação do sujeito passivo que não seja pessoa singular; os resumos das informações e acordos prévios; a descrição do conjunto de critérios utilizados para a determinação do preço de transferência, ou o próprio preço de transferência, no caso de um acordo prévio sobre preços de transferência; a identificação de qualquer pessoa suscetível de ser afetada pela decisão fiscal prévia transfronteiriça ou pelo acordo prévio sobre preços de transferência (indicando a que Estados-Membros estão ligadas as pessoas afetadas):

Assim, segundo o artigo 8º-A, nº 8:

> "As informações a que se refere o nº 6, alíneas *a)*, *b)*, *h)* e *k)*, do presente artigo não são comunicadas à Comissão Europeia:

a) A identificação da pessoa, que não seja uma pessoa singular, e, sendo o caso, do grupo de pessoas a que pertence;

b) Um resumo do teor da decisão fiscal prévia transfronteiriça ou do acordo prévio sobre preços de transferência, incluindo uma descrição, apresentada em termos abstratos, das principais atividades ou operações ou série de operações, que não conduza à divulgação de um segredo comercial, industrial ou profissional ou de um processo comercial, ou de uma informação cuja divulgação seja contrária à ordem pública;

(...)

h) A descrição do conjunto de critérios utilizados para a determinação do preço de transferência, ou o próprio preço de transferência, no caso de um acordo prévio de sobre preços de transferência;

k) A identificação de qualquer pessoa, que não seja uma pessoa singular, nos outros Estados-Membros, quando aplicável, suscetível de ser afetada pela decisão fiscal prévia transfronteiriça ou pelo acordo prévio sobre preços de transferência (indicando a que Estados-Membros estão ligadas as pessoas afetadas)".

Em princípio, a Direção-Geral de Concorrência também terá interesse em tomar conhecimento das informações vinculativas, para efeitos do procedimento de auxílios de Estado. As restrições indicadas no nº 8, do artigo 8º-A, significam que só é comunicada à Comissão a informação genérica sobre:

- as datas de emissão, alteração ou renovação da decisão fiscal prévia transfronteiriça ou do acordo prévio sobre preços de transferência (alínea *c)* do artigo 8º-A);
- a data de início do prazo de validade da decisão fiscal prévia transfronteiriça ou do acordo prévio sobre preços de transferência, se indicada (alínea *d)* do memo artigo);
- a data do termo do prazo de validade da decisão fiscal prévia transfronteiriça ou do acordo prévio sobre preços de transferência, se indicada (alínea *e)*);
- o tipo de decisão fiscal prévia transfronteiriça ou de acordo prévio sobre preços de transferência (alínea *f)*);
- o montante da operação ou série de operações da decisão fiscal prévia transfronteiriça ou do acordo prévio sobre preços de transferên-

cia, se esse montante constar da decisão fiscal prévia transfronteiriça ou do acordo prévio sobre preços de transferência (alínea *g*)).

Só com base nesta informação genérica poderá a Direção Geral de Concorrência da Comissão Europeia pedir ao Estado mais informações detalhadas e, eventualmente, considerar a existência de um auxílio de Estado.

Além do mais, cabe saber se as informações vinculativas vão ser efetivamente comunicadas, e como vão interagir com as obrigações de comunicação dos preços de transferência, aplicados em cada Estado por parte das multinacionais (ação 13 do BEPS).

Cabe também saber se haverá um efetivo aumento de cobrança de impostos com a adoção destas medidas (e das restantes medidas do projeto BEPS).

11. Concorrência fiscal prejudicial e auxílios de Estado

No caso *Gibraltar*, o TJUE esclareceu a diferença entre as medidas que geram concorrência fiscal prejudicial e as qualificadas como auxílios de Estado. As primeiras visam atrair e favorecer empresas estrangeiras, e não proteger as empresas ou capitais nacionais, através de uma tributação significativamente inferior à normalmente aplicada no Estado-Membro em causa. O regime dos auxílios de Estado visa proteger a concorrência entre as empresas e impedir as medidas que distorcem a concorrência ou as trocas intracomunitárias.

O Tribunal reconhece, ainda assim, a sua complementariedade:

> "131. Tal como resulta do seu preâmbulo, o código de conduta é um compromisso político que, portanto, não afecta os direitos e as obrigações dos Estados-Membros nem as competências respectivas dos Estados-Membros e da Comunidade tal como decorrem do Tratado. As práticas prejudiciais abrangidas pelo código visam as medidas que tenham ou sejam susceptíveis de ter uma incidência sensível na localização das actividades económicas na Comunidade. São igualmente consideradas prejudiciais e, portanto, abrangidas pelo código, as medidas fiscais que prevejam um nível de tributação efectivo, incluindo a taxa zero, significativamente inferior ao normalmente aplicado no Estado-Membro em causa.
>
> 132. Portanto, o código visa a concorrência em que os Estados-Membros entrariam uns contra os outros para atraírem os investimentos ou capitais estrangeiros pela via fiscal. A intenção do código é, pois, atingir as medidas

dos Estados destinadas a favorecer empresas ou capitais estrangeiros, e não proteger as empresas ou os capitais nacionais, o que significa que o código visa aplicar-se à discriminação *a contrario sensu*, isto é, a que desfavorece os residentes dos Estados-Membros.

133. Pelo contrário, o regime dos auxílios de Estado visa proteger a concorrência entre as empresas das distorções de concorrência ou das trocas intracomunitárias geradas pelos Estados-Membros através da concessão de medidas que favoreçam certas empresas ou certos produtos em detrimento de outros. Além disso, tem por objectivo proteger o mercado interno contra a sua segmentação através dos auxílios de Estado, garantindo que não existem discriminações injustificadas contra estrangeiros ou não residentes ou de formas de proteccionismo a favor de empresas ou de capitais nacionais.

134. Daí resulta que a concorrência institucional ou fiscal prejudicial entre Estados não é, evidentemente, abrangida pelo mecanismo de controlo dos auxílios de Estado estabelecido pelo Tratado, ainda que existam casos susceptíveis de constituir tanto medidas de concorrência fiscal prejudicial como auxílios estatais incompatíveis com o mercado comum. No entanto, o objectivo legítimo de lutar contra a concorrência fiscal prejudicial não poderia justificar uma desvirtuação do quadro jurídico da União estabelecido no domínio do direito da concorrência aplicável aos auxílios de Estado, ou mesmo a adopção de soluções *ad hoc*, em contradição com o princípio do Estado de direito consagrado no artigo 2º TUE"[442].

12. O futuro dos auxílios de Estado

O Parlamento Europeu recomenda, numa resolução de 25 de novembro de 2015, denominada "Tax rulings and other measures similar in nature or effect", que os montantes que não foram cobrados pelo Estado-Membro e que constituem auxílio, devem ser entregues ao orçamento da União Europeia, e não ao orçamento do Estado que concedeu, ilegalmente, o auxílio[443]:

[442] TJUE: 15 de novembro de 2011, casos C-106/09P e C-107/09P, Gibraltar, cit.

[443] P8_TA (2015)0408, *Tax rulings and other measures similar in nature or effect*, European Parliament resolution of 25 November 2015 on tax rulings and other measures similar in nature or effect (2015/2066(INI): http://www.europarl.europa.eu/legislative-train/theme-deeper-and-fairer-internal-market-with-a-strengthened-industrial-base-taxation/file-tax-rulings-and-other-measures-similar-in-nature-or-effect-taxe-1-report .

> "134. Takes note that current state aid control rules seek to address anti-competitive practices by recovering undue advantages granted to companies; calls on the Commission to assess the possibility of modifying the existing rules in order to allow the amounts recovered following an infringement of EU state aid rules to be returned to the Member States which have suffered from an erosion of their tax bases and not to the Member State which granted the illegal tax-related aid, as is currently the case, or be allocated to the EU budget; calls on the Commission to modify the existing rules to ensure that sanctions can be adopted against the relevant countries and companies in case of breach of state aid rules".

Como resulta do final do ponto 134 transcrito, e dos pontos que passamos a citar, o Parlamento recomenda também a aplicação de sanções aos Estados que concedem ilegalmente auxílios de Estado e às empresas que promovem planeamento fiscal agressivo:

> "71. Stresses that ongoing investigations could lead, in the event of infringement of EU rules, to the recovery, by the Member State which approved the tax measure concerned, of the amount corresponding to the illegal State aid granted to the beneficiary undertakings; stresses that, although this may have a significant negative effect on that specific Member State's reputation, it constitutes de facto a reward for non-compliance, which is unlikely to discourage Member States, in case of doubt, from engaging in illegal state aid practices and granting abusive tax benefits but, instead, relieves them of their responsibility to comply with EU state aid rules and does not mitigate the financial loss to the budgets of the Member States affected; in more general terms, considers that state aid rules should provide for sanctions that constitute an effective deterrent against illegal state aid".
>
> "165. Requests that the Commission urgently assess the possibility of introducing a legislative framework providing for sufficient sanctions for firms, banks, accountancy firms and financial advisers proved to be involved in implementing or promoting illegal tax avoidance and aggressive tax planning; stresses that these sanctions should have a deterrent effect and may include, among others, fines, barring access to funding from the EU budget, prohibition of any advisory role in the EU institutions and, in extreme and repeated cases, the revoking of business licences"[444].

[444] P8_TA (2015)0408, *Tax rulings...*

Tratando-se de matéria de Direito da concorrência, esta é a única área onde não existem sanções.

Alguns regimes fiscais mais vantajosos são autorizados. Ao abrigo do artigo 107º, nº 2, do TFEU, têm sido autorizados benefícios fiscais com carácter social, conferidos a pessoas singulares; benefícios fiscais para compensar prejuízos por desastres naturais ou circunstâncias excecionais, de que foi exemplo a reunificação alemã. E ao abrigo do artigo 107º, nº 3, do TFUE, benefícios fiscais para promover o desenvolvimento económico de áreas com baixos níveis de vida ou desemprego elevado, para desenvolver certas atividades ou áreas económicas; e ainda auxílios de Estado para remediar uma perturbação séria da economia (como situações de insolvência de instituições financeiras).

Ainda assim, os auxílios de Estado não podem violar as liberdades fundamentais do TFUE (cf. o caso *Sardenha*, em que os barcos que vinham de fora da região da Sardenha e com exeção dos que vinham de Nice pagariam um imposto ambiental[445]).

13. O debate EUA-União Europeia

A atuação da Comissão Europeia, nos casos de auxílios de Estado relacionados com as informações vinculativas e as multinacionais norte-americanas, conduziu a protestos do Senado norte-americano, traduzido numa carta do Secretário de Estado do Tesouro ao Presidente da Comissão Europeia (carta de Jacob Lew a Juncker, de 11 de fevereiro de 2016)[446].

Nessa carta, os EUA referem ser um dos promotores do projeto BEPS e da luta contra o planeamento fiscal agressivo das multinacionais, e consideram que a atuação da Comisssão Europeia, tentando cobrar centenas de milhões de euros, retroativamente, junto das multinacionais norte-americanas, constitui uma sanção, penalizando de forma desproporcionada as empresas norte-americanas.

[445] TCE, 19 de outubro de 2000, República Italiana (C-15/98) e Sardegna Lines – Servizi Marittimi della Sardegna SpA (C-105/99) contra Comissão das Comunidades Europeias. Auxílios de Estado – Auxílios da Região da Sardenha ao sector do transporte marítimo da Sardenha – Violação das regras de concorrência e incidência a nível das trocas entre Estados-Membros – Fundamentação. Processos apensos C-15/98 e C-105/99.

[446] Jacob J. Lewis, Secretary of the Treasury, Department of the Treasury Washington DC, February 11, 2016.

Reconhecendo embora que as multinacionais norte-americanas só são tributadas nos EUA quando repatriam o capital – o que raramente acontece – os EUA insistem que a resposta à situação deve ser coordenada, e que a sua participação ativa no projeto BEPS estava a ser ameaçada pela mencionada atuação da Comissão. Em resposta, o Presidente Juncker refere a singularidade das regras de auxílios de Estado que constam do TFUE e que não têm correspondência na legislação norte-americana[447].

14. Auxílios de Estado e normas de incidência: para aquém dos preços de transferência

O caso *McDonald's Europe*, IP/15/6221, relativamente a auxílios de Estado, fica a montante da questão dos preços de transferência e também é interessante de analisar, ao abrigo do atual contexto BEPS. A Mc Donald's do Luxemburgo recebeu todos os *royalties* do grupo pagos na Europa.

No Luxemburgo, a Mc Donald's não pagou imposto, com o argumento de que todos os *royalties* que recebeu pertencem ao estabelecimento estável dos EUA. Segundo a Comissão Europeia, ao abrigo do Direito da União Europeia, tem de haver registo e atividade empresarial para que haja tributação. Assim sendo, a tributação deveria caber ao Luxemburgo.

Como os Estado Unidos não tributam o estabelecimento estável, a convenção de dupla tributação não obriga o Luxemburgo a isentar.

O problema é que não existe norma de incidência na legislação fiscal luxemburguesa.

O caso *McDonald's* serve para ilustrar as disparidades resultantes da interação das normas fiscais nacionais e utilização das convenções de dupla tributação.

[447] Margaret Vestager, Member of the European Commission, Carta ao Senhor Jacob J. Lew, Secretary of the Treasury, Department of the Treasury, Washington DC , USA, Brussels, Ares(2016), 957325, 29 Fev. 2016; V. Raymond H.C. Luja, "EU State Aid Control: Balancing Tax Benefits and Fair Competition in the Pursuit of an Internal Market", *Comparative Fiscal Federalism*, eds. Reuven Avi-Yonah and Michael Lang, The Netherlands, 2nd ed., 2016, pp. 99-100.

Capítulo V
A mobilidade fiscal e o seu significado na UE/EEE

Secção I
A mobilidade fiscal

1. Considerações introdutórias

No atual contexto de ausência de governação global fiscal, espera-se que a União Europeia (UE) seja o exemplo de uma mini governação global, através da governação regional. Todavia, a crise financeira que atingiu a UE, a crise do euro, conjugada com os resgates a alguns Estados-Membros, em que participou uma instituição externa (o Fundo Monetário Internacional), e a crise política dos refugiados, não serviram para fortalecer a UE. Para já, desencadearam o BREXIT[448].

Ainda assim, houve alguns pretextos fortes que possibilitaram mais coordenação fiscal e um reforço do papel da Comissão Europeia: os escândalos ligados ao não pagamento de impostos pelas multinacionais, os acordos secretos vinculativos concedidos a estas, e os papéis do Panamá potenciando a evasão fiscal.

[448] Sobre o Brexit e as consequências na tributação, V.: Yariv Brauner, "Brexit: A Note from the United States", *Intertax*, 2016, nº 12, pp. 882–884; Ana Paula Dourado, "Free Movement of Capital, the European Union Anti-Tax Avoidance Package and Brexit", cit., pp. 870-877; Edoardo Traversa, Alice Pirlot, "The UK Brexit Referendum: A Catalyst to Reform the European Union Institutional Architecture in Tax Matters?", *Intertax*, 2016, nº 12, pp. 878-881; Philip Baker, "Editorial – What Will Brexit Mean for the UK Tax System – the View from August 2016", *British Tax Review*, 2016, nº 4, pp. 375 e ss.

Como vimos nos capítulos anteriores, a harmonização fiscal avançou relativamente a medidas antiabuso[449]. Estas podem ser interpretadas como um contraponto à jurisprudência do Tribunal de Justiça da União Europeia, a qual privilegia o mercado interno e desvaloriza o planeamento fiscal e o risco de abuso.

Em 25 de outubro de 2016, a Comissão Europeia apresentou um pacote de reforma da tributação das sociedades[450], onde se inclui a proposta de harmonização da base tributária individual e consolidada das sociedades, a implementar em duas fases (uma primeira fase de harmonização de bases, e uma segunda de consolidação[451]). Deste pacote faz também parte um mecanismo de resolução de litígios sobre a dupla tributação[452].

O contexto fiscal da União Europeia ilustra contradições também difíceis de justificar numa perspetiva de política financeira ou fiscal supra-estadual. Por exemplo, as liberdades fundamentais previstas no Tratado sobre o Funcionamento da União Europeia (livre circulação de pessoas, serviços e capitais) ainda não foram totalmente asseguradas, e o Tribunal de Justiça estabeleceu limites à sua própria competência, distinguindo entre as medidas nacionais discriminatórias e as medidas que são menos favoráveis para o contribuinte, mas que resultam da interação de duas ou mais legislações estaduais (disparidades)[453]. Por seu turno, a regra da unanimidade para a harmonização em matéria fiscal é uma exceção no Tratado de Lisboa, e é justificada por razões de soberania nacional (os impostos são o último reduto da soberania nacional).

Todavia, a ausência de harmonização é utilizada não para arrecadar impostos, mas para uma desenfreada concorrência fiscal. Tal concorrência na UE é maior do que no contexto global.

Finalmente, a forma e alcance da concorrência fiscal entre Estados-Membros é ela própria, fruto da política da União Europeia sobre a con-

[449] V. os capítulos VI e VII.

[450] https://ec.europa.eu/taxation_customs/business/company-tax/corporate-tax-reform-package_en.

[451] Disponível em: https://ec.europa.eu/taxation_customs/business/company-tax/common-consolidated-corporate-tax-base-ccctb_en.

[452] Disponível em: https://ec.europa.eu/taxation_customs/business/company-tax/resolution-double-taxation-disputes_en_en.

[453] V., por todos, 12 de maio de 1998, Caso C-336/96 (Gilly v Directeur des Services Fiscaux du Bas- Rhin).

corrência fiscal prejudicial. Esta encontra-se consagrada no Código de Conduta, e é utilizada pela Comissão Europeia e pelo Tribunal de Justiça para interpretar o alcance da proibição de auxílios estaduais.

Lembre-se que os critérios do Código de Conduta para identificar medidas fiscais prejudiciais incluem um nível efetivo de tributação que seja significativamente inferior ao nível geral de tributação no Estado em causa; benefícios fiscais reservados a não residentes; incentivos fiscais atribuídos a atividades que estão isoladas da economia doméstica e que não têm impacto na base tributária nacional; atribuição de vantagens fiscais, mesmo na ausência de qualquer atividade económica real; base para a determinação do lucro das empresas num grupo multinacional afastada das regras internacionalmente aceites, em particular das aprovadas pela OCDE; ausência de transparência fiscal. O primeiro, segundo e terceiro critérios constituem o anel de aço («ring fence») dos paraísos fiscais, e correspondem *grosso modo* ao critério de seletividade desenvolvido pelo Tribunal de Justiça na apreciação dos casos de auxílios de Estado[454].

Os critérios do Código de Conduta têm tido efeitos perversos na política fiscal dos Estados-Membros, conduzindo a uma concorrência fiscal generalizada entre os Estados, dado que as taxas de imposto baixas não são consideradas medidas fiscais prejudiciais, desde que sejam gerais e não reservadas a certos sujeitos passivos ou atividades.

Neste contexto, o atual movimento anti BEPS faz sentido no quadro da União Europeia, mas não tem sido devidamente aproveitado para conduzir à existência de uma governação fiscal Europeia.

2. O significado de mobilidade fiscal na União Europeia e no Espaço Económico Europeu

A expressão mobilidade fiscal, no plano internacional, aparece relacionada com o planeamento fiscal e mais recentemente com as reações anti BEPS. Todavia, no Direito Europeu a mobilidade fiscal tem um significado jurídico preciso, relacionado com o Direito Primário e com o Direito Secundário: no primeiro caso, estamos a referir-nos às liberdades fundamentais consagradas no TFUE e ao princípio da não discriminação[455]; no segundo,

[454] Código de Conduta, cit.

[455] I.e., à interação entre a integração negativa e positiva: B. Terra, P. Wattel, *European Tax Law*, Wolters Kluwer (2012), 6th ed., pp. 36-39.

à mobilidade resultante dos regimes de harmonização fiscal parcial (tributação direta) ou completa (IVA, IECs).

No quadro da tributação direta, os destinatários da livre circulação de pessoas e serviços são os cidadãos de um dos Estados-Membros que exerçam uma das liberdades em causa, ou que, mesmo não as exercendo, fiquem submetidos a um regime concorrencial menos favorável como resultado de medidas fiscais do seu Estado-Membro (Foggia[456]). Por seu turno, no TFUE, a livre circulação de capitais tem alcance universal, beneficiando cidadãos de um Estado-Membro ou de terceiros Estados.

Na perspetiva dos destinatários das referidas liberdades fundamentais, estas exigiriam uma completa neutralidade de medidas fiscais em situações domésticas e transfronteiriças (podendo ser discutido se se trata apenas de neutralidade na exportação de capitais ou também na importação de capitais). Parece ser certo que a neutralidade completa não pode ser atingida por mera atuação do Tribunal de Justiça[457].

3. O papel do Tribunal de Justiça da União Europeia em garantir a mobilidade fiscal

Em matéria de Direito Fiscal, na vertente da tributação direta, a escassa harmonização fiscal conduziu a que o Tribunal de Justiça da União Europeia utilizasse as liberdades fundamentais para considerar incompatíveis com o Tratado muitas das regras e princípios e em geral mecanismos de tributação, se se tratasse de normas discriminatórias.

As liberdades fundamentais são assim argumentos jurídicos utilizados pelo Tribunal para obrigar os Estados-Membros a alterarem a sua legislação fiscal discriminatória. As fronteiras e a metodologia utilizadas pelo Tribunal de Justiça da União Europeia têm sido questionadas por diferentes quadrantes e nos diversos domínios em que o Tribunal é chamado a intervir: por alguma doutrina; expressamente por alguns tribunais constitucionais nacionais[458]; implicitamente pelos tribunais nacionais que não utilizam o mecanismo de reenvio prejudicial nos casos em que estão auto-

[456] Caso C-126/10, Foggia..., cit.

[457] Rita de la Feria & Clemens Fuest, *Closer to an Internal Market? The Economic Effects of EU Tax Jurisprudence*, Oxford University Centre for Business Taxation, CBT Working Papers 11/12 WP (2011), disponível em: https://www.sbs.ox.ac.uk/sites/default/files/Business_Taxation/Docs/Publications/Working_Papers/Series_11/WP1112.pdf

[458] V., por exemplo, Paul Kirchhof, "The European Union of States", *Sovereignty in Transition*, ed. Neil Walker, Hart publishing, Oxford and Portland, Oregon, 2003, pp.735 e ss., espec.

rizados a fazê-lo ou noutros em que estão obrigados a tal; e no caso da tributação direta, pelos representantes dos Estados-Membros nos litígios junto do Tribunal de Justiça, especialmente quando invocam os argumentos da coerência dos regimes fiscais nacionais ou da impossibilidade de controlo fiscal efetivo.

Sendo o TJUE um tribunal generalista, os princípios por ele desenvolvidos bem como a jurisprudência assente aplicam-se transversalmente, independentemente dos domínios jurídicos[459]. A ausência de especialização do Tribunal tem sido objeto de crítica, alegadamente porque em algumas das decisões, o Tribunal não teria verdadeiramente compreendido as consequências das mesmas para o ordenamento fiscal, ficando este fragmentado e incoerente. Seja como for, e desde há algum tempo, o acervo de casos sobre matérias de tributação direta permitiria ao Tribunal construir a sua jurisprudência de um modo coerente[460].

Todavia, a ausência da regra do precedente no Direito Europeu e a exigência de que os acórdãos sejam aprovados por unanimidade e sem votos de vencido, tem dado origem a uma jurisprudência errática do TJ em matéria de tributação direta, com avanços e recuos não assumidos expressamente e por vezes difíceis de compatibilizar[461].

Eles resultam de uma metodologia de interpretação inconsistente: por vezes o TJUE baseia-se na finalidade das liberdades fundamentais, mas nem sempre; outras vezes parte da comparabilidade e depois chegando às justificações e neste quadro utilizando o princípio da proporcionalidade; outras ainda, usa o princípio da proporcionalidade para o próprio critério de comparação (Truck Centre[462]); frequentemente parece fazer deliberadamente tábua rasa da interpretação sistemática de anteriores acórdãos (vejam-se os casos sobre livre circulação de capitais e sobreposição com outras liberdades fundamentais); o Tribunal utiliza também diversos cri-

pp. 741-746; Miguel Poiares Maduro, "Contrapunctual Law: Europe's Constitutional Pluralism in Action", *Sovereignty in Transition*, ed. Neil Walker, Hart Publishing, Oxford, 2003, pp. 501 e ss.

[459] Miguel Poiares Maduro, "Preface", *The Acte Clair in EC Direct Tax Law*, ed. Ana Paula Dourado & Ricardo da Palma Borges, IBFD, Amsterdam, 2008, pp. 1-4; Daniel Sarmiento, "Who's Afraid of the *Acte Clair* Doctrine?", *The Acte Clair in EC Direct Tax Law*, pp. 71 e ss.

[460] Ana Paula Dourado, "Is It Acte Clair? General Report on the Role Played by CILFIT in Direct Taxation", *The Acte Clair in EC Direct Tax Law*, cit., pp. 13 e ss.

[461] V. os vários exemplos em Ana Paula Dourado, *Lições de Direito Fiscal Europeu, Tributação Directa*, Wolters Kluwer Portugal/Coimbra Editora, Coimbra, 2010, II.

[462] 22 de dezembro de 2008, Caso C-282/07 (État Belge – SPF Finances v. Truck Center AS).

térios de interpretação consoante nos movamos no quadro do Tratado ou do Direito primário (onde supostamente o critério teleológico prevalece) ou no quadro das diretivas ou do Direito secundário (onde prevalece frequentemente a interpretação literal).

Analisaremos especialmente a jurisprudência do TJ em matéria de tributação pessoal, de dividendos, juros e serviços, de transferências financeiras, prejuízos fiscais e dedutibilidade de custos, para entendermos o conceito de comparabilidade e de não discriminação em matéria de tributação direta e de averiguar as consequências da jurisprudência do TJUE para a mobilidade e a boa governação fiscal.

Secção II
Objeto e alcance das liberdades fundamentais em matéria de tributação direta

1. Nacionais, residentes e não residentes

O critério de comparabilidade entre residentes e não residentes, e o significado de «discriminação em razão da nacionalidade», tal como consta dos artigos relativos às liberdades fundamentais, têm criado dificuldades em matéria de tributação direta. O primeiro acórdão nesta matéria data de 1987[463], demonstrando o ceticismo dos tribunais nacionais em utilizar o mecanismo do reenvio prejudicial. Eles não estavam convencidos que pudessem ocorrer discriminações em matéria de tributação direta, para efeitos do Tratado da CEE. A Comissão Europeia, por seu turno, também não utilizava o mecanismo do incumprimento por parte dos Estados-Membros.

A dificuldade relativa à comparabilidade e eventual discriminação resulta do facto de, na ausência de harmonização, os códigos nacionais de imposto sobre o rendimento bem como as convenções bilaterais de dupla tributação adotarem como elementos de conexão a fonte de obtenção dos rendimentos e a residência dos sujeitos passivos. Recorde-se que, desde o século XIX, quer a fonte quer a residência foram entendidos como os ele-

[463] 8 de maio de 1990, Caso C-175/88 (Biehl v Administration des Contributions du Grand-Duché de Luxembourg).

mentos mais adequados para traduzir um vínculo suficientemente forte para legitimar a criação e cobrança de impostos por parte de um Estado (ou outra entidade pública de base territorial) ou como critérios de repartição de competências entre os Estados.

A fonte e a residência são soluções estabilizadas no Direito Fiscal interestadual ao longo do século XX, e, como referido anteriomente, a OCDE não pretende substituir esses elementos de conexão por outros no quadro das ações anti-BEPS. O TJUE também aceita a fonte e a residência como «regras de atribuição de competências» por serem princípios da OCDE e adotados pelos Estados-Membros e nessa qualidade eles são considerados compatíveis com o Direito Europeu (veja-se as retenções na fonte, entre outros exemplos)[464].

As liberdades fundamentais impedem uma discriminação com base na nacionalidade, enquanto os regimes fiscais nacionais, não harmonizados, assentam na diferenciação entre residentes e não residentes. O confronto desses regimes fiscais com a discriminação em razão da nacionalidade foi o primeiro desafio colocado ao TJUE. Cabia saber qual o teste de comparabilidade a utilizar[465].

O desafio foi aparentemente ultrapassado pela afirmação de que a maior parte dos não residentes também são nacionais de outro Estado-Membro da União Europeia.

A tributação pessoal, decorrente da doutrina Schumacker[466], ainda assenta na diferença de princípio entre fonte (não residentes) e residência.

Mas a evolução da integração europeia (o núcleo das liberdades fundamentais) pôs em causa essa distinção, porque postula a comparação entre residentes e não residentes, como foi demonstrado pelo Advogado-Geral Poiares Maduro nas suas conclusões ao caso *Marks & Spencer*[467]:

> "25. Neste domínio, a preocupação de manter um equilíbrio entre o respeito pelas competências nacionais e as exigências do mercado interno levou

[464] Ana Paula Dourado, *Lições de Direito Fiscal Europeu*, cit., pp. 50-55 e pp. 88-91.

[465] Sobre os diferentes tipos de discriminação, V. Ben Terra & Peter Wattel, *European Tax Law*, cit., ponto 3.7.2; Sobre a discriminação em função da nacionalidade, V. Ana Maria Guerra Martins, A Igualdade e a Não Discriminação dos Nacionais de Estados Terceiros Residentes na União Europeia, Da Origem da Integração Económica ao Fundamento na Dignidade do Ser Humano, Almedina, Coimbra, 2010, cap. II.

[466] TJCE, 14 de fevereiro de 1995, Caso C-279/93 (Finanzamt Köln-Altstadt v Schumacker).

[467] 13 de dezembro de 2005, Caso C-446/03 (Marks & Spencer PIC v David Halsey (Her Majesty's Inspector of Taxes).

o Tribunal de Justiça à opção por um critério centrado no princípio da não discriminação em razão da nacionalidade. Segundo este critério, a liberdade de estabelecimento reduz-se essencialmente à regra do tratamento nacional, segundo a qual os Estados-Membros devem reconhecer aos nacionais dos outros Estados-Membros o mesmo tratamento fiscal dado aos seus próprios nacionais.

26. Durante muito tempo, este critério correspondeu ao critério geral do Tribunal de Justiça em matéria de liberdade de estabelecimento. Essa liberdade tinha por consequência que qualquer discriminação, directa ou indirectamente ligada à nacionalidade, devia ser proibida. Contudo, o Tribunal de Justiça deixou de seguir esse critério em 1993. No seu acórdão Kraus, de 31 de Março de 1993, deixa de interpretar o artigo 43º CE no sentido de que apenas impõe uma obrigação de não fazer qualquer discriminação entre os nacionais dos Estados-Membros. Com efeito, considera que «os artigos 48º e 52º [se] opõem [...] a qualquer medida nacional [...] que, embora aplicável sem discriminação em razão da nacionalidade, é susceptível de afectar ou de tornar menos atraente o exercício pelos nacionais comunitários, incluindo os do Estado-Membro autor da medida, das liberdades fundamentais garantidas pelo Tratado». Ora, é de assinalar o facto de o Tribunal de Justiça ter demorado a alargar essa jurisprudência ao domínio da fiscalidade directa.

27. Actualmente, o Tribunal de Justiça admite que possa haver restrições fiscais à liberdade de estabelecimento independentemente de qualquer discriminação em razão da nacionalidade. Assim, considerou no acórdão ICI que, «embora, de acordo com o seu teor, as disposições relativas à liberdade de estabelecimento visem nomeadamente assegurar o benefício do tratamento nacional no Estado-Membro de acolhimento, impedem igualmente que o Estado de origem levante obstáculos ao estabelecimento noutro Estado-Membro dos seus nacionais ou de uma sociedade constituída em conformidade com a sua legislação».

28. Em todos os acórdãos seguintes em que o Tribunal de Justiça considerou necessário ir além da regra do tratamento nacional, a regra da não discriminação não está ausente. Mas deixa de estar ligada ao critério da nacionalidade. Assenta mais no uso do direito à liberdade de circulação. O que se discute na medida nacional em causa é o facto de ela impor uma desvantagem específica aos operadores que pretendem circular ou estabelecer-se na Comunidade. O que está em causa é, pois, perseguir as *discriminações contra*

os nacionais comunitários que pretendem fazer valer os seus direitos resultantes das liberdades de circulação.

29. Embora haja razões para compreender que um critério baseado na não discriminação em razão da nacionalidade seja privilegiado nesta matéria, o mesmo não pode ser considerado exclusivo.

(...)

34. Independentemente das considerações práticas, entendo que o princípio da não discriminação em razão da nacionalidade não é suficiente para proteger todos os objectivos que implica a criação de um mercado interno. Este visa garantir aos cidadãos da União todas as vantagens inerentes ao exercício efectivo das liberdades de circulação. Constitui, pois, uma das dimensões, a dimensão transnacional, da cidadania europeia.

35. Todas estas razões explicam a necessidade de fixar, em matéria fiscal, o mesmo conceito de restrição da liberdade de estabelecimento aplicável nas outras matérias. Assim, devem ser consideradas restrições «todas as medidas que proíbem, perturbam ou tornam menos atractivo o exercício desta liberdade» (39). Continua, porém, a ser necessário concretizar esse conceito no âmbito das diversas liberdades de circulação, não deixando de ter em conta a natureza específica das matérias em que essas liberdades são aplicáveis.

(...)

37. Num mercado interno «caracterizado pela abolição, entre os Estados-Membros, dos obstáculos à livre circulação de mercadorias, de pessoas, de serviços e de capitais», os Estados-Membros deixam de ter a liberdade de ignorar os condicionalismos que dele resultam quanto à definição e aplicação das suas políticas nacionais.... É necessário que as políticas adoptadas não levem a tratar as situações transnacionais de forma menos favorável que as situações puramente nacionais. Em meu entender, devem ser esses o objectivo e o âmbito da fiscalização. Só essa interpretação é susceptível de conciliar o princípio do respeito pelas competências estatais com a salvaguarda do objectivo da criação de um mercado interno em que os direitos dos cidadãos europeus sejam protegidos."

2. Discriminações e restrições

É jurisprudência assente que, na ausência de harmonização, a fiscalidade direta é da competência dos Estados-Membros (repartição de competências), mas estes devem exercer essa competência no respeito do Direito Europeu. Eles devem, por conseguinte, abster-se de qualquer discriminação ostensiva ou dissimulada baseada na nacionalidade (acórdãos *Avoir Fiscal*[468], Schumacker[469] e Gschwind[470], De Groot[471]).

Esse juízo aplica-se a pessoas singulares e a pessoas coletivas, as quais são equiparadas pelo TFUE às pessoas singulares (artigo 54º do TFUE). Segundo a sua redação, as disposições relativas à livre circulação visam assegurar o benefício do tratamento nacional no Estado de acolhimento. Mas essas disposições opõem-se igualmente a que o Estado de origem entrave a livre circulação e o exercício de uma atividade económica por um dos seus nacionais noutro Estado-Membro (v., neste sentido, acórdãos Terhoeve, já referido [472], e De Groot[473]).

São, portanto, cobertas as situações à entrada, sendo proibido o tratamento discriminatório de não residentes, e as situações à saída, sendo proibidos os obstáculos ao exercício de liberdades fundamentais pelos nacionais ou residentes de um Estado-Membro.

Assim, qualquer nacional de um Estado-Membro da União Europeia, independentemente do seu lugar de residência e da sua nacionalidade, que tenha usado o direito livre de circulação de trabalhadores ou que tenha exercido uma atividade profissional noutro Estado-Membro, o direito de estabelecimento, ou prestado serviços a residentes noutro Estado, é abrangido pelo âmbito de aplicação dos artigos 45º, 49º e 56º do Tratado[474].

Por exemplo, o Tribunal clarificou que a circunstância de um sujeito passivo ter nacionalidade de um Estado-Membro não o pode impedir de invocar as regras relativas à livre circulação de trabalhadores contra o Estado-Membro de que é nacional quando, tendo utilizado o seu direito à livre circulação, exerceu uma atividade profissional num outro Estado-Membro[475].

[468] TJCE: 28 de janeiro de 1986, caso C-270/83 (Commission v French Republic) (Avoir fiscal).

[469] TJCE: 14 de fevereiro de 1995, caso C-279/93, Finanzamt Köln-Altstadt..., cit., paras. 21 e 26.

[470] TJCE: 14 de setembro de 1999, caso C-391/97 (Gschwind v Finanzamt Aachen-Aussenstadt), para. 20.

[471] TJCE: 12 de dezembro de 2002, caso C-385/00 (De Groot v Staatssecretaris van Financiën), para. 75.

[472] TJCE: Caso C-18/95, F.C. Terhoeve ..., cit., paras. 27 a 29.

[473] TJCE: Caso C-385/00, De Groot..., cit., para. 79.

[474] V., por exemplo, acórdãos de 23 de fevereiro de 1994, (Scholz), C-419/92, para. 9; caso C-18/95, F.C. Terhoeve ..., cit.nº 27, caso C-385/00, De Groot..., cit., para. 76; 28 de janeiro de 1992, Caso C-204/90 (Bachmann v Belgian state), para. 31.

[475] Acórdãos já referidos: TJCE: Caso C-18/95, F.C. Terhoeve..., cit., paras. 27 a 29, e C-302/98, de 15 de junho de 2000 (Sehrer), para. 29; Caso C-385/00, De Groot..., cit., para. 83; e também Gilly, cit.

As disposições que impedem ou dissuadem um nacional (pessoa singular ou coletiva, repita-se) de um Estado-Membro de abandonar o seu país de origem para exercer o direito de livre circulação constituem, portanto, entraves a essa liberdade, mesmo que se apliquem independentemente da nacionalidade das pessoas em causa[476].

O conjunto das disposições do Tratado relativas à livre circulação de pessoas visa facilitar aos nacionais comunitários o exercício de atividades económicas de qualquer natureza em todo o território da União Europeia. Ao mesmo tempo, essas disposições opõem-se às medidas que possam desfavorecer esses nacionais quando desejem exercer uma atividade económica no território de outro Estado-Membro[477].

A consagração das liberdades fundamentais no Tratado da CEE foram alargadas no Tratado de Maastricht à cidadania (artigos 12º do Tratado da CE e 18º do TFUE; 18º do Tratado da CE e 21º do TFUE). E, no caso da livre circulação de capitais, a terceiros Estados (artigo 56º do Tratado da CE e 63º do TFUE). Isto é, a livre circulação de capitais implica proibições de restrições aos movimentos de capitais entre Estados-Membros e entre Estados-Membros e Estados terceiros

Do exposto resulta que as diferenciações em razão da fonte e da residência constituem obstáculos ao exercício das mesmas. Assim, o caminho inicial do Tribunal que se referia à proibição da discriminação indireta em razão da nacionalidade (através do elemento de conexão fiscal residência), era insuficiente.

Na terminologia do TJUE, constituem discriminações as medidas nacionais mais onerosas relativamente a residentes noutro Estado-Membro mesmo que não sejam nacionais desse outro Estado: discriminação no tratamento de juros, dividendos (*Lenz*[478]), mais-valias na alienação de

[476] TJCE: Acórdão de 7 de março de 1991, Masgio, C-10/90, paras. 18 e 19, e acórdãos já referidos Terhoeve, cit. para. 39, e C-302/98, Sehrer, cit. para. 33; Caso C-385/00, De Groot..., cit., para. 78.

[477] TJCE: 13 de dezembro de 2005, Caso C-446/03, Marks & Spencer..., cit.; 7 de julho de 1992, Caso C-370/90 (The Queen v Immigration Appeal Tribunal and Surinder Singh, ex parte Secretary of State for Home Department), para. 16; 26 de janeiro de 1999, Caso C-18/95, F.C. Terhoeve..., para. 37; de 27 de janeiro de 2000, Graf, C-190/98, para. 21, e C-302/98, Sehrer, C-302/98, para. 77).

[478] TJCE: 15 de julho de 2004, Caso C-315/02 (Anneliese Lenz v Finanzlandesdirektion für Tirol).

imóveis (*Comissão v. Portugal* e *Comissão v. Suécia*[479]), serviços (*Scorpio*[480]), deduções de custos (*Gerritse, Centro Equestre*[481]).

E também constituem discriminações, as medidas contrárias a um conceito ou regime de Direito Europeu, mesmo que digam respeito a situações internas (*Leur Bloem, Kofoed, Modenhuis, Foggia*[482]).

Por seu turno, constituem restrições às liberdades fundamentais, as medidas que introduzam obstáculos à movimentação de residentes para o exterior (*Marks & Spencer*[483]); e de nacionais para o exterior: nacionais que trabalhem ou invistam noutro Estado-Membro (vejam-se os casos *de Groot, Verkoojien, Lenz, Manninen*[484]), ou mudem a sua residência para outro Estado (*Lasteryie du Saillant, N., Cartesio*[485]).

3. O direito à dedução singular

A criação jurisprudencial de uma segunda categoria de residentes (os residentes virtuais) através da doutrina *Schumacker* é já fruto de uma evolução interpretativa das liberdades fundamentais. A inadequação da tributação segundo a fonte e a residência no quadro do mercado interno tornou-se evidente[486]. Assim, no caso *Schumacker*, o TJUE entendeu que os não resi-

[479] TJCE: 26 de outubro de 2006, Caso C-345/05 (Comissão das Comunidades Europeias v. República Portuguesa); 18 de janeiro de 2007, Caso C-104/06 (Comissão das Comunidades Europeias v. Reino da Suécia).

[480] TJCE: 3 de outubro de 2006, Caso C-290/04 (FKP Scorpio Konzertproduktionen GmbH v Finanzamt Hamburg-Eimsbüttel).

[481] TJCE: 12 de junho de 2003, Caso C-234/01 (Arnoud Gerritse v Finanzamt Neukölln-Nord); 15 de fevereiro de 2007, Caso C-345/04 (Centro Equestre da Lezíria Grande Lda v Bundesamt für Finanzen).

[482] TJCE: 17 de julho de 1997, Caso C-28/95 (Leur-Bloem v Inspecteur der Belastingdienst/Ondernemingen Amsterdam 2); 5 de julho de 2007, Caso C-321/05 (Hans Markus Kofoed v. Skatteministeriet); 20 de maio de 2010, Caso C-352/08 (Modehuis A. Zwijnenburg BV v. Staatssecretaris van Financiën); 10 de novembro de 2011, Caso C-126/10, Foggia..., cit.

[483] TJCE: Caso C-446/03, Marks & Spencer..., cit.

[484] TJCE: Caso C-385/00, De Groot..., cit.; 6 de junho de 2000, Caso C-35/98 (Staatssecretaris van Financiën v Verkooijen); 7 de setembro de 2004, caso C-319/02 (Petri Mikael Manninen); 15 de julho de 2004, Caso C-315/02, Anneliese Lenz..., cit.

[485] TJCE: 11 de março de 2004, Caso C-9/02, Hughes de Lasteyrie du Saillant..., cit.; 7 de setembro de 2006, Caso C-470/04 (N. v Inspecteur van de Belastingdienst Oost/kantoor Almelo);22 de maio de 2008, Caso C-210/06, Cartesio...., cit.

[486] Hannelore Niesten, "Growing Impetus for Harmonization of Personal and Family Allowances: Current State of Affairs of the Schumacker-Doctrine after Imfeld and Garcet", *EC Tax Review*, 2015, nº 4, pp. 185 e ss.; Ben Terra and Peter Wattel, *European Tax Law*, cit.,

dentes com a maior parte do seu rendimento no Estado-Membro onde trabalham mas não residem (doutrina confirmada por acórdãos posteriores do Tribunal), devem ser tratados como residentes. Outro caso, é o da admissibilidade da dedução de prejuízos por uma sociedade do grupo, residente num Estado-Membro diferente do da sociedade ou sujeito passivo onde ocorreram os prejuízos, nos termos decididos em *Marks & Spencer*[487].

Em ambos os casos, o princípio imanente à argumentação do TJUE é o do direito à dedução num dos Estados-Membros, desde que essa dedução seja admissível numa situação interna. O mercado interno é um mercado sem fronteiras e o direito à dedução num Estado-Membro, seja de residência seja da fonte, existe, desde que os residentes tenham esse direito. Além disso, essa dedução deve ocorrer uma única vez. Esta consequência significa afinal que a distinção entre fonte e residência já não é suficiente, quer no caso das pessoas coletivas quer no caso das pessoas singulares. Resulta do conjunto da jurisprudência assente em matéria de tributação direta que residência e fonte podem ainda coexistir, mas não podem ser exercidos de modo discriminatório.

4. O dever da tributação singular

A reação anti BEPS na União Europeia peca por tardia. A jurisprudência do TJUE deveria ter tido em conta os princípios do Direito Fiscal Internacional e isso implicaria tecer juízos sobre as desvantagens e as vantagens causadas pelas disparidades (isto é, sobre as desvantagens e as vantagens causadas pela interação dos regimes jurídicos de dois Estados-Membros). Assim, o direito à dedução, alargado a não residentes, deveria implicar, como outra face da medalha, medidas que possibilitem o dever de tributar uma vez no mercado interno, sendo proibida a dupla não tributação. Nesse sentido, vão a recente alteração à Diretiva sociedades-mães/afiliadas, as regras CFC aprovadas na Diretiva ATAD e as regras de inversão (*switch-over*) que alguns Estados-Membros têm.

O TJUE estabeleceu como limites à sua competência as desvantagens fiscais resultantes da interação de duas ou mais legislações (tal como a dupla

p. 975, Bruno Peeters, "Mobility of EU Citizens and Family Taxation: A Hard to Reconcile Combination", *EC Tax Review*, 2014, nº 3, pp. 118-120.

[487] Sobre a evolução da jurisprudência Marks & Spencer, V. Yariv Brauner, Ana Paula Dourado e Edoardo Traversa, "Ten Years of Marks & Spencer", *Intertax*, 2015, nº 4, pp. 306-314.

tributação jurídica interestadual). E até agora, o TJUE não considerou problemático o aproveitamento de vantagens fiscais resultante das incongruências entre os sistemas jurídicos mesmo que conduzissem à dupla não tributação, desde que não se trate de esquemas puramente artificiais e desde que não haja seletividade (desde que não se trate de auxílios de Estado). Por isso se pode dizer que a ausência de harmonização fiscal em matéria de tributação direta, conjugada com a jurisprudência do TJUE, terá incentivado a dupla não tributação – vejam-se os casos *Bosal*[488] e *Cadbury-Schweppes*[489] entre outros.

A questão da dupla não tributação é exatamente a questão debatida no quadro do BEPS, das recomendações da União Europeia de 12 de junho de 2012 e na Diretiva ATAD. As disparidades podem ser vantajosas ou desvantajosas para o contribuinte. Finalmente, a coerência do juízo exigiria que à proibição de dupla não tributação correspondesse a proibição da dupla tributação.

5. Fonte, residência e fronteiras fiscais

No quadro da economia globalizada e do mercado interno Europeu, a função dos elementos de conexão da residência e da fonte (não residentes) é a de criar e manter as fronteiras fiscais. Fora do contexto da União Europeia, a fonte está ligada ao princípio da territorialidade. Na União Europeia tentou-se, no caso *Marks & Spencer 1*, eliminar a territorialidade como princípio e torná-la uma exceção.

Por seu turno, no caso dos impostos sobre as sociedades, a residência esteve, até há pouco tempo, ligada à tributação global de rendimentos. Mas surgiram elementos cedulares, como a Subparte F, nos EUA[490], e nos Estados-Membros da União Europeia, os regimes de tributação separada dos *royalties* (os chamados regimes de patentes)[491].

[488] TJCE: 18 de setembro de 2003, Caso C-168/01, Bosal Holding..., cit.

[489] TJCE: Caso C-196/04, Cadbury Schweppes PlC..., cit.

[490] J. Clifton Fleming, Robert J. Peroni, and Stephen E. Shay, "Worse than Exemption", cit., pp. 89-93. Disponível em SSRN: https://ssrn.com/abstract=1536731 ; Ana Paula Dourado, "The Role of CFC Rules... cit., p. 341.

[491] V.: Frank Engelen and Anna Gunn, "Towards a Theoretical Assessment Framework", cit, pp. 144 e ss.; Claire Micheau & Charles de la Brousse Gauthier, "Case Studies of Tax Issues on Selectivity...", cit., pp. 163 e ss.; Robert Danon "Introducing EU Compliant Patent Box Regimes in Swiss Tax Law..., cit., pp. 269 e ss.; *State Aid N 480/2007 – Spain –* ... cit.

Quanto às pessoas singulares, a residência justifica a tributação universal de rendimentos.

Fonte e residência legitimam a tributação soberana por parte de um Estado. As fronteiras fiscais são estabelecidas através de um alcance diferente de tributação (tributação universal *versus* tributação territorial), de bases fiscais diferentes (tributação do rendimento líquido *versus* tributação do rendimento bruto e tributação pessoal *versus* tributação real), de taxas de imposto diferentes (taxas progressivas ou proporcionais com deveres de cooperação, tais como obrigações declarativas e de contabilidade, *versus* taxas proporcionais liberatórias e sem custos de cumprimento).

As diferenças assinaladas têm subjacente um diferente grau de vínculo ao Estado, e como tal, um diferente grau de troca de utilidades entre receitas e despesas públicas, a par de uma diferente legitimidade quanto ao juízo estadual sobre a capacidade contributiva[492].

Na União Europeia, na ausência de harmonização fiscal, o princípio da não discriminação e as liberdades fundamentais constituem os limites às barreiras criadas por estes elementos de conexão e correspondente conceção do Direito Fiscal inter-estadual assente na soberania estadual. São as disposições do Tratado bem como a jurisprudência anterior em matéria de tributação direta que devem orientar o Tribunal de Justiça. Além disso, é ato claro que a ausência de harmonização não é condição prévia para o juízo do Tribunal sobre a compatibilidade das disposições nacionais perante o Tratado[493].

Secção III
Limites ao juízo de comparabilidade e discriminação

1. O Tribunal como motor de integração com limites

Por outro lado, o Tribunal, a par da Comissão Europeia como motor da atuação dos Tratados, desempenha um papel primordial para a integração[494].

[492] Klaus Vogel, "Worldwide *versus* Source Taxation...", cit., pp. 216 e ss.

[493] Caso C-270/83, Avoir fiscal..., cit.; TJCE, 15 de julho de 2004, Caso C-315/02, Anneliese Lenz..., cit.

[494] Sobre o papel do Tribunal de Justiça e dos Tribunais nacionais na integração europeia: Ana Maria Guerra Martins, *Manual de Direito da União Europeia*, Almedina, Coimbra, 2007,

Daí que o Tribunal se pronuncie, com alguma frequência, sobre a necessidade de o Conselho acordar sobre matérias que constituem um forte obstáculo à mobilidade dos fatores de produção.

A diferença entre o papel do Tribunal e o do Conselho, como o Tribunal admite expressamente, é que a harmonização serve não só para promover as liberdades fundamentais, como ainda para corrigir as distorções causadas pela aplicação dessas liberdades à tributação direta estadual (por exemplo, no caso da dedução dos prejuízos fiscais, uma desequilibrada atribuição de competências[495]).

Mesmo tendo presentes os limites da interpretação – e portanto os limites do Tribunal de Justiça – cabe perguntar por que razão outros princípios do Tratado ou princípios constitucionais, tais como o abuso, não estão ao mesmo nível que as liberdades fundamentais. Esses princípios poderiam evitar as distorções provocadas pelas liberdades, mas são entendidos como exceções às mesmas. Também devemos questionar se não deve o Tribunal ter em conta as distorções provocadas por algumas das suas linhas de interpretação[496], em vez de as considerar inevitáveis.

Talvez a atual discussão anti-BEPS conduza a uma mudança de rumo por parte do Tribunal de Justiça. Até agora, em matéria fiscal não harmonizada, predomina um conflito entre poder tributário ou repartição de competências entre os Estados-Membros, e a liberdade de circulação dos contribuintes. Tal conflito ainda não está resolvido satisfatoriamente pelo Tribunal.

Estas tensões são sistematizadas pelo Advogado-Geral Poiares Maduro no caso *Marks & Spencer* em 2006. Em *Marks & Spencer*, por forte impulso dogmático do Advogado-Geral, o Tribunal dá um grande avanço para a conjugação dos diferentes princípios e para a compatibilização dos poderes tributários estaduais com as liberdades fundamentais do Tratado. No entanto, a jurisprudência subsequente ilustra os conflitos existentes dentro

2ª ed., atualizada e aumentada, capítulo XII; Miguel Poiares Maduro, "Contrapunctual Law: Europe's Constitutional Pluralism in Action", cit., pp. 502-537.

495 Conclusões do Advogado-Geral Poiares Maduro de 7 de abril de 2005, Caso C-446/03 Marks & Spencer..., cit.

496 Rita de la Feria & Clemens Fuest, "Closer to an Internal Market? The Economic Effects of Tax jurisprudence", Oxford University Centre for Business Taxation, SAID Business School, Park End Street, Oxford, OX 1HP, WP 11/12.

do próprio Tribunal, os quais não foram até hoje coerentemente resolvidas pelo mesmo.

Diz-nos o Advogado-Geral:

> "1. Neste processo, o Tribunal de Justiça é chamado a precisar o efeito das disposições do Tratado CE relativas à liberdade de estabelecimento no regime fiscal dos grupos de sociedades de um Estado-Membro...
>
> 2. Para responder ... (à) ... questão, o Tribunal de Justiça deverá basear-se nas disposições do Tratado e nas soluções dadas na sua jurisprudência em matéria fiscal, que já está bastante desenvolvida. Neste domínio, o direito derivado fornece poucos meios de orientação. É certo que existe uma directiva do Conselho, de 23 de Julho de 1990, relativa ao regime fiscal comum aplicável às sociedades-mães e sociedades afiliadas de Estados-Membros diferentes. Este diploma manifesta claramente a vontade da Comunidade de eliminar a penalização resultante do facto de as disposições fiscais que regem as relações entre as sociedades-mãe e as filiais de Estados-Membros diferentes serem, em geral, menos favoráveis que as aplicáveis às relações entre sociedades-mãe e filiais do mesmo Estado-Membro. Contudo, não resolve a questão específica do tratamento dos prejuízos transfronteiriços dentro dos grupos de sociedades.
>
> 3. Não obstante, essa questão não é desconhecida para as instituições comunitárias. Em 6 de Dezembro de 1990, a Comissão apresentou uma proposta de directiva do Conselho relativa a um regime de tomada em consideração, por parte das empresas, dos prejuízos sofridos pelos seus estabelecimentos permanentes e filiais situados em outros Estados-Membros. Não tendo a proposta tido resultados, a Comissão retirou-a e abriu novas negociações com os Estados-Membros. Atualmente, considera que a falta de legislação relativa à compensação transfronteiriça dos prejuízos de grupos de sociedades na Comunidade constitui um dos maiores obstáculos ao bom funcionamento do mercado interno.
>
> 4. O Conselho teve provavelmente fortes razões para não seguir a via proposta pela Comissão. Nestas condições, não cabe ao Tribunal de Justiça substituir o legislador comunitário. Contudo, esta falta de harmonização das legislações dos Estados-Membros não o pode impedir de desempenhar a sua função, que é a de zelar pela salvaguarda e pela aplicação dos princípios e objectivos fundamentais do Tratado.
>
> 5. Assim, contra a opinião defendida nomeadamente pelo Governo neerlandês, que interveio neste processo, de que o único quadro apropriado para tratar esta questão é o da aproximação das legislações, há que lembrar com

vigor os dois pontos seguintes. Por um lado, facilmente se pode inferir da jurisprudência do Tribunal de Justiça que a harmonização das legislações fiscais dos Estados-Membros não pode ser transformada em condição prévia à aplicação da liberdade de estabelecimento consagrada no artigo 43º CE. Por outro lado, a aplicação efectiva das liberdades fundamentais que concorrem para a criação do mercado interno não é susceptível de deixar sem fundamento e relevância uma aproximação das legislações nacionais. Com efeito, a harmonização legislativa pode ter o objectivo de facilitar o exercício das liberdades de circulação, mas pode também servir para corrigir as distorções resultantes do exercício dessas mesmas liberdades.

6. De resto, o Tribunal de Justiça já teve a ocasião de se pronunciar sobre situações próximas da do caso presente, quer tenha sido chamado a conhecer de prejuízos de empresas comunitárias no estrangeiro quer tenha sido levado a precisar o regime fiscal de empresas comunitárias que dispõem de estabelecimentos secundários noutros Estados-Membros. É certo que o presente caso revela inegáveis especificidades. Contudo, partilha com os anteriores processos a mesma dificuldade fundamental, na medida em que nele se opõem o *poder* reconhecido aos Estados-Membros de cobrarem impostos sobre os rendimentos localizáveis nos respectivos territórios e a *liberdade* de estabelecimento conferida aos cidadãos comunitários na Comunidade. Daí resulta um conflito entre duas lógicas opostas e a necessidade de se definir um equilíbrio na repartição de competências entre os Estados-Membros e a União Europeia."

2. Disparidades

Ao mesmo tempo que aplica o princípio da não discriminação e as liberdades fundamentais à tributação direta, o TJUE traça os limites à sua atuação. Estamos a falar dos limites da atividade judicial ou, tal como é designada no Direito Europeu, dos limites da integração negativa.

Tais limites têm vindo a ser revelados em jurisprudência constante pelo TJUE, e reconduzem-se à repartição de competências entre Estados-Membros e União Europeia (e princípio da subsidiariedade), e ao juízo de comparabilidade para aferir de eventuais discriminações ou restrições.

Em todos os casos em que o Tribunal se abstém de entrar por um juízo de discriminação ou restrição às liberdades fundamentais, o argumento é o de que as consequências desvantajosas para o contribuinte resultam de disparidades. As disparidades são causadas pela interação de dois ou mais ordenamentos tributários e não resultam de regras unilaterais. Não são causadas apenas por um ordenamento nacional.

3. Atribuição de competências e exercício de competências

Segundo o TJUE, o exercício em paralelo das competências dos Estados-Membros pode causar disparidades e não deve ser qualificado de discriminatório ou restritivo. Por outras palavras, as regras de atribuição de competências não harmonizadas geram disparidades. Trata-se de elementos de conexão configurados pelos Estados e não são postos em causa pelo TJUE (*Daily Mail, Van Hilten*). Esta posição é coerente com a jurisprudência sobre «nascimento e morte» das sociedades (*Daily Mail, Cartesio*[497]), e atribuição de nacionalidade às pessoas singulares (*Chen*[498]).

O Tribunal distingue entre regras de atribuição de competências, regimes desvantajosos resultantes da conjugação de dois sistemas fiscais, por um lado, e regras de exercício de competências, por outro lado. Relativamente às desvantagens que resultem para o contribuinte do primeiro grupo de regras, o TJUE não interfere; relativamente às desvantagens que resultem do exercício de competências fiscais, por parte de um Estado-Membro, o Tribunal entende que elas são discriminatórias e proibidas pelo TFUE.

A assimetria no juízo do TJUE entre regras de atribuição de competências e regras de exercício de competências resulta da interpretação das liberdades fundamentais à luz do Direito de cada Estado-Membro, e não da análise da carga fiscal conjunta para o contribuinte europeu.

Atribuição de competências e ausência de comparabilidade aparecem a par. A comparabilidade pressupõe o exercício de competências e, neste caso, regras fiscais diferentes são regras discriminatórias.

Na ausência de harmonização, as regras de repartição de competências estão ainda na competência dos Estados-Membros. São eles que decidem sobre regras de incidência objetiva e subjetiva e quantificação: determinação da matéria tributável, taxas de imposto, deduções à coleta. Os benefícios fiscais também caem na área dos auxílios de Estado, não são regras fiscais em sentido estrito. Todavia, a sua criação pode ser incluída nas regras de atribuição de competências.

[497] Ana Paula Dourado & Pasquale Pistone, "Looking Beyond Cartesio: Reconciliatory Interpretation as a Tool to Remove Tax Obstacles on the Exercise of the Primary Right of Establishment by Companies and Other Legal Entities", *Intertax*, 2009, nºs 6-7, pp. 342 e ss.

[498] *Prohibiton of Abuse of Law*, cit., eds. Rita de La Feria & Stefan Vogenhauer.

As regras de exercício de competências significam que a competência do Estado tem que ser exercida de forma não discriminatória relativamente às situações comparáveis. As liberdades fundamentais e o mercado interno determinam que, em regra, haja comparabilidade entre residentes e não residentes, ultrapassando a divisão das fronteiras nacionais e adotada pelo Direito Fiscal Internacional. Caso contrário, essas liberdades não seriam devidamente atingidas ou seriam perturbadas por restrições fiscais.

Em contrapartida, a comparabilidade total entre residentes e não residentes implicaria que a tributação em qualquer dos Estados com um vínculo mínimo de tributação com o sujeito passivo, obedecesse a regras idênticas. Em última análise, poderia haver comparabilidade entre um sujeito residente e um sujeito não residente desde que houvesse um outro elemento de conexão: por exemplo, uma sociedade-mãe e um tratamento favorável de rendimentos do grupo de sociedades, se um elemento do grupo residir num Estado-Membro, mas sem estender tal tratamento favorável a sociedades não residentes pertencentes ao grupo[499].

4. As taxas de tributação nas situações de saída e dupla tributação jurídica

Outro limite estabelecido a si próprio pelo TJUE, diz respeito à diferença de taxas (alíquota) de imposto entre Estados-Membros no exercício das liberdades fundamentais à saída (um cidadão residente num Estado-Membro com rendimentos noutros Estados-Membros).

Relacionado com este limite, ou frequentemente dele derivado, temos o limite decorrente da dupla tributação jurídica. Assim, a diferença de taxas entre Estados-Membros resultante do exercício de uma liberdade fundamental à saída, é considerada pelo Tribunal uma disparidade e assim fora do juízo de discriminação. É o caso da dupla tributação jurídica[500].

Decorre da jurisprudência sobre dupla tributação jurídica, que as regras para eliminar ou reduzir a dupla tributação são equiparadas pelo Tribunal às regras de repartição de competências e quaisquer efeitos desfavoráveis decorrem da ausência de harmonização.

[499] TJCE: 25 de fevereiro de 2010, Caso C-337/08 (X Holding BV v Staatssecretaris van Financiën).

[500] TJCE: 12 de maio de 1998, Caso C-336/96, Gilly..., cit.; 14 de novembro de 2006, Caso C-513/04 (Mark Kerckhaert, Bernadette Morres v Belgische Staat); 16 de julho de 2009, Caso C-128/08 (Jacques Damseaux v Belgian State).

Diz-nos o Tribunal em *Gilly*, "que só um crédito de imposto igual ao imposto cobrado na Alemanha seria suscetível de evitar totalmente a dupla tributação"[501]. E, citando o Advogado-Geral no nº 66 das suas conclusões, acrescenta que "uma Convenção como a que está em causa tem por único objeto evitar que os mesmos rendimentos sejam tributados em ambos os Estados, e não o de garantir que a tributação a que um contribuinte é sujeito num Estado não seja superior àquela a que estaria sujeito noutro Estado"[502]. Continua o Tribunal: "Ora, é pacífico que as consequências desfavoráveis eventualmente decorrentes, no caso vertente, do mecanismo do crédito de imposto, instituído pela convenção bilateral, tal como aplicada no âmbito do sistema fiscal do Estado de residência, são antes de mais consequência da disparidade entre as tabelas de imposto nos Estados-Membros em causa, cuja fixação, na ausência de regulamentação comunitária na matéria, é da competência dos Estados-Membros"[503].

Estando as disparidades ligadas a regras de repartição de competências, isso significa que não se entra no juízo de comparabilidade ou que o ponto de partida do Tribunal é o da não comparação entre residentes e não residentes. No caso *Gilly*, este aspeto é tratado e clarificado a propósito da eventual violação das liberdades fundamentais pelo Estado da fonte:

O argumento das transferências financeiras ou perdas orçamentais para o Estado de residência foi analisado no caso *Gilly* numa perspetiva de coesão ou de mercado interno, pois o Tribunal ainda invocou o caso *Schumacker* para dizer que não competia em regra ao Estado da fonte tomar em consideração a situação pessoal e familiar do contribuinte não residente[504] e assim confirmando que o problema era só um problema de dupla tributação jurídica causada pelo diferencial nas taxas.

Assim, considerando o Tribunal que a dupla tributação jurídica internacional é um fenómeno exclusivamente causado pelo diferencial de taxas e não resulta sequer das normas de repartição de competências,[505] e que as taxas do imposto estão na exclusiva competência dos Estados-Membros, o efeito desfavorável resultante da dupla tributação não é valorado.

501 TJCE: Caso C-336/96, Gilly.., cit., para. 45.

502 TJCE: Caso C-336/96, Gilly.., cit., paras. 46-47.

503 TJCE: Caso C-336/96, Gilly.., cit., para. 48.

504 TJCE: Caso C-336/96, Gilly.., cit., paras. 49 e 50; e TJCE: acórdão de 14 de fevereiro de 1995, *Schumacker*, C-279/93, Colect., p. I-225, paras. 31 e 32.

505 TJCE: Caso C-336/96, Gilly.., cit., para. 34.

Também a diferença de taxas que implique um regime de tributação menos gravoso é entendida como disparidade a qual não pode ser compensada por um dos Estados, nomeadamente através de regras CFC ou outras cláusulas específicas antiabuso contendo presunções inilidíveis[506].

4.1. Ex-artigo 220º do Tratado da CE

O ex-artigo 220º do Tratado da CE pode ter sido também uma razão para o Tribunal ter entendido a dupla tributação jurídica como uma disparidade: a este propósito, pode citar-se o Tribunal no caso *Gilly*, paras. 23 e 24[507]:

> "Embora a eliminação da dupla tributação na Comunidade faça parte, como decorre do nº 16 acima, dos objectivos do Tratado, deve, contudo, constatar-se que, até ao momento, abstracção feita da Convenção de 23 de Julho de 1990, relativa à eliminação da dupla tributação em caso de correcção de lucros entre empresas associadas (JO L 225, p. 10), nenhuma medida de unificação ou harmonização visando eliminar a dupla tributação, foi adoptada no âmbito comunitário e os Estados-Membros não celebraram, nos termos do artigo 220º do Tratado, qualquer convenção multilateral para esse efeito (para. 23)";
>
> "Tendo competência para determinar os critérios de tributação dos rendimentos e fortuna para eliminar a dupla tributação, sendo caso disso por via convencional, os Estados-Membros celebraram inúmeras convenções bilaterais, inspirando-se designadamente nos modelos de convenção fiscal relativa ao rendimento e fortuna elaborados pela Organização de Cooperação e Desenvolvimento Económico (a seguir «OCDE»)" (para. 24).

4.2. O diferencial de taxas nas situações de saída, dupla tributação jurídica e transferência de montantes orçamentais

Relativamente ao juízo do TJUE sobre o diferencial de taxas nas situações de saída, os limites auto-impostos pelo Tribunal têm como objetivo evitar a transferência de montantes orçamentais entre Estados-Membros, quando o método adotado pelo Estado de residência para eliminar a dupla tributação jurídica é o método do crédito.

[506] TJCE: 10 de fevereiro de 2011, Caso C-436/08 e C-437/08, Haribo e Salinen..., cit.

[507] TJCE: Caso C-336/96, Gilly.., cit.; Caso C-513/04, Kerckhaert, Morres..., cit.; Caso C-128/08, Damseaux..., cit.; 20 de maio de 2008, Caso C-194/06 (Staatsscretaris van Financiën v Orange European Smallcap Fund MO).

Na verdade, se o diferencial de taxas entre fonte e residência fosse incluído no juízo de discriminação no caso de o Estado de residência adotar o método do crédito, haveria uma transferência de montantes por parte de Estados de tributação mais baixa para compensar os Estados de tributação mais alta. Seria o caso de créditos de imposto a atribuir pelo Estado de residência por impostos mais elevados suportados no Estado da fonte, tal como nos casos *Gilly, Orange, Kerckhaert Morres* e *Damseaux*[508]. E como o Estado da residência seria obrigado a diminuir em igual percentagem o seu imposto relativo aos demais rendimentos, obtidos no seu território, abdicaria da sua competência de tributação.

Por outras palavras, a eliminação da dupla tributação jurídica internacional pelo Estado de residência, através do crédito integral, significaria na prática abdicar de tributar os rendimentos universais dos residentes, dar um crédito superior ao montante de imposto interno sobre rendimentos equivalentes e dar prevalência ao Estado da fonte.

O crédito integral pode significar um incentivo à exportação de fatores de produção para Estados de tributação mais elevada, porque equivale ao método da isenção acrescido da compensação do imposto pago no exterior. Além disso, no caso dos indivíduos, o Estado da residência abdicaria da tributação progressiva sempre que o sujeito passivo ficasse submetido no Estado-Membro da fonte a uma carga fiscal superior.

Embora seja jurisprudência constante que a perda de receitas fiscais não é uma justificação válida para medidas nacionais discriminatórias, a verdade é que no clássico acórdão *Gilly* o Tribunal aceita como equivalente o argumento da violação da soberania fiscal (repartição de competências) e o argumento de perda de receitas fiscais, invocado pelos Governos francês, belga, dinamarquês, francês, finlandês, sueco e do Reino-Unido:

> "se o Estado de residência fosse obrigado a imputar, a título de crédito de imposto, um montante superior ao da fracção do imposto nacional correspondente aos rendimentos de fonte estrangeira, seria conduzido a ter de diminuir em igual percentagem o seu imposto relativo aos demais rendimentos, o que se traduziria numa perda de receitas fiscais para esse Estado, facto este susceptível de violar a sua soberania em matéria de fiscalidade directa"[509].

[508] TJCE: Caso C-336/96, Gilly.., cit.; 20 de maio de 2008, Caso C-194/06 (Staatsscretaris van Financiën..., cit.; Caso C-513/04, Kerckhaert, Morres..., cit.; Caso C-128/08, Damseaux..., cit.

[509] TJCE: Caso C-336/96, Gilly.., cit. para. 48.

Por conseguinte, já em *Gilly*, a perda de receitas fiscais é considerada um limite às competências do Tribunal de Justiça, e se quisermos compatibilizar esta argumentação do Tribunal com a jurisprudência posterior, segundo a qual a perda de receitas não pode constituir uma justificação para o tratamento discriminatório, podemos tentar regressar ao argumento de que só a transferência de montantes orçamentais (receitas fiscais) em si constitui um limite à intervenção do Tribunal.

Podemos então afirmar que na origem da jurisprudência do Tribunal sobre a dupla tributação jurídica, está um juízo de repartição de competências associado à perda de receitas fiscais. A dupla tributação não tem que ser eliminada pelo Estado da residência porque residentes com rendimentos no exterior não são comparáveis a residentes com rendimentos exclusivamente internos.

A perda de receitas fiscais não é assim uma justificação, mas é um argumento inerente à própria repartição de competências[510].

5. Comparação entre não residentes: comparabilidade horizontal

O Tribunal tem rejeitado a comparação entre não residentes (comparação horizontal): quer quando está em causa um regime nacional (caso *X Holding BV*[511]) quer quando está em causa a aplicação de tratados fiscais bilaterais (casos *D.* e *ACT*[512]). Este limite abrange a comparação entre estabelecimentos estáveis não residentes, sujeitos a tributação no Estado da fonte, e as filiais não residentes e sem estabelecimento estável nesse Estado: no caso *X Holding BV*, o Tribunal de reenvio colocou a seguinte questão ao TJ: "O artigo 43º CE, conjugado com o artigo 48º CE, deve ser interpretado no sentido de que obsta a que uma norma nacional de um Estado-Membro [...], segundo a qual uma sociedade-mãe e a sua filial podem optar por que o imposto por elas devido seja cobrado à sociedade-mãe estabelecida neste Estado-Membro, como se houvesse um único sujeito passivo, reserve essa opção a sociedades sujeitas, no que respeita à tributação dos lucros, à jurisdição fiscal do Estado em questão?"[513]. Tratava-se, no caso, de filiais

[510] Sobre o argumento de repartição equilibrada de competências, V. Martin Poulsen, "Freedom of Establishment and the Balanced Allocation of Taxing Rights", *Intertax*, 2012, nº 3, pp. 200-211.

[511] TJCE: Caso C-337/08, X Holding BV..., cit.

[512] TJCE: Caso C-376/03, D., cit.; Caso C-374/04, ACT Group Litigation..., cit.

[513] TJCE: Caso C-337/08, X Holding BV..., cit., para. 9.

não residentes, não sujeitas a tributação nos Países Baixos, mesmo que estes sejam Estado da fonte.

O ponto em comum entre os estabelecimentos estáveis não residentes e as filiais não residentes, é o facto de existir um grupo societário em que a sociedade-mãe é residente e tem relações especiais com esses não residentes.

Em *X Holding BV*[514], o Tribunal não considerou comparáveis as situações dos dois grupos de não residentes. Porém, no caso *Cadbury-Schweppes*[515], o Tribunal de Justiça utilizou a comparabilidade horizontal (regime conferido às afiliadas na Irlanda e às afiliadas no Reino Unido) como argumento adicional à comparabilidade vertical (regime conferido às afiliadas no Reino Unido e às afiliadas na Irlanda)[516]. Mas só a comparação vertical foi relevante.

No caso *Sopora,* o Tribunal faz referência à comparabilidade vertical (para. 24) e à comparabilidade horizontal (paras. 25 e 26), mas utiliza apenas a comparação horizontal para aferir da discriminação[517].

Tratou-se da questão de saber se o artigo 45º TFUE devia ser interpretado no sentido de que se opunha a uma legislação nacional, nos termos da qual um Estado-Membro concedia, a favor dos trabalhadores que residiam noutro Estado-Membro antes de começarem a trabalhar no seu território, uma vantagem fiscal que consistia numa isenção fixa das ajudas de custo por despesas de expatriação, na condição de que a residência desses trabalhadores estivesse situada a uma distância superior a 150 quilómetros da sua fronteira.

Assim, nos parágrafos 25 e 26, o Tribunal estabeleceu uma comparação entre não residentes:

> "25. Por outro lado, tendo em conta a letra do artigo 45º, nº 2, TFUE, cujo objetivo é a abolição de toda e qualquer discriminação em razão da nacionalidade «entre os trabalhadores dos Estados-Membros», lido à luz do artigo 26º TFUE, deverá considerar-se que a mesma liberdade proíbe outrossim a discriminação entre trabalhadores não residentes se tal discriminação bene-

[514] TJCE: Caso C-337/08, X Holding BV..., cit.

[515] TJCE: Caso C-196/04, Cadbury Schweppes PlC..., cit.

[516] TJCE: Caso C-196/04, Cadbury Schweppes PlC..., cit.

[517] TJUE: 24 de fevereiro de 2015, Caso C-512/13 (C. G. Sopora contra Staatssecretaris van Financiën). Eric Kemmeren, "Sopora: A Welcome Landmark Decision on Horizontal Comparison", *EC Tax Review,* 2015, nº 4, pp. 178-182 (178-184).

ficiar de maneira injustificada os nacionais de alguns Estados-Membros em relação a outros.

26. Por outro lado, ao analisar-se a legislação em causa no processo principal, deve ter-se em conta o seu objetivo, que é o de facilitar a livre circulação de trabalhadores que residem noutros Estados-Membros, que aceitaram trabalhar nos Países Baixos e que, por esse facto, poderão ter de suportar despesas suplementares, concedendo a esses trabalhadores, e não aos que desde há muito residem nos Países Baixos, o benefício da regra da isenção fixa."[518]

E continua o Tribunal:

"30. Resulta assim claro que todos os trabalhadores não residentes, quer a sua residência se encontre a mais de 150 quilómetros da fronteira neerlandesa quer se situe a uma distância inferior, podem beneficiar de uma isenção fiscal das ajudas de custo por despesas de expatriação efetivas. A simplificação administrativa da declaração destas despesas extraterritoriais, que resulta da aplicação da regra da isenção fixa, é no entanto concedida apenas aos trabalhadores que residem a mais de 150 quilómetros dessa fronteira.

31. É facto igualmente assente que ficam excluídos do benefício da regra da isenção fixa a maior parte dos trabalhadores belgas assim como uma parte dos trabalhadores alemães, franceses, luxemburgueses e do Reino Unido."[519]

Cabe saber se o Tribunal vai limitar o teste de comparabilidade horizontal à livre circulação de trabalhadores ou alargá-la às outras liberdades.[520] Seja como for, dos limites auto-estabelecidos, percebe-se que o TJUE estabeleça limites à sua tarefa interpretativa, de modo a respeitar a separação de competências entre legislativo e judicial. Percebe-se também que a análise das desvantagens resultantes da aplicação de dois ordenamentos em conjunto e a comparação horizontal trazem dificuldades acrescidas: a análise factual é difícil e o TJUE reafirma que a sua competência se limita à interpretação das disposições do Tratado e não inclui a interpretação dos regimes dos Estados-Membros.

[518] TJUE: caso C-512/13, Sopora..., cit.

[519] TJUE: caso C-512/13, Sopora...cit.

[520] Eric Kemmeren, "Sopora...", cit., pp. 182-183. Sobre a cláusula da nação mais favorecida, V., entre outros, I.M. de Groot, "Member States Must Apply Most Favoured Nation Treatment", *Intertax*, 2014, nºs 6-7, pp. 405-415.

Mas, como veremos, uma interpretação de acordo com o mercado interno (coesão) tem sido aplicada pelo TJUE relativamente às matérias dos dividendos, da dedução de prejuízos e do abatimento de despesas pessoais, no caso das pessoas singulares. E acima de tudo, a fronteira estabelecida entre disparidade e discriminação, conjugada com a regra da seletividade, têm contribuído muito para o planeamento fiscal agressivo e transferência de lucros no quadro da União Europeia.

Secção IV
Incoerências na argumentação do TJUE: elementos comparáveis

1. Deduções à matéria tributável

Considerámos anteriormente que o Tribunal não obriga um Estado a eliminar a dupla tributação jurídica, para evitar transferência de receitas fiscais e assim respeitar a repartição de competências entre a fonte e a residência. Podemos considerar também que este limite encontrado pelo Tribunal é um limite formal ou artificial, que autonomiza arbitrariamente um elemento do *Tatbestand* sistemático de imposto.

Na verdade, nos casos relativos à base tributável, tais como deduções para o apuramento do rendimento líquido, o Tribunal aceitou o juízo de comparabilidade entre residentes e não residentes e concluiu que o diferente tratamento é discriminatório: é o caso das deduções de despesas relacionadas com a obtenção de rendimento, por parte do Estado da fonte; das deduções de prejuízos finais no Estado de residência, bem como o caso dos residentes virtuais.

Nestes casos relativos ao apuramento do rendimento líquido (base tributável) essa transferência orçamental existe. Se o Tribunal aceitasse a proibição da dupla tributação jurídica, e considerasse ser da competência do Estado de residência eliminar a dupla tributação, assistiríamos a um aumento das taxas de imposto na União Europeia, eliminando-se assim a atual tendência para a concorrência fiscal, sendo esta última também estimulada, como se referiu, pela interpretação que é feita dos auxílios de Estado proibidos e correspondente critério de seletividade[521].

[521] V. capítulo IV, secção II.

As regras CFC, agora aprovadas pela Diretiva antiabuso e a integração nos auxílios de Estado de um correto apuramento dos preços de transferência, pretendem obviar a estes pontos fracos resultantes da aplicação jurisprudencial das liberdades fundamentais. Do mesmo modo, pretendem reduzir a concorrência fiscal na União Europeia.

2. Disparidades relativamente às taxas e discriminação relativamente às bases tributárias

Como vimos, em regra, nas situações à saída, a diferença de taxas (e a dupla tributação jurídica) constitui uma disparidade. Já a diferença de bases de tributação consoante se trate de situações puramente internas ou transfronteiriças constitui discriminação. O caso *Schempp*[522] a que nos referimos adiante parece ser uma exceção a este raciocínio. Todavia, quer do ponto de vista das transferências financeiras quer do ponto de vista das liberdades fundamentais, não se entende por que razão a última constitui uma discriminação, enquanto as primeiras constituem uma disparidade.

Tentemos comparar os casos julgados pelo Tribunal, para vermos se confirmam a nossa análise do problema. Lembremos que em *Gilly*, o Tribunal entendeu que a França não tinha que conceder um crédito de imposto total para eliminar a dupla tributação jurídica internacional, porque as normas de crédito de imposto em causa eram normas de repartição de competências e o tratamento desfavorável resultava da disparidade de taxas de imposto, no caso concreto, de taxas mais elevadas na Alemanha.

No caso *Schempp*[523], a legislação alemã só permitia a dedução de pensões de alimentos no quadro do princípio da correspondência, o qual constitui normalmente condição para a dedutibilidade destas pensões: isto é, quando o beneficiário das mesmas residisse na Alemanha e fosse sujeito a tributação global dos seus rendimentos, ou quando, residindo num outro Estado-Membro, fosse tributado sobre esses rendimentos e entregasse às autoridades alemãs um certificado comprovando a tributação dos rendimentos na esfera do beneficiário. No caso em apreço, tal certificado não foi entregue porque as pensões de alimentos não eram tributáveis nem dedutíveis na Áustria (paras. 5, 8, 9).

[522] TJCE: 12 de julho de 2005, Caso C-403/03 (Egon Schempp v Finanzamt München V).

[523] TJCE: Caso C-403/03, Egon Schempp..., cit.

Em vez de comparar a situação do sujeito passivo que pede a dedução das despesas pelo pagamento para o exterior, com a situação de outro sujeito passivo que pagasse tais despesas a um beneficiário residente na Alemanha, o Tribunal compara a situação do beneficiário dos rendimentos não residente, com a situação de um beneficiário residente.

Pode perguntar-se que liberdade fundamental está em causa quando um contribuinte paga uma pensão de alimentos a outro que se deslocou para outro Estado-Membro. O pagamento de montantes para outro Estado--Membro cai no conceito de livre circulação de capitais ou de pagamentos do artigo 63º do TFUE, embora o Tribunal tenha analisado a questão à luz da livre circulação de cidadãos de um Estado-Membro (artigo 12º).

Vejamos os argumentos do Advogado-Geral Geelhoed:

> "25. A Comissão refere que nas circunstâncias dos presentes autos pode resultar um tratamento diferente do facto de, apesar de as quantias em questão poderem não ser tributadas tanto na Alemanha (onde podem situar-se abaixo do nível mínimo para a tributação) como na Áustria (devido à sua isenção geral), a dedução na declaração do imposto sobre os rendimentos de E. Schempp só ser possível na primeira situação. Contudo, a Comissão entende que as duas situações não podem ser mutuamente comparadas. O tratamento fiscal dos pagamentos de pensões de alimentos não pode ser apreciado isoladamente do modo como são tributadas as outras fontes de rendimento e pode beneficiar de isenções.
>
> 26. Como o Tribunal de Justiça tem reiteradamente declarado, a discriminação consiste no tratamento diferente de situações comparáveis ou no tratamento idêntico de situações diferentes. Aplicando este princípio às circunstâncias do presente caso, há que examinar se é correcto comparar a situação de E. Schempp, que paga uma pensão de alimentos à sua ex-esposa residente na Áustria e não pode deduzir estas quantias do seu imposto sobre os rendimentos, com a situação de uma pessoa que paga semelhantes quantias a um ex-cônjuge residente na Alemanha e que pode beneficiar dessa vantagem fiscal.
>
> 27. A um nível mais estrito, isto é, visto da perspectiva do contribuinte individual, poderá parecer claro que o tratamento diferente decorrente das relevantes disposições da EStG pode ser qualificado de discriminatório e que esta diferença de tratamento decorrente do lugar de residência do destinatário da pensão de alimentos poderá ser considerada uma discriminação indirecta em razão da nacionalidade. Ao fim e ao cabo, é irrelevante para E.

Schempp, para os efeitos dos pagamentos a fazer, onde reside a sua ex-esposa. Apesar da aparente semelhança destas circunstâncias, está confrontado com as consequências financeiras negativas da diferença de tratamento nos termos do direito fiscal.

30. Para apreciar se o § 1a, nº 1, alínea 1), da EStG infringe o artigo 12º CE, E. Schempp compara a sua situação com a de um contribuinte que paga uma pensão de alimentos a um ex-cônjuge residente na Alemanha. Em meu entender, estas situações não são comparáveis. Nesta última situação, ambos os ex-cônjuges estão sujeitos à legislação fiscal de um mesmo Estado-Membro. Nesta situação, existe logicamente um nexo sistemático entre, por um lado, permitir-se a dedução dos pagamentos de pensões de alimentos ao contribuinte responsável por este pagamento e, por outro, sujeitar-se o seu destinatário ao imposto sobre estes pagamentos como fontes de rendimento. As quantias em questão são, em princípio, sujeitas ao imposto sobre o rendimento no interior do mesmo sistema. A situação de E. Schempp, pelo contrário, caracteriza-se pelo facto de estarem envolvidas as legislações fiscais de dois Estados-Membros. Nesta situação, não existe qualquer nexo sistemático entre o tratamento fiscal dos rendimentos de E. Schempp e dos rendimentos da sua ex-esposa. De facto, poderá parecer absolutamente irrelevante, do ponto de vista dos rendimentos auferidos na Alemanha, a questão de saber se os pagamentos de pensões de alimentos são ou não tributados na Áustria.

31. Por conseguinte, a diferença de tratamento decorre de uma disparidade entre os direitos fiscais da Alemanha e da Áustria, como observaram os Governos alemão e neerlandês e a Comissão. O domínio da fiscalidade directa ainda se insere, no actual estádio de evolução do direito comunitário, na competência dos Estados-Membros, apesar de deverem exercer essa competência no respeito das disposições fundamentais do Tratado CE. A Alemanha e a Áustria são, pois, livres de sujeitar os pagamentos de pensões de alimentos a um ex-cônjuge ao regime fiscal que entenderem. É inerente a esta situação a ocorrência de diferenças de tratamento entre Estados-Membros e estas diferenças também ocorrerão mesmo tendo as legislações fiscais internas em conta circunstâncias exteriores como aquelas de que se serve a EStG.

32. As condições impostas pelo § 1a, nº 1, alínea 1), da EStG são neutras. Os efeitos que produzem sobre os contribuintes dependem cabalmente do tratamento fiscal aplicado às pensões de alimentos nos vários Estados-Membros. Portanto, é ilustrativo observar, como faz o Governo neerlandês, que se a ex-esposa de E. Schempp decidisse ir viver para os Países Baixos, onde as

pensões de alimentos estão sujeitas a tributação, E. Schempp poderia beneficiar integralmente da possibilidade de deduzir estes pagamentos na sua declaração de imposto sobre os rendimentos.

33. Em termos mais gerais e como o Tribunal de Justiça já reconheceu em várias ocasiões, «o Tratado CE não garante ao cidadão da União que a transferência das suas actividades para um Estado-Membro diferente daquele em que residia até então seja neutra em termos de imposições. Tendo em conta as disparidades entre as legislações dos Estados-Membros na matéria, essa transferência pode, conforme o caso, ser mais ou menos vantajosa ou desvantajosa para o cidadão no plano das imposições indirectas [...]» (5). Eu creio que o mesmo princípio se aplica a uma situação como a que está em causa nos presentes autos, na qual a pessoa em questão não exerceu activamente o seu direito de livre circulação, mas sofre um tratamento diferente pelo facto de a sua ex-esposa ter passado a residir noutro Estado-Membro.

35. À luz destas observações, concluo que a resposta à primeira questão prévia deve ser que o artigo 12º CE não obsta a que um Estado-Membro recuse a um contribuinte residente na Alemanha o direito à dedução das prestações de alimentos pagas ao seu ex-cônjuge residente na Áustria, ao passo que teria esse direito se este último ainda residisse na Alemanha com base nas disposições conjugadas do § 1a, nº 1, alínea 1), e do § 10, nº 1, alínea 1), da EStG"[524].

O Tribunal compara a situação conjunta de devedores e beneficiários das pensões de alimentos, numa lógica de coerência do regime, ao estilo do caso *Bachmann*.

Mas não devia comparar a situação dos beneficiários da pensão de alimentos, pois estes não são discriminados, mas sim submetidos a ordens jurídicas diferentes. Ao referir-se aos beneficiários, o Tribunal também está a comparar duas ordens jurídicas diferentes, com sistemas fiscais de tributação de rendimentos – e de pensões de alimentos – não harmonizados.

O mesmo é dizer que o Tribunal compara a situação dos Estados-Membros: ou recebem receitas fiscais idênticas às cobradas na Alemanha ou então não há comparabilidade entre Estado de residência do beneficiário que não reside na Alemanha e Estado alemão. Estava em causa uma questão relativa a bases de imposto, e estas questões normalmente caem no âmbito do juízo de discriminação do Tribunal. Todavia, em Schempp,

[524] Conclusões do Advogado-Geral, 27 de janeiro de 2005: Caso C-403/03, Schempp..., cit.

a análise fez esquecer o parâmetro de comparabilidade e funciona como um controlo de abuso fiscal.

Com base no teste de comparabilidade utilizado, o Tribunal entendeu que a Alemanha não tinha que autorizar deduções de pensões de alimentos pagas a um ex-cônjuge residente no exterior e aí isento de tributação: "o pagamento de uma pensão de alimentos a um beneficiário residente na Alemanha não pode ser comparado ao pagamento da mesma pensão a um beneficiário residente na Áustria. Com efeito, o beneficiário da referida pensão está, em cada uma dessas situações, sujeito, no que diz respeito à respetiva tributação, a uma legislação fiscal diferente" (para. 35).

3. A perda de receitas tributárias a interferir na comparabilidade

É muito difícil dizer que a disparidade não resulta da análise do ponto de vista dos interesses orçamentais dos Estados, pois não foi analisado o âmbito da liberdade fundamental do sujeito passivo que sofre o tratamento desvantajoso.

Embora seja jurisprudência constante do Tribunal que usufruir de regimes fiscais mais favoráveis num Estado-Membro não justifica regimes discriminatórios por parte de um outro Estado-Membro, a não ser que haja um comportamento abusivo – V. por exemplo, os casos *Lankhorst-Horhorst, De Lasteryie du Saillant, N., Cadbury Schweppes*[525], entre outros – o Tribunal aceitou no caso *Schempp* toda uma linha de orientação que não está realmente ligada à distinção entre discriminação e disparidades, mas antes, e genuinamente, a olhar para as perdas fiscais numa perspetiva de coesão.

Se continuarmos a citar o Tribunal, nos parágrafos 33 e 34, diz-nos este que:

> "Como observa o Governo neerlandês, se a ex-mulher de E. Schempp decidisse ir viver para um Estado-Membro onde as pensões de alimentos estivessem, ao contrário do que acontece na Áustria, sujeitas a tributação, como nos Países Baixos, E. Schempp teria o direito, segundo a legislação nacional em causa no presente processo, de deduzir os pagamentos efectuados a esse título à sua ex-mulher (para. 33).

[525] TJCE: 12 de dezembro de 2002, Caso C-324/00, Lankhorst-Hohorst ..., cit.; 11 de março de 2004, Caso C-9/02, Hughes de Lasteyrie du Saillant..., cit.; 7 de setembro de 2006, Caso C-470/04, N. ..., cit.; Caso C-196/04, Cadbury Schweppes PIC..., cit.

Ora, resulta de jurisprudência assente que o artigo 12º CE não visa as eventuais disparidades de tratamento que possam resultar, para as pessoas e empresas sujeitas à jurisdição da Comunidade, das divergências existentes entre as legislações dos diferentes Estados-Membros, desde que estas afectem todas as pessoas a quem são aplicáveis, segundo critérios objectivos e sem ter em conta a sua nacionalidade (para. 34)"[526].

O Tribunal parece tratar do problema numa lógica de coesão do ponto de vista dos Estados e não do destinatário das liberdades – se o outro Estado tributar, pode deduzir-se – lógica diferente da adotada nos casos *Cadbury Schweppes, Lankhorst-Hohorst, Lasteryie du Saillant, N.*[527], já referidos.

A lógica da coesão ou do mercado interno do ponto de vista das receitas estaduais tem de ser argumentada com base noutros princípios que não as liberdades fundamentais, a não ser que haja abuso e nesse caso entendamos que o abuso limita o núcleo e o alcance da liberdade fundamental.

O teste de comparabilidade introduzido pelo Tribunal em *Schempp*, que formalmente diz respeito aos beneficiários da pensão de alimentos, afasta-se também do argumento de coerência de *Bachmann*[528], uma vez que não estamos perante o mesmo imposto e o mesmo sujeito passivo.

Por outro lado, o Tribunal não demonstrou cabalmente que se trata de uma disparidade. Limitou-se a aceitar a lógica nacional comum (isto é, nos Estados ou nos Estados com fronteiras fiscais) que está subjacente à concessão da dedução das pensões de alimentos – a dedução de um lado vai ter como contrapartida a tributação do outro lado.

Essa lógica não é diferente de outras regras que foram entendidas como discriminatórias pelo Tribunal. É o caso das regras de subcapitalização, consideradas discriminatórias e contrárias ao Tratado por parte do mesmo Tribunal (*Lankhorst-Hohorst*[529]) e das regras de dedução de custos de sociedades também consideradas discriminatórias e incompatíveis com o Tratado no caso *Bosal*[530], ou das regras dos impostos à saída, ou das regras *CFC*

[526] TJCE: Caso C-403/03, Egon Schempp..., cit.

[527] TJCE: Caso C-324/00, Lankhorst-Hohorst...cit.; 11 de março de 2004, Caso C-9/02, Hughes de Lasteyrie du Saillant..., cit.; 7 de setembro de 2006, Caso C-470/04 (N. ..., cit.; Caso C-196/04, Cadbury Schweppes PIC..., cit.

[528] TJCE: 28 de janeiro de 1992, Caso C-204/90, Bachmann..., cit.

[529] TJCE: Caso C-324/00, Lankhorst-Hohorst...cit.

[530] TJCE: 18 de setembro de 2003, Caso C-168/01, Bosal Holding..., cit.

no caso *Cadbury Schweppes*[531]. Em nenhum destes casos, o Tribunal aceitou que houvesse tributação no outro Estado-Membro, ou que essa fosse uma condição para aceitar a compatibilidade da regra nacional com a liberdade envolvida, em nenhum deles considerou tratar-se de uma disparidade, e em nenhum deles aceitou a justificação da perda de receitas fiscais.

A comparação de *Schempp* com a jurisprudência constante do Tribunal, torna-o pois muito difícil de justificar: *Schempp* pode ser justificado não exatamente numa perspetiva de coesão ou de mercado interno, mas como uma evolução da jurisprudência *Bosal* e *Lankhorst-Hohorst* que só olhou para o Estado da residência e não para a repartição de competências[532].

4. Dupla tributação e dupla dedução de custos

Podemos ainda perguntar se a dupla tributação jurídica pode ser entendida como um comportamento simétrico do da dedução de custos sem tributação dos correspondentes rendimentos ou com dupla dedução. Se o risco da dupla dedução de custos pode constituir uma justificação a uma medida discriminatória, a dupla tributação deveria ser considerada discriminatória: se as normas de repartição de competências conduzissem a tal resultado, deveriam ser contrárias às liberdades fundamentais.

Em última análise, *Schempp* poderia ser explicado pela repartição de competências numa perspetiva de coesão (consideração da perda de receitas fiscais no conjunto de dois Estados-Membros envolvidos), tal como o Tribunal o faz em *Cartesio*[533], conduzindo a resultados diferentes dos resultados de *Centros*[534] ou de *Gilly*[535].

Em contrapartida, no caso *de Groot*[536], os Países Baixos tiveram que tomar em conta o rendimento universal do contribuinte residente para calcular os abatimentos, apesar de os Países Baixos isentarem os rendimentos com fonte noutros Estados-Membros. E isso, mesmo que os rendimentos obtidos nos Países Baixos sejam inferiores aos obtidos no exterior. A diferente apreciação dos casos *Gilly*, *Schempp* e *de Groot* só pode ser justificada

[531] Caso C-196/04, Cadbury Schweppes PIC..., cit.

[532] TJCE: Caso C-168/01, Bosal Holding..., cit.; 12 de dezembro de 2002, Caso C-324/00,Lankhorst-Hohorst..., cit.

[533] 22 de maio de 2008, Caso C-210/06, Cartesio..., cit.

[534] TJCE, 9 de março de 1999, Caso C-212/97 (Centros Ltd v. Erhvervs- og Selskabsstyrelsen).

[535] Caso C-336/96, Gilly..., cit.

[536] Caso C-385/00, De Groot... cit.

com base num juízo formal de não discriminação – o de que esta depende do tipo de normas e não do resultado.

Embora *Schempp* e *de Groot* pareçam indiciar uma perspetiva de coesão, elas são conduzidas de uma ótica diversa e partem de um diferente teste de comparabilidade.

No caso *de Groot*, a coesão é analisada do ponto de vista do contribuinte (direito à dedução das despesas pessoais e familiares num dos Estados, tal como em *Schumacker*).

No caso *Schempp*, a coesão é analisada do ponto de vista dos Estados e numa ótica de custo-benefício ou de troca de utilidades: só deduz se os rendimentos forem tributados. Mas ao utilizar-se esta perspetiva, ela tem de ser comprovada através da interpretação (correta) das liberdades fundamentais.

5. Coesão e relações especiais

No caso *Schempp*, o destinatário da liberdade de estabelecimento é não só quem recebe os rendimentos mas também quem deduz os custos. Este raciocínio teria de se aplicar sempre que estejamos perante relações especiais.

As relações especiais não estão definidas pelo Direito Europeu, mas podem abranger pessoas singulares (como no caso das pensões de alimentos), pessoas singulares e coletivas e só pessoas coletivas ou entidades sujeitas a imposto de sociedades.

No caso das pensões de alimentos ou de outros pagamentos que impliquem um custo por parte de um sujeito passivo e um rendimento de outro sujeito passivo, podemos admitir a hipótese de o sujeito que sofre o encargo residir num Estado-Membro e o sujeito que recebe o rendimento poder residir no mesmo Estado-Membro ou noutro. No caso *Schempp*, a legislação interna permitiria a dedução de rendimentos desde que haja tributação do outro sujeito passivo no mesmo ou no outro Estado-Membro. Aqui está subjacente também o argumento da transferência indireta de receitas fiscais, entendida na perspetiva do mercado interno.

Podemos admitir a hipótese inversa, segundo a qual um Estado não tributa o rendimento de pensões e não aceita a dedução dos custos nem de residentes nem de não residentes, o que significa que não há qualquer violação do direito de estabelecimento.

Uma outra situação é aquela em que um Estado tributa rendimentos de fundos de investimento ao nível do titular das unidades de participação, que foram já tributados noutro Estado-Membro como lucros, juros ou mais-valias, e que só atribui um crédito ordinário relativo à dupla tributação económica de tais rendimentos na esfera do detentor da unidade de participação, enquanto se todos os factos tributários ocorressem internamente, não existiria dupla tributação porque só os titulares das unidades de participação seriam tributados (caso *Orange*[537]). Neste caso, a dupla tributação económica, sendo causada pela tributação dos rendimentos dos fundos em diferentes níveis – e aqui temos nitidamente um caso de disparidades – e não sendo discriminatória, não é considerada contrária às liberdades fundamentais.

Krankenheim Ruhesitz[538] é outro caso que coloca a questão das relações especiais.

Marks & Spencer e todos os casos de perdas, são casos de relações especiais. A perspetiva do mercado interno, adotada em *Marks & Spencer*, tem sido abandonada nos casos subsequentes, mais precisamente, desde o caso *Oy AA*[539].

[537] TJCE: Caso C-194/06, Orange ...cit.

[538] TJCE: 23 de outubro de 2008, Caso C-157/07 (Finanzamt für Körperschaften III in Berlin contra Krankenheim Ruhesitz am Wannsee-Seniorenheimstatt GmbH).

[539] TJCE: 18 de julho de 2007, Caso C-231/05 (Oy AA); Caso C-157/07, Krankenheim..., cit.; 18 de novembro de 1999, Caso C- 200/98 (X AB and Y AB v Riksskatteverket); 15 de maio de 2008, Caso C-414/06 (Lidl Belgium GmbH & co. KG v Finanzamt Heilbronn); 27 de novembro de 2008, Caso C-418/07 (Société Papillon v. Ministère du Budget, des Comptes Publiques et de la Fonction publique); 6 de setembro de 2012, Caso C-18/11 (The Commissioners for Her Majesty's Revenue & Customs v. Philips Electronics UK Ltd); 4 de julho de 2013, Caso C-350/11 (Argenta Spaarbank NV v Belgische Staat); 7 de novembro de 2013, Caso C-322/11 (K.); 17 de julho de 2014, Caso C-48/13 (Nordea Bank Danmark A/S v. Skatteministeriet), para. 27; Caso C-371/10 National Grid Indus, cit., supra nº 37, para. 45; Melchior Wathelet, "Tax Sovereignty of the Member States and the European Court of Justice: New Trends or Confirmation?", *A Vision of Taxes within and without European Borders*, Hinnekens/Hinnekens (eds), *Kluwer Law International*, The Netherlands, 2008, p. 927, referindo-se ao caso do TJCE de 18 de novembro, 1999, C-200/98, X Ab-YAB..., cit. Ver ainda: Axel Cordewener, 'Cross-Border Relief and the "Effet Utile" of EU Law: Are We Losing it?', *EC Tax Review*, 2, 2011, p. 58. Michael Lang, "The Marks & Spencer Case – The Open Issues Following the ECJ's Final Word", *European Taxation*, 2006, nº 2, pp. 54 e 62. V. ainda, os vários capítulos em: Weber/Silva, *From Marks & Spencer to X Holding, The Future of Cross-Border Group Taxation*, Kluwer, The Netherlands, 2011; Servaas Van Thiel & Marius Vascega, "X Holding (Case C-337/08): Why Ulysses Should Stop Listening to the Sirene", *European Taxation*, 2010, nº 2, p. 334; Maarten De Wilde, "On X Holding and the ECJ's Ambiguous Approach Towards the Proportionality Test", *EC Tax Review*, 2010, nº 4, p. 170.

A mesma perspetiva de coesão de *Schempp*, poderia aplicar-se a *de Groot* e os Países Baixos poderiam ter sido poupados ao juízo de discriminação com base na situação não comparável entre *de Groot* e os residentes nos Países Baixos que aí obtivessem todos os seus rendimentos: só seria exigível aos Países Baixos autorizarem a sua dedução absoluta se esse ou outro Estado-Membro tributassem os rendimentos universais de *de Groot* e os sujeitassem a progressividade.

6. Acordos bilaterais de dupla tributação

No caso de aplicação de tratados fiscais bilaterais (casos *D.*[540], *ACT*[541]) e benefícios fscais unilaterais atribuídos a um conjunto de países mas não a outros (*Secil*[542]), o Tribunal rejeitou até agora a comparação horizontal. No caso D, não considerou relevante comparar o tratamento dado pelos Países Baixos à Bélgica e à Alemanha, no quadro das convenções bilaterais de dupla tributação.

Enquanto os residentes nos Países Baixos e na Bélgica beneficiavam de um abatimento relativamente ao imposto sobre o património localizado nos Países Baixos, os residentes na Alemanha não beneficiavam de tal abatimento. Os residentes na Bélgica eram equiparados aos residentes nos Países Baixos e os residentes na Alemanha tinham um tratamento fiscalmente menos vantajoso.

Também no caso *ACT*, o crédito relativamente ao pagamento antecipado de imposto por uma afiliada no Reino Unido, só era dado se o acionista residisse no Reino Unido, sendo que a convenção de dupla tributação entre o Reino Unido e os Países Baixos previam créditos idênticos a conferir pelo Reino Unido. Em contrapartida, a convenção entre o Reino Unido e a Alemanha não estipulava tal crédito.

Em ambos os casos, o TJUE entendeu que as vantagens dadas em convenções de dupla tributação fazem parte de uma negociação e equilíbrio bilateral dos tratados, rejeitando a sua extensão a outras convenções bila-

[540] TJCE: 5 de julho de 2005, Caso C-376/03 (D. v Inspecteur van de Belastingdienst/Particulieren/Ondernemingen buitenland te Heerlen).

[541] TJCE: Caso C-374/04, ACT Group Litigation..., cit.

[542] TJUE: 24 de novembro de 2016, Caso C-464/14 (SECIL – Companhia Geral de Cal e Cimento, SA v. Fazenda Pública).

terais ou a outros Estados-Membros. Negou assim o Tribunal, em simultâneo, a comparabilidade horizontal e a cláusula da nação favorecida.

Há avanços e recuos na interpretação das liberdades fundamentais por parte do TJUE, nomeadamente quanto ao critério de comparabilidade e significado de discriminação e restrição. A partir dos referidos limites ao juízo de discriminação, podemos induzir algumas fronteiras na repartição de competências entre Estados-Membros e União Europeia, enquanto não existe harmonização.

Secção V
O caso dos dividendos à saída

1. Dupla tributação económica e repartição de competências entre Estado da fonte e da residência

Diferentemente do que se passa no campo da dupla tributação jurídica interestadual, o TJUE tece juízos negativos sobre a dupla tributação dos dividendos, aceitando a comparabilidade entre residentes e não residentes e chegando a um juízo de discriminação proibida quando o tratamento de não residentes é menos favorável (desde logo, o caso *Avoir Fiscal*[543]).

Os casos de dupla tributação económica analisados pelo TJUE abrangem a dupla tributação dos lucros e dos dividendos pelo Estado da fonte (*Denkavit II, Amurta, Comissão v. Países Baixos, Comissão v. Espanha, Comissão v. Itália*[544]), pelo Estado do estabelecimento estável (*Saint-Gobain*[545]) e os casos em que o Estado da fonte tributa antecipadamente os lucros do

[543] TJCE: Caso C-270/83, Avoir fiscal..., cit.

[544] TJCE: 14 de dezembro de 2006, Caso C-170/05 (Denkavit Internationaal B V, Denkavit France SARL v Ministre de l'Économie, des Finances et de l'Industrie); 8 de novembro de 2007, Caso C-379/05 (Amurta S.G.P.S. v Inspecteur van de Belastingdienst/Amsterdam NL); 11 de junho de 2009, Caso C-521/07 Comissão das Comunidades Europeias v. Reino dos Países Baixos; 3 de junho de 2010, Caso C-487/08 (Comissão das Comunidades Europeias contra Reino de Espanha); 19 de novembro de 2009, Caso C-540/07 (Comissão das Comunidades Europeias contra República Italiana).

[545] TJCE: 21 de setembro de 1999, Caso C-307/97 (Compagnie de Saint-Gobain v Finanzamt Aachen-Innenstadt).

acionista residente e não residente através de um pagamento antecipado (por conta) dos lucros (*Avoir Fiscal, ACT GLO, Burda*[546]).

Lembre-se que no caso dos dividendos tributados pela fonte, a dupla tributação económica é causada por este Estado da fonte, sendo que a tributação no Estado de residência provoca dupla tributação jurídica internacional.

Também nos casos de dupla tributação de dividendos, o Tribunal faz um juízo valorativo sobre repartição de competências e diferente do descrito acima a propósito da dupla tributação jurídica internacional de outro tipo de rendimentos. Desde logo, há uma distinção valorativa entre pagamento antecipado de imposto sobre os lucros, por um lado, dividendos à saída e dividendos à entrada.

2. Dividendos à saída

No caso dos dividendos à saída (*Denkavit II e Amurta*[547]), há três passos principais que são seguidos pelo Tribunal: o primeiro diz respeito ao juízo de comparabilidade e restrição ao exercício de uma liberdade fundamental; o segundo incide sobre o confronto da legislação interna com a livre circulação de capitais; o terceiro diz respeito à justificação para o tratamento restritivo e incide sobre o confronto das convenções de dupla tributação com o TFUE (livre circulação de capitais).

O juízo da compatibilidade da legislação interna com o TFUE, relativamente ao pagamento de dividendos por um residente a um não residente, assenta na comparabilidade entre não residentes e residentes (se há retenção na fonte dos dividendos pagos a entidades não residentes; e se há retenção na fonte dos dividendos pagos a beneficiários residentes); e na possibilidade de as convenções de dupla tributação neutralizarem os efeitos restritivos da legislação interna.

Isto é, em caso de discriminação dos dividendos à saída, as convenções de dupla tributação atribuiriam aos Estados de residência a competência para neutralizar tais efeitos, através de um crédito de imposto. Desta forma, sanariam a incompatibilidade da legislação interna com as liberdades fundamentais.

[546] 26 de junho de 2008, Caso C-284/06, Finanzamt Hamburg-Am Tierpark..., cit.

[547] Caso C-170/05, Denkavit..., cit.; Caso C-379/05, Amurta..., cit.

Neste caso, aceitar-se-ia a repartição de competências segundo as regras convencionadas pelos Estados envolvidos. O juízo é aqui diferente de *ACT* e de *Burda*[548], porque parte da comparabilidade, da discriminação da legislação interna se o seu regime diferenciar entre residentes e não residentes, e porque implica a averiguação caso a caso do regime de cada convenção de dupla tributação, em vez de presumir uma competência do Estado de residência quanto à eliminação da discriminação.

Em relação aos dividendos à saída, trata-se novamente de um juízo sobre qual dos Estados deve neutralizar os efeitos discriminatórios provocados pela fonte. Porém, ao apontar para um juízo casuístico, o Tribunal deixa o assunto em aberto, defendendo uma perspetiva de coesão que, embora formalmente diferente, tem o significado de *Schumacker* e de *Marks & Spencer*[549]: o relevante é que o contribuinte não fique numa situação menos vantajosa pelo fato de exercer as suas liberdades fundamentais, por contraposição à situação do contribuinte que não exerce essas liberdades[550].

Nos termos das convenções de dupla tributação, a situação padrão, seguindo o Modelo da OCDE, é a de que a neutralização é feita através de uma imputação ordinária. Esta tem por limite o imposto que teria sido pago no Estado de residência do acionista, se os dividendos aí tivessem sido obtidos. Isto significa que se as taxas no Estado de residência forem inferiores às do Estado da fonte, o crédito não consegue neutralizar a dupla tributação jurídica causada na fonte pela tributação dos dividendos.

Por outro lado, o crédito é também parcial no sentido em que não elimina a dupla tributação económica, a não ser que o Estado de residência preveja um crédito indireto para a dupla tributação económica nas situações internas. Neste caso, o crédito tinha que ser alargado aos dividendos à entrada (*Manninen, Meilicke*[551]).

[548] TJCE: Caso C-374/04, ACT Group Litigation..., cit.; Caso C-284/06 , Finanzamt Hamburg-Am Tierpark..., cit.

[549] TJCE: Caso C-279/93, Schumacker..., cit.; Caso C-446/03, Marks & Spencer..., cit.

[550] Luca Cerioni, "The Never-Ending Issue of Cross-Border Loss Compensation within the EU: Reconciling Balanced Allocation of Taxing Rights and Cross-Border Ability-to-Pay", *EC Tax Review*, 2015, nº 5, pp. 272-274.

[551] TJCE: 7 de setembro de 2004, caso C-319/02, Petri Mikael Manninen, cit.; 6 de março de 2007, Caso C-292/04 (Wienand Meilicke, Heidi Christa Weydc, Marina Stöffler v Finanzamt Bonn-lnnenstadt).

O entendimento da jurisprudência resultante de *Denkavit* e de *Amurta* foi confirmado nos casos *Comissão v. Espanha*[552] e *Secilpar*[553].

Se se entender que *Denkavit* e *Amurta* se ocupam apenas do Estado da fonte e da repartição de competências na tributação de dividendos, não teremos uma via de coesão para proteção do contribuinte, destinatário das liberdades fundamentais. Teremos antes, uma via de coesão na perspetiva dos Estados, assimilável à mera repartição de competências e próxima do entendimento de *ACT* e de *Burda*.

Assim, se as competências de tributação forem partilhadas entre fonte e residência; se o Estado de residência eliminar parcialmente a discriminação, do modo entre eles acordado; o sujeito passivo que exerceu as suas liberdades fundamentais continua a ser discriminado em relação a outro sujeito passivo que não as exerceu, e que não sofre nem dupla tributação jurídica internacional nem dupla tributação económica.

No caso dos dividendos à saída, a repartição de competências é um argumento ligado à justificação da restrição, visto que existe comparabilidade, e não um ponto de partida. Como veremos adiante, a propósito dos casos dos prejuízos fiscais e das deduções[554], a repartição de competências também é utilizada como uma justificação para a discriminação/restrição.

Pode pois concluir-se que a repartição de competências e a coesão são frequentemente utilizadas para proteger os interesses fiscais dos Estados e não as liberdades fundamentais dos cidadãos da UE. Mas não existe ainda uma linha de argumentação coerente que permita integrar a repartição de competências e a coesão numa lógica jurídico-fiscal, em que os princípios da livre circulação, segurança jurídica e justiça fiscal, sejam considerados princípios jurídicos da União Europeia, por serem património comum aos Estados-Membros. O caminho seguido pela jurisprudência constante nestes casos, não integra as preocupações relativas à erosão de bases fiscais e transferência de lucros, inerentes à livre circulação de fatores de produção, e que atingem a União Europeia de modo tão ou mais gravoso do que outros Estados-Membros da OCDE.

[552] TJCE: Caso C-562/07, Comissão das Comunidades Europeias contra Reino de Espanha, cit.

[553] TJCE: 22 de novembro de 2010, Caso C-199/10 (Secilpar – Sociedade Unipessoal SL v Fazenda Pública).

[554] TJCE: 21 de janeiro de 2010, Caso C-311/08 (Société de Gestion Industrielle SA (SGI) v. Belgian State).

3. Perspetiva unilateral ou de coesão

Há três formas possíveis de entender a questão da tributação dos dividendos à saída.

Em primeiro lugar, uma apreciação do regime do Estado da fonte que compare residentes e não residentes e um juízo sobre o exercício de competências por um Estado-Membro, em função dos resultados: a partir do momento em que o Estado da fonte exerce as suas competências tributárias, a sociedade acionista não residente que é sujeita a retenção na fonte pelo Estado da fonte, não pode ficar em pior situação final que a sociedade acionista residente.

Em segundo lugar, uma apreciação segundo a perspetiva da coesão, que tenha em conta as convenções de dupla tributação, e excluindo a legislação interna do Estado da residência.

Em terceiro lugar, uma apreciação que tenha em conta não só o regime em abstrato da convenção, mas também a concreta aplicação da convenção pelo Estado da residência (e portanto, também o regime fiscal interno da residência).

Obrigar o Estado da fonte a um regime unilateral não discriminatório, esquecendo o regime das convenções bilaterais, seria a solução mais simples.

Por seu turno, a favor do entendimento de que só o regime em abstrato da convenção bilateral conta, excluindo a legislação interna da residência concretamente aplicável aos dividendos, está o facto de o Estado da fonte só poder controlar a solução estatuída na própria convenção de dupla tributação.

Os Estados da fonte e da residência distribuem por mútuo acordo as competências na convenção de dupla tributação (artigo 10º do Modelo da OCDE).

Podem atribuir-se uma competência cumulativa e, nesse caso, o Estado de residência pode isentar os dividendos ou dar um crédito quanto ao imposto retido na fonte. Saber se, em concreto, o Estado da residência dá um crédito de imposto aos dividendos, eliminando a dupla tributação causada pela fonte, é algo que o Estado da fonte não pode controlar.

Isso também significa que a situação do contribuinte não fica assegurada com a mera previsão do crédito na convenção.

A segunda solução não diz quem deve nesse caso garantir a não discriminação ou neutralizar a discriminação: se o Estado da fonte ou o Estado da residência.

A terceira alternativa, postula a averiguação do resultado final e a efetiva neutralização da discriminação provocada pela legislação unilateral do Estado da fonte.

A averiguação do resultado final obriga a que a legislação interna do Estado da residência do acionista seja também considerada. Suponhamos que a convenção de dupla tributação prevê a atribuição de um crédito integral de imposto.

Neste caso, haverá neutralização dos efeitos discriminatórios provocados pelo Estado da fonte, desde que o Estado de residência atribua efetivamente o crédito e não submeta os rendimentos em causa a um regime interno de isenção. Se o crédito for integral, mesmo que as taxas de imposto por parte do Estado de residência sejam mais baixas, a dupla tributação é eliminada.

Tal exigência, entendida desta forma, é contrária à propugnada em *Gilly*[555] em que a dupla tributação remanescente se deve a disparidades das taxas e a dupla tributação jurídica no Estado de residência não é considerada discriminatória. Em última análise, é contrária também a *Kerckhaert Morres* e *Damseaux*[556], em que mesmo que não seja atribuído pela residência qualquer crédito para eliminação da dupla tributação jurídica, o Tribunal entende que a dupla tributação jurídica resulta de disparidades e não é por isso incompatível com as liberdades fundamentais.

4. O crédito em caso de pagamento antecipado de imposto sobre os lucros: disparidades e coesão

Relativamente ao pagamento antecipado de imposto sobre os lucros (*ACT, Burda, Glaxo*[557]), segundo o TJUE, residentes e não residentes não se encontram em situação comparável para efeitos de atribuição de crédito de imposto. O Estado que cobra o imposto antecipado sobre os lucros de um não residente atua na sua capacidade de Estado da fonte (*ACT*[558]).

Segundo o Tribunal, não cabe ao Estado da fonte dar créditos, ao contrário do que faz em relação aos acionista residentes. É na sua capacidade de Estado de residência que o Estado atribui um crédito de imposto a

[555] TJCE: Caso C-336/96, Gilly..., cit.

[556] TJCE: Caso C-513/04, Kerckhaert, Morres, ..., cit.; Caso C-128/08, Damseaux..., cit.

[557] TJCE: Caso C-374/04, ACT Group Litigation..., cit; Caso C-284/06, Finanzamt Hamburg-Am Tierpark..., cit.; C-182/08, Glaxo Wellcome..., cit.

[558] TJCE: Caso C-374/04, ACT Group Litigation..., cit., paras. 63-67.

um acionista, relativo a um pagamento antecipado. Por isso, o Tribunal entende, no caso *ACT*, que o crédito deve ser dado pelo Estado de residência do último acionista da cadeia.

Este entendimento é diverso do entendimento desenvolvido pelo Tribunal no caso *Avoir Fiscal*[559]. Neste caso, o Tribunal considerou que o problema do diferente tratamento e consequente discriminação a analisar, dizia respeito à não atribuição de crédito de imposto aos estabelecimentos estáveis de não residentes[560].

É certo que em *Avoir Fiscal* estamos perante um pagamento antecipado de imposto sobre um estabelecimento estável, e, portanto, estamos perante a liberdade de estabelecimento. Em contrapartida, em *ACT* e *Burda*[561] não há nenhum estabelecimento estável no Estado da fonte, embora em *ACT* se possa aplicar quer a liberdade de estabelecimento quer a livre circulação de capitais, consoante haja influência decisiva sobre a entidade residente participada ou não.

Porém, a existência de estabelecimento estável ou não, não é relevante para defendermos soluções diferentes em *Avoir Fiscal*, por um lado, e em *ACT* e em *Burda*, por outro lado. Uma justificação possível para as orientações do TJUE, em *ACT* e em Burda, é a evolução do conceito de coesão como uma das linhas marcantes da jurisprudência desse Tribunal.

Todavia, o conceito de coesão não foi corretamente aplicado pelo Tribunal nos referidos casos *ACT* e *Burda*, porque a sua análise centra-se no ponto de vista dos Estados e não no ponto de vista dos destinatários das liberdades fundamentais. Na verdade, não é averiguado se o Estado da residência elimina efetivamente a dupla tributação económica.

Poder-se-ia defender – e talvez fosse um caminho argumentativo interessante – que a coesão entre os Estados fosse construída como um novo princípio e nesse caso a coesão deveria ser ponderada em tensão com as liberdades fundamentais (tal como o TJUE tem feito em relação ao abuso). Mas não é essa a linha seguida pelo TJUE, o qual introduz uma incoerência argumentativa difícil de resolver.

Em *Avoir Fiscal*, o Tribunal rejeitou que a diferença de tratamento fosse devida às convenções de dupla tributação porque tais acordos não trata-

[559] TJCE: Caso C-270/83, Avoir Fiscal..., cit.

[560] TJCE: Caso C-270/83, Avoir Fiscal..., cit., para. 10.

[561] TJCE: Caso C-374/04, ACT Group Litigation..., cit; Caso C-284/06, Finanzamt Hamburg-Am Tierpark..., cit.

riam da questão em análise. Sendo o direito de estabelecimento secundário incondicional, um Estado-Membro não pode sujeitar o respeito do mesmo ao conteúdo de uma convenção de dupla tributação, nem à condição de reciprocidade[562].

Nos casos *ACT* e *Burda*, o Tribunal está a esquecer-se que os lucros distribuídos à sociedade acionista já foram tributados na esfera da sociedade-mãe e que portanto se está a provocar dupla tributação económica dos mesmos rendimentos.

Por outro lado, quando um Estado tributa os dividendos quer à entrada quer à saída, a posição do acionista não residente é considerada comparável à posição do acionista residente. A tributação dos dividendos no Estado da fonte é causadora de uma cadeia de tributações (e portanto de dupla tributação económica) entendida como discriminatória, se não for dado tratamento idêntico aos residentes.

O Tribunal entende que cabe ao Estado de residência atribuir um crédito de imposto ou isentar os lucros, de modo não discriminatório, na linha da jurisprudência que analisa os dividendos à entrada. E assinala também que o pagamento antecipado de imposto é distinto da tributação dos dividendos quando analisa as obrigações do Estado da fonte perante o TFUE.

Sendo assim, não é muito apropriado que cite os casos dos dividendos à entrada para julgar o tratamento a dar pelo Estado de residência do acionista (nomeadamente o *Lenz* e o *Manninen*[563]). E não é muito apropriado, porque não é garantido que os Estados de residência eliminem a dupla tributação económica, só estando obrigado a fazê-lo quando existe tratamento discriminatório entre residentes e não residentes (foi o caso de *Manninen, Lenz, Verkoiijen, Meilicke*[564]).

Lembremos também que os pagamentos antecipados de imposto sobre os lucros nos Estados da fonte só ocorrem em algumas legislações, têm sido eliminados e não constituem dividendos para efeitos da Diretiva 90/435/CEE (no caso *Burda*, o Tribunal de Justiça esclareceu que não constituem dividendos para efeitos da referida Diretiva). Segundo o Tribunal esclareceu no caso *Burda*, o pagamento antecipado de imposto não cai no âmbito

562 TJCE: Caso C-270/83, Avoir Fiscal..., cit., para. 26.

563 TJCE: 15 de julho de 2004, Caso C-315/02, Anneliese Lenz..., cit.; 7 de setembro de 2004, caso C-319/02, Petri Mikael Manninen, cit.

564 TJCE: Caso C-315/02, Lenz..., cit; caso C-319/02, Manninen, cit.; 6 de junho de 2000, Caso C-35/98, Staatssecretaris van Financiën..., cit. Caso C-292/04, Meilicke, cit.

da Diretiva porque se trata da primeira tributação dos rendimentos (dos lucros) e no caso do Reino Unido o artigo 6º da Diretiva previa expressamente a exclusão do *ACT* do âmbito da mesma.

Sendo jurisprudência constante que os pagamentos antecipados de imposto não constituem dividendos para efeitos da Diretiva 90/435/CEE, eles podem ser tributados pelo Estado da fonte. É por isso de duvidosa correção basear na mesma Diretiva o argumento de que compete ao Estado da residência a eliminação da dupla tributação económica, para estes casos e outros que não estão harmonizados[565]. Interpretar o Tratado e as liberdades fundamentais com argumentos de direito secundário é inverter a hierarquia das fontes e o valor destas para efeitos de interpretação.

Quanto muito, poder-se-ia dizer que, como nos casos *ACT* e *Burda*[566] não havia tributação dos dividendos, a situação se subsumia materialmente à da Diretiva quanto ao Estado da fonte. Na verdade, esta proíbe também a tributação de dividendos na fonte. A semelhança dos factos do *ACT* e daqueles previstos na Diretiva sociedades-mães filiais, na perspetiva do Estado da fonte, justificariam uma interpretação do caso *ACT* à luz da referida Diretiva, devido à identidade da *ratio*. Falta (apenas) o requisito do mínimo de participação.

Porém, sempre que os factos não estejam efetivamente abrangidos pela Diretiva, tal como era o caso de *ACT* e de *Burda*, não se pode garantir que o Estado de residência atribua o referido crédito.

Por ora concluímos que no campo dos pagamentos antecipados de imposto sobre os lucros à saída, o Tribunal entende que não há comparabilidade entre residentes e não residentes. A argumentação principal é a de que não cabe ao Estado da fonte dar créditos tal como o faz em relação aos residentes, uma vez que não se trata de tributação do último acionista. Tratando-se de um pagamento antecipado de imposto sobre os lucros de outra sociedade, o Estado de residência desta é que vai eventualmente tributar os dividendos dos últimos acionistas na cadeia.

Esta argumentação do Tribunal esquece que o Estado da fonte é o causador da dupla tributação económica. Isto é, o Tribunal só começa a valo-

[565] Como exemplo de não harmonização, ver os factos do caso C-284/06, Finanzamt Hamburg-Am Tierpark..., cit.

[566] TJCE: Caso C-374/04, ACT Group Litigation..., cit; Caso C-284/06, Finanzamt Hamburg-Am Tierpark..., cit.

rar este fenónemo a partir da tributação dos lucros da sociedade acionista, esquecendo os lucros tributados antes da sua distribuição.

Existe assim uma legitimação dos pagamentos antecipados de imposto sobre não residentes pelos Estados da fonte (*ACT* e *Burda*), uma repartição de competências sem comparabilidade de residentes e não residentes, a não ser que exista um estabelecimento estável (*Avoir Fiscal*[567]), caso em que já há comparabilidade entre filial e estabelecimento estável.

É difícil sustentar este raciocínio. Os pagamentos antecipados de imposto têm finalidades de prevenção da evasão fiscal e só fazem sentido quando aplicados pelo Estado da fonte. Porém, a não discriminação implicaria que o Estado da fonte concedesse o crédito de imposto que atribui aos acionistas nele residentes. Mesmo que se entenda que no quadro de uma convenção de dupla tributação o direito de tributação dos lucros é do Estado da fonte, este tem de exercê-lo de forma não discriminatória.

O entendimento de que a cobrança antecipada de imposto sobre os lucros é uma regra unilateral de atribuição de competências do Estado da fonte, implicaria assegurar que a discriminação resultante da não atribuição de um crédito a um não residente, fosse compensada. Essa compensação deve ser assegurada por um crédito efetivo no Estado de residência.

Numa perspetiva de coesão, se a convenção de dupla tributação estabelecer que o crédito ou isenção de tributação dos lucros é efetivado pelo Estado de residência do acionista que sofre a tributação, e neutralizar os efeitos provocados pelo Estado da fonte, o pagamento antecipado de imposto por parte deste pode não ser incompatível com as liberdades fundamentais. Porém, tal juízo não deve assentar no Estado de residência do último acionista, mas sim no Estado de residência do acionista que sofreu o pagamento antecipado de imposto.

Se a coesão entendida como regra que compensa a distribuição discriminatória de competências, é aplicável à dupla tributação económica[568], também deve sê-lo no caso da dupla tributação jurídica.

[567] TJCE: Caso C-270/83, Avoir fiscal..., cit.

[568] Jasper Korving, "Miljoen, X and Société Générale: The Final Curtain of the Dividend Withholding Tax Saga?", *EC Tax Review*, 2015, nº 5, pp. 281-283.

5. Coesão e repartição de competências

A argumentação segundo a qual não cabe ao Estado da fonte eliminar nenhuma discriminação (*ACT* e *Burda*[569]), porque segundo as regras de repartição de competências é ao Estado de residência última do acionista que cabe fazer isso, é uma jurisprudência que aceita os fundamentos do caso *Futura* (princípio da territorialidade)[570] e que afasta o juízo de comparabilidade entre situações internas e situações inter-estaduais.

Como já referimos, o problema principal e substancial é que não se consegue dessa forma garantir que o Estado de residência elimine a dupla tributação, pois desde que não adote medidas discriminatórias, não tem que eliminá-las.

Nestes casos, o Tribunal está a adotar o ponto de vista dos Estados envolvidos (a sua repartição de competências) como ponto de partida e como meta, não sendo relevante se há discriminação ou não: *Gilly, Truck Centre, ACT, Burda, Schempp*[571]. Nenhum destes promove o mercado interno, embora casos como *ACT* e *Burda* possam induzir o intérprete em erro.

Formalmente, *Gilly* e *Schempp* são distintos de *ACT* e *Burda. Truck Center* tem que ser interpretado perante os dois grupos de casos.

Gilly e *Schempp* dizem respeito a residentes. O Tribunal diz expressamente que o efeito desvantajoso resulta da aplicação de regras de repartição de competência e que portanto não há discriminação.

ACT e *Burda* dizem respeito a não residentes. Nestes acórdãos, o Tribunal também diz que o efeito desvantajoso resultante da aplicação de regras pelo Estado da fonte emana da aplicação de regras de repartição de competências, em que cabe ao Estado de residência do acionista conferir um crédito e não ao Estado da fonte.

Aparentemente, *ACT* e *Burda* adotam o princípio da coesão, no sentido em que se diz que o efeito desvantajoso tem que ser resolvido pelo Estado de residência do acionista e não pelo Estado que promove a discriminação. Todavia, a adoção de tal princípio de coesão é meramente aparente

[569] TJCE: Caso C-374/04, ACT Group Litigation..., cit; Caso C-284/06, Finanzamt Hamburg-Am Tierpark..., cit.

[570] TJCE: 15 de maio de 1997, Caso C-250/95 (Futura Participations SA and Singer v Administration des contributions).

[571] TJCE: Caso C-336/96, Gilly.., cit.; Caso C-374/04, ACT Group Litigation..., cit; Caso C-284/06, Finanzamt Hamburg-Am Tierpark..., cit.; 22 de dezembro de 2008, Caso C-282/07, Truck Center..., cit.; C-182/08, Glaxo Wellcome..., cit.

porque se o Estado de residência não eliminar a dupla tributação dos acionistas, o Estado da fonte aplicou com sucesso um regime discriminatório.

Em *ACT* e *Burda*, tal como aliás em *Schempp*, a coesão é abordada da perspetiva do Estado e não da perspetiva do sujeito passivo.

6. (In)coerência da jurisprudência

A coerência da jurisprudência do Tribunal implicaria uma solução diferente: como a tributação conjunta dos dividendos na fonte e na residência provoca dupla tributação jurídica e o Tribunal entende que esta não é contrária às liberdades fundamentais, a perspetiva de coesão não devia obrigar a um crédito integral.

Por outro lado, se defendermos a perspetiva da coesão e o crédito integral, esta tem que abranger o crédito indireto. Isto é, na perspetiva da coesão, a neutralização da discriminação provocada pela retenção de imposto no Estado da fonte, implica atribuição de dois créditos autónomos: um direto e um indireto, ambos integrais. Só dessa forma a convenção de dupla tributação conseguiria sempre neutralizar a discriminação provocada pelo Estado da fonte.

Aplicar-se-ia a linha *Manninen* e *Meilicke*[572], indo além destas. Os créditos deviam ser dados, mesmo que os Estados de residência não atribuíssem créditos indiretos nas situações internas.

Normalmente, as convenções de dupla tributação não preveem créditos integrais nem créditos indiretos. *Manninen* e *Meilicke* obrigam à atribuição de créditos indiretos no contexto da não discriminação pelo Estado de residência, e não para neutralizar discriminações provocadas pelo Estado da fonte.

Por outro lado, o crédito pode não ser aplicado se o Estado de residência nas suas normas internas previr a isenção dos rendimentos ou do sujeito passivo em causa. Tal era o caso dos Países Baixos em *Denkavit* e de Portugal em *Amurta*.

Portanto, dizer que basta o Estado da fonte assegurar a neutralização através da convenção de dupla tributação porque não tem poderes para forçar o Estado de residência a neutralizar efetivamente a discriminação, não tem em devida conta a proteção do destinatário da liberdade fundamental. Esta perspetiva centra-se na repartição de competências dos Estados, fugindo da questão do exercício de competências.

572 TJCE: Caso C-319/02, Manninen..., cit.; Caso C-292/04, Meilicke, cit.

Finalmente, mesmo que não esteja previsto o crédito direto integral na convenção, se, no caso em concreto, as taxas do Estado de residência do acionista forem mais elevadas, este consegue eliminar a dupla tributação jurídica. Falta apenas saber se a convenção prevê também o crédito indireto ou se, quanto a este crédito, vale o regime unilateral. Assim, teríamos que averiguar se o crédito indireto é adotado nas situações internas. Se a resposta for afirmativa, o crédito indireto tem de ser alargado aos dividendos à entrada.

7. Denkavit e Amurta

A posição do Tribunal em *Denkavit* e *Amurta*[573] é ambígua. Ele parece aceitar os argumentos do Governo alemão em *Amurta*, o qual defendia que o cumprimento do Tratado da CE pelo Estado da fonte só podia ser avaliado com base no que ele podia assegurar – a sua própria legislação interna e as convenções de dupla tributação – o que exclui as normas unilaterais do Estado de residência[574].

Passou a falar-se a este propósito no princípio da coesão relacionado apenas com as convenções de dupla tributação, excluindo a legislação unilateral do outro Estado, ultrapassando-se a doutrina do caso *De Groot*[575].

Segundo o Tribunal, no caso *Amurta*, o Reino dos Países Baixos não pode confiar na existência de uma vantagem fiscal (crédito de imposto) concedida unilateralmente por outro Estado-Membro para escapar às suas obrigações ao Tratado da CE[576].

E não pode contar com a existência de um crédito fiscal integral atribuído unilateralmente pelo Estado-Membro de residência do acionista para escapar às suas obrigações de evitar a dupla tributação económica. Estas objeções resultam do exercício das suas competências de tributação, quando esse Estado da fonte evita tal dupla tributação económica relativamente aos dividendos distribuídos a sociedades residentes no seu território[577].

Não se diz aqui que tais dividendos se limitem a situações internas. Isto significa que as situações de *Manninen* e de *Meilicke* [578](eliminação

[573] TJCE: Caso C-170/05, Denkavit..., cit.; Caso C-379/05, Amurta..., cit.

[574] TJCE: Caso C-379/05, Amurta..., cit., para. 72.

[575] TJCE: Caso C-385/00, De Groot..., cit.

[576] TJCE: Caso C-379/05, Amurta..., cit., para. 78

[577] TJCE: Caso C-379/05, Amurta..., cit., para. 84

[578] TJCE: Caso C-319/02, Manninen..., cit.; Caso C-292/04, Meilicke, cit.

da dupla tributação económica à entrada) obrigariam também a uma não discriminação dos dividendos à saída.

Mas o Tribunal parece também querer conciliar estes argumentos com a finalidade de que as regras unilaterais do Estado da fonte e as regras das convenções de dupla tributação efetivamente neutralizem os efeitos discriminatórios da fonte. Assim, não pode ser excluído que um Estado assegure as suas obrigações perante o Tratado através da conclusão de uma convenção para eliminar a dupla tributação, pois o sistema fiscal resultante dessa convenção faz parte do panorama legislativo que foi reenviado ao Tribunal de Justiça[579]. Mas tem que se determinar se a convenção permite neutralizar os efeitos da restrição da livre circulação de capitais [580].

O problema é o de saber como é que a convenção – apenas a convenção, excluindo a sua efetiva aplicação pelo Estado de residência do acionista – permite neutralizar o efeito discriminatório provocado pelo Estado da fonte sem se ter em conta a legislação unilateral do Estado de residência

Esta tentativa de conciliação é ambígua e inatingível e por isso é um argumento juridicamente falacioso, porque o requisito adicional não é suscetível de ser atingido sem se ter em conta a legislação interna aplicável ao caso concreto, como demonstram *Comissão v. Espanha*, *Secilpar* e os factos de *Amurta*[581].

Ou se entende que a convenção bilateral nunca permite neutralizar os efeitos da dupla tributação económica, porque não concede um crédito integral (*Comissão v. Espanha, Secilpar*). E se a convenção o permitir em teoria – através do crédito direto e indireto e integral em ambos os casos – na prática pode não levar aos resultados desejáveis pelo contribuinte se, em vez do crédito previsto na convenção, o Estado de residência do acionista isentar os rendimentos.

Se, por outro lado, se entender que as convenções de dupla tributação devem assegurar que a dupla tributação jurídica seja efetivamente eliminada pelo Estado de residência, nomeadamente, através de um crédito integral de imposto, trata-se de um juízo contrário do que tinha sido

[579] TJCE: Caso C-379/05, Amurta..., cit., para. 80.

[580] TJCE: Caso C-379/05, Amurta..., cit., para. 84.

[581] TJCE: 3 de junho de 2010, Caso C-487/08, *Comissão v. Espanha;* 22 de novembro de 2010, Caso C-199/10, Secilpar – Sociedade Unipessoal SL v Fazenda Pública; Caso C-379/05, Amurta..., cit.

defendido em *Gilly*, *Kerckhart Morres* e *Damseaux*[582]. Como vimos, fora do caso dos dividendos, na dupla tributação jurídica, o Tribunal afasta a comparabilidade entre residentes e não residentes.

8. Dupla tributação jurídica (à entrada) e dupla tributação de dividendos (à saída e à entrada)

O juízo de que a repartição de competências afasta a comparabilidade (*Gilly* e *Futura*[583]) é falacioso e por isso, assim apresentado, também erróneo, porque é um juízo centrado nos Estados envolvidos. Os destinatários das liberdades fundamentais são os nacionais de um Estado-Membro, pessoas singulares ou coletivas e não os Estados, pelo que o juízo de comparação não pode basear-se na repartição de competências. Esta baseia-se na existência de fronteiras nacionais e em si permitiria justificar qualquer discriminação.

É falacioso entender que na dupla tributação jurídica internacional não há comparabilidade entre residentes que não exercem uma liberdade fundamental e residentes que a exercem, e que na dupla tributação económica já haja comparabilidade entre esses residentes, cabendo porém, afinal, ao Estado da residência eliminar a dupla tributação jurídica se as convenções assim o previrem.

9. O papel do Estado de residência nos dividendos à entrada e o crédito parcial discriminatório

O passo seguinte implica questionar se o crédito parcial, pelo Estado de residência, é em si discriminatório, por originar dupla tributação, a qual é desvantajosa e não ocorre nas situações puramente internas. Foi a este propósito que a comparabilidade se mostrou expressamente tratada pelo Tribunal (*Gilly*[584]). Trata-se da situação espelho de *Gilly*, *Kerkehart-Morres* e *Damseaux*. O efeito desvantajoso causado pelo crédito de imposto parcial é resultado não só da repartição de competências acordada entre os Estados-Membros, como, num segundo momento, da diferença de taxas e da diferença de bases fiscais entre Estado da fonte e Estado de residência. Enquanto a diferença de taxas resulta da ausência de harmonização, a

[582] TJCE: Caso C-336/96, Gilly; Caso C-513/04, Kerckhaert, Morres..., cit; Caso C-128/08, Damseaux..., cit.

[583] TJCE: Caso C-336/96, Gilly; Caso C-250/95, Futura..., cit.

[584] TJCE: Caso C-336/96, Gilly..., cit., para. 33.

diferença de bases fiscais resulta do facto de certas deduções e abatimentos serem aplicáveis aos residentes e não serem aplicáveis aos não residentes. Em *Gilly*, o Tribunal entendeu com base no critério *Schumacker* que residentes e não residentes não estão em situação comparável, e portanto que o crédito não tinha que ser total[585].

Lembre-se que foi reconhecido, no parágrafo 44 do acórdão, que, "em virtude da maior progressividade do imposto alemão relativamente ao imposto francês e atendendo à percentagem dos rendimentos de trabalho de A. Gilly no conjunto dos rendimentos do agregado familiar fiscal tributável em França, o montante do crédito de imposto é sempre inferior ao imposto efectivamente pago na Alemanha. Além disso, do facto de a situação pessoal e familiar de A. Gilly não ter sido tomada em conta na Alemanha, quando o foi em França para o cálculo do imposto sobre o rendimento global, deriva que o crédito de imposto imputado no Estado de residência é inferior ao montante do imposto efetivamente pago no Estado de emprego, considerados os abatimentos e reduções concedidos no primeiro Estado.[586]"

Dizer por um lado que residentes com rendimentos exclusivamente internos e residentes com rendimentos noutro Estado-Membro não estão em situação comparável, porque no segundo caso se trata de regras de distribuição de competências e porque a dupla tributação jurídica resulta de créditos insuficientes que se devem a disparidades; e defender por outro lado, que um residente com dividendos no exterior, objeto de dupla tributação económica tem que receber um crédito de imposto integral para neutralizar a discriminação provocada pela fonte, não parece totalmente coerente.

10. Crédito indireto

Também a exigência do crédito indireto quando esse crédito é dado no caso de situações puramente internas[587], para que a discriminação seja neutralizada, não é proporcional. E não o é, porque a dupla tributação económica internacional resulta também da repartição de competências entre fonte e residência.

Recorrendo ao argumento que foi usado para a dupla tributação jurídica internacional, não se pode dizer que no caso de dupla tributação econó-

585 TJCE: Caso C-336/96, Gilly..., cit., paras. 33-34.

586 TJCE: Caso C-336/96, Gilly..., cit.

587 TJCE: Caso C-319/02, Manninen..., cit. ; Caso C-292/04, Meilicke..., cit.

mica haja comparabilidade, se a repartição de competências tiver conferido tal direito de tributação dos dividendos ao Estado de residência e um direito de tributação parcial ao Estado da fonte (na lógica do artigo 10º, nº 1 e nº 2 do Modelo da OCDE). Na lógica do próprio TJUE, a repartição de competências antecede a comparabilidade.

Além do mais, o facto de no caso de dupla tributação económica não ser dado um crédito indireto é, por maioria de razão, uma questão de repartição de competências entre os Estados. Não dar crédito ou dar um crédito parcial ou insuficiente para eliminar a dupla tributação tem o mesmo significado e valor para efeitos de repartição de competências e de (não) comparabilidade.

Na verdade, segundo os princípios do Direito Fiscal Internacional, a competência para tributar os lucros caberia ao Estado de residência da sociedade. Se o acionista não for residente no mesmo Estado, entende-se que é o Estado que distribui os dividendos (neste caso, Estado da fonte dos dividendos) que deve abdicar de uma segunda tributação dos dividendos (ou limitar o seu direito) porque já recebeu a parte da receita relativa aos lucros.

Quando o Tribunal nas situações de dupla tributação económica exige a atribuição de um crédito indireto aos residentes que exerceram uma liberdade fundamental, porque tal crédito é dado internamente, o Tribunal ultrapassa ou esquece-se da (sua) condição prévia: estamos perante regras de repartição de competências e não perante regras de exercício das competências.

A jurisprudência do Tribunal de Justiça em matéria de dupla tributação económica inverteu a lógica seguida pela OCDE e convenções de dupla tributação baseadas no Modelo.

Juntando *ACT, Burda, Manninen e Meilicke*, o Estado da fonte que discrimine os lucros distribuídos porque dá um crédito aos residentes mas não o dá aos não residentes (mesmo que tribute apenas os lucros do não residente e não os dividendos) já não tem que o fazer (*Manninen, Meilicke*[588], por um lado, e *ACT* e *Burda*[589] por outro lado).

Segundo o Tribunal, cabe ao Estado de residência esse papel, mas na verdade, ele só pode ser exigido ao Estado de residência quando este atribua, internamente, créditos indiretos para a dupla tributação económica.

[588] TJCE: Caso C-319/02, Manninen..., cit.; Caso C-292/04, Meilicke..., cit.

[589] TJCE: Caso C-374/04, ACT..., cit.; Caso C-284/06, Finanzamt Hamburg-Am Tierpark..., cit.

No caso dos pagamentos antecipados de imposto sobre os lucros, há um claro juízo de valor por parte do Tribunal quanto ao Estado que deve dar o crédito por dupla tributação jurídica: deve ser o Estado de residência do último acionista e não o Estado da fonte. Numa das interpretações de *Denkavit* e *Amurta* e *Comissão v. Espanha*[590], bastaria a convenção de dupla tributação prever um crédito integral para que o Estado da fonte visse a sua legislação interna discriminatória legitimada perante o Tratado.

Isto significa que se o Estado de residência não o fizer, porque adota um sistema clássico e não elimina as duplas tributações económicas, o Estado da fonte continua sem ter que tomar quaisquer medidas para eliminar a dupla tributação, bastando que as convenções de dupla tributação prevejam o crédito integral relativamente à dupla tributação jurídica.

A única justificação para este desentendimento pode residir na Diretiva sociedades-mães/filiais que obriga o Estado da residência do acionista a dar um crédito, mas só certos destinatários, verificando-se todos os pressupostos da Diretiva, podem dela beneficiar.

Além do mais, a Diretiva proíbe as retenções na fonte de dividendos (a não ser no caso dos híbridos).

Este é um dos casos em que, possivelmente por um conjunto de equívocos que levaram ao juízo de valor atrás descrito, quanto ao tipo de normas envolvidas e à correta repartição de competências entre Estados, o Tribunal está a ultrapassar o seu papel. Ele alarga o alcance da Diretiva a sujeitos não abrangidos por ela, e por outro lado obriga os Estados de residência a abdicar das receitas, e apenas em caso de discriminação. O Tribunal esquece as obrigações dos Estados da fonte dos dividendos e esquece a situação final do destinatário das liberdades fundamentais.

A perspetiva de coesão no caso dos dividendos é por isso subsidiária, pois não se pode obrigar o Estado de residência a cumpri-la. Ela só funciona se a residência em concreto conduzir à neutralidade, isto é, só não há discriminação pela fonte, se a residência eliminar a dupla tributação, mas *Gilly, Kerckhart & Morres* e *Damseaux*[591] não obrigam a isso.

590 TJCE: Caso C-170/05, Denkavit..., cit.; Caso C-379/05, Amurta... cit.; Caso C-562/07, Comissão v. Espanha... cit.

591 TJCE: Caso C-336/96, Gilly... cit; Caso C-513/04, Kerckhaert & Morres..., cit.; Caso C-128/08, Damseaux..., cit.

11. Neutralidade de tratamento

No caso dos dividendos à saída, o Tribunal faz um raciocínio do género "não tem de fazer se outro o fizer", enquanto em *Schumacker* e *Marks & Spencer*[592], a lógica é "tem de fazer se o outro não fizer". Em substância, não há diferenças entre os casos se o resultado para o contribuinte for neutro. Por conseguinte, quer no caso da base tributável dos rendimentos de pessoas singulares, quer quanto à base tributável de pessoas coletivas, quer ainda quanto à dupla tributação de dividendos à saída, o Tribunal faz um juízo em que olha para os dois Estados-Membros envolvidos.

No caso das bases tributáveis (*Schumacker, De Groot, Futura*[593]), a coesão é exigida aos Estados-Membros unilateralmente, estendendo uma legislação unilateral à situação transfronteiriça. A legislação unilateral não era aplicada à situação transfronteiriça, porque se o fosse seria contrária à lógica da repartição de competências segundo o princípio da territorialidade[594].

Pelo contrário, no caso dos dividendos à saída (*Denkavit* e *Amurta*[595]), e também a outro nível, no quadro da tributação antecipada dos lucros (*ACT* e *Burda*[596]), a coesão baseia-se, como vimos, na repartição de competências segundo as convenções de dupla tributação. A coesão no sentido correto do termo (em que o protegido é o contribuinte, destinatário das liberdades fundamentais) recomenda que um dos Estados-Membros resolva a discriminação, seja unilateralmente, seja através das convenções de dupla tributação. O que releva não é o instrumento legal utilizado (unilateral ou bilateral), mas que o contribuinte que exerce as suas liberdades fundamentais não fique em situação mais desfavorável do que o contribuinte que não as exerce.

[592] TJCE: Caso C-279/93, Schumacker..., cit.; Caso C-446/03, Marks & Spencer..., cit.

[593] TJCE: Caso C-279/93, Schumacker..., cit.; Caso C-385/00, De Groot..., cit.; Caso C-250/95, Futura..., cit.

[594] Luca Cerioni, "The Never-Ending...", cit., pp. 268-280.

[595] TJCE: Caso C-170/05, Denkavit..., cit.; Caso C-379/05, Amurta... cit.

[596] TJCE: Caso C-374/04, ACT..., cit.; Caso C-284/06, Finanzamt Hamburg-Am Tierpark..., cit.

Secção VI
Os grupos de sociedades

1. Liberdade de estabelecimento e comparação entre residentes e não residentes

O Tribunal recusou desde o início a aceitação incondicional da diferenciação fiscal entre residentes e não residentes: *Avoir Fiscal, Marks & Spencer* e *Rewe Zentralfinanz*[597], secundados por casos posteriores, são exemplos disso. No primeiro caso, o Tribunal esclareceu que a liberdade de estabelecimento não era compatível com um tratamento fiscal discriminatório de sucursais em relação a filiais, pois o direito secundário de estabelecimento assim o exigia. No segundo e terceiro casos, o Tribunal foi mais longe, adotando a linha de *Schumacker* para as deduções à coleta de carácter pessoal das pessoas singulares, entendendo que a própria ausência de direitos de tributação por parte de um Estado-Membro em relação a um sujeito passivo (nos casos, uma afiliada não residente) não justificava a recusa sistemática de concessão de todos os "beneficios fiscais" a essa filial não residente, pela razão de os rendimentos, não serem tributáveis no primeiro Estado-Membro[598].

No caso da tributação dos grupos de sociedades, e no quadro de um regime de consolidação, o Tribunal começou por exigir, no caso *ICI*[599], um tratamento não discriminatório das deduções de prejuízos das sociedades *holding* do Reino Unido com filiais noutros Estados-Membros.

O Reino Unido subordinava o direito a uma dedução fiscal à condição de a atividade da sociedade *holding* consistir em deter única ou principalmente as ações de filiais estabelecidas no Estado-Membro em causa. Essa legislação utilizava o critério da sede das filiais controladas para introduzir um tratamento fiscal mais favorável às sociedades de consórcio estabelecidas no Reino Unido. Segundo o Reino Unido, não era possível compensar a redução de imposto resultante da dedução das perdas das filiais residen-

[597] TJCE: Caso C-270/83, Avoir fiscal..., cit.; Caso C-446/03, Marks & Spencer..., cit.; Caso C-347/04 (Rewe Zentralfinanz eG v Finanzamt Köln-Mitte).

[598] V., TJCE: 29 de março de 2007, Caso C-347/04, Rewe Zentralfinanz..., cit., para. 43.

[599] TJCE: 16 de julho de 1998, Caso C-264/96 (Imperial Chemical Industries plc (ICI) v Kenneth Hall Colmer (Her Majesty's Inspector of Taxes).

tes pela tributação dos lucros das filiais situadas fora do Estado-Membro. O Tribunal não aceitou como justificação a necessidade de assegurar a coerência do regime fiscal nacional. Para o Tribunal, não existia qualquer ligação direta, entre, por um lado, a dedução fiscal, na esfera da sociedade de consórcio, das perdas sofridas por uma das suas filiais com sede nesse Estado-Membro e, por outro, a tributação dos lucros das filiais situadas fora desse Estado[600].

A tributação dos grupos de sociedades no Reino Unido distinguia tradicionalmente o tratamento a dar às sucursais – estabelecimentos estáveis – e às filiais. O regime aplicável às sociedades com estabelecimentos estáveis conferia o direito à consolidação fiscal, mas o regime dos grupos de sociedades não.

Este regime permitia apenas uma imputação dos prejuízos das filiais nos resultados da sociedade-mãe em determinado exercício fiscal e em contrapartida não podiam reportar as perdas para outros exercícios fiscais. Após o caso *ICI*, a aplicação da dedução de grupo deixou de estar sujeita à condição de as sociedades em causa serem residentes no Reino Unido e a legislação britânica foi alterada de forma que tal dedução possa ser concedida às sociedades não residentes que exercem uma atividade comercial no Reino Unido através de uma sucursal ou de uma agência:

> "Nos termos da Section 402 do ICTA, alterada após o caso ICI, a dedução só podia ser concedida se a sociedade cedente e a sociedade reclamante preencherem a condição de cada uma delas ser «uma sociedade [...] residente no Reino Unido ou uma sociedade não residente que exerce uma actividade comercial no Reino Unido por meio de uma sucursal ou de uma agência"[601].

O benefício deste regime estava vedado às sociedades não residentes que não exercessem atividade económica no Reino Unido, tais como filiais de uma sociedade residente, como sucedia no caso *Marks & Spencer*[602].

O caso *Marks & Spencer* disse respeito à legislação fiscal do Reino Unido, e estava em causa a discriminação entre filiais residentes e filiais não resi-

600 V. TJCE: Caso C-264/96, ICI..., cit. paras. 28 e 29.

601 Conclusões do Advogado-Geral M. Poiares Maduro, apresentadas em 7 de abril de 2005, Caso C-446/03, Marks & Spencer..., cit., para. 18.

602 TJCE: Caso C-446/03, Marks & Spencer..., cit. Conclusões do Advogado-Geral M. Poiares Maduro, Caso C-446/03, Marks & Spencer..., cit., para. 18.

dentes e entre sucursais estabelecidas no Reino Unido e filiais não residentes. Dentro de um grupo, cada sociedade era tributada separadamente pelos seus próprios lucros, sendo apenas tributados os dividendos distribuídos à sociedade-mãe (mas era concedido um crédito de imposto para evitar a dupla tributação). Não existia o princípio da consolidação dos resultados das sociedades do grupo.

Previa-se, por outro lado, um regime especial de tratamento dos prejuízos de grupo (regime de «dedução de grupo» («group relief»)): qualquer sociedade de um grupo («sociedade cedente») podia ceder os seus prejuízos a outra sociedade do mesmo grupo que reclama a dedução («sociedade reclamante»), e esta podia deduzir esses prejuízos do seu lucro tributável. Neste caso, a sociedade cedente perdia o direito de utilizar os prejuízos cedidos para efeitos fiscais, nomeadamente, a possibilidade de estes transitarem para exercícios posteriores.

Tratava-se de um regime de neutralidade fiscal, cuja finalidade, tal como foi salientado pelo Advogado-Geral Poiares Maduro[603], era a de limitar os efeitos negativos da constituição de sociedades, nomeadamente, a opção de constituição de filiais em vez de sucursais.

Tal regime de neutralidade impedia a transferência de resultados negativos de uma sociedade para outra do mesmo grupo relativamente a um exercício fiscal. Assim prevenia-se uma nova dedução na esfera da filial.

Segundo o Advogado-Geral:

> "17. Embora este regime *neutralize* certos efeitos provocados pela separação jurídica das sociedades no interior de um grupo, não *igualiza* as condições de tributação entre as diversas formas de sociedades. Ao contrário do regime aplicável às sociedades com estabelecimentos permanentes, o regime dos grupos de sociedades não confere o direito à consolidação fiscal. Um regime de consolidação fiscal significa que todos os resultados de explorações do grupo, tanto prejuízos como lucros, são absorvidos pelos resultados da sociedade-mãe para efeitos de tributação. O grupo pode, assim, ser encarado como uma unidade fiscal perfeita. Não é esse o caso do regime de dedução de grupo. Este regime consiste unicamente numa imputação dos prejuízos das filiais nos resultados da sociedade-mãe em determinado exercício fiscal. Essas filiais devem aceitar a transferência de prejuízos além de se submete-

[603] Conclusões do Advogado-Geral M. Poiares Maduro, Caso C-446/03, Marks & Spencer..., cit., para. 16.

rem à obrigação de não reportarem as perdas para outros exercícios fiscais. Assim, embora se possa considerar que o regime de dedução trata o grupo de sociedades como uma entidade económica real, não cria uma unidade fiscal. No âmbito desse regime, as filiais conservam não só a sua autonomia jurídica mas também uma certa autonomia fiscal.

18. As condições de aplicação deste regime evoluíram. No regime que resultava do ICTA, a aplicação da dedução de grupo estava sujeita à condição de as sociedades em causa serem residentes no Reino Unido. Contudo, essa condição foi posta em causa pelo acórdão ICI, por ser contrária ao artigo 43º CE, que garante às sociedades da Comunidade a liberdade de estabelecimento. Na sequência desse acórdão, a legislação britânica foi alterada de forma a que tal dedução possa ser concedida às sociedades não residentes que exercem uma actividade comercial no Reino Unido através de uma sucursal ou de uma agência. Nos termos da nova Section 402 do ICTA, a dedução só pode ser concedida se a sociedade cedente e a sociedade reclamante preencherem a condição de cada uma delas ser «uma sociedade [...] residente no Reino Unido ou uma sociedade não residente que exerce uma actividade comercial no Reino Unido por meio de uma sucursal ou de uma agência». O benefício deste regime está, assim, vedado às sociedades não residentes que não exerçam actividade económica no Reino Unido. As filiais da M&S estão nesta situação"[604].

O entendimento de que a diferenciação entre sociedades-mães com filiais no Reino Unido e fora dela implica por si uma restrição, significaria um vazio de disciplina em matéria de tributação direta não harmonizada. Do ponto de vista do contribuinte, este entendimento significaria uma submissão opcional às normas fiscais de um Estado-Membro.

Por conseguinte, os nacionais de um Estado-Membro poderiam optar por serem tributados num dos Estados-Membros com que tivessem uma conexão fiscal relevante, e nesse caso, pelo Estado-Membro onde a carga fiscal fosse mais baixa.

As tensões e contradições presentes na jurisprudência do Tribunal de Justiça, que analisamos neste estudo, denotam bem a dificuldade e a hesitação quanto ao alcance da comparabilidade e em última instância quanto ao significado de discriminação, nos casos de tributação direta.

[604] Conclusões do Advogado-Geral M. Poiares Maduro, Caso C 446/03, Marks & Spencer..., cit.

2. Comparabilidade extrema

Numa situação extrema, talvez pretendida pelo Advogado-Geral Poiares Maduro, existiria comparabilidade desde que o sujeito passivo fosse nacional de um Estado-Membro e uma sociedade do grupo operasse noutro Estado-Membro. Esta beneficiaria de uma das liberdades fundamentais.

Assim, bastaria a fonte, a residência, a nacionalidade, o local de situação dos bens ou até a residência de uma das sociedades de um grupo ou de uma das entidades com que um sujeito passivo tem relações especiais – para que a comparabilidade existisse e o tratamento desvantajoso fosse incompatível com as liberdades fundamentais. A comparabilidade total entre residentes implicaria que o sujeito passivo pudesse escolher o Estado de tributação desde que existisse alguma entidade do grupo a operar nesse Estado.

Este fenómeno tanto poderia causar dupla não tributação como dupla tributação. Porém, não sendo esta última contrária às liberdades, mas meramente decorrente da disparidade de legislações, apenas poderia ser resolvida no contexto das convenções de dupla tributação, isto é, através de normas de repartição de competências.

Isto é, se residentes e não residentes fossem sujeitos às mesmas bases tributáveis e às mesmas taxas e deduções à coleta, em cada Estado-Membro, isso significaria uma duplicação absoluta de impostos, embora não de carga fiscal, uma vez que matéria tributável, taxas e deduções à coleta, na ausência de harmonização, variam de Estado para Estado.

Todavia, no caso de existir uma convenção de dupla tributação, as normas de repartição de competências podem conferir a exclusividade do direito de tributação a um dos Estados. Neste caso, o Estado que não tem competência para tributar, não procede à comparabilidade entre residentes e não residentes (ou residentes com rendimentos meramente internos e residentes que exercem as suas liberdades fundamentais).

Tomemos como exemplo *Schumacker*, *Marks & Spencer* e *Manninen*[605] para fazer este exercício. Numa situação em que residentes e não residentes fossem totalmente comparáveis, *Schumacker* poderia ser tributado pelos rendimentos universais na Bélgica e pelos rendimentos universais na Alemanha.

[605] TJCE: Caso C-279/93, Schumacker..., cit.; Caso C-446/03, Marks & Spencer..., cit.; Caso C-319/02, Manninen..., cit.

Tal comparabilidade só não ocorre se houver regras de repartição de competências que atribuam a competência exclusiva de tributação a um dos Estados-Membros envolvidos, tal como aconteceu em *Schumacker.*

Consta dos factos do acórdão do Tribunal de Justiça que os rendimentos salariais auferidos por *Schumacker* a partir de 1989 até à data da obtenção dos factos para efeitos do acórdão só podiam ser tributados pela Alemanha: o senhor *Schumacker* residiu sempre na Bélgica com a esposa e os filhos. Ele trabalhou como trabalhador dependente num primeiro momento naquele país e exerceu atividades assalariadas na Alemanha, de 15 de maio de 1988 a 31 de dezembro de 1989, continuando a residir na Bélgica. A sua mulher não auferiu rendimentos de trabalho e recebeu subsídio de desemprego na Bélgica apenas em 1988. Os rendimentos familiares são constituídos exclusivamente, desde 1989 e até à data dos fatos constantes do acórdão, pelo salário do senhor *Schumacker.*

Nos termos do nº 1 do artigo 15º da convenção germano-belga de 11 de abril de 1967 em matéria de dupla tributação, o direito de tributar os rendimentos salariais de *Schumacker* posteriores a 15 de maio de 1988 cabe à República Federal da Alemanha, enquanto Estado onde a atividade é exercida.

Existindo esta competência exclusiva, a comparabilidade só pode ser levada a cabo pela Alemanha, quando exerce a sua competência, e devendo nesse caso aplicar regras não discriminatórias. Na ótica da comparabilidade total, o senhor Schumacker tem direito a ser tratado como um residente na Alemanha, sujeito ao regime do coeficiente conjugal, à progressividade e aos abatimentos aplicáveis.

Embora se possa fazer referência neste caso a uma segunda categoria de residentes – os residentes com a maior parte do seu rendimento no Estado onde trabalham ou residentes-virtuais – o Tribunal não criou um novo elemento de conexão nem repartiu bases fiscais, limitando-se a exigir o alargamento do tratamento dado a uma determinada categoria de residentes, legalmente prevista, a outra categoria, não prevista pela legislação interna.

Em *Marks & Spencer*, a comparabilidade total implicaria que quer os lucros quer os prejuízos da sociedade-mãe e da filial poderiam ser tomados em conta nos Estados-Membros envolvidos, se ambos tivessem essa possibilidade para as situações internas comparáveis: o Estado da sociedade-mãe e o Estado da filial. Isso implicaria também dupla tributação, se houvesse lucros apurados no conjunto da sociedade-mãe e da filial.

As regras fiscais de cada Estado poderiam conduzir a que o montante de prejuízos apurado fosse diferente, ou até que a aplicação das regras de determinação da matéria tributável de um dos Estados-Membros conduzisse ao apuramento de prejuízos e a aplicação das regras fiscais de outro Estado-Membro conduzisse ao apuramento de lucros.

Tal resultado poderia também resultar do facto de um dos Estados-Membros não permitir a dedução de prejuízos ou não permitir o reporte da dedução dos prejuízos para futuro durante o mesmo período de tempo. Inúmeros fatores, tais como diferentes taxas ou até diferentes moedas – a libra ou o euro – poderiam conduzir a diferentes resultados.

3. Comparabilidade e exercício de competências

Este problema desaparece se adotarmos a comparabilidade apenas nos casos em que os Estados envolvidos exercem as suas competências, isto é, se as regras de repartição de competências lhes permitirem tributar o sujeito passivo em questão (se as normas de incidência se aplicarem ao caso). A coercibilidade das normas jurídicas, e no caso que nos ocupa, das normas fiscais, faz com que, na ausência de normas de incidência que permitam legitimamente tributar um sujeito passivo, não possa haver uma opção por parte do sujeito passivo quanto ao Estado onde ser tributado e onde deduzir certas despesas ou prejuízos.

Em última análise, em *Marks & Spencer*, as normas de repartição de competências das convenções fiscais foram consideradas em si mesmas contrárias às liberdades fundamentais, uma vez que o Estado da sociedade-mãe passou a ter que abranger, nas suas normas fiscais, para efeitos determinados – a consideração dos prejuízos – a sociedade não residente.

Ficou em dúvida se a tributação dos rendimentos também teria que ser admitida pelo Reino Unido, se fosse mais favorável para os residentes, destacando-se alguns elementos da base tributável (dedução de certos custos não admitidos na fonte, por exemplo), e essa questão foi respondida negativamente mais tarde, no caso *Oy AA*[606].

[606] V. os desenvolvimentos em Yariv Brauner, Ana Paula Dourado & Edoardo Traversa, "Ten Years of Marks & Spencer", cit., pp. 306-314; Thomas Ronfeldt, "Use of Foreign Losses: the Advocate General Wants to Turn on the Marks & Spencer Exemption, but the ECJ Rejects the Argument and States that EU Law Constitutes Rights to Deduct Foreign Losses", *Intertax*, 2015, nº 11, pp. 688-708;

4. Comparabilidade total e convenções de dupla tributação

Ao desaparecer a distinção substancial entre fonte e residência, as convenções de dupla tributação só poderiam ser aplicadas de forma puramente formal. Uma vez que elas não são operativas quando existe dupla fonte e dupla residência, isto é, elas só conseguem ser aplicadas se a fonte estiver num dos Estados contrantes e a residência num dos outros Estados contratantes, a partir do momento em que os Estados-Membros não distinguissem entre residentes e não residentes, a dupla tributação só conseguiria ser evitada com a referida aplicação formal dos critérios da fonte e da residência.

Isto significaria que as regras de atribuição de competência cumulativa das convenções seriam arbitrárias.

A partir do momento em que o Direito Europeu exigisse, com base na comparabilidade total, que o Estado da residência tributasse rendimento, nenhum do qual aí obtido, segundo a regra da universalidade, e admitisse a dedução de despesas de carácter pessoal, estaria a atribuir um vínculo económico ao Estado da residência que não existe.

E a partir do momento em que exigisse que as perdas de um não residente pudessem ser deduzidas nos mesmos termos que as perdas do residente, isso implicaria a tributação também dos lucros dessa sociedade nos mesmos termos, atribuindo novamente um vínculo económico ao Estado de não residência que não existe (algo que não foi aceite pelo Tribunal de Justiça em *Marks & Spencer*[607]).

Considerar que as bases tributáveis das sociedades são comparáveis e que as respetivas regras de tributação não podem ser discriminatórias, por um lado, mas que o alcance da incidência não é comparável, é limitativo, e não corresponde à lógica do *Tatbestand* sistemático de imposto, nem obedece às regras que legitimam a tributação por parte de um Estado.

5. O risco de vazio de disciplina

O risco de um vazio de disciplina ou de dupla não tributação em matéria não harmonizada foi abandonado no caso *OY AA*, embora apoiado nos argumentos de *Marks & Spencer* e de *Rewe Zentralfinanz*[608].

Segundo o Tribunal, o facto de as normas de atribuição de competência em matéria de tributação direta não estarem harmonizadas significava

[607] TJCE: Caso C-446/03, Marks & Spencer..., cit.

[608] TJCE: Caso C-231/05, Oy AA..., cit.; Caso C-347/04, Rewe Zentralfinanz..., cit.

que os Estados-Membros continuam a ser competentes para determinar, por via convencional ou unilateral, os critérios de repartição do seu poder tributário[609], que não havia um direito a escolher o Estado onde ser tributado, e que tal constituía uma justificação válida para uma discriminação. A impossibilidade de escolher o Estado de tributação foi sustentada pelo facto de a proibição de deduzir transferências financeiras entre Estados refletir o consenso em matéria de repartição internacional de competências fiscais; e pela consequente impossibilidade de escolha do Estado-Membro de tributação.

Se o regime em causa tem por objetivo evitar comportamentos susceptíveis de comprometer o direito de os Estados-Membros exercerem a sua competência fiscal em relação às atividades realizadas no seu território, ele constitui justificação válida[610]. Quer a faculdade de optar pela dedução dos seus prejuízos no Estado-Membro do seu estabelecimento ou noutro Estado-Membro quer admitir a dedutibilidade de uma transferência financeira transfronteiriça entre sociedades do grupo teria como consequência permitir aos grupos de sociedades escolherem livremente o Estado-Membro no qual os lucros da filial são tributados.

Mas enquanto em *Marks & Spencer* e em *Rewe Zentralfinanz*, o Tribunal acentuou o aspeto da impossibilidade de dedução dos prejuízos no Estado--Membro em que estes ocorreram, no caso *OY AA* é irrelevante para o Tribunal se há ou não tributação efetiva dos montantes financeiros transferidos no Estado-Membro beneficiário dos mesmos, e se o tratamento discriminatório tem um resultado fiscal mais desfavorável – no caso, dupla tributação económica internacional. Por outras palavras, a perspetiva de mercado interno ou de coesão, aplicada pelo TJ nos casos *Marks & Spencer* e *Rewe Zentralfinanz* é abandonada no caso *OY AA*, esvaziando-se na verdade a substância dos pressupostos e da argumentação dos dois primeiros casos.

Isto é, se não é preciso demonstrar que existe um risco efetivo (porque a legislação conjugada de ambos os Estados conduz a esse risco) de dupla dedução de perdas ou de custos, ou de dupla não tributação de rendimentos, para justificar que residentes e não residentes sejam tributados de forma diferente (e formalmente discriminatória), de que serve argu-

[609] TJCE: Caso C-231/05, Oy AA..., cit., para 52; Caso C-336/96, Gilly.., cit., paras. 24 e 30; Caso C- 513/04, Kerkhaert e Morres..., cit., paras. 22 e 23; C-470/04, N. ..., cit., para. 44; 13 de março de 2017, C-524/04, Test Claimants in the Thin Cap Group Litigation..., cit., para. 49.
[610] TJCE: Caso C-347/04, Rewe Zentralfinanz..., cit., para. 42.

mentar que o tratamento diferenciado de montantes pagos a ou por não residentes é à partida discriminatório?

Da jurisprudência sobre perdas do TJUE, posterior a *Marks & Spencer 1*[611], resulta uma preocupação com a manipulação dos preços de transferência[612].

6. Comparação versus territorialidade e justificações

Em todos os casos envolvendo a possíbilidade de dedução de prejuízos transfronteiriços, o tribunal confirmou que residentes e não residentes são comparáveis: *Marks & Spencer, Rewe Zentralfinanz, Oy AA, SGI, Lidl Belgium, Krankheim Ruhesitz, Société Papillon, Philips Electronics, A Oy, K., Argenta Spaarbank, Nordea Bank*[613].

Todavia, aceitar como justificações válidas o consenso em matéria de repartição internacional de competências fiscais e a consequente impossibilidade de escolha do Estado-Membro de tributação, bem como o mero risco de evasão fiscal, significa na prática aceitar as fronteiras fiscais nacionais e o tratamento diferenciado de residentes e de não residentes.

Secção VII
A repartição de competências entre os Estados

1. O princípio da territorialidade

O princípio da territorialidade tal como explicado em *Futura*, e ultrapassado ou não aceite como princípio em *Marks & Spencer 1*, responde a essa

[611] TJCE: Caso C-446/03, Marks & Spencer..., cit.

[612] Sobre o argumento de repartição equilibrada de competências, abuso e preços de transferência, V. Martin Poulsen, "Freedom of Establishment...", cit., pp. 200-211. Luc de Broe, "The ECJ's Judgment in Argenta: Narrow Interpretation of the 'Preservation of the Balanced Allocation of Taxing Rights between Member States'. A Headache for Designers of Tax Incentives in the Union", *EC Tax Review*, 2013, nº 5, pp. 210 e ss; Moritz Glahe, "Transfer Pricing and EU Fundamental Freedoms", *EC Tax Review*, 2013, nº 5, pp. 222.

[613] TJCE: Caso C-446/03, Marks & Spencer..., cit.; Caso C-231/05, Oy AA..., cit.; Caso C-347/04, Rewe Zentralfinanz..., cit.; Caso C-311/08, SGI..., cit.; Caso C-414/06, Lidl..., cit.; Caso C-157/07, Krankenheim..., cit. ; Case C-418/07, Société Papillon...cit.; Case C-18/11, Philips Electronics...cit.; Case 123/11, A Oy...cit.; Case C-322/11, *K.* ...cit.; Case C-350/11, Argenta Spaarbank..., cit.; Case C-48/13, Nordea Bank...cit.

legitimidade de tributação. O sentido do princípio da territorialidade em *Futura*[614], não deve ser entendido apenas como estabelecendo fronteiras no âmbito do mercado interno. Ele traduz uma necessidade de corresponder à repartição de competências e à determinação da matéria tributável como um todo; cabendo a repartição de competências quanto à tributação de rendimentos a um Estado-Membro, essa tributação avalia-se no apuramento da matéria tributável, não podendo o conceito de rendimento líquido ser dividido em partes, uma relativa aos rendimentos brutos e outra relativa aos custos e perdas.

É certo que se o princípio da territorialidade fosse adotado na sua plenitude, aceitando também a diferença entre residentes e não residentes, a liberdade de estabelecimento nunca se aplicava, mas a aplicação desta sem ter em conta a vinculação a um território competente, qualquer que ele seja, também poria em risco toda a lógica de funcionamento dos impostos[615].

Assim, a comparabilidade entre residentes e não residentes tem que ter realmente como limite a repartição de competências entre residência e fonte, e se esta repartição de competências atribuir a competência exclusiva a um dos Estados-Membros e não uma competência partilhada, ela implica comparabilidade no Estado que exerce as competências e ausência de comparabilidade no Estado que não as tem.

Se, pelo contrário, existir distribuição partilhada de competências, como é o caso da tributação de dividendos, de juros, de rendimentos de trabalho, ou de lucros de um residente noutro teritório através de um estabelecimento estável, então coloca-se a questão do exercício de competências não discriminatória, cabendo saber se se deve analisar a questão unilateralmente ou no conjunto, como o Tribunal esteve tentado a fazer em *ACT*, *Amurta*, *Schumacker*[616].

2. A repartição de competências entre os Estados, o princípio da coesão do mercado interno e a destruição das bases tributáveis

Assim, embora *Gilly*[617] não tenha sido ainda ultrapassado pelo Tribunal de Justiça, há uma linha jurisprudencial na lógica de *Schumacker* no sentido de

[614] TJCE: Caso C-250/95, Futura..., cit.

[615] Klaus Vogel, "Worldwide *vs.* Source Taxation of Income...", cit.

[616] TJCE: Caso C-374/04, ACT..., cit.; Caso C-379/05, Amurta... cit; Caso C-279/93, Schumacker..., cit.

[617] TJCE: Caso C-336/96, Gilly..., cit.

ponderar a comparabilidade na perspetiva da coesão: i.e., o que interessa é se a situação do contribuinte é acautelada num dos Estados-Membros (*Marks & Spencer, Denkavit* e *Amurta*[618]).

Discute-se se essa perspetiva de coesão deve ser assegurada tendo em conta a legislação interna e as convenções de dupla tributação (*De Groot*[619]); ou só a legislação interna, afastada a convenção de dupla tributação, por não servir (*Marks & Spencer; Manninen*[620]); ou só as convenções de dupla tributação (*Denkavit, Amurta, Comissão v. Espanha*[621], entre outros).

Quer em *Marks & Spencer*, quer nos casos relativos aos dividendos à saída julgados desde *Denkavit*, a repartição de competências entre os Estados segundo a linha do Direito Fiscal Internacional é o ponto de partida aceite, mas se o Estado competente para tributar não conseguir eliminar a discriminação, o outro Estado tem que o fazer (o ponto de vista que prevalece é o do contribuinte que exerce a sua liberdade fundamental).

Na perspetiva da coesão de *Denkavit* e *Amurta*, entende-se que se o Estado de residência não eliminar a discriminação provocada pela fonte, na linha do que é defendido pelo Direito Fiscal Internacional, compete ao Estado da fonte fazê-lo. Na perspetiva de *Marks & Spencer*, a repartição de competências nos termos das convenções de dupla tributação, diz-nos que é ao Estado da fonte que cabe assegurar a neutralidade de tratamento; mas cabe ao Estado de residência, unilateralmente, resolver a discriminação por ela provocada, ainda que seja contra a repartição de competências acordada, se a fonte o não fizer.

Se o Estado da fonte desempenhar o seu papel, neutraliza a discriminação do Estado de residência. Se o Estado da fonte não desempenhar o seu papel, o Estado de residência não tem de neutralizar a discriminação.

Este juízo de coesão é independente de saber se, do ponto de vista do Estado, a base tributável que lhe compete apurar é coerente, isto é, se proveitos e perdas ou custos são tomados em consideração como um conjunto. A base tributável torna-se dividida entre pelo menos dois Estados-Membros, e a sua coerência é analisada na perspetiva do beneficiário das

[618] TJCE: Caso C-446/03, Marks & Spencer..., cit.; Caso C-170/05, Denkavit..., cit.; Caso C-379/05, Amurta... cit;

[619] TJCE: Caso C-385/00, De Groot..., cit.

[620] TJCE: Caso C-319/02, Manninen..., cit.

[621] TJCE: Caso C-170/05, Denkavit..., cit.; Caso C-379/05, Amurta... cit.; Caso C-562/07, Comissão v. Espanha..., cit.

liberdades fundamentais e do mercado interno, e não na perspetiva de cada Estado-Membro que a cria, discricionariamente.

Portanto, segundo o Tribunal, a repartição de competências de acordo com os princípios do Direito Fiscal Internacional só é aceite se ela neutralizar a discriminação por parte de um dos Estados. Os princípios do Direito Fiscal Internacional ficam submetidos ao primado do Direito Europeu, de forma negativa, sem construção de novos princípios coerentes de Direito Fiscal Europeu. É adotada a perspetiva do destinatário das liberdades fundamentais e exige-se que um dos Estados-Membros envolvidos assegure a sua aplicação.

A questão está em saber se esta análise repartida de bases tributáveis, que aproveita elementos de diferentes bases fiscais, é consequente e não destrói os ordenamentos tributários.

3. Interesses dos Estados *vs.* interesses do contribuinte

Como vimos, em muitos casos, de que são exemplo os casos de dupla tributação jurídica internacional, o Tribunal parte das regras de repartição de competências de acordo com os referidos princípios internacionalmente aceites. Neste caso, só os interesses dos Estados estão em jogo.

Podemos concerteza ponderar se a coesão do mercado interno e proteção do cidadão contribuinte pelas liberdades fundamentais devem prevalecer ou se deve prevalecer a coesão na repartição de competências. Para que esta última não se torne uma exceção (uma justificação) ao primado do Direito Europeu, é necessário que seja ela própria um princípio constitucional protegido pelo Tratado sobre o Funcionamento da União Europeia.

E é preciso averiguar se é correto que a coesão na perspetiva dos Estados-Membros seja entendida como um princípio de repartição de competências, uma justificação associada necessariamente a outras (perigo de abuso fiscal e perigo de dupla dedução de perdas) ou um princípio relacionado intrinsecamente com o princípio do abuso.

4. A necessidade de harmonização fiscal

A proposta inicial do CCCTB bem como a harmonização do IVA assentam sempre numa vinculação a um determinado território, seja através da fórmula dos três fatores[622], posta em prática no Estado da sede da socie-

[622] Walter Hellerstein, "Formulary Apportionment in the EU and the US...", cit., pp. 416 e ss.

dade-mãe de um grupo qualificado sob a Diretiva, no primeiro caso, seja através do princípio da origem ou destino, no segundo.

O facto de não ter sido encontrada ainda uma alternativa à residência e à fonte implica que a comparabilidade entre residentes e não residentes tem que ter como limite a repartição de competências entre residência e fonte, e se esta repartição de competências atribuir a competência exclusiva a um dos Estados-Membros e não uma competência partilhada.

Essa competência exclusiva tem que ser entendida como uma competência de tributação no seu todo: competência porque existem normas de incidência sobre determinados tipos de rendimentos, as quais trazem associadas normas de determinação da matéria tributável, taxas ou alíquotas e deduções à coleta.

Nestes termos, a comparabilidade implica comparabilidade no Estado que exerce as competências e ausência de comparabilidade no Estado que não as tem. Assim, a tributação de lucros e perdas ou de lucros e custos só pode ser objeto de comparação, se um Estado tiver direito à tributação do sujeito passivo.

Se, pelo contrário, existir distribuição partilhada de competências, como é o caso da tributação de dividendos, de juros, de rendimentos de trabalho, ou de lucros de um residente noutro território através de um estabelecimento estável, então coloca-se a questão do exercício de competências não discriminatórias, cabendo saber se se deve analisar a questão unilateralmente ou no conjunto, como o Tribunal esteve tentado a fazer em *ACT, Amurta, Schumacker*[623].

Pode perguntar-se se se deve entender como competência exclusiva pelo Estado da fonte ou competência partilhada pelo Estado da fonte e da residência, o caso de a competência de tributação caber ao Estado da fonte, sem limitações, e o Estado de residência poder também tributar cabendo-lhe atribuir um crédito ordinário.

A opção pelo crédito significa que se o Estado da fonte não quiser exercer a sua competência de tributação, optando pela isenção, é o Estado da residência que vai exercê-la, pelo que a competência é partilhada e deve ser exercida de forma não discriminatória: aplicando a mesma incidência, a mesma matéria tributável e as mesmas taxas e deduções à coleta aos

[623] TJCE: Caso C-374/04, ACT..., cit.; Caso C-379/05, Amurta... cit.; Caso C-279/93, Schumacker..., cit.

residentes com rendimentos meramente internos ou com rendimentos noutro Estado-Membro.

Se o Estado da fonte exercer efetivamente a sua competência, o Estado de residência vai atribuir um crédito, e a repartição de competências implica que cabe a este último atenuar ou eliminar a dupla tributação, e não discriminar relativamente aos outros elementos do tipo sistemático de imposto.

A opção pelo crédito ordinário significa, por seu turno, que o Estado de residência só abdica do direito de tributação que lhe foi conferido através das normas de repartição de competências até ao limite da sua própria tributação aplicável aos residentes com rendimentos meramente internos. Neste sentido, é correta a solução do Tribunal em entender que a dupla tributação jurídica resultante de uma carga fiscal mais elevada no Estado da fonte resulta de disparidades e não de discriminação.

Secção VIII
O imposto pessoal

1. A existência de diferenças objetivas: situação à entrada

Em relação aos impostos diretos, o Tribunal reconhece que a situação de residentes e de não residentes não é, em regra, comparável, e parte do raciocínio do Direito Fiscal Internacional e do regime proposto pelo Modelo de Convenção da OCDE. Por um lado, o rendimento recebido no território de um Estado-Membro por um não residente só constitui uma parte do seu rendimento, o qual está concentrado no seu Estado de residência.

Reciprocamente, a capacidade contributiva de um não residente determinada pelo seu rendimento global e as circunstâncias pessoais e familiares é mais fácil de avaliar no local onde estão os seus interesse pessoais e financeiros, o que normalmente corresponde ao local onde ele reside habitualmente.

Isto é, a maior parte do rendimento é normalmente concentrada no Estado de residência e o Estado de residência tem a informação necessária para avaliar a capacidade contributiva global, tendo em conta as circunstâncias pessoais e familiares. A consequência é que se um Estado não atribui ao não residente certos benefícios que dá aos residentes, não existe tratamento discriminatório porque essas categorias de contribuintes não são comparáveis.

O Tribunal traçou uma linha relativamente à comparabilidade que assenta nas chamadas diferenças objetivas. As diferenças objetivas relativas à tributação de residentes e não residentes, não constituem discriminação, porque o teste de comparabilidade recebe resposta negativa.

Pelo contrário, quando não existem diferenças objetivas, há comparação e portanto o tratamento desigual constitui um tratamento discriminatório.

Este foi o ponto de partida para a análise do Tribunal de Justiça no caso *Schumacker* e outros que se seguiram envolvendo tributação dos indivíduos: *Schumacker*[624], *Wielockx*[625], *Asscher*[626], *Gschwind*[627], *Zurstrassen*[628], *Wallentin*[629], *Ritter-Coulais*[630], *Conijn*[631], *Turpeinen*[632], *Lakebrink*[633], *Renneberg*[634], *Comissão vs. Estónia*[635], *Ettwein*[636], *Imfeld/Garcet*[637]. Quanto à tributação no Estado da fonte, por retenção, são de referir os casos *Gerritse*[638] e *Talotta*[639]. O ponto de partida segundo o qual residentes e não residentes não são compará-

[624] TJCE: C-279/93, Schumacker..., cit., paras. 31-32, 37.

[625] TJCE: 11 de agosto de 1995, Caso C-80/94 (Wielockx v Inspecteur der Directe Belastingen), para. 18.

[626] TJCE: 27 de junho de 1996, Caso C-107/94 (Asscher v Staatssecretaris van Financiên), para. 41.

[627] TJCE: C-391/97, Gschwind..., cit, para. 22.

[628] TJCE: 16 de maio de 2000, Caso C-87/99 (Zurstrassen v Administation des Contributions Directes), para. 21.

[629] TJCE: 1 de julho de 2004, Caso C-169/03 (Florian W. Wallentin v Riksskatteverket).

[630] TJCE: C-152/03, 21 de fevereiro de 2006 (Hans-Jürgen Ritter-Coulais e Monique Ritter-Coulais v Finanzamt Germersheim).

[631] TJCE: 6 de julho de 2006, Caso C-346/04 (Robert Hans Conijn v Finanzamt Hamburg-Nord).

[632] TJCE: 9 de novembro de 2006, C-520/04 (Pirkko Marjatta Turpeinen).

[633] TJCE: 18 de julho de 2007, C-182/06 (État du Grão-Ducado do Luxemburgo v Hans Ulrich Lakebrink e Katrin Peters-Lakebrink).

[634] TJCE: 16 de outubro de 2008, Caso C-527/06 (R.H.H. Renneberg v Staatssecretaris van Financiën), para. 59.

[635] TJUE: 10 de maio de 2012, C-39/10 (Comissão Europeia v República da Estónia).

[636] TJUE: 28 de fevereiro de 2013, C-425/11 (Katja Ettwein v Finanzamt Konstanz), para. 47.

[637] TJUE: 12 de dezembro de 2013, C-303/12 (Guido Imfeld e Nathalie Garcet v État belge). Este caso comprova a "capacidade contributiva global" na UE: trata-se de pedido inverso ao de Schumacker, em que o Estado da residência deveria conceder certo regime fiscal, apesar de aí não serem obtidos rendimentos.

[638] TJCE: C-234/01, Gerritse..., cit. para. 43.

[639] TJCE: 22 de março de 2007, Caso C-383/05 (Raffaele Talotta v État belge).

veis, foi aplicado no caso *Truck Center*[640] à tributação de sociedades não residentes, em contradição com o caso *Marks & Spencer*[641].

O referido ponto de partida só se aplica às bases de imposto, excluindo as taxas. Por outro lado, existe comparabilidade quando o não residente não recebe rendimento relevante no Estado de residência e obtém a maior parte do seu rendimento tributável de uma atividade permanente no Estado do emprego ou de uma outra categoria. No acórdão X, decidiu o TJUE:

> "O artigo 49.º TFUE deve ser interpretado no sentido de que se opõe a que um Estado-Membro cuja legislação fiscal permite a dedução de «rendimentos negativos» relativos a uma habitação recuse essa dedução a um trabalhador independente não residente quando aufira, no território desse Estado-Membro, 60% do total dos seus rendimentos e não aufira, no território do Estado-Membro onde se situa a sua habitação, rendimentos que lhe permitam ter direito a dedução equivalente."[642].

Nestes casos, o Estado de residência não está em posição de lhe dar os benefícios relacionados com as suas circunstâncias pessoais e familiares. Aqui, volta a funcionar a perspetiva do mercado interno e das liberdades fundamentais, no sentido em que o sujeito passivo tem direito a que os benefícios sejam considerados no Estado-Membro em que tenha maior atividade.

2. Tributação universal e rendimento líquido

Se se entender que a tributação pessoal, isto é, a tributação do rendimento das pessoas singulares residentes, assenta na tributação universal e progressiva, então, pode dizer-se que o ponto de partida entre residentes e não residentes é a não comparabilidade. Os residentes devem ser tributados segundo os rendimentos universais e submetidos a progressividade, devendo ainda as deduções à coleta – abatimentos relativos a despesas de saúde e de educação– ser atribuídas apenas aos residentes.

Todavia, também aqui se pode estabelecer uma distinção entre elementos pessoais e elementos reais da base tributável (e deduções à coleta). Os elementos pessoais implicam não comparabilidade entre residentes e

640 TJCE: C-282/07, Truck Centre..., cit., paras. 38-39.
641 TJCE: Caso C-446/03, Marks & Spencer..., cit.
642 V. TJCE: cit., para. 46.

não residentes, enquanto os elementos reais implicam comparabilidade entre essas duas categorias de contribuintes.

Os elementos relacionados com a obtenção do rendimento líquido implicam comparabilidade, tal como a dedução de despesas relacionadas com a obtenção de rendimentos[643], deduções ou outras vantagens de carácter real. A isenção de tributação de mais-valias resultantes da alienação de casa de habitação aplicadas na compra de outra casa de habitação independentemente da sua localização[644], também foi considerada um elemento real e não pessoal pelo TJUE.

A progressividade também deveria estar relacionada com a tributação pessoal e não deveria haver comparabilidade entre residentes e não residentes, mas a jurisprudência constante do Tribunal vai em sentido diferente. Segundo o Tribunal, a partir do momento em que um não residente quer o seu rendimento líquido apurado nos mesmos termos que um residente, deve sujeitar-se à progressividade.

Um verdadeiro mercado interno, sem fronteiras, e uma verdadeira cidadania europeia implicaria que incidência, matéria tributável e taxas fossem harmonizadas e que o problema da repartição de receitas entre as diferentes jurisdições fiscais fosse um problema *a posteriori*, independente da avaliação em si da capacidade contributiva.

No caso das pessoas singulares, a evolução da doutrina Schumacker levou o tribunal a orientar-se por um critério de capacidade contributiva global, tendo em conta o ano fiscal e não uma parte dele[645].

Além disso, a repartição de receitas deveria orientar-se, num desenvolvimento da doutrina *Schumacker*, por critérios subsidiários, que ainda não estão consolidados: pelo local de residência; pelo local ou locais da obtenção da maior parte dos rendimentos que impliquem um vínculo pessoal,

[643] TJCE: Caso C-234/01, Gerritse..., cit.; Casos apensos C-10/14, Miljoen, C-14/14, X, and C-17/14, Société Générale: 17 de setembro de 2015, C-10/14 (J. B. G. T. Miljoen e o. contra Staatssecretaris van Financiën); Confédération Fiscale Européenne, *Opinion Statement ECJ-TF 1/2016 on the judgment of 17 September 2015 of the Court of Justice of the EU in the combined Cases C-10/14, Miljoen, C-14/14, X, and C-17/14, Société Générale, on the Dutch dividend withholding tax* Prepared by the CFE ECJ Task Force Submitted to the European Institutions in February 2016.

[644] TJCE: Caso C-345/05, Commissão v República Portuguesa..., cit; Caso C-104/06, Commissão..., cit.

[645] V. TJUE: 18 de junho de 2015, C-9/14 (Staatssecretaris van Financiën contra D. G. Kieback). 9 de fevereiro de 2017, Caso C-283/15 (X contra Staatssecretaris van Financiën). V. Bart Peeters, *"Kieback: When Schumacker Emigrates...", EC Tax Review, 2016, nº 2, pp. 58 e ss.*

tal como rendimentos de trabalho e excluindo o capital e as mais-valias; e pelo local ou locais de obtenção de outros rendimentos (de capital, mais-valias, prediais, e mesmo outros rendimentos de trabalho dependente ou independente).

No caso *X*, o Tribunal de Justiça decidiu também sobre uma situação triangular (rendimento tributável repartido por dois Estados de não residência e ausência de rendimento tributável no Estado de residência):

> "51. A este respeito, há que recordar que a interpretação que deve ser feita das disposições do Tratado FUE relativas à liberdade de estabelecimento, no que se refere à obrigação que delas decorrem de não tratar de forma discriminatória um trabalhador independente que exerce uma atividade profissional num Estado-Membro diferente do da sua residência, impõe-se a todos os Estados-Membros. O mesmo sucede numa situação como a que está em causa no processo principal, relativamente a um Estado-Membro em cujo território um trabalhador independente que reside noutro Estado-Membro exerceu uma parte da sua atividade, tendo exercido o resto da sua atividade no território de um terceiro Estado, ainda que este último não seja um Estado-Membro, mas um Estado terceiro (v., por analogia, acórdão de 18 de junho de 2015, Kieback, C-9/14, EU:C:2015:406, nº 35).
>
> 52. Deve, assim, responder-se à terceira questão que a circunstância de o contribuinte não residente em causa auferir uma parte dos seus rendimentos tributáveis não no território de um Estado-Membro, mas no de um Estado terceiro, é irrelevante para a resposta dada à segunda questão."[646]

3. O direito fundamental a abatimentos no Estado de residência

O juízo do Tribunal em *De Groot*[647], embora coerente com a doutrina *Schumacker*[648], mostra bem as limitações desta, se ela for interpretada como conferindo um direito inabalável do contribuinte europeu a ter abatimentos. Tal direito é questionável na União Europeia do século XXI, e nomeadamente na segunda década deste século.

Se as liberdades fundamentais implicam que um dos Estados da União Europeia tenha de tomar em conta as despesas de carácter pessoal ou familiar, mesmo que não seja o Estado de residência (*Schumacker*) – isto é,

[646] TJUE: C-283/15, X..., cit.

[647] TJCE: Caso C-385/00, De Groot..., cit.

[648] TJCE: Caso C-279/93, Schumacker..., cit.

se o Estado de residência não tiver as condições para tal – quando temos vários Estados da fonte, eles já não avaliam a capacidade contributiva global, e por conseguinte, deixa de existir comparabilidade entre residentes e não residentes.

A decisão do Tribunal em *De Groot*, aplica-se mesmo que os rendimentos obtidos na residência sejam inferiores aos obtidos noutro Estado-Membro da fonte, desde que numa situação puramente interna o Estado de residência permita a dedução total de certas despesas (juízo formal).

Se aplicássemos o raciocínio de *de Groot* ao caso *Schempp*[649], a existência de uma cláusula segundo a qual a dedução de despesas de alimentos depende da tributação do rendimento noutro Estado-Membro a uma taxa mínima de imposto, o Tribunal deveria ter considerado tal regra discriminatória. Ela impede o direito à dedução de tais despesas, pois o sujeito passivo que incorre nessas despesas não tem qualquer vínculo ao Estado do sujeito passivo que recebe a pensão de alimentos, e por isso não poderia ser este Estado a autorizar tal dedução.

Quer numa perspetiva de despesas de carácter pessoal e familiar quer numa perspetiva de despesas de carácter objetivo, normalmente relacionadas com o cálculo do rendimento líquido, caberia sempre ao Estado de residência (e fonte de rendimentos) do Sr. *Schempp*, autorizar de modo não discriminatório a dedução da pensão de alimentos.

Todavia, como recordámos, no caso *Schempp* o Tribunal entendeu que tal medida não era contrária às liberdades fundamentais e que se tratava de uma situação de disparidades.

4. Comparabilidade à entrada: elementos objetivos de tributação e progressividade

Na tributação do rendimento individual, sujeitos passivos residentes e não residentes não são, em regra comparáveis, segundo a conceção do Direito Fiscal Internacional de que cabe ao Estado de residência apurar a capacidade contributiva.

Tal competência pode ser exercida através de uma tributação global de rendimentos, eventualmente internacional, e considerando ainda as despesas de carácter pessoal e familiar.

[649] TJCE: Caso C-403/03, Schempp..., cit.

As taxas de imposto dos impostos pessoais também foram configuradas diferentemente, consoante se trate de residentes e de não residentes – progressividade *versus* taxas proporcionais, respetivamente.

Mas se no que diz respeito à matéria tributável, o tribunal considera que não existe comparação entre residentes e não residentes, com base numa análise individual da legislação do Estado que é posta em causa, relativamente às taxas de imposto, o Tribunal entende que residentes e não residentes são comparáveis com base na análise da legislação conjunta dos Estados envolvidos (Estado da fonte e Estado da residência), ou seja, numa ótica de mercado interno ou da chamada coesão fiscal.

Assim, relativamente às taxas de imposto, não há diferença objetiva entre residentes e não residentes e eles encontram-se em situação comparável, de tal modo que a aplicação aos primeiros de taxas mais elevadas de imposto sobre o rendimento constitui discriminação, a não ser que haja justificação relevante.

Também em *Asscher* e *Gerritse* não há uma diferença objetiva entre residentes e não residentes e a aplicação de taxas mais elevadas constitui discriminação.

Em *Asscher* e *Gerritse,* o teste da comparabilidade verificava-se porque quer os residentes quer os não residentes estavam sujeitos a progressividade nos seus Estados de residência e o rendimento tributado na fonte seria tomado em consideração para efeitos da progressividade no Estado de residência (*Gerritse,* §§ 52-54).

Por conseguinte, relativamente à tributação de pessoas singulares, o Tribunal normalmente combina uma perspetiva baseada na não comparabilidade entre residentes e não residentes, em relação à base tributária, a não ser que não haja diferenças objetivas entre ambas as situações (situação *Schumacker*), com uma perspetiva baseada na comparabilidade quando se trata das taxas do imposto pessoal.

Esta posição é difícil de conciliar com o facto de, em caso de divergência de taxas aplicadas nos Estados da fonte e da residência, o Tribunal entender que o Estado de residência não tem de conceder um crédito total de imposto, porque as taxas são matéria de disparidade e não de discriminação.

É difícil explicar este juízo diferente sobre elementos do *Tatbestand* sistemático de imposto: isto é, consoante se trate de bases de imposto ou de taxas de imposto.

O caso do acórdão de 6.10.2009, C-562/07, *Comissão Europeia v. Reino de Espanha*, confirma a jurisprudência anterior do Tribunal, quanto aos elementos do *Tatbestand* sistemático de imposto que implicam a comparabilidade entre residentes e não residentes. Este caso diz respeito a uma diferença de taxas de imposto aplicável às mais-valias, pela legislação fiscal espanhola até 31 de dezembro de 2006. Tais taxas variavam consoante o sujeito passivo fosse ou não residente para efeitos fiscais em território espanhol. Além disso, os não residentes com pelo menos 75% do total dos seus rendimentos de trabalho dependente ou da sua atividade económica em território espanhol podiam optar por ser tributados como os residentes.

Os sujeitos passivos residentes eram tributados à taxa fixa de 15%, caso alienassem ativos detidos em território espanhol por um período superior a um ano, e a taxas progressivas que podiam variar entre 15% e 45% quanto aos ativos alienados antes desse período. Os sujeitos passivos não residentes eram sempre sujeitos a uma retenção na fonte de 35%.

Há dois problemas que as taxas apresentam para efeitos do juízo de discriminação: por um lado, as diferentes taxas (proporcionais) que são aplicáveis a residentes e a não residentes. A taxa proporcional aplicável aos não residentes (35%) é sempre mais elevada do que a aplicável aos residentes (15%).

Por outro lado, enquanto a taxa aplicável aos não residentes é sempre de 35%, os residentes podem ficar sujeitos a taxas mais baixas ou mais altas, uma vez que elas variam entre 15% e 45%.

Secção IX
As retenções na fonte

1. Retenção na fonte de juros

O raciocínio de *Asscher* e *Gerritse* foi seguido parcialmente em *Truck Center*[650], onde o Tribunal entendeu que sociedades obtendo rendimento de capital (juros) relativo à aplicação de diferentes acordos de tributação ou de diferentes cargas fiscais baseadas em bases legais separadas não eram

650 TJCE: Caso C-107/94, Asscher..., cit.; Caso C-234/01, Gerritse..., cit; Caso C-282/07, Truck Center..., cit.

comparáveis (para. 43) – e estava em causa a retenção na fonte a título definitivo sobre o rendimento bruto pago por uma sociedade residente a uma sociedade beneficiária residente noutro Estado-Membro, *versus* a isenção dessa retenção quando o juro era pago a uma sociedade beneficiária residente no primeiro Estado-Membro e incluída na base tributável – isto é, tributada como rendimento líquido.

Segundo o Tribunal em *Truck Center*, as sociedades não estão em posição comparável quando um Estado atua na sua qualidade de Estado de residência das sociedades em causa ou como Estado em que o rendimento tem a sua fonte (para. 42).

O Tribunal adota abertamente na sua linha argumentativa o ponto de vista dos Estados e não o ponto de vista dos contribuintes. Na verdade, esta afirmação afasta-se da linha *Schumacker*[651], porque, como referido anteriormente, em *Schumacker*, a linha de argumentação era baseada em considerações de capacidade contributiva, enquanto em *Truck Center* uma diferente capacidade para assegurar a cobrança fiscal e uma diferente capacidade administrativa para garantir a cobrança coerciva de impostos parecem suficientes para justificar um diferente tratamento de residentes e não residentes (paras. 41, 47, 48).

Mas há um outro argumento fundamental avançado pelo Tribunal em *Truck Center*, que vai na direção de *Schumacker* e de outro grupo de casos subsequentes (incluindo o caso *Commissão v. Espanha*[652]).

Trata-se do montante de imposto ou de taxas de imposto: "o montante de retenções na fonte sobre o juro pago a uma sociedade não residente é significativamente mais baixo do que o imposto sobre o rendimento das pessoas coletivas a cobrar sobre sociedades residentes que recebem juros" (*Truck Center*, § 49).

Mesmo se a argumentação em *Truck Center* é criticável (se as sociedades residentes e não residentes não estão em posição comparável, isto quer dizer que não o estão quanto à base tributável e que não o estão em relação às taxas de imposto), e mesmo se o Tribunal foi demasiado rápido na sua conclusão no para. 49, o mesmo tipo de argumentos, relativamente às taxas de imposto, pode ser encontrado no caso *Comissão v. Espanha*.

[651] TJCE: Caso C-279/93, Schumacker..., cit.

[652] TJCE: Caso C-562/07, Comissão v. Espanha..., cit.

Neste último caso, se os contribuintes residentes dispuserem de ativos detidos em Espanha durante mais de um ano, quer a base de imposto quer as taxas são comparáveis à tributação de não residentes, uma vez que, em ambos os casos, há uma taxa de tributação fixa (proporcional) sobre os ativos localizados em Espanha.

Por outras palavras, o imposto só pretende atingir o rendimento na fonte e portanto não há uma diferença objetiva entre a situação de residentes e de não residentes e as taxas de imposto só são aplicáveis, em ambos os casos, às mais-valias (e não ao rendimento global) que resultam da alienação dos ativos detidos em Espanha (cf. paras. 43, 49, 50).

Não é por isso surpreendente que o Tribunal considere que os não residentes são discriminados sistematicamente, uma vez que a taxa era objetivamente mais elevada – 35% em vez de 15%.

Mas também em relação aos sujeitos passivos residentes alvo de taxas progressivas entre 15% e 45% sobre ativos vendidos antes do prazo de um ano, os não residentes podem ser comparados aos residentes, uma vez que em relação à tributação das mais-valias, não há prova suficiente de que sejam tidas em conta as circunstâncias pessoais e familiares dos residentes.

Isto significa que residentes e não residentes se encontram numa situação objetivamente comparável e que os não residentes poderiam ser discriminados em alguns casos, uma vez que estavam sujeitos a uma taxa de retenção proporcional de 35%, enquanto os residentes só estavam sujeitos a essa taxa ou a taxas mais elevadas se o seu rendimento atingisse um certo montante (ver o para. 45).

Portanto, o tratamento diferenciado de residentes e não residentes não se baseou em considerações de capacidade contributiva, mas disse essencialmente respeito a taxas de imposto e estas eram objetivamente mais altas quando aplicáveis a não residentes.

Os factos do caso *Comissão v. Espanha*, são diferentes dos factos do caso *Comissão v. Portugal*, em relação a diversos aspetos[653].

O regime português analisado ao abrigo do caso referido, disse respeito a uma isenção de mais-valias provenientes da transmissão onerosa de imóveis destinados a habitação própria e permanente do sujeito pas-

[653] TJCE: Caso C-345/05, Comissão..., cit. V., Ana Paula Dourado/Ricardo Reigada Pereira, «Portuguese Recent and Pending Cases», *ECJ, Recent Developments in Direct Taxation 2007*, eds. Michael Lang, Josef Schuch & Claus Staringer, Linde Verlag, Wien, 2007, pp. 185-201

sivo ou do seu agregado familiar. Essa isenção era sujeita à condição de que as mais-valias realizadas deviam ser reinvestidas na compra de um imóvel situado em território português. Essa disposição foi considerada incompatível com a livre circulação de trabalhadores e com a liberdade de estabelecimento do Tratado da CE. O regime português continha uma isenção discriminatória e não taxas discriminatórias e tinha supostamente uma finalidade social relacionada com a tributação de residentes (o direito constitucional à habitação).

Ele restringia porém a livre circulação, uma vez que a referida isenção de bens imóveis destinados a habitação própria e permanente do sujeito passivo ou do seu agregado familiar só era concedida se o imóvel estivesse situado em território português e se essa finalidade fosse considerada relevante também devia ser alargada a imóveis situados no território de outros Estados-Membros.

Portanto, os regimes português e espanhol de tributação de mais-valias, embora substancialmente diferentes, discriminavam os não residentes e nenhum deles era justificável por um interesse geral relevante.

2. Situações à saída

O Estado-Membro de origem está proibido de criar obstáculos ao estabelecimento dos seus nacionais, sejam indivíduos, sejam sociedades constituídas segundo as suas leis, noutro Estado-Membro. Esta perspetiva, a qual é aplicável a qualquer liberdade fundamental, significa que residentes e não residentes estão, em princípio, em situação comparável e qualquer discriminação ou restrição ao mercado interno tem de ser justificada: veja-se o caso *Manninen*[654], § 23.

3. Discriminação em relação às bases à saída

Segundo o Tribunal, quando as desvantagens não estão ligadas a disparidades entre os regimes fiscais dos Estados-Membros de residência e de emprego nem aos regimes fiscais dos diferentes Estados onde aquele esteve empregado trata-se de uma discriminação. E tal raciocínio está normalmente ligado à diferença entre bases tributáveis (discriminação) e taxas de imposto (disparidades) à saída (V. para. 85 de *De Groot*[655]): o Tribu-

[654] TJCE: Caso C-319/02, Manninen..., cit.

[655] TJCE: Caso C-385/00, De Groot..., cit.

nal distinguiu *De Groot* de *Gilly*, argumentando que a desvantagem fiscal sofrida por F. de Groot é uma desvantagem derivada da aplicação feita pelo Estado-Membro de residência da sua regulamentação destinada a evitar a dupla tributação e suscetível de dissuadir um nacional deste Estado de dali sair para exercer uma atividade assalariada, na aceção do Tratado, no território de outro Estado-Membro (para. 84 de *De Groot*).

A aplicação de um limite aos abatimentos é uma consequência de direito nacional aplicada devido à repartição de competências entre Estados e ao facto de o Estado da residência ter optado pela isenção de rendimentos.

Em alguns acórdãos, o Tribunal faz juízos sobre qual o Estado mais competente para conceder um crédito ou permitir um determinado regime, argumentando com os princípios do Direito Fiscal Internacional (veja-se, por exemplo, o caso *ACT*[656]).

Mas neste caso, a opção pela isenção não foi suficiente para o Tribunal entender que um Estado poderia aplicar as deduções das pensões de alimentos de forma proporcional à tributação, e isso deveu-se à aplicação da doutrina Schumacker.

O Tribunal inclui o juízo sobre as deduções nas regras de repartição de competências entre residência e fonte. "No que respeita à não tomada em consideração da situação pessoal e familiar de F. de Groot nos regimes fiscais dos Estados de emprego, que resulta das indicações constantes do despacho de reenvio, é de salientar, como faz corretamente a Comissão, que essa obrigação não está prevista nas convenções com a Alemanha, a França e o Reino Unido (para.89)."

Tais obrigações não estão normalmente previstas, porque as convenções não contêm normas de incidência nem normas sobre a base tributável. Quanto muito, pode afirmar-se que, segundo o Direito Fiscal Internacional consuetudinário, são os Estados da residência a concretizar a tributação pessoal.

Todavia, a partir do momento em que no quadro do mercado interno se reequaciona a tributação dos cidadãos da UE que exercem as liberdades fundamentais, é insatisfatório dizer que não se tratando de uma situação de dupla tributação jurídica, não existindo regra convencional em contrário, nem se aplicando a doutrina *Schumacker*, cabe ao Estado de residência deduzir integralmente rendimentos que não tributa.

[656] TJCE: Caso C-374/04, ACT..., cit.

O juízo de *De Groot* não se insere também totalmente na lógica *Marks & Spencer*[657], porque em *De Groot* nenhum dos Estados envolvidos tributa os rendimentos totais de *De Groot*, e portanto não há um que em regra tivesse a obrigação de deduzir a totalidade da pensão de alimentos.

Diga-se mais uma vez, que a indefinição que encontramos na jurisprudência do Tribunal, tem a ver com o ponto de partida adotado: ou o Tribunal adota o ponto de vista do destinatário da liberdade fundamental, isto é, do contribuinte, e, nesse caso, chega quase sempre ao juízo de comparabilidade e discriminação.

Foi o caso de *Avoir Fiscal, Schumacker, Marks & Spencer, De Groot, Centro Equestre e Gerritse*[658].

Ou adota o ponto de vista do Estado-Membro – do que é exigível ao Estado-Membro na sua função de Estado de residência ou de Estado da fonte – e o resultado é normalmente desfavorável para o contribuinte. É o que vemos em *Gilly, D., ACT, Burda, Oy AA, Schempp*[659].

Deduções e quaisquer elementos relacionados com a base tributável, com exceção dos créditos de imposto por dupla tributação jurídica, entram no juízo de comparabilidade. Como nos diz o Tribunal em *De Groot*, "... enquanto A. Gilly tinha obtido, no Estado de residência, todos os benefícios fiscais concedidos aos residentes pela legislação desse Estado, o mesmo não sucedeu com F. de Groot, que, no processo principal, afirma precisamente que foi privado, no seu Estado de residência, de uma parte das deduções previstas na legislação desse Estado para os seus residentes devido a ter exercido o seu direito à livre circulação"[660].

Acresce que o Tribunal de Justiça decidiu, respetivamente nos nºs 36 e 27 dos acórdãos Schumacker e Gschwind, já referidos, que a obrigação de tomar em conta a situação pessoal e familiar só incumbe ao Estado-Membro de emprego quando o sujeito passivo obtém a quase totalidade ou a totalidade dos seus rendimentos tributáveis resultantes de uma ati-

[657] TJCE: Caso C-446/03, Marks & Spencer..., cit.

[658] TJCE: Caso C-270/83, Avoir Fiscal..., cit.; Caso C-279/93, Schumacker..., cit.; Caso C-446/03, Marks & Spencer..., cit.; Caso C-385/00, De Groot..., cit.; Caso C-345/04, Centro Equestre..., cit.; Caso C-234/01, Gerritse..., cit.,

[659] TJCE: Caso C-336/96, Gilly..., cit.; Caso C-376/03 D...., cit.; Caso C-374/04, ACT..., cit.; Caso C-284/06, Finanzamt Hamburg-Am Tierpark..., cit.; Caso C-231/05, Oy AA..., cit.; Caso C-403/03, Schempp..., cit.

[660] TJCE: Caso C-385/00, De Groot..., cit ., para. 88

vidade exercida nesse Estado e não aufere rendimentos significativos no seu Estado de residência, pelo que este não está em condições de lhe conceder os benefícios resultantes da tomada em consideração da sua situação pessoal e familiar[661].

Diz-nos ainda o Tribunal no caso *De Groot*:

> "90. No nº 32 do acórdão Schumacker, já referido, o Tribunal de Justiça decidiu igualmente que é ao Estado de residência que cabe, em princípio, atribuir ao contribuinte a totalidade dos benefícios fiscais inerentes à sua situação pessoal e familiar, dado que este Estado é o mais bem colocado para apreciar a capacidade contributiva pessoal do sujeito passivo, na medida em que este tem os seus interesses pessoais e patrimoniais aí centralizados.
>
> 80. ...Quanto à existência de um entrave à livre circulação dos trabalhadores
>
> 81. Em primeiro lugar, deve recordar-se que, no processo principal, F. de Groot, nacional neerlandês, reside nos Países Baixos e auferiu aí parte dos seus rendimentos do ano de 1994. A outra parte dos seus rendimentos do trabalho relativos ao mesmo ano foi-lhe paga por sociedades estrangeiras devido a prestações de serviços efectuadas em três outros Estados-Membros. É, assim, pacífico que fez uso do direito à livre circulação de trabalhadores.
>
> 82. O facto de F. de Groot não estar vinculado por um contrato de trabalho na data da tributação não o pode privar da garantia de determinados direitos relacionados com a qualidade de trabalhador (v., neste sentido, acórdão Sehrer, já referido, nº 30, e jurisprudência referida) na medida em que o litígio no processo principal respeita às consequências fiscais directas do exercício por parte de F. de Groot, enquanto trabalhador, de actividades noutros Estados-Membros.

[661] V. ainda: TJUE: 28 February 2013, Katja Ettweinv Finanzamt Konstanz: O artigo 1º, alínea *a)*, do Acordo entre a Comunidade Europeia e os seus Estados-Membros, por um lado, e a Confederação Suíça, por outro, sobre a livre circulação de pessoas, assinado no Luxemburgo, em 21 de junho de 1999, bem como os artigos 9º, nº 2, 13º, nº 1, e 15º, nº 2, do anexo I desse acordo, devem ser interpretados no sentido de que se opõem à legislação de um Estado-Membro que recuse o benefício da tributação conjunta com aplicação do método dito do «splitting», previsto por essa legislação, a um casal de nacionais desse Estado e sujeitos nesse mesmo Estado ao imposto sobre o rendimento das pessoas singulares a título da totalidade dos seus rendimentos tributáveis, unicamente com o fundamento de que a sua residência se situa no território da Confederação Suíça.

83. Em segundo lugar, é de notar que é pacífico entre as partes no processo principal que, em aplicação do mecanismo da fracção de proporcionalidade, uma quota-parte do montante dos benefícios fiscais pessoais que F. de Groot podia requerer não deu lugar a uma efectiva redução do imposto devido nos Países Baixos. O interessado sofreu, assim, uma desvantagem real devido à aplicação da fracção de proporcionalidade, uma vez que retirou do pagamento da sua obrigação de alimentos e da quota-parte exonerada de imposto um benefício fiscal inferior ao que teria obtido se tivesse auferido a totalidade dos seus rendimentos relativos ao ano de 1994 nos Países Baixos...

... 92. Deve acrescentar-se a este respeito que é irrelevante que a fracção de proporcionalidade seja aplicada em conformidade com o decreto de 1989, no caso dos rendimentos auferidos e tributados no Reino Unido, ou em conformidade com o previsto nas convenções com a Alemanha e com a França, no caso dos rendimentos auferidos e tributados nestes Estados-Membros, mesmo que estas convenções apenas reproduzam as disposições da legislação neerlandesa sobre este ponto.

93. Efectivamente, há que recordar que, nos termos de jurisprudência assente, na falta de medidas de unificação ou de harmonização comunitária, os Estados-Membros continuam a ser competentes para determinar os critérios de tributação dos rendimentos e do património com vista a eliminar, eventualmente por via convencional, a dupla tributação. Neste contexto, os Estados-Membros são livres de fixar, no âmbito das convenções bilaterais, os factores de conexão para efeitos da repartição da competência fiscal.

94. Contudo, no que respeita ao exercício do poder de tributação assim repartido, os Estados-Membros são obrigados a respeitar as regras comunitárias e, mais particularmente, a respeitar o princípio do tratamento nacional dos nacionais dos outros Estados-Membros e dos seus próprios nacionais que fizeram uso das liberdades garantidas pelo Tratado.

95. Consequentemente, uma regulamentação como a que está em causa no processo principal constitui um entrave à livre circulação dos trabalhadores proibido, em princípio, pelo artigo 48º do Tratado"[662].

[662] TJCE: Caso C-385/00, De Groot..., cit.

4. Retenções na fonte de serviços à entrada

No caso *Gerritse*[663], a Alemanha aplicava um regime de retenção definitiva na fonte sobre os rendimentos brutos de não residentes – rendimentos de trabalho independente ou de serviços prestados em território alemão – enquanto sujeitava a englobamento e progressividade os rendimentos líquidos equiparados de residentes.

O TJ considerou que a diferença de taxas era à partida discriminatória, se a retenção na fonte de 25% a que ficava sujeito o Sr. Gerritse implicasse uma tributação mais elevada desse sujeito. Diz-nos o Tribunal de Justiça no parágrafo 53: "Isto significa que, na perspetiva da regra da progressividade, os não residentes e os residentes encontram-se numa situação comparável, pelo que a aplicação aos primeiros de uma taxa de tributação sobre o rendimento mais elevada do que a aplicável aos segundos e aos contribuintes a estes equiparados constitui uma discriminação indireta proibida pelo direito comunitário, especialmente pelo artigo 60º do Tratado (v., por analogia, acórdão Asscher, já referido, nº 49)"[664].

Recorde-se que o Tribunal de Justiça só tem competência para interpretar o Direito da União Europeia, pelo que quer em caso de reenvio prejudicial quer em caso de um procedimento de infração, a legislação nacional constitui os factos a ter em conta pelo Tribunal. O Tribunal de Justiça devolveu ao tribunal nacional a questão de saber se o tratamento diferenciado conduziria a um tratamento mais desfavorável dos não residentes. Mais concretamente, no parágrafo 54 do acórdão, o Tribunal pediu "ao órgão jurisdicional de reenvio [para] verificar, no caso em apreço, se a taxa de imposto de 25% aplicada aos rendimentos de A. Gerritse é superior à que decorreria da aplicação da tabela progressiva. A fim de comparar situações comparáveis, importa, a este respeito, como a Comissão justamente sublinhou, adicionar aos rendimentos líquidos auferidos pelo interessado na Alemanha, um montante correspondente à parte isenta. Segundo a Comissão, que procedeu a esse cálculo, a aplicação da tabela progressiva, num caso como o em apreço no processo principal, conduziria a uma taxa de imposto de 26,5%, que é superior à efectivamente aplicada."[665]

[663] TJCE: Caso C-234/01, Gerritse..., cit.
[664] TJCE: Caso C-234/01, Gerritse..., cit.
[665] TJCE: Caso C-234/01, Gerritse..., cit.

Todavia, nem sempre o Tribunal de Justiça pede aos tribunais nacionais que confirmem certos factos ou as consequências da aplicação de um regime idêntico a residentes e não residentes. Por exemplo, no caso *Scorpio*[666], o Tribunal de Justiça considerou discriminatório o facto de certos serviços prestados por residentes não estarem sujeitos a retenção na fonte, enquanto os mesmos serviços prestados por não residentes o estão. Embora o Tribunal de Justiça tenha considerado tal regime justificado, com base em argumentos de cobrança do imposto, a verdade é que não foi colocada a questão do encargo final.

Também no caso das retenções na fonte de pessoas coletivas não residentes, com exceção do caso *Comissão vs. Portugal*[667], não foi comparada a carga final de residentes e não residentes – foi o caso de *Centro Equestre* e de *Truck Centre* – porque não foi suscitada a questão das taxas aplicáveis[668].

Mas tambem é duvidoso que a comparação de cargas fiscais se possa limitar aos aspetos de tributação líquida *versus* bruta e às taxas aplicáveis, porque outros aspetos, tais como os custos fiscais de cumprimento e custos de tesouraria, poderiam ou deveriam ser tomados em conta se residentes e não residentes estivesssem numa situação verdadeiramente comparável, e esses custos são difíceis de quantificar.

O caso *Brisal/KBC*[669] aparece no seguimento do caso *Comissão/Portugal*, atrás referido. No caso *Brisal/KBC*, o Tribunal de Justiça entendeu que as retenções na fonte sobre serviços prestados em Portugal por não residentes não são contrários à livre prestação de serviços. Todavia, o Tribunal também entendeu que a livre prestação de serviços se opõe a retenções sobre rendimentos de juros de instituições financeiras não residentes, sem lhes dar a possibilidade de deduzir as despesas profissionais diretamente relacionadas com a atividade em questão, ao passo que essa possibilidade é reconhecida às instituições financeiras residentes[670].

[666] TJCE: Caso C-290/04, Scorpio..., cit.

[667] TJCE: Caso C-105/08, 17 de junho de 2010 (Comissão Europeia contra República Portuguesa).

[668] TJCE: Caso C-105/08, Comissão v. Portugal..., cit.; Caso C-345/04, Centro Equestre..., cit.; Caso C-282/07, Truck Center..., cit.

[669] TJUE: 13 de julho de 2016, Caso C-18/15 (Brisal – *Auto-estradas do Litoral, SA,* KBC Finance Ireland v Fazenda Pública).

[670] TJUE: Caso C-18/15, Brisal, KBC, cit., paras. 44-50. V. também, de 24 de fevereiro de 2015, C-559/13, Finanzamt Dortmund-Unna v Josef Grünewald.

Secção X
A ineficiente ação do TJUE na construção do mercado interno

1. Um critério de comparabilidade ou vários critérios de comparabilidade?

O Tribunal de Justiça retira do juízo de comparabilidade a dupla tributação jurídica, pois numa situação puramente interna os residentes não recebem um crédito de imposto. Portanto, não há discriminação pelo facto de os residentes que exerçam as liberdades fundamentais não receberem o crédito integral.

Em segundo lugar, se o mesmo Tribunal considerasse discriminatória a dupla tributação jurídica, o juízo discriminatório implicaria um juízo sobre repartição de competências. Isto é, o juízo discriminatório recairia sempre sobre o Estado de residência e estaria também ele relacionado com o diferencial de taxas ou com desvantagens de tesouraria (de *cash flow*).

Em terceiro lugar, a comparabilidade horizontal, em especial no caso da aplicação de convenções de dupla tributação, é rejeitada pelo Tribunal de Justiça.

Mas a partir daí não é claro até onde a aplicação da não discriminação à base fiscal pode ir, existindo uma indecisão do Tribunal quanto ao objeto e âmbito objetivo de comparabilidade:

Na perspetiva do Estado de residência, até onde pode ir o apuramento do rendimento de residentes com consequentes deduções de custos transfronteiriços[671]; até onde pode ir a aplicação de retenções na fonte sobre rendimentos ilíquidos[672]; até onde pode ir a dedução de prejuízos transfronteiriços[673].

E quanto ao Estado da fonte, não é claro até onde devem ser admitidas as deduções de custos para efeitos da tributação do rendimento líquido e não bruto[674]; os abatimentos de despesas de carácter pessoal e familiar por parte de não residentes, nomeadamente quando o rendimento é obtido

[671] TJCE: Caso C-311/08, SGI..., cit.; Caso C-403/03 Schempp..., cit.

[672] TJCE: Caso C-105/08, Comissão v. Portugal..., cit.; Caso C-282/07, Truck Center..., cit.

[673] TJCE: Caso C-446/03, Marks & Spencer..., cit.; Caso C-414/06, Lidl..., cit.; Caso C-157/07, Krankenheim..., cit.

[674] TJCE: Caso C-345/04, Centro Equestre..., cit., Caso C-234/01, Gerritse..., cit.

em mais do que dois Estados-Membros; e a aplicação de taxas progressivas dos impostos nacionais a não residentes.

Estas indefinições estão relacionadas com o significado de comparabilidade que é o ponto de partida do juízo de discriminação. Só é discriminatório o tratamento diferente de situações idênticas (comparáveis) ou o tratamento idêntico de situações diferentes (não comparáveis), mas ao fim de mais de duas décadas de jurisprudência em matéria de tributação direta, o Tribunal de Justiça tem mostrado avanços e recuos quanto ao entendimento de comparabilidade.

No primeiro acórdão por ele proferido através de um procedimento de infração (o referido caso *Avoir Fiscal*), datado de 1987, o Tribunal considerou que residentes e não residentes eram comparáveis (filial residente e estabelecimento estável não residente, com sede noutro Estado-Membro), e desde 2005 (caso *Marks & Spencer*) inclui nessa comparação as filiais residentes e as filiais não residentes, superando o princípio da territorialidade. Mas o Tribunal rejeita comparar estabelecimentos estáveis num Estado-Membro com a sede noutro Estado-Membro (portanto, não residentes) a filiais de não residentes (caso *X Holding BV* de 2010[675]).

O Tribunal de Justiça tem competência para interpretar o Tratado e não as disposições nacionais, sendo que as disposições nacionais cuja compatibilidade com o Tratado é questionada constituem factos para efeitos dos procedimentos de reenvio e de infração. O Tribunal tem esbatido porém a fronteira, e tem esvaziado a afirmação segundo a qual não faz juízos sobre o direito interno, demonstrando que a interpretação é um vaivém contínuo e circular entre factos e direito.

Por outro lado, o Tribunal, como tribunal generalista, vai delimitando o conteúdo do princípio da não discriminação e das liberdades fundamentais independentemente da origem e natureza das normas nacionais, sejam elas normas comerciais, fiscais, sobre aquisição ou perda de nacionalidade ou residência, ou de outro qualquer ramo de Direito.

A questão que se coloca, porém, é a de saber se o critério de comparabilidade que o Tribunal está a construir não tem contornos específicos para o Direito Fiscal e se, além disso, não tem contornos que variam consoante o tipo de impostos e o tipo de normas fiscais.

[675] TJCE: Caso C-337/08, X Holding BV..., cit.

O Tribunal tem encontrado dificuldades em traçar os limites da comparação entre residentes e não residentes, e essa dificuldade está relacionada com o problema clássico das fronteiras entre interpretação e criação. Na verdade, se residentes e não residentes são tidos como comparáveis para efeitos fiscais, isso significa que o critério de legitimidade para tributar segundo o vínculo mais ou menos forte com um determinado Estado, nomeadamente, a legitimidade para a tributação dos rendimentos universais dos residentes e dos rendimentos obtidos dentro do território quanto aos não residentes, já não seria válido no espaço da UE.

A incoerência ou inconsistência das decisões do Tribunal em matéria de tributação direta não é só apontada pela doutrina. O argumento da coerência é o argumento mais invocado pelos Estados-Membros (representantes das administrações fiscais) quando se defendem em relação a um reenvio prejudicial ou a um procedimento de infração, sendo certo que o argumento da coerência tal como os Estados-Membros o utilizam, foi aceite pelo Tribunal apenas num caso (ou em dois casos apensos: *Comissão v. Bélgica* e *Bachmann*[676]).

O facto de os Estados-Membros continuarem a utilizar o argumento da coerência mesmo depois de o Tribunal ter reiterado que ela só pode ser aceite em casos muito restritos – nos caso em que há uma relação direta entre o benefício fiscal em causa e a compensação desse benefício através de determinada cobrança e tratando-se do mesmo contribuinte [677] – pode ser entendido como um argumento de protesto pela perda de receitas fis-

[676] TJCE: 28 de janeiro de 1992, C-300/90 (Comissão das Comunidades Europeias contra Reino da Bélgica); Caso C-204/90, Bachmann..., cit.

[677] Acórdão do Tribunal de Justiça, de 7 de setembro de 2004, C-319/02, Petri Manninen, cit., para. 54: "A esse respeito, deve recordar-se que, nos nºs 28 e 21, respectivamente, dos acórdãos Bachmann e Comissão/Bélgica, já referidos, o Tribunal de Justiça reconheceu que a necessidade de se preservar a coerência de um regime fiscal pode justificar uma restrição ao exercício das liberdades fundamentais garantidas pelo Tratado. Contudo, para que um argumento baseado numa justificação dessa natureza possa vingar, há que demonstrar a existência de uma relação directa entre o benefício fiscal em causa e a compensação desse benefício através de determinada cobrança (v., neste sentido, acórdãos de 14 de Novembro de 1995, Svensson e Gustavsson, C-484/93, para. 18; Asscher, já referido, para. 58; ICI, já referido, para. 29; de 28 de outubro de 1999, Vestergaard, C-55/98, para. 24; e de 21 de Novembro de 2002, X e Y, C-436/00, para. 52). Como resulta dos paras. 21 a 23 do acórdão Bachmann, já referido, e dos paras. 14 a 16 do acórdão Comissão/Bélgica, já referido, esses acórdãos assentam na constatação de que, no direito belga, existia uma relação directa entre, por um lado, a faculdade de, na esfera do mesmo contribuinte sujeito ao imposto sobre os rendimentos,

cais emergente ou também como um argumento de protesto pelo facto de o Tribunal não ter completa perceção dos limites do teste de comparabilidade e das consequências da sua jurisprudência.

As alterações não fundamentadas nas linhas de orientação jurisprudencial do TJUE, bem como o desfecho de alguns casos do Tribunal – por exemplo, o desfecho do caso *Gerritse*[678] – vem dar razão a estas críticas. O facto de as alterações na orientação jurisprudencial não serem fundamentadas pode ilustrar a ausência de consenso no Tribunal sobre o assunto, deixando assim em aberto a possibilidade de se regressar a uma determinada linha jurisprudencial sem impasses nem litígios internos.

Na aplicação das liberdades fundamentais, o Tribunal tem traçado alguns limites à sua atuação. Em alguns casos, com argumentos pouco convincentes ou mesmo até com falta deles, ou com hesitações que revelam um estádio ainda pouco desenvolvido de argumentação: é o caso da dupla tributação jurídica internacional, das normas das convenções de dupla tributação, e do princípio da territorialidade ou da distribuição de competência de tributação entre Estados.

Há um limite claro traçado entre discriminação e disparidades, e até certo ponto entre discriminação e justificações relevantes, mas não é claro que a repartição de competências de tributação entre Estados seja um limite ao juízo do Tribunal ou uma justificação a um tratamento discriminatório.

Na primeira fase da sua jurisprudência, o TJUE traçou uma distinção entre normas que distribuem as competências ou direitos de tributação e as normas relativas ao exercicio dessa competência. As primeiras estariam na competência dos Estados-Membros enquanto não fossem harmonizadas, e as segundas teriam de respeitar as liberdades fundamentais, ou, por outras palavras, as normas fiscais não poderiam discriminar entre residentes e não residentes se estes se encontrassem numa situação comparavel.

No quadro do Direito Fiscal internacional – isto é, interestadual – as normas que distribuem competências ou direitos de tributação são também conhecidas por regras de conexão. Estas normas têm fonte interna ou fonte convencional. Estão contidas nos códigos de imposto nacionais,

se descontarem cotizações de seguros nos rendimentos tributáveis e, por outro, a posterior tributação dos montantes pagos pelas seguradoras."

[678] TJCE: Caso C-234/01, Gerritse..., cit.

e, no caso de haver convenções bilaterais de dupla tributação, estas distribuem as competências entre os Estados contratantes, limitando a aplicação das normas internas no caso de factos tributários que envolvam esses mesmos Estados e seus sujeitos passivos.

Desta forma, as normas das convenções evitam a sobreposição ou aplicação em simultâneo das normas de conexão e, consequentemente, evitam a dupla tributação internacional ou inter-estadual. As normas unilaterais normalmente autorizam a tributação com base na fonte e na residência, o que significa que perante um facto tributário inter-estadual, a residência e a fonte provavelmente vão ocorrer em diferentes Estados e originar dupla tributação inter-estadual. Diferentemente, se existir uma convenção de dupla tributação, esta só autoriza a tributação ou pela fonte ou pela residencia ou, se autorizar a aplicação de ambos os elementos de conexão, prevê métodos de atenuação dessa dupla tributação.

Todos os casos que são analisados pelo Tribunal pressupõem a aplicação de normas de repartição de competências. As normas que mais frequentemente são sujeitas a um juízo de compatibilidade com o Tratado (Tratado da CE ou, atualmente, Tratado sobre o funcionamento da UE) são as normas de exercício de competências, porque o Tribunal desde relativamente cedo clarificou que quaisquer tratamentos menos favoráveis resultantes da aplicação das normas que distribuem as competências são o resultado de disparidades e não são de considerar discriminações.

Ainda assim, têm existido casos de reenvio para o TJ relativos a regras de repartição de competências. Esses reenvios ou ocorreram numa primeira fase da jurisprudência por não estar clarificada a diferença entre repartição de competências e exercício de competências[679], ou adiante, por não ser claro se a discriminação deveria ser julgada tendo em conta o regime fiscal aplicável só num dos Estados-Membros ou o regime fiscal resultante da aplicação conjunta de fonte e da residência[680], ou ainda porque a aplicação dos elementos de conexão implicava restrições mais ou menos expressas à livre circulação[681].

[679] TJCE: Caso C-336/96, Gilly..., cit.

[680] TJCE: Caso C-513/04, Kerckhaert Morres..., cit.; Caso C-128/08, Damseaux..., cit.

[681] TJCE: Caso C-9/02 Lasteyrie du Saillant..., cit.; Caso C-470/04, N...., cit.; Caso C-513/03, van Hilten..., cit.; Caso C-210/06, Cartesio..., cit.

2. A escolha do Estado de tributação

Como vimos, no caso de relações especiais entre contribuintes, a comparabilidade extrema poderia conduzir à escolha do Estado-Membro de tributação ou do Estado-Membro onde realizar despesas dedutíveis e prejuízos fiscais, sempre que houvesse relações transfronteiriças. No caso do imposto pessoal, existindo rendimentos de trabalho em dois Estados, haveria um igual vínculo em relação aos dois Estados e uma opção por apurar a matéria tributável num ou noutro Estado, transferindo rendimentos e despesas e abatimentos.

Haveria uma transferência de custos de habitação ou de despesas inerentes à atividade, ou de despesas de educação[682] para outro Estado-Membro.

Em última análise, desapareceria a diferença entre tributação na fonte e tributação na residência, ou entre tributação de um mínimo de permanência dos rendimentos apenas aí obtidos (princípio da territorialidade) e tributação dos residentes com base no rendimento universal (imposto pessoal). Ou seriam todos tributados universalmente e assim todas as despesas dedutíveis e todos tributados segundo taxas progressivas, ou ninguém seria tributado universalmente e as despesas dedutíveis deveriam ser *pro rata*, isto é, proporcionais aos rendimentos obtidos no próprio território, como defendiam os Países Baixos nos casos *Bosal* e *De Groot*[683]. Esse vínculo idêntico daria ao contribuinte, por seu turno, uma escolha legítima para ser tributado sob uma ou outra jurisdição.

A tensão que existe atualmente entre comparabilidade e regras de repartição de competências e juízo valorativo quanto ao Estado que deve eliminar a discriminação ou neutralizá-la, por um lado, e regras de exercício de competências e discriminação por outro, resulta do facto de não se ter eliminado a distinção entre residentes e não residentes. Esta distinção não pode ser extinta pelo Tribunal, nem o será pelas diretivas que harmonizam a base tributável parcialmente. Estas, tal como as convenções fiscais bilaterais baseadas no Modelo da OCDE, limitam-se a distribuir competências a favor de um ou outro Estado, atribuindo essa exclusividade a um dos Estados (sociedades mãe-filiais), repartindo entre eles uma competência cumulativa (fusões).

682 TJCE: 20 de maio de 2010, Caso C-56/09 (Emiliano Zanotti v. Agenzia delle Entrate – Ufficio Roma 2).

683 TJCE: Caso C-168/01, Bosal Holding..., cit., Caso C-385/00, De Groot..., cit.

Só se a harmonização disser respeito a todo o *Tatbestand* sistemático de um imposto, à semelhança da harmonização do IVA, ou, em menor medida, da Base Comum de Tributação Consolidada das Sociedades (na sigla inglesa utilizada universalmente, CCCTB[684]), é que tal distinção pode ser eliminada.

Na verdade, como se sabe, as fronteiras não foram eliminadas até hoje no IVA, mas em teoria, a adoção de um dos princípios – o da origem – permiti-lo-ia. No caso do imposto de sociedades, o desafio reside em a encontrar outros elementos alternativos à fonte e à residência, que ilustrem de modo mais genuíno um vínculo com os Estados-Membros e que permitam repartir as receitas fiscais entre eles – por exemplo, localização do capital, do fator trabalho, do fator salários e da localização dos intangíveis.

[684] Huelya Celebi, "The CCCTB as a Proposed Solution to the Corporate Income Taxation Dilemma within the EU", *EC Tax Review*, 2013, nº 6, pp. 289-298.

Capítulo VI
A troca de informações

Secção I
O padrão internacional da troca de informações

1. Antecedentes

A problemática da transparência fiscal, troca de informações e paraísos fiscais aparece referida, pela primeira vez, no Relatório da OCDE sobre concorrência fiscal prejudicial, de 1998[685]. É nele identificado o problema da opacidade dos paraísos fiscais e dos prejuízos que estes trazem para os ordenamentos tributários na ordem jurídica internacional, no contexto da globalização.

Os paraísos fiscais são identificados como os territórios que não têm impostos ou que têm impostos meramente nominais, não os aplicando; que não são transparentes; cujas leis ou práticas administrativas previnem a troca de informações para efeitos fiscais; a ausência de requisitos de atividade substancial[686].

Os regimes preferenciais, por seu turno, favoreciam o rendimento passivo ou os lucros não distribuídos, e introduziam um regime de benefícios fiscais dirigido apenas aos não-residentes. Segundo o Relatório de 1998, há três características comuns aos paraísos fiscais e aos regimes fiscais prefe-

[685] OECD (1998), *Harmful Tax Competition: An Emerging Global Issue*, OECD Publishing, Paris. DOI: http://dx.doi.org/10.1787/9789264162945-en, ch. 3, IV.

[686] OECD (1998), *Harmful Tax Competition...*, cit., pp. 20 e ss.

renciais: ausência de verdadeiros impostos, falta de troca de informações, falta de transparência[687].

A troca de informações é abordada com um instrumento para eliminar os Estados de baixa tributação, os quais são definidos como os que atraem capital estrangeiro à custa do sigilo bancário, da ausência de troca de informações e do baixo nível de tributação[688]. A OCDE elaborou uma lista negra de paraísos fiscais e recomendou aos seus Estados-Membros que fizessem o mesmo e que aplicassem regras fiscais restritivas – nomeadamente, regras antiabuso – em relação aos sujeitos passivos com investimentos nesses países[689].

Na sequência da crise financeira de 2008, o Fórum Global sobre transparência e troca de informações para fins fiscais, organismo criado pela OCDE mas com vocação internacional, adquiriu protagonismo. O Fórum Global é uma estrutura associada ao Centro de Política Fiscal e Administração da OCDE, composto por Estados-Membros da OCDE e não Membros:

> "The Global Forum is the continuation of a forum which was created in the early 2000s in the context of the OECD's work to address the risks to tax compliance posed by non-cooperative jurisdictions. The original members of the Global Forum consisted of OECD countries and jurisdictions that had agreed to implement transparency and exchange of information for tax purposes. The Global Forum was restructured in September 2009 in response to the **G20** call to strengthen implementation of these standards."[690]

A sua tarefa é conseguir que o maior número de Estados da ordem jurídica internacional adote a troca de informações, e desde 2009, tem dirigido esse processo, conseguindo que múltiplos acordos de troca de informações sejam concluídos por ex-paraísos fiscais entre si e com Estados de "tributação normal". Oficialmente, numa atitude positiva e de boa vontade, a OCDE declarou, em 2009, o fim dos paraísos fiscais. Os acordos de troca de informações são celebrados com os Estados/territórios e entre os Estados/territórios que constavam da lista negra da OCDE.

687 OECD (1998), *Harmful Tax Competition...*, cit., pp. 23-25.
688 OECD (1998), *Harmful Tax Competition...*, cit., pp. 23-25.
689 OECD (1998), *Harmful Tax Competition...*, cit., ch. 3, II.
690 V.: http://www.oecd.org/tax/transparency/.

O Fórum Global tem um procedimento de avaliação, "entre pares", sobre o cumprimento das regras de transparência e troca de informações, para que um Estado deixe de ser considerado território não cooperante. Todos os Estados-Membros do Fórum Global estão submetidos a esta avaliação periódica, incluindo os Estados da OCDE e de entre estes, os que têm nas suas convenções uma disposição que observe os padrões contidos no artigo 26º do Modelo da OCDE[691].

Para que um Estado/território seja cooperante, é necessário que tenha mecanismos de troca de informação a pedido; que a informação seja fiável e seja acessível; que essa informação consista em informação bancária, informação contabilística e que a identidade e titularidade das contas seja revelada; que seja possível às autoridades tributárias obterem e prestarem essa informação a um Estado requerente, atempadamente; e que sejam respeitadas garantias, limites e uma confidencialidade estrita[692].

Como temos defendido, a avaliação do Fórum Global é insuficiente para que a troca de informações seja efetivada, com seriedade, a nível mundial e para que sejam observadas as garantias do Estado de Direito[693].

Desde logo, porque os critérios de avaliação da primeira fase são essencialmente formais, e de entre estes, quantitativos, embora estejam a ser aperfeiçoados. Inicialmente, o cumprimento do padrão era atingido se os ex-paraísos fiscais tivessem concluído pelo menos doze acordos de troca de informações[694]. Não interessava com que Estados concluíram esses acordos, grande parte deles podia ter sido concluído entre ex-paraísos fiscais, e nesse caso era difícil saber se a troca de informações ocorria efetivamente.

A insuficiência deste critério foi reconhecida pelo próprio Forum Global e a troca de informações passou a ser exigida entre os "parceiros relevantes":

[691] V.: http://www.oecd.org/tax/transparency/

[692] Global Forum on Transparency and Exchange of Information for Tax Purposes, *2016 Terms of Reference to Monitor and Review Progress Towards Transparency and Exchange of Information on Request for Tax Purposes*, disponível em: http://www.oecd.org/tax/transparency/about-the-global-forum/publications/terms-of-reference.pdf

[693] Ana Paula Dourado, "Exchange of Information and Validity...", cit., pp. 6 e ss. (espec. 6-8).

[694] http://www.oecd.org/tax/transparency/about-the-global-forum/publications/revised-methodology.pdf

"Tal como acordado pelo Sub-grupo do Forum Global sobre questões de igualdade de condições, no seu documento "Conduzindo o Processo Avante de Forma Prática" (*"Taking the Process Forward in a Practical Way"*), de novembro de 2008, considera-se que um país implementou o padrão da troca de informações para efeitos da avaliação deste Forum Global, se tiver assinado acordos ou aprovado mecanismos unilaterais que permitam a troca de informações de acordo com o padrão, com pelo menos 12 países. Àquela data, este parâmetro foi considerado adequado, para distinguir entre os países que estavam a implementar o padrão e os que não estavam.

Porém, este padrão era parte de um processo faseado que teria de ser reavaliado à medida que as circunstâncias evoluíssem. Além disso, o Secretário-Geral da OCDE emitiu um relatório de progresso, em conjugação com a reunião dos Líderes do G20 em Londres, em 2 de abril de 2009, determinando que um país que tivesse assinado acordos com 12 territórios, membros da OCDE ou não, seria considerado como tendo implementado em substância, o padrão de troca de informações. Para alguns territórios, 12 acordos não são suficientes para permitir a troca de informações com todos os países requerentes relevantes. Em última análise, o padrão exige que os territórios troquem informações com todos os parceiros relevantes, isto é, os parceiros que estão interessados em celebrar acordos de troca de informações. Não podem ser apenas concluídos acordos com contrapartes irrelevantes economicamente. Se se afigurar que um território recusa celebrar acordos ou entrar em negociações com determinados parceiros, em particular com aqueles que têm uma expectativa razoável de pedir informações a esse território, para administrar e aplicar as suas leis fiscais adequadamente, o Grupo de Peer Review (avaliação interpares) deve ser avisado, pois esse comportamento pode indicar falta de empenho na implementação dos padrões"[695].

Na segunda fase de avaliação, o escrutínio é exercido sobre a efetividade da troca de informações, e os resultados desta fase servem de base à avaliação dos países. Apesar dos progressos nos parâmetros da avaliação interpares, é necessário aperfeiçoar o sistema. O escândalo dos Papéis do

[695] Global Forum on Transparency and Exchange of Information for Tax Purposes, *Terms of Reference To Monitor and Review Progress Towards Transparency and Exchange of Information for Tax Purposes*, 2010, http://www.oecd.org/ctp/44824681.pdf, p. 8, nota 26.

Panamá, em abril de 2016, ilustra a precariedade dos critérios de atuação do Fórum Global[696].

2. A evolução do padrão internacional

Como se referiu, até 2013, o padrão internacional de troca de informações correspondia à troca de informações a pedido. Em termos simplificados, o padrão internacional significava que o sigilo bancário já não podia ser invocado para recusar a troca de informações[697]. E tratava-se de um padrão internacional porque abrangia não apenas os Estados-Membros da OCDE, mas destinava-se a ser implementado mundialmente, através da ação do Fórum Global.

A transparência é entendida como condição para uma correta tributação por parte dos Estados envolvidos, na época da globalização – numa época em que os factos tributários plurilocalizados são comuns e atingem montantes avultados. A não cobrança destes montantes arrisca pôr em causa a sobrevivência dos Estados.

A transparência nesta vertente de troca de informações aparece historicamente relacionada com os interesses dos Estados de residência, e primordialmente ligada às pessoas singulares, porque é em relação a estas que os Estados da OCDE mantêm a tributação universal dos rendimentos.

Mas também os Estados da fonte têm interesse no correto apuramento dos impostos, e na verificação se as regras de repartição de competências, unilaterais ou bilaterais, são respeitadas. A aplicação de regras sobre preços de transferência, de regras anti-híbridos, de limites à dedução de gastos, está dependente do conhecimento da situação fiscal no outro ou outros Estados envolvidos (onde o sujeito é residente ou obteve rendimentos)[698].

Assim, a troca de informações é igualmente relevante para a tributação das pessas coletivas, *maxime*, das empresas multinacionais, não apenas porque muitos Estados tributam o rendimento universal das suas sociedades,

[696] V. Bastian Obermayer und Frederik Obermaier, *Panama Papers: Die Geschichte...*, cit.; http://www.jornaldenegocios.pt/economia/detalhe/panama_papers_ha_uma_estrategia_de_isolamento_dos_offshores

[697] Ana Paula Dourado, "Article 26, Exchange of Information", *Klaus Vogel on Double Taxation Conventions*, cit., vol. 2, p. 1854, n. 6; OECD, *Tax Co-operation 2009 Towards a Level Playing Field*, disponível em: http://www.oecd.org/tax/transparency/44429779.pdf.

[698] Ana Paula Dourado, "Article 26, Exchange of Information", *Klaus Vogel on Double Taxation Conventions*, cit., vol. 2, nºs 26-27, pp. 1858-1859.

como também, como se referiu, para uma correta aplicação das regras de repartição de competências, dos preços de transferência e de outras regras que atuem contra as disparidades, o abuso, e em geral o BEPS.

A troca de informações tem como objetivo prevenir e detetar situações de evasão fiscal (que constituam crime ou contra-ordenação). Mas no quadro do BEPS, é também um instrumento necessário para a correta utilização de regras antiabuso e para uma política legislativa que reduza disparidades e lacunas.

3. Instrumentos jurídicos e acordos de cavalheiros

O padrão internacional de troca de informações a pedido tem constado de diversos instrumentos internacionais, uns vinculativos, outros de acordos de cavalheiros (direito suave).

São eles, o artigo 26º do Modelo da OCDE tal como interpretado pelos comentários ao Modelo, de 2005; o artigo 1º do Modelo de Acordo de Troca de Informações de 2002; o Manual de Implementação da Troca de Informações de 2006; a Convenção Multilateral de Assistência Mútua da OCDE e do Conselho da Europa (assinada em 1988 e em vigor desde 1 de abril de 1995), alterada pelo Protocolo de 2010.

A Diretiva da União Europeia sobre assistência mútua administrativa, nº 2011/16/UE[699], revogou a Diretiva de 1977 e colocou a União Europeia a par do padrão internacional, avançando para a troca automática de informações[700].

Em abril de 2013, o G20 declarou como padrão internacional a troca automática de informações e em 13 de fevereiro de 2014, a OCDE apresentou o padrão global único para troca automática de informações ao abrigo de acordos entre autoridades competentes[701]. Ao abrigo destes acordos, as

[699] Diretiva 2011/16 do Conselho, de 15 de fevereiro de 2011 sobre a cooperação administrativa no domínio da tributação e revogando a Diretiva 77/799/CEE, JO L 64, 11.3.2011.

[700] V. Marius Vascega & Servaas van Thiel, "Assessment of Taxes in Cross-border Situations: The New EU Directive on Administrative Cooperation in the Field of Taxation", *EC Tax Review*, 2011, nº 3, pp. 153-154; Maryte Somare & Victoria Wörer, "Automatic Exchange of Information under the Directive on Administrative Cooperation in the Light of the Global Movement Towards Transparency", *Intertax*, 2015, nº 12, pp. 804 e ss.; Ana Paula Dourado "Article 26", cit., nºs 3-23, pp. 1853-1857.

[701] V.: OECD, *Standard for Automatic Exchange of Financial Account Information Common Reporting Standard*, 13 February 2014, acessível em: https://www.oecd.org/ctp/exchange-of-tax-information/automatic-exchange-financial-account-information-common-reporting-

autoridades nacionais obtêm informações das suas instituições financeiras, sobre contas financeiras, independentemente da residência do titular ou beneficiário, e enviam-nas às autoridades congéneres da residência dos titulares das contas, automaticamente, uma vez por ano.

Este mecanismo geral de acesso e troca automática de informações financeiras para efeitos fiscais é efetuado quer entre Estados-Membros da União Europeia (a Diretiva 2014/107/UE)[702], quer com outros Estados participantes no âmbito do Acordo Multilateral das Autoridades Competentes para a Troca Automática de Informações de Contas Financeiras, celebrado ao abrigo da Convenção sobre a Assistência Mútua em Matéria Fiscal (conforme alterada pelo Protocolo de Alteração de 2010 à Convenção Conselho da Europa/OCDE sobre a Assistência Mútua em Matéria Fiscal (1988)).

A Diretiva 2014/107/UE, do Conselho, de 9 de dezembro de 2014, altera a Diretiva 2011/16/UE no que respeita à troca automática de informações obrigatória no domínio da fiscalidade, concretizando para a União Europeia o sistema da OCDE.

O regime é inspirado no chamados FATCA (Foreign Account Tax Compliance Act) dos EUA e na Diretiva da Poupança da União Europeia, entretanto revogada[703].

Os acordos entre autoridades competentes têm como base legal o artigo 26º das convenções de dupla tributação (ou a disposição correspondente ao artigo 26º do Modelo da OCDE), ou a Convenção Multilateral sobre a Assistência Mútua.

A informação é prestada com base num modelo comum de transmissão de informações, um padrão mundial único – "common reporting stan-

standard.pdf; V. também: http://www.oecd.org/tax/automatic-exchange/about-automatic-exchange/#d.en.368731; OECD Report for the G8 Summit Lough Erne, Enniskillen, *A Step Change in Tax Transparency Delivering a standardised, secure and cost effective model of bilateral automatic exchange for the multilateral context*, June 2013: *https://www.oecd.org/ctp/exchange-of-tax-information/taxtransparency_G8report.pdf*.

[702] Diretiva 2014/107/UE, de 9 de dezembro de 2014, OJ L 359, 16.12.2014, p. 1-29; Maryte Somare & Victoria Wörer, "Automatic Exchange of Information under the Directive...", cit., pp. 806 e ss.

[703] Sobre a Diretiva da poupança V. os vários contributos nacionais, no livro *The EC Interest Savings Directive, EATLP Annual Congress Budapest*, 1-3 June 2006, 2015, IBFD, Amsterdam, por exemplo: Ana Paula Dourado and Ricardo Reigada Pereira, "Portugal", pp. 253-262; Frans Vanistendael, "General Report", pp. 29-84; "Post Scriptum", pp. 323-333.

dard" (norma comum de comunicação)[704]. Esta norma comum esteve na origem das modificações introduzidas aos instrumentos de cooperação administrativa da União Europeia, nomeadamente por via da Diretiva 2014/107/UE.

Em Portugal, este regime foi estabelecido pelo artigo 16º do Regime de Comunicação de Informações Financeiras (RCIF) aprovado pelo artigo 239º da Lei nº 82-B/2014, de 31 de dezembro. Foram então criadas novas regras sobre a obrigatoriedade de cumprimento de normas de comunicação e diligência devida em relação a contas financeiras sujeitas a comunicação, independentemente da residência do respetivo titular ou beneficiário.

A transposição para o ordenamento português é feita por diversos diplomas: Decreto-Lei nº 64/2016, de 11 de outubro, que altera o Decreto-Lei nº 61/2013, de 10 de maio, e introduz o "Padrão de transmissão comum" ("Common Reporting Standard" (CRS)), em vigor desde 12 de outubro de 2016; Portaria nº 302-B/2016, de 2 de dezembro, que aprova a lista de contas excluídas; Portaria nº 302-C/2016, de 2 de dezembro, que regula a estrutura e conteúdo do ficheiro XML; Portaria nº 302-D/2016, de 2 de dezembro, que estabelece a lista de jurisdições participantes – que vincula as Instituições Financeiras; Portaria nº 302-E/2016, de 2 de dezembro, que aprova a declaração modelo 53.

Uma vez que a União Europeia se comprometeu a implementar o padrão de transmissão comum, a norma comum de comunicação sobre troca automática de informações relativa a contas financeiras foi inserida no instrumento da UE que já acolhia a troca de informações (Diretiva 2011/16/UE). Para evitar a duplicação de legislação, o regime de troca de informações automáticas da OCDE (CRS, *Common Reporting Standards*) e a DAC2 (Diretiva 2014/107/UE) são introduzidos na ordem jurídica portuguesa através de um único instrumento (Lei nº 64/2016, de 11 de outubro) que transpõe a Diretiva 2014/107/UE.

O primeiro parágrafo do Preâmbulo da Lei nº 64/2016 dispõe assim:

> "O presente decreto-lei estabelece novas regras sobre o regime de acesso e troca automática de informações financeiras no domínio da fiscalidade, definindo, por um lado, as regras complementares para a implementação dos mecanismos de cooperação internacional e de combate à evasão fiscal estabe-

[704] OECD, *Standard for Automatic Exchange of Financial Account Information Common Reporting Standard*, 13 February 2014, cit.

lecidas no artigo 16º do Regime de Comunicação de Informações Financeiras (RCIF), aprovado pelo artigo 239º da Lei nº 82-B/2014, de 31 de dezembro, considerando o estabelecido no chamado *Foreign Account Tax Compliance Act* (FATCA), e, por outro lado, estabelecendo novas regras sobre a obrigatoriedade de cumprimento de normas de comunicação e diligência devida em relação a contas financeiras qualificáveis como sujeitas a comunicação de titulares ou beneficiários residentes noutros Estados-Membros da União Europeia ou em outras jurisdições participantes".

Do pacote de troca automática de informações, fazem parte ainda as regras de comunicação e diligência pelo Protocolo entre a Comissão Europeia e a Confederação Suíça sobre a tributação de rendimentos de poupança[705], e entre a Comissão Europeia e os outros países terceiros (Mónaco, Andorra, San Marino e Liechtenstein). Elas estabelecem, à semelhança da Diretiva de assistência mútua, a troca automática de informações quanto às contas financeiras sujeitas a comunicação.

Foram ainda aprovadas as informações vinculativas de acordos sobre preços de transferência, de 8 de dezembro de 2012; o reporte país a país, de 28 de janeiro de 2016, introduzido também em Portugal (obrigatoriedade de reporte da declaração de informação financeira e fiscal (DIFF) de grupos multinacionais ou CbCr).

4. Alcance

A informação sobre contas financeiras é abrangente para permitir uma melhor interpretação das transações internacionais e da identificação dos agentes envolvidos: possibilitar a correta tributação em cada Estado, a identificação de um eventual branqueamento de capitais e/ou de evasão fiscal, a identificação de intermediários, e de beneficiários efetivos de rendimentos tributáveis.

A informação cobre todos os tipos de rendimento de investimento, nomeadamente, juros, dividendos, rendimento de certos contratos de seguros e semelhantes, movimentos e saldos e rendimentos de alienação de ativos financeiros.

[705] Decisão (UE) 2015/2400 do Conselho de 8 de dezembro de 2015 *relativa à celebração, em nome da União Europeia, do Protocolo de Alteração do Acordo entre a Comunidade Europeia e a Confederação Suíça que prevê medidas equivalentes às previstas na Diretiva 2003/48/CE do Conselho relativa à tributação dos rendimentos da poupança sob a forma de juros*, JO L 333/10, 19 de dezembro de 2015.

As instituições financeiras submetidas à obrigação de comunicação da informação incluem bancos, agentes, curadores, corretores, certos veículos de investimento coletivo e algumas sociedades seguradoras. O Decreto--Lei de implementação do regime refere-se a: "Instituições de custódia"; *ii)* "Instituições de depósito"; *iii)* "Entidades de investimento"; *iv)* "Empresas de seguros especificadas"[706].

O mecanismo de troca automática e recíproca de informações financeiras da competência das Autoridades Tributárias diz respeito a residentes noutros Estados-Membros ou em outros Estados participantes, segundo a "Norma Comum de Comunicação" da OCDE, e um regime de acesso automático a informações financeiras relativas a residentes, em condições equivalentes.

Os sujeitos passivos cujas contas são objeto de comunicação não se limitam a pessoas singulares e a entidades (que incluem pessoas coletivas e outros sujeitos passivos de imposto sobre o rendimento que não constituam pessoas singulares) mas as instituições financeiras estão também obrigadas a uma análise à transparência com vista a identificar os beneficiários efetivos (os indivíduos que controlam estas entidades).

5. A lista de territórios não cooperantes da União Europeia

Em 5 de dezembro de 2017 foi aprovada a lista da União Europeia relativa a territórios terceiros não cooperantes, para efeitos tributários, na forma de conclusões do Conselho.

A inclusão de territórios não cooperantes na lista resulta da utilização dos seguintes indicadores de risco, a saber: existência de transparência e troca de informações; existência de regimes fiscais preferenciais; ausência de imposto societário ou taxa zero desse imposto, ou próxima do zero.

[706] Artigo 4º-A do Decreto-Lei nº 61/2013, de 10 de maio e artigo 239º da Lei nº 82-B/14, de 31 de dezembro; V. ainda: Decreto-lei nº 64/2016, de 11 de outubro, que altera o Decreto-Lei nº 61/2013, de 10 de maio, e introduz o CRS; Portaria nº 302-B/2016, de 2 de dezembro, que aprova a lista de contas excluídas; Portaria nº 302-C/2016, de 2 de dezembro, que regula a estrutura e conteúdo do ficheiro XML; Portaria nº 302-D/2016, de 2 de dezembro, que estabelece a lista de jurisdições participantes – que vincula as instituições financeiras; Portaria nº 302-E/2016, de 2 de dezembro, que aprova a declaração modelo 53. Uma vez que a União Europeia se comprometeu a implementar o CRS, a norma comum de comunicação sobre troca automática de informações relativa a contas financeiras foi inserida no instrumento da União Europeia que já acolhia a troca de informações (Diretiva 2011/16/UE). Para evitar a duplicação de legislação, o CRS e a DAC2 são introduzidos na ordem jurídica portuguesa através de um único instrumento (Lei 64/2016, de 11 de outubro) que transpõe a Diretiva 2014/107/UE.

Esses indicadores foram aplicados pelo Grupo do Código de Conduta e pelos Estados Membros em duas fases: para selecionar os territórios a avaliar (foram selecionados 160 territórios) e para incluí-los ou para excluí-los da lista negra.

A lista inicial continha dezassete territórios e tem vindo a ser atualizada, sendo que alguns desses territórios já foram retirados da lista. Foi também aprovada uma lista de territórios que deverão melhorar os seus princípios de boa governação fiscal (lista cinzenta). Todos deverão, consoante o caso, eliminar os seus regimes fiscais prejudiciais, concluir uma rede relevante de acordos cobrindo os Estados Membros da União Europeia, implementar os padrões mínimos do BEPS, eliminar os seus regimes fiscais facilitando estruturas offshore que atraem lucros sem atividade económica real e/ou simplesmente tornarem-se membros do Fórum Global[707].

O procedimento para a inclusão de territórios não cooperantes na lista negra realizou-se em três momentos – atribuição de pontos, avaliação e listagem – e baseou-se em critérios objetivos e de transparência. A União Europeia conseguiu um consenso ainda não atingido pela OCDE, quanto a territórios a incluir numa lista negra.

Há duas leituras contraditórias que podem ser feitas da aprovação da lista negra da União Europeia: por um lado, a OCDE tinha declarado o fim da era dos paraísos fiscais em 2009[708], e, portanto, o aparecimento de listas negras revela um fracasso da política internacional de transparência fiscal; por outro lado, desde a aprovação da lista negra da União Europeia, diversos territórios foram pouco tempo depois retirados dessa mesma lista. Esta evolução positiva mostra que os territórios não querem fazer parte de uma lista negra aprovada pelos Estados da União, e que a estratégia de nomeação de territórios não cooperantes – a estratégia designada em inglês por *naming and shaming* – tem efeitos pedagógicos. Questão diferente é a de saber se a fiscalização do cumprimento dos pressupostos de boa governação pelo grupo do código de conduta é fiável.

A Comissão começou por recolher dados disponíveis para todos os territórios, excluindo os 28 Estados Membros e territórios associados. Os territórios de terceiros Estados foram organizados em cinco grupos separados.

[707] Annex II to the Council conclusions of 5 Dec. 2017.

[708] OECD, *OECD Assessment Shows Bank Secrecy as a Shield for Tax Evaders Coming to an End* (31 Aug. 2009), http://www.oecd.org/ctp/harmful/oecdassessmentshowsbanksecrecyasashieldfortaxevaderscomingtoanend.htm

Aqueles que são bem classificados em todos os indicadores selecionados; os que celebraram um acordo de transparência com a União Europeia (Andorra, Liechtenstein, Mónaco, São Marino e Suíça); territórios que não têm uma avaliação elevada em pelo menos um dos indicadores selecionados; territórios sem dados económicos; e os 48 Estados não desenvolvidos identificados pelas Nações Unidas.

Os indicadores para a seleção referem-se aos vínculos económicos com a União Europeia (dados de trocas comerciais, afiliadas controladas por residentes na União Europeia e fluxos bilaterais de investimento direto estrangeiro); à atividade financeira e à sua relação com a economia real; e a fatores de estabilidade como corrupção e qualidade da regulação.

Após a avaliação, os Estados Membros no Código de Conduta decidiram quais os territórios de terceiros Estados a avaliar em mais pormenor. Foram selecionados 160 territórios, e a lista negra foi tornada pública, como se referiu, em 5 de dezembro de 2017.

Os critérios para selecionar os territórios não cooperantes e que deram origem à lista negra, foram estabelecidos no anexo às conclusões do Conselho, de 8 de novembro de 2016. Eles estão relacionados com a transparência fiscal, tributação justa e implementação de medidas anti BEPS. Esses critérios são usados como padrões internacionais da União Europeia para serem aplicados a todos os territórios de fora da União. Trata-se de um processo dinâmico que exige a implementação do *Common Reporting Standard* e pretende fiscalizar as primeiras trocas automáticas de informações em 2018.

Há critérios diferentes a aplicar em duas fases. Os da primeira fase são menos exigentes. Por exemplo, quanto à troca automática de informações pela OCDE, os Estados devem ter assumido o compromisso de proceder a essa troca; devem ter começado o processo legislativo para implementá-la; e devem possuir, a partir de 2018, uma classificação de "amplamente cumpridor", por parte do Fórum Global, quanto à troca de informações a pedido e automática.[709] Um outro critério sobre transparência exige que todos os Estados Membros da União Europeia beneficiem da troca de informações, resultante da ratificação da Convenção Multilateral da OCDE sobre assistência mútua em matérias tributárias, ou de uma rede de troca de informações que cubra a troca automática e a troca de informações a pedido, e todos os Estados Membros da União Europeia.

[709] Annex to the Council Conclusions of 8 Nov. 2016, 14166/16, FISC 187, ECOFIN 1014, at 4-5.

Até 30 de junho de 2019, para que um território seja considerado cumpridor, têm de estar preenchidos dois dos três critérios para a transparência fiscal, e desde que esse território não esteja classificado pelo Fórum Global como "não cumpridor". Na segunda fase, será exigida informação sobre o beneficiário efetivo, como quarto critério adicional, para a seleção de um território como cumpridor.

A tributação justa por parte de um território[710] é avaliada de duas formas: o território em causa não deve ter medidas fiscais preferenciais que sejam prejudiciais ao abrigo do Código de Conduta[711], e não deve facilitar as estruturas offshore ou esquemas destinados a atrair lucros que não reflitam a atividade económica nesse território.[712]

A implementação das medidas anti BEPS exige que um território tenha assumido o compromisso, até final de 2017, de adotar os padrões mínimos do projeto BEPS e que os aplique. Além disso, no futuro, o território terá de receber uma avaliação positiva quanto à implementação efetiva desses padrões[713].

Secção II
O artigo 26º do Modelo de Convenção da OCDE

1. A troca de informações a pedido

O artigo 26º do Modelo da OCDE prevê a troca de informações a pedido em caso de relevância previsível para a administração fiscal, independentemente do interesse nacional do Estado requerido, não podendo ser invocado o sigilo bancário nem o princípio *ne bis in idem*[714].

Nos termos do artigo 26º, nº 1, as autoridades competentes dos Estados Contratantes trocarão entre si as informações que sejam previsivelmente

[710] Annex to the Council conclusions of 8 Nov. 2016, at 6.

[711] Resolution of the Council and the Representatives of the Governments of the Member States meeting within the Council of 1 Dec. 1997 on a Code of Conduct for Business Taxation, OJ C 2, 6 Jan. 1998, at 2.

[712] Annex to the Council conclusions of 8 Nov. 2016, at 6.

[713] Annex to the Council conclusions of 8 Nov. 2016, at 7.

[714] V., para mais desenvolvimentos, Ana Paula Dourado, "Article 26", cit., nºs 167, 285-303, pp. 1890-1891, 1918-1922.

relevantes para a aplicação das disposições da presente Convenção ou para a administração ou a aplicação das leis internas relativas aos impostos de qualquer natureza.

Este artigo 26º, nº 1, tem um alcance mais vasto do que as regras de repartição de competências das convenções. Ele abrange impostos que não são objeto das convenções de dupla tributação (impostos de qualquer natureza). Costuma-se referir que ele contém uma "cláusula menor" de informação, quando a informação trocada diz respeito à correta aplicação das disposições da Convenção e portanto, das regras distributivas; e uma "cláusula maior", quando a informação trocada diz respeito à aplicação das leis internas. No último caso, a troca de informações é obrigatória mesmo que o Estado requerido não tenha interesse em fornecer a informação, desde que as restantes condições do artigo 26º estejam preenchidas[715]. O requisito mais difícil de interpretar é a expressão "previsivelmente relevante".

2. O critério da relevância previsível

A expressão "previsivelmente relevante" sucedeu à expressão "necessária" e é uma condição para que o Estado requerido responda ao pedido do Estado requerente.

Para que um Estado requerido transmita a informação pedida, ela deve ser "previsivelmente relevante" para efeitos de uma correta aplicação das convenções ou do regime fiscal nacional.

Previsivelmente relevante é um conceito vago e indeterminado. Conduz a resultados indeterminados para além dos "casos difíceis"[716].

Entende-se que um pedido de troca de informações, ao abrigo do artigo 26º tem de ser fundamentado, pois vão desviar-se recursos das administrações fiscais dos Estados requeridos, a favor dos interesses de arrecadação de receitas do Estado requerente.

Segundo os comentários ao artigo 26º do Modelo da OCDE, não haverá diferença de significado entre os termos "previsivelmente relevante" e "necessidade" da informação, pois "necessidade" da informação já era

[715] V., para mais desenvolvimentos, Ana Paula Dourado, "Article 26", cit., nºs 229-245, pp. 1905-1908.

[716] V., para mais desenvolvimentos, Ana Paula Dourado, "Article 26", cit., ns.168-214, pp. 1891-1902.

interpretado pelos Estados como informação "previsivelmente relevante" – a alteração terá apenas confirmado essa interpretação[717].

Mas é mais do que isso: "previsivelmente relevante" requer um juízo de prognose, enquanto a "necessidade" só pode ser avaliada no momento posterior à troca de informações. O juízo de prognose pode ser confirmado ou infirmado, a "necessidade", como condição, só admite resposta afirmativa

Seja como for, o significado da condição "previsivelmente relevante" tem de ser encontrado na própria convenção, tem um sentido autónomo do Direito interno dos Estados Contratantes, nos termos do artigo 3º, nº 2, do Modelo da OCDE[718].

Os comentários ao Modelo da OCDE e o Manual sobre troca de informações aprovado em 2006, orientam a interpretação da referida condição.

O comentário nº 5 ao artigo 26º (da atualização de 2012 ao Modelo da OCDE), confirma que está em causa um juízo de prognose: nele se refere que "no contexto da troca de informações a pedido, o padrão exige que no momento em que o pedido é feito, haja uma possibilidade razoável de que a informação pedida venha a ser relevante; saber se a informação, uma vez prestada, é efetivamente relevante, não é pertinente. Um pedido não pode, assim, ser declinado, nos casos em que uma avaliação definitiva da pertinência da informação a uma investigação em curso só pode ser feita depois de recebida a informação".

Os comentários (o nº 5) acrescentam que, em caso de dúvida sobre o conteúdo, as circunstâncias e a relevância, os Estados devem consultar-se, mas, os mesmos comentários dão a última palavra ao Estado requerente quanto à interpretação da "relevância previsível". Uma vez prestados os esclarecimentos pelo Estado requerente, o Estado requerido não pode recusar a informação.

Os comentários não definem "previsivelmente relevante", mas estabelecem um limite negativo: o limite do "previsivelmente relevante" são as "expedições ao acaso" (as "fishing expeditions"). Ele significa que o pedido de informações pelo Estado requerente a um Estado requerido tem de identificar a situação, não pode ser aleatório.

[717] Pontos 4.1. e 5.3.

[718] V., para mais desenvolvimentos, Ana Paula Dourado, "Article 26", cit., ns.168-214, pp. 1891-1902.

Só assim há uma justificação para que o Estado requerido afete os seus recursos humanos e materiais para procurar e/ou reunir dados a favor do Estado requerente[719].

O Manual sobre troca de informações define "expedições ao acaso" como "pedidos especulativos para obter informações que não têm um nexo aparente com um inquérito ou investigação abertos".

As expedições ao acaso são proibidas. A partir deste limite é difícil saber quando um pedido é previsivelmente relevante para a aplicação da convenção ou da lei fiscal nacional.

O artigo 5º nº 5 do Modelo de Acordo sobre Troca de Informações enumera, através de uma lista, o tipo de informação que um Estado requerente deve fornecer ao Estado requerido para demonstrar a relevância previsível da informação pedida (esta lista também faz parte do modelo de formulário instituído no quadro da Diretiva 2011/16/UE):

a) A identidade da pessoa que é investigada;
b) Uma declaração sobre a informação procurada, incluindo a sua natureza e a forma em que o Estado requerente pretende receber a informação do Estado requerido;
c) O objetivo para o qual a informação é solicitada;
d) Razões para acreditar que a informação pedida é detida pelo Estado requerido ou que está na posse ou sob controlo de uma pessoa no Estado requerido;
e) Na medida do que se saiba, o nome e endereço de qualquer pessoa que, segundo se acredita, esteja na posse da informação requerida;
f) Uma declaração de que o pedido está em conformidade com as práticas legais e administrativas do Estado requerente, que se a informação pedida estiver no Estado requerente, a autoridade competente deste Estado poderia obtê-la legalmente e respeitando as suas práticas administrativas, e ainda que o pedido respeita as condições do Acordo de Troca de Informações;
g) Uma declaração de que o Estado requerente desenvolveu todas as diligências possíveis no seu próprio território para obter a informação, exceto aqueles que dariam origem a dificuldades desproporcionadas[720].

[719] V. também, Ana Paula Dourado, "Article 26", cit., ns.176-214, pp. 1893-1902.

[720] Model Agreement on Exchange of Information in Tax Matters (Model TIEA), disponível em: http://www.oecd.org/tax/exchange-of-tax-information/2082215.pdf.

Estes critérios indicam que um pedido de informações só é previsivelmente relevante se existir um procedimento aberto sobre a situação de um contribuinte identificado, e que o Estado requerente fez todo o possível para obter essa informação sem recorrer ao Estado requerido (princípio da proporcionalidade). Esse procedimento aberto pode consistir numa fiscalização ou numa ação de investigação em curso ou em qualquer outro procedimento previsto na lei fiscal nacional. A identificação do contribuinte não implica, necessariamente, o nome e/ou endereço do mesmo (V. comentário 5.1., ao Modelo da OCDE), pois nem sempre a administração tributária dispõe deles.

3. Evolução

3.1. O caso UBS

Era este o padrão internacional, que exigia a identificação individualizada do contribuinte, em cada pedido. Mas percebia-se desde 2011 que o padrão se movia na direção da troca automática de informações. O contexto foi o caso UBS, que envolveu um pedido de informações dos EUA à Suíça, sobre todos os cidadãos norte-americanos com contas bancárias na Suíça, em clara violação da referida condição de "previsível relevância", do artigo 26.º[721].

Os EUA celebraram um acordo com a Suíça em 19 de agosto de 2009, segundo o qual, a Suíça deveria informar os EUA sobre todos os clientes do banco suíço, domiciliados nos EUA, que detivessem diretamente e beneficiassem de contas de custódia e de depósitos bancários num valor superior a 1 milhão de francos suíços em qualquer momento entre 2001 e 2008; e sobre todos cidadãos dos EUA, independentemente do local de residência que tivessem em seu benefício contas em sociedades "offshore" entre 2001 e 2008.

No referido acordo, estabeleciam-se outras situações em que a Suíça era obrigada a prestar informações aos EUA, e que correspondiam a situações de "fraude fiscal e semelhantes" ou de "ilícitos contínuos e graves".

Os EUA tinham obtido informação sobre 100 cidadãos norte-americanos que mantinham contas bancárias secretas na Suíça e quiseram receber informações sobre um "grupo identificável ou categoria identificável de pessoas"[722].

721 Ana Paula Dourado, "Exchange of Information and Validity ...", cit., pp. 11-13.

722 Ana Paula Dourado, "Exchange of Information and Validity ...", cit., pp. 11-13; "Article 26", cit., n.ºs 200-207, pp. 1899-1900.

3.2. A identificação dos grupos de contribuintes segundo a OCDE

Este exemplo põe em causa a aludida condição de "previsivelmente relevante", em que os pedidos especulativos são proibidos. A OCDE, nos seus comentários (nº 5.2.), de 2012, ao artigo 26º do Modelo de Convenção, refere-se a pedidos de informação sobre grupos de contribuintes: um ou vários contribuintes, identificados pelo nome ou de outra forma.

Esses grupos devem ser descritos em pormenor, tal como os factos e circunstâncias específicos que levaram ao pedido, uma explicação da lei aplicável, e porque é que se supõe que os indivíduos do grupo não cumpriram a lei, tudo isto suportado por uma base factual clara. "Todavia, quando o pedido disser respeito a um grupo de contribuintes não identificados individualmente, será frequentemente mais difícil concluir que o pedido não é uma expedição ao acaso, pois o Estado requerente não pode indicar que existe uma investigação em curso relativamente a um determinado contribuinte...".

Acrescenta o comentário nº 5.2., que um pedido de grupo que meramente descreva um fornecimento de serviços financeiros a não-residentes e mencione a possibilidade de não cumprimento fiscal pelos clientes não residentes, não preenche os requisitos de "relevância previsível".

Finalmente, o comentário 5.4. põe em causa o objetivo de segurança jurídica e de proibição de pedidos especulativos conferido pela condição de "previsível relevância": admite-se neste comentário (e portanto incentiva-se) a troca de informação sensível que contribua para melhorar o cumprimento fiscal e detetar técnicas de análise de risco ou esquemas de elisão e de evasão fiscais.

Assim, pode ser trocada informação relativamente a "padrões de comportamento", referindo-se a grupos ou indivíduos não identificados cujo comportamento indica uma probabilidade de evasão fiscal.

À primeira vista, os comentários 5.2 e 5.4. são difíceis de conciliar: o primeiro, exige a identificação dos contribuintes; o segundo, a troca de informações sem identificação do contribuinte. É difícil defender a observância da "relevância previsível" e da proibição dos "pedidos ao acaso" ou "especulativos", se não for identificado um grupo restrito de contribuintes. Uma coisa é pedir informações sobre três sócios de uma sociedade por quotas, em que se sabe apenas o nome de um deles, outra coisa é pedir informações sobre todos os cidadãos de um país que potencialmente cometeram ilícitos fiscais graves.

Mas na verdade, os comentários 5.2 e 5.4 tratam de situações diferentes: o primeiro concretiza e respeita a proibição de pedidos especulativos. O segundo, relativo à informação interestadual de esquemas de evasão fiscal, pode constituir um complemento à ação 12 do BEPS. Esta trata da comunicação interna de esquemas de planeamento fiscal agressivo por parte de promotores e/ou utilizadores dos mesmos.

As comunicações de informações que permitam detetar esquemas padrão de evasão fiscal ou de risco da mesma podem despoletar a troca de informações "previsivelmente relevante", sobre indivíduos ou grupos de indivíduos identificados.

3.3. O exemplo do comentário 8 *h)* e os pedidos especulativos

O exemplo de previsivelmente relevante, do comentário 8., alínea *h)*, dificulta-nos novamente a conciliação entre as informações sobre um grupo não identificado e a condição de "relevância previsível".

Diz-nos o referido exemplo:

> "O fornecedor de serviços financeiros B está estabelecido no Estado B. As autoridades tributárias do Estado A descobriram que B está a fazer publicidade a um produto financeiro a residentes do Estado A, utilizando informação enganosa, sugerindo que (a subscrição) do produto elimina a obrigação fiscal no Estado A relativamente ao rendimento gerado pelo produto financeiro em causa. (A subscrição do) ... produto exige que seja aberta uma conta no Estado B, através da qual seja feito o investimento. As autoridades tributárias do Estado A emitiram um alerta aos contribuintes, avisando todos os contribuintes sobre o produto e clarificando que não atinge o efeito fiscal sugerido e que o rendimento gerado pelo produto tem de ser declarado. Ainda assim, B continua a publicitar o produto na sua página eletrónica e o Estado A tem provas de que também publicita o produto através de uma rede de consultores fiscais. O Estado A já descobriu diversos contribuintes residentes que investiram no produto, sendo que nenhum deles declarou o rendimento gerado pelos seus investimentos. O Estado A esgotou os seus meios internos para obtenção de informação sobre a identidade dos seus residentes que investiram no produto. O Estado A pede informação às autoridades competentes do Estado B sobre todos os residentes de A que (i) têm uma conta em B e (ii) que tenham investido no referido produto financeiro. No pedido, o Estado A fornece a informação referida, incluindo os pormenores sobre o produto financeiro e a situação da sua investigação".

Neste exemplo, já não estamos perante uma troca de informações abstrata, sobre esquemas de planeamento fiscal agressivo, apresentando riscos de evasão ou abuso fiscal. Trata-se de pedir a um Estado (B) para identificar contribuintes que o Estado requerente (A) não consegue identificar. Apenas identifica um produto de risco. Um produto de risco podem ser múltiplos produtos de risco.

A alínea *h)* não se afasta, em substância, do caso UBS, e da informação que os EUA pediram à Suíça.

4. A quem serve a condição "relevância previsível"

Quer o caso UBS e o acordo concluído entre os EUA e a Suíça quer o comentário do nº 8, alínea *h)*, ao Modelo da OCDE põem em causa a proibição dos pedidos especulativos. A condição da "relevância previsível" parecia garantir os direitos do contribuinte. As informações bancárias e fiscais não poderiam ser trocadas entre Estados, a não ser que houvesse razões para tal.

O ponto de partida era a salvaguarda da sua esfera privada, e a abertura do sigilo bancário e a troca de informações só se justificavam se houvesse um interesse mais elevado – o da cobrança de receitas fiscais. Esta interpretação da troca de informações ia na senda do artigo 8º, nºs 1 e 2 da Convenção Europeia dos Direitos do Homem (direito à vida privada, familiar, casa de morada, e inviolabilidade de correspondência) e da jurisprudência do Tribunal Europeu dos Direitos do Homem (em casos como *Othymia Investments BV, ECHR 75292/10*, a que nos referimos adiante e em que a necessidade de cobrança de receitas é associada ao bem-estar económico do país).

Além de proteger os direitos do contribuinte, a "relevância previsível" protegia a administração do Estado requerido[723]. Esta só era obrigada a desviar os seus recursos em prol do Estado requerente se, satisfeitas todas as outras condições do artigo 26º do Modelo da OCDE, o pedido não fosse especulativo. Como se referiu, a lista enumerando os elementos a serem enviados pelo Estado requerente, constante do Manual de troca de informações, garantia o princípio da proporcionalidade.

A partir do momento em que os pedidos relativamente a grupos de risco e padrões de comportamento, sem identificação dos contribuintes,

[723] Ana Paula Dourado, "Exchange of Information and Validity ...", cit., pp. 12-13; "Article 26", nºs 209-211; p. 1901.

são aceites, o Estado requerido só tem de avaliar a proporcionalidade, e a relevância previsível é uma condição de proteção dos seus interesses[724].

A discricionariedade na avaliação da proporcionalidade bem como da proteção dos seus interesses, varia em razão do poder negocial que tenha em relação ao Estado requerente.

5. Os critérios Powell

A desvalorização do "previsivelmente relevante" invoca os critérios Powell, que foram criados pela jurisprudência norte-americana já nos anos 60.

Estes critérios garantem a troca de informações legítima pelo Estado requerido desde que algumas condições formais estejam cumpridas, baseadas no princípio da boa-fé.

O governo requerido apenas tem que provar que agiu de boa-fé quando satisfez o pedido. A demonstração de boa-fé faz-se através dos seguintes passos[725]:

- Uma prova prima facie, demonstrando que a investigação é conduzida para prosseguir um objetivo legítimo;
- A investigação deve ser relevante para atingir o referido objetivo;
- A informação não está ainda na posse da autoridade requerida;
- E a investigação seguiu as regras procedimentais em vigor.

Repare-se que estes critérios devem ser observados pelo Estado requerido. Isto significa que, à partida, a relevância para o Estado requerente não é posta em causa pelo Estado requerido e este apenas tem de observar as suas leis, orientado pela boa-fé.

A evolução da troca de informações a pedido e da expressão "previsivelmente relevante" vai no sentido dos critérios Powell, de uma apreciação meramente formal e procedimental da relevância.

6. A troca automática de informações

Os recentes desenvolvimentos em matéria de troca de informações a pedido, e a desvalorização ou mesmo desconsideração da "relevância pre-

[724] V. esta crítica em: Ana Paula Dourado, "Exchange of Information and Validity ...", cit., pp. 12-13; "Article 26", nºs 209-211, p. 1901.

[725] Ana Paula Dourado, "Exchange of Information and Validity ...", cit., pp. 13-14; "Article 26", nº 172, p. 1893.

visível" e proibição de pedidos especulativos, abriram caminho para que o padrão internacional da troca de informações seja a troca automática.

A troca automática de informações é pré-programada, sistemática, transmitida em prazos certos e o seu objeto e conteúdo claramente determinados e uniformizados por formulários comuns.

Na troca automática de informações, por definição, não é necessário demonstrar a "relevância previsível", ela flui, independentemente de haver uma dúvida ou suspeita.

O objetivo da troca automática de informações é prevenir a evasão fiscal; ela está ligada à sociedade da transparência, à noção de que os dados (pelo menos os financeiros) que têm relevância para a correta determinação dos impostos devem estar acessíveis às autoridades fiscais e até a outras autoridades públicas (V. o artigo 26º, nº 2, do Modelo da OCDE).

O grande desafio da troca automática de informações está relacionado com a capacidade de as administrações tributárias organizarem e tratarem devidamente a informação, e de a manterem em segurança (sigilosa).

Além disso, o movimento global de troca de informações para efeitos fiscais, como um dos elementos da sociedade da transparência, coloca a questão da validade dos dados obtidos ilicitamente [726] e, em geral, põe em causa os direitos dos contribuintes. [727]

[726] V. a referência à questão em Ana Paula Dourado, "Exchange of Information and Validity ...", cit. p. 17; "Article 26", nº 287, p. 1919.

[727] Ana Paula Dourado, "Exchange of Information and Validity..., cit .; Pasquale Pistone "Coordinating the Action of Regional and Global Players during the Shift from Bilateralism to Multilateralism in International Tax Law", *World Tax Journal*, 2014, p.4; T. Schenck-Geers, *International Exchange of Information and the Protection of Taxpayers*, Kluwer Law international, The Netherlands, 2009, pp. 252-253; *id.*, "International Exchange of Information and the Protection of the Taxpayer", Seer & Gabert (eds), *Mutual Assistance and Information Exchange*, 2010, p. 103 Rust, A., "Data Protection as a Fundamental Right", in: Rust & Fort (eds), *Exchange of Information and Bank Secrecy*, 2012, p. 177; Niels Diepvens & Filip Debelva, "The Evolution of Exchange of Information in Direct Tax Matters: The Taxpayers' Rights under Pressure", *EC Tax Review*, 2015, nº 4, pp. 215-219.

Secção III
A Diretiva 77/799/CEE

1. O regime da troca de informações

A Diretiva 77/799/CEE foi o primeiro ato legislativo europeu a ser aprovado em matéria de tributação direta e esteve em vigor 34 anos, até ser substituída pela Diretiva 2011/16/UE. Na Diretiva de 1977, já estavam previstas as três modalidades principais de troca de informações ainda hoje em vigor, quer na nova Diretiva quer no contexto das convenções de dupla tributação: troca de informações a pedido, automática e espontânea. [728]

Os requisitos para ativar as três modalidades diferem dos atuais e permitem ver a evolução no sentido convergente de um padrão internacional da troca de informações.

Na Diretiva de 1977, a troca de informações a pedido podia ser iniciada quando possibilitasse aos Estados-Membros uma determinação correta dos seus impostos e de acordo com o princípio da proporcionalidade, devendo o Estado requerente esgotar, primeiro, as possibilidades de obter ele próprio a informação (artigos 1 (1) e 2 (1)).

A troca automática de informações seria efetivada ao abrigo de um procedimento de consulta que determinasse as categorias de casos que seriam objeto dessa modalidade de troca de informações. Finalmente, a troca espontânea de informações teria lugar sempre que a autoridade competente de um Estado-Membro tivesse fundamento para supor que poderia haver uma perda de imposto no outro Estado-Membro; situações de preços de transferências envolvendo riscos de duplas deduções, duplas não tributações e em geral, de transferências de lucros entre Estados, artificiais ou não; e informações potencialmente relevantes ao apuramento correto da matéria tributável noutro Estado-Membro (artigo 4º).Também estava prevista a possibilidade de se instituírem controlos simultâneos, em caso de interesse comum ou complementar por parte de dois ou mais Estados-Membros (artigo 8 *b*)).

Na Diretiva de 1977, os limites à troca de informações estavam previstos no artigo 8º, não sendo aquela obrigatória, se as diligências a prosseguir e

[728] Hemels, S.J.C., "The Use of the Mutual Assistance in Tax Affairs by the Member States and the ECJ", Seer & Gabert (eds), *Mutual Assistance and Information Exchange*, 2010, p. 63.

a comunicação de informações fossem contrárias à legislação ou a práticas administrativas do Estado requerido (artigo 8º nº 1); e poderia a troca de informações ser também recusada caso conduzisse à divulgação de segredos comerciais, industriais ou profissionais ou de um processo comercial, ou ainda se fosse contrária à ordem política pública (artigo 8º nº 2).

Finalmente, a ausência de reciprocidade legal ou factual (artigo 8º nº 3) justificava a recusa da troca de informações.

Assim, apesar da panóplia de instrumentos previstos, o sigilo bancário e a ausência de reciprocidade legal e fática podiam ser invocados para impedir a troca de informações.

Estes argumentos (justificações) formavam um circuito fechado, um círculo vicioso, que travava a utilização da troca de informações como instrumento corrente nas mãos das administrações tributárias.

A troca de informações a pedido era o mecanismo mais relevante, dado que os outros não eram aplicados, e, mesmo assim, só um conjunto pequeno de Estados a utilizava com um mínimo de eficácia e em casos excecionais. Este conjunto de Estados organizou-se em redor de uma atitude pragmática para assegurar a reciprocidade fáctica, e mesmo assim, ficava-se muito aquém das necessidades efetivas do ponto de vista dos Estados.

Não se deve esquecer que a troca de informações implica uma panóplia de recursos humanos e materiais e de afetação dos mesmos que não está ao alcance de todas as administrações fiscais.

A Diretiva assentava nos antigos pressupostos de necessidade e identificação individualizada da situação (sujeito passivo e factos a averiguar). Os pedidos especulativos eram proibidos e os Estados nem tentavam alargar os pedidos a grupos de contribuintes, a zonas de fronteira entre a identificação individual e a especulação.

Neste contexto, e apesar dele, a troca de informações a pedido, ao abrigo da Diretiva, foi convertida em instrumento privilegiado desse conjunto de Estados. Era até preferível aos Estados mais dinâmicos na matéria, recorrer à troca de informações com base nas suas convenções de dupla tributação, especialmente a partir de 2005. Como vimos, o artigo 26º da convenção Modelo consagra então o atual padrão internacional de troca de informações a pedido, em que o sigilo bancário não podia já ser invocado como obstáculo à troca de informações.

2. A ausência de um «controlo fiscal eficaz»

Devido à falta de eficácia da troca de informações, os Estados-Membros da União Europeia tentavam justificar as suas medidas fiscais discriminatórias e restritivas das liberdades fundamentais, através da ausência de um «controlo fiscal eficaz».

O argumento da eficácia dos controlos fiscais foi aceite pelo Tribunal de Justiça como uma razão imperativa de interesse geral capaz, em teoria, de justificar uma restrição ao exercício das liberdades fundamentais garantidas pelo Tratado[729].

2.1. O controlo fiscal eficaz nas situações intra-comunitárias

Se este argumento foi admitido como relevante no quadro da tributação direta em termos de princípio, ele foi constantemente recusado na prática, pois o mesmo Tribunal remetia para a Diretiva de troca de informações[730]. Se a troca de informações não funcionasse, porque os limites do artigo 8º da Diretiva eram invocados, os Estados deveriam pedir a prova relevante aos seus sujeitos passivos.

A partir deste ponto argumentativo, não existe jurisprudência assente.

Em certos casos, se a informação relevante não fosse prestada pelo sujeito passivo, deduz-se que os Estados podiam recusar a aplicação do regime mais favorável aos contribuintes e sujeitá-los ao regime discriminatório ou restritivo. Esta linha de argumentação significa que há uma presunção elidível a favor da eficácia da Diretiva de troca de informações[731].

Noutros casos, o Tribunal proibiu a discriminação, sem indagar se se aplicavam os limites à Diretiva 77/799/CEE[732], afirmando uma presunção inilidível de um controlo fiscal eficaz.

Noutros casos ainda, o Tribunal afirmou que, mesmo não sendo aplicável a Diretiva, pelo facto de os impostos não estarem abrangidos no seu objeto, o Estado não podia invocar a sua não aplicação como justificação para restringir o acesso às liberdades fundamentais[733].

[729] TJCE: 20 de Fevereiro de 1979, C-120/78 (Rewe-Zentral AG v. Bundesmonopolverwaltung für Branntwein); 15 de maio de 1997, Caso C-250/95, Futura..., cit., para. 31.

[730] Por todos, TJCE: Caso C-250/95, Futura..., cit., paras. 40-41.

[731] TJCE: 28 de janeiro de 1992, Caso C-204/90, Bachmann..., cit.; 11 de outubro de 2007, Caso C-451/05, Elisa..., cit.

[732] TJCE: Caso C-250/95, Futura..., cit.; 28 de outubro de 1999, Caso C-55/98 (Skatteministeriet v Bent Vestergaard).

[733] TJCE: 25 de outubro de 2007, Caso C-464/05 (Maria Geurts, Dennis Vogten v Belgische Staat).

2.2. O alcance da «eficácia dos controlos fiscais»: presunção elidível?

O primeiro caso em matéria de tributação direta a afirmar o reconhecimento do princípio da «eficácia dos controlos fiscais» foi o caso *Futura*[734]. O Luxemburgo não queria autorizar que um estabelecimento estável de uma sociedade com sede em França deduzisse despesas incorridas em França (princípio da territorialidade). A legislação luxemburguesa exigia que a contabilidade do estabelecimento estável estivesse localizada no Luxemburgo.

No seu para. 31, diz-nos o Tribunal:

> "O Tribunal de Justiça tem repetidamente considerado que a eficácia dos controlos fiscais constitui uma razão imperativa de interesse geral capaz de justificar uma restrição ao exercício das liberdades fundamentais garantidas pelo Tratado (v., por exemplo, acórdão de 20 de Fevereiro de 1979, dito «Cassis de Dijon», Rewe- Zentral, 120/78, Recueil, p. 649, nº 8). Assim, um Estado-Membro está autorizado a aplicar medidas que permitam a verificação, de forma clara c precisa, do montante tanto dos rendimentos tributáveis nesse Estado, como das perdas susceptíveis de aí ser transportadas."

Porém, nesse mesmo caso, o Tribunal recusou a aplicação do princípio da «eficácia dos controlos fiscais» à matéria de tributação direta, com o argumento de que os Estados podiam recorrer à Diretiva de assistência mútua (para. 41):

> "A este respeito, cabe recordar que as autoridades competentes de um Estado-Membro sempre podem, ao abrigo da Directiva 77/799, pedir às autoridades competentes de outro Estado-Membro que lhe forneçam todas as informações susceptíveis de lhes permitir determinar, por referência à legislação que têm de aplicar, o montante correcto do imposto sobre os rendimentos de um contribuinte que tem a sua residência nesse outro Estado-Membro."

Não se perguntou se, no caso concreto, essas informações eram trocadas entre a França e o Luxemburgo, e se o artigo 8º da Diretiva era aplicável ao caso. Presume-se que as informações podiam ser trocadas nesse caso, e independentemente de tal troca ser eficaz ou não.

[734] TJCE: Caso C-250/95, Futura ..., cit., para. 31.

2.2.1. Gastos transfronteiriços

A este, seguiram-se inúmeros casos, de que são exemplo, os casos relacionados com deduções de gastos transfronteiriços.

De entre eles, temos os casos *Bachmann*[735], *Bent Vestergaard*[736] e *Persche*[737].

No caso *Bachmann*, o Tribunal não aceita o controlo fiscal efetivo como uma justificação para as medidas restritivas que impediam a dedução de gastos suportados por um residente, relativos a contratos de seguros concluídos com entidades não residentes, e sem estabelecimento estável na Bélgica. Entende que a Bélgica devia ter recorrido à Diretiva de assistência mútua, e desvaloriza o artigo 8º e os seus limites, referindo que, caso estes se apliquem, devem ser pedidas as provas relevantes junto dos sujeitos passivos; se estas não forem concedidas, os Estados podem recusar o regime fiscal mais vantajoso e portanto aplicar as medidas restritivas (ou discriminatórias).

Assim, diz-nos o Tribunal em *Bachmann*:

> "18. No que respeita à eficácia dos controlos fiscais, há que salientar que a Directiva 77/799/CEE do Conselho, de 19 de Dezembro de 1977, relativa à assistência mútua das autoridades competentes dos Estados-membros no domínio dos impostos directos (JO L 336, p. 15; EE 09 Fl p. 94, a seguir «directiva»), pode ser invocada por um Estado-membro a fim de controlar se foram efectuados pagamentos noutro Estado-membro, quando, como é o caso no processo principal, o cálculo correcto do imposto sobre o rendimento deva ter em conta os referidos pagamentos (nº 1 do artigo 1º).
>
> 19. O Governo belga argumentou que certos Estados-membros não dispunham de um regime jurídico para exigir aos seguradores as informações necessárias aos controlos de pagamentos efetuados no seu território."

Tal ausência de regime é uma limitação reconhecida pelo artigo 8º nº 1 da Diretiva, mas o Tribunal relativizou esses limites e considerou que eles não constituíam justificação para leis internas restritivas das liberdades fundamentais:

[735] TJCE: C-204/90, Bachmann..., cit., para. 20.

[736] TJCE: 8 de outubro de 1999, Caso C-55/98 (Skatteministeriet v Bent Vestergaard), paras. 23,26 e 28.

[737] TJCE: 27 de janeiro de 2009, Caso C-318/07 (Hein Persche v Finanzamt Lüdenscheid).

"20 Há que salientar, a este propósito, que o nº 1 do artigo 8º da directiva não impõe a colaboração das autoridades fiscais dos Estados-membros quando a sua legislação ou a sua prática administrativa não permitam à autoridade competente nem efectuar investigações, nem obter ou utilizar informações para as próprias necessidades desses Estados-membros. Todavia, a impossibilidade de solicitar tal colaboração não pode justificar a impossibilidade de dedução das cotizações de seguro. Com efeito, nada impede as autoridades fiscais em causa de exigir ao interessado as provas que julguem necessárias e, eventualmente, de recusar a dedução se tais provas não forem apresentadas."

No caso *Bent Vestergaard*, também estava em causa a dedução de gastos: tratava-se do direito de deduzir gastos relativos a cursos de formação profissional em estâncias turísticas. Assim, se tais cursos tivessem lugar na Dinamarca, os gastos poderiam ser deduzidos automaticamente, havia um direito a dedução se os cursos tivessem a finalidade de manter e atualizar os conhecimentos e a formação profissional dos participantes[738].

Mas se os cursos tivessem lugar noutro território, em lugares «especificamente turísticos», deixava de existir o direito automático à dedução: a dedução dependia da elisão da presunção de que tais cursos comportam um elemento turístico predominante («a menos que o local de destino da viagem e do curso possa como tal ser considerado justificado do ponto de vista profissional»[739]).

Este regime foi considerado discriminatório pelo Tribunal de Justiça, que não aceitou a justificação da necessidade de um controlo fiscal efetivo. A Diretiva de assistência mútua permitiria obter das autoridades competentes do outro Estado-Membro[740], todas as informações suscetíveis de lhe permitir determinar o montante correto do imposto sobre o rendimento.

2.2.2. Discricionariedade no recurso à Diretiva

Além disso, nada impede as autoridades fiscais em causa de exigir do próprio contribuinte as provas que considerem necessárias para determinar se há ou não que conceder a dedução solicitada[741].

[738] TJCE: Caso C-55/98, Bent Vestergaard..., cit., paras. 5-6.
[739] TJCE: Caso C-55/98, Bent Vestergaard..., cit., para. 7.
[740] TJCE: Caso C-55/98, Bent Vestergaard..., cit., para. 23.
[741] TJCE: Caso C-55/98, Bent Vestergaard..., cit., paras. 23 e 26.

Neste caso, o Tribunal presume a eficácia dos controlos fiscais ao abrigo da Diretiva de assistência mútua e acrescenta que o recurso à mesma é uma faculdade e não uma obrigação:

> "Todavia, importa sublinhar que as informações cuja comunicação a Directiva 77/799 permite às autoridades competentes de um Estado-Membro pedir são precisamente todas as que lhes pareçam necessárias para determinar o montante correcto do imposto sobre o rendimento de um contribuinte na perspectiva da legislação que elas próprias devem aplicar (v., neste sentido, acórdão Futura Participations e Singer, nº 41) e que a directiva de forma alguma afecta a competência das referidas autoridades para apreciar, designadamente, se estão preenchidas as condições a que essa legislação subordina a dedução de determinadas despesas"[742].

Mais assertivo ainda, quanto à impossibilidade de invocar a ausência de controlo fiscal eficaz, foi o Tribunal nos casos *Persche, Talotta* e *Elisa*[743].

No caso *Persche,* relativo à dedução de donativos para instituições de caridade, o Tribunal afirmou que as autoridades tributárias podem requerer às autoridades de outro Estado-Membro todas as informações consideradas necessárias ao caso[744]. As informações pedidas são as que o Estado requerente entenda necessárias para apurar o montante correto do imposto e as informações que podem ser prestadas ao abrigo da Diretiva são, em qualquer caso, consideradas cabais para permitir esse correto apuramento num caso concreto (casos *Persche*[745] e *Twoh International*[746]).

Os Estados podem ainda pedir ao contribuinte os justificativos que entendam necessários e apreciar livremente as provas[747]. O recurso à troca de informações através da Diretiva é entendida como uma faculdade complementar às informações e justificativos pedidos ao contribuinte. Os Estados não são obrigados a recorrer à troca de informações, podem apenas fazer uso dela, se considerarem que têm vantagem nisso:

742 TJCE: Caso C-55/98, Bent Vestergaard..., cit., para. 28.

743 TJCE: Caso C-318/07, Persche..., cit.; Caso C-383/05, Talotta ..., cit.; 11 de outubro de 2007, Caso C-451/05, Elisa..., cit.

744 TJCE: Caso C-318/07, Persche..., cit., para. 61.

745 TJCE: Caso C-318/07, Persche..., cit. para. 62.

746 TJCE: 27 de setembro de 2007, Caso C-184/05, Twoh International BV v Staatssecretaris van Financiën, para. 36.

747 TJCE: Caso C-318/07, Persche..., cit. para. 60.

"Além disso, a Directiva 77/799 não exige ao Estado-Membro do doador que recorra ao mecanismo de assistência mútua por ela prevista de cada vez que as informações fornecidas por este doador não sejam suficientes para verificar se a instituição beneficiária preenche as condições fixadas pela legislação nacional para a concessão de benefícios fiscais"[748].

Ainda no caso *Persche*, o Tribunal presume a eficácia da Diretiva e distingue entre o alcance desta, que, no seu entendimento, é suficiente para garantir o controlo fiscal, e a apreciação da prova, que pode ser livremente apreciada pelos Estados-Membros.

"Contudo, a Directiva 77/799 em nada afecta a competência das autoridades competentes do Estado-Membro do doador para apreciar, nomeadamente, se as condições a que a respectiva legislação sujeita a concessão de um benefício fiscal estão preenchidas (v., neste sentido, acórdão Twoh International, já referido, nº 36). Assim, relativamente a uma instituição com sede e de reconhecida utilidade pública noutro Estado-Membro, o Estado-Membro do doador só deve conceder um tratamento fiscal idêntico ao que gozam os donativos feitos a instituições nacionais se aquela instituição preencher as condições fixadas pela sua legislação para a concessão de benefícios fiscais, entre as quais figura a prossecução de objectivos idênticos aos promovidos pela legislação fiscal deste Estado-Membro. Cabe às autoridades nacionais competentes, incluindo os órgãos jurisdicionais nacionais, verificar se, em conformidade com as regras do direito nacional, foi produzida a prova da observância das condições impostas por este Estado-Membro para a concessão do benefício fiscal em causa."[749]

"Com efeito, uma vez que a Directiva 77/799 prevê a faculdade de as administrações fiscais nacionais solicitarem informações que elas próprias não possam obter, o Tribunal de Justiça salientou que a referência, no artigo 2º, nº 1, desta mesma directiva, ao termo «pode» indica que, embora as referidas administrações tenham efectivamente a possibilidade de pedir informações à autoridade competente de outro Estado-Membro, este pedido de forma alguma constitui uma obrigação. Compete a cada Estado-Membro apreciar os casos específicos em que não existem informações a respeito das transacções efectuadas pelos sujeitos passivos estabelecidos no seu território e deci-

[748] Caso C-318/07, Persche..., cit. para. 64.

[749] Caso C-318/07, Persche..., cit. para. 63.

dir se esses casos justificam a apresentação de um pedido de informações a outro Estado-Membro (acórdão Twoh International, já referido, nº 32)"[750].

2.2.3. Bases tributáveis mínimas e comparabilidade entre residentes e não residentes quanto à troca de informações

No caso *Talotta*[751], o órgão jurisdicional de reenvio pretende saber se o direito de estabelecimento se opõe à legislação de um Estado-Membro, como a que resultava da legislação belga, que estabelece bases tributáveis mínimas, exclusivamente aos contribuintes não residentes.

Em contrapartida, os residentes são tributados através de indícios: determinar o lucro a ter em consideração por comparação com os lucros normais de, pelo menos, três contribuintes residentes semelhantes. No caso de ser impossível recorrer a esse método de determinação do lucro, a Administração, só em relação aos contribuintes residentes, pode aplicar o método forfetário de tributação baseado nos "sinais ou indícios de onde resulte uma disponibilidade de meios superior à que atestam os rendimentos declarados"[752].

O Tribunal considerou as situações comparáveis e o regime aplicado aos não residentes contrário ao direito de estabelecimento[753].

O Tribunal entendeu ainda que, para efeitos de tributação segundo métodos indiretos (tributação mínima), os residentes e não residentes estão numa situação objetivamente comparável quanto aos meios de prova disponíveis.

No regime em análise, a obtenção dos meios de prova quanto aos rendimentos tributáveis de residentes e de não residentes, podia, de facto implicar a troca de informações, pelo que a eficácia, as limitações e as dificuldades práticas da Diretiva 77/799/CEE, se aplicavam em ambos os casos.

> "28 Ora, como referiu o advogado-geral no nº 70 das suas conclusões, um contribuinte residente e um contribuinte não residente apresentam, para a Administração Fiscal em causa, no caso de uma parte das operações desses contribuintes ser efectuada no território de um Estado-Membro distinto daquele em que exercem a sua actividade não assalariada, as mesmas difi-

[750] TJCE: Caso C-318/07, Persche..., cit. para. 65.

[751] TJCE: C-383/05, Talotta..., cit., paras 29-30.

[752] TJCE: C-383/05, Talotta..., cit,. paras. 20-21.

[753] TJCE: C-383/05, Talotta..., cit., paras. 24 e 25.

culdades, de modo que essas duas categorias de contribuintes se encontram numa situação objectivamente comparável.

29 Além disso, há que recordar que a Directiva 77/799 pode ser invocada por um Estado-Membro, no caso de uma parte das operações de um contribuinte ser efectuada no território de um Estado-Membro distinto daquele onde exerce a sua actividade não assalariada, para obter, das autoridades competentes de outro Estado-Membro, todas as informações susceptíveis de lhe permitir determinar o montante correcto do imposto sobre o rendimento ou todas as informações que entender necessárias para apreciar o montante exacto do imposto sobre o rendimento devido por um sujeito passivo em função da legislação que aplica (acórdão de 26 de Junho de 2003, Skandia e Ramstedt, C-422/01, Colect., p. I-6817, nº 42 e jurisprudência referida).

35 A este respeito, há que referir que a eficácia dos controlos fiscais constitui uma razão imperativa de interesse geral capaz de justificar uma restrição ao exercício das liberdades fundamentais garantidas pelo Tratado (v., neste sentido, acórdão de 8 de Julho de 1999, Baxter e o., C-254/97, Colect., p. I-4809, nº 18 e jurisprudência referida).

36 Ora, não se pode deixar de referir que, por um lado, as dificuldades de ordem prática invocadas pelo Governo belga existem da mesma forma, como resulta do nº 28 do presente acórdão, no que se refere aos contribuintes residentes e que, por outro, resulta do nº 29 do mesmo acórdão que o Estado-Membro em causa tem, com base na Directiva 77/799, a possibilidade de recorrer a trocas de informações com os outros Estados-Membros.

37 Nestas circunstâncias, a necessidade de garantir a eficácia dos controlos fiscais não justifica a existência de uma diferença de tratamento, de modo que há que aplicar aos contribuintes não residentes um tratamento idêntico ao previsto para os contribuintes residentes."[754]

2.2.4. O Tribunal de Justiça da União Europeia e os limites da Diretiva de assistência mútua

A argumentação do Tribunal não enfrentou as limitações da Diretiva de assistência mútua na sua versão de 1977, e que esteve em vigor até 31 de dezembro de 2012. O Tribunal argumentou em círculo, sem dar a possibilidade aos Estados de invocarem a ausência de troca de informações para introduzirem obstáculos ao mercado interno.

[754] TJCE: C-383/05, Talotta..., cit.

Pode questionar-se se o Tribunal, não sendo um tribunal especializado, não entendeu bem os limites da Diretiva e o significado dos mesmos, ou se não quis entender as suas limitações.

Atendendo ao conjunto da jurisprudência do Tribunal em matéria de tributação direta, encontramos uma linha coerente no sentido da construção do mercado interno. O Tribunal reduz a casos excecionais a aceitação de obstáculos nacionais às liberdades fundamentais.

Deste modo, deixava-se aos Estados o ónus de aprovarem uma nova Diretiva, caso não estivessem satisfeitos com os resultados da que estava em vigor.

3. Inspeções e fiscalizações conjuntas

Uma outra questão suscitada no caso *Persche,* foi a impossibilidade de um Estado conduzir inspeções e fiscalizações tributárias no território de outro Estado-Membro. Tal possibilidade não estava prevista na Diretiva de 1977. Mas esse argumento também não legitimou a introdução de obstáculos às liberdades fundamentais:

No referido caso *Persche*, diz o Tribunal:

> "66 Por último, um Estado-Membro também não pode excluir a concessão de benefícios fiscais relativamente a donativos pagos a uma instituição com sede e de reconhecida utilidade pública noutro Estado-Membro com o simples fundamento de que, relativamente a estas instituições, as autoridades fiscais do primeiro Estado-Membro não dispõem da possibilidade de verificar no local o respeito das exigências impostas pela sua legislação fiscal.
>
> 67 Com efeito, como explicou o Governo alemão na audiência, mesmo relativamente às instituições de utilidade pública nacionais, uma verificação no local não é, em princípio, obrigatória, na medida em que o controlo da observância das condições fixadas pela legislação nacional se faz geralmente através de uma verificação das informações fornecidas pelas referidas instituições.
>
> 68 Além disso, quando o Estado-Membro da sede da instituição beneficiária dispõe de um sistema de benefícios fiscais destinados a apoiar as actividades das instituições reconhecidas como de utilidade pública, em princípio, bastará ao Estado-Membro do doador que o outro Estado-Membro o informe, no quadro da assistência mútua prevista pela Directiva 77/799, acerca do objecto e das modalidades de controlo a que estão sujeitas essas instituições para que as autoridades fiscais do Estado-Membro de tributação possam identificar,

de forma suficientemente precisa, as informações complementares de que necessitam a fim de verificar se a instituição beneficiária preenche as condições fixadas pela legislação nacional para a concessão de benefícios fiscais"[755].

A contrario, o Tribunal também decidiu que não havia uma obrigação para pedir informação, desde que não houvesse discriminação[756].

Embora o Tribunal reconheça que os Estados-Membros podem avaliar livremente as provas fornecidas ao abrigo da troca de informações[757], não podem basear o tratamento discriminatório com base na falta de prova factual interestadual. Este tratamento discriminatório só pode ocorrer se não for possível obter a informação por parte de um Estado terceiro que não tenha uma obrigação internacional de fornecer informação ao Estado-Membro[758].

4. Impostos sobre o capital e a troca de informações

No caso *Elisa*[759], a França tinha um imposto anual que incidia sobre pessoas coletivas que, diretamente ou por pessoa interposta, fossem proprietárias de um ou mais imóveis situados em França, ou fossem titulares de direitos reais sobre esses bens.

O imposto incidia sobre 3% do valor venal desses imóveis ou direitos (Artigo 990 D do Code Général des Impôts), na sua versão resultante da Lei nº 92-1376, de 30 de dezembro de 1992, lei de execução orçamental para 1993 (JORF nº 304, de 31 de dezembro de 1992).

Por seu turno, o Artigo 990 E, isentava de imposto as seguintes três situações:

- as pessoas coletivas cujos ativos imobiliários situados em França, representassem menos de 50% dos ativos franceses;
- as pessoas coletivas que, tendo a sua sede num país ou território que tenha celebrado com a França uma convenção de assistência administrativa para lutar contra a fraude e a evasão fiscais, declarassem

[755] TJCE: Caso C-318/07, Persche..., cit.

[756] TJCE: 3 de outubro de 2002, Caso C-136/00 (Rolf Dieter Danner), para.47; 26 de junho de 2003, Caso C-422/01 (Skandia, Ramstedt v Riksskatteverket), para.38.

[757] TJCE: Caso C-318/07, Persche..., cit., paras. 64-65.

[758] TJCE: 18 de dezembro de 2007, Caso C-101/05, (Skatteverket v A), para. 63; Caso C-318/07, Persche..., cit., para. 70.

[759] TJCE: Caso C-451/05, Elisa..., cit.

todos os anos, até 15 de maio, o mais tardar, no local previsto pelo despacho referido no artigo 990 F, a localização, descrição e valor dos imóveis de que sejam proprietárias em 1 de janeiro, a identidade e o endereço dos seus associados naquela data e o número de ações detidas por cada um;

– as pessoas coletivas que tivessem a sua direção efetiva em França ou outras pessoas coletivas que, por força de um tratado, não deviam ser sujeitas a uma tributação mais onerosa, quando comunicassem, todos os anos, ou assumissem e respeitassem a obrigação de comunicar à Administração Fiscal, a pedido desta, a localização e descrição dos imóveis de que fossem proprietárias a 1 de janeiro, a identidade e endereço dos seus acionistas, associados ou outros membros, o número de ações ou outros direitos detidos por cada um e a prova do seu domicílio fiscal.

A sociedade Elisa era uma sociedade *holding* de Direito luxemburguês, possuía diversos bens imobiliários no território francês, e estava por isso sujeita ao imposto previsto nos referidos artigos 990 D e seguintes.

A questão submetida ao Tribunal de Justiça foi a de saber se a legislação francesa se opunha ao direito de estabelecimento e à livre circulação de capitais por discriminar entre pessoas coletivas com sede efetiva em França e as outras sem tal sede, a não ser que, neste último caso, existisse troca de informações ou uma cláusula de não discriminação num tratado bilateral.

Explicando que se tratava de uma situação coberta pela livre circulação de capitais, o Tribunal esclareceu os âmbitos objetivo e subjetivo da Diretiva 77/799/CEE. O artigo 1º, nº 2, cobria impostos sobre o rendimento e o património ou elementos destes, independentemente do nome[760]. E a Diretiva abrangia não apenas pessoas singulares, como ainda pessoas coletivas[761].

Quanto à compatibilidade da legislação francesa com as liberdades fundamentais, o Tribunal verificou que a França tinha concluído uma convenção de dupla tributação com o Luxemburgo (Convenção de 1 de abril de 1958). Nos termos do artigo 22º, nº 1, da Convenção, as autoridades administrativas dos dois Estados em causa podiam trocar as informações que

[760] TJCE: Caso C-451/05, Elisa..., cit. para. 22.

[761] TJCE: Caso C-451/05, Elisa..., cit. para. 29.

as legislações fiscais nacionais permitissem obter, a título oficioso (automático ou espontâneo) ou a pedido, sob condição de reciprocidade. Porém tal troca de informações não se aplicava às sociedades *holding* de direito luxemburguês e ELISA era uma *holding*.

O Tribunal entendeu que a convenção bilateral continha obrigações «de natureza idêntica às que resultam da Directiva 77/799»[762]. Que a Diretiva «podia ser invocada por um Estado-Membro para obter das autoridades competentes de outro Estado-Membro todas as informações necessárias para lhe permitir estabelecer correctamente o montante dos impostos abrangidos pela referida directiva»[763].

O Tribunal reconhece que o artigo 8º nº 1 da Diretiva admite uma troca de informações limitada, mas insiste que tal limitação não legitima a aplicação de medidas discriminatórias ou restritivas, porque as provas necessárias podem ser pedidas ao contribuinte:

> "93 É certo que resulta da resposta dada à terceira questão que, no contexto do processo principal, o âmbito de aplicação restrito da Convenção de 1 de Abril de 1958 resulta do limite da troca de informações previsto no artigo 8º, nº 1, da Directiva 77/799, pelo que as autoridades fiscais francesas podem ficar impedidas de lutar eficazmente contra a fraude fiscal nos casos das sociedades *holding* de direito luxemburguês.
>
> 94 No entanto, resulta também da jurisprudência que, apesar de o artigo 8º, nº 1, da Directiva 77/799 não obrigar as autoridades fiscais dos Estados-Membros a colaborar quando as leis ou as práticas administrativas destes últimos não autorizem as autoridades competentes a investigar nem a obter ou utilizar informações no próprio interesse desse Estado, a impossibilidade de solicitar esta colaboração não pode justificar a recusa de atribuir um benefício fiscal.
>
> 95 Com efeito, nada impede as autoridades fiscais em causa de exigirem do contribuinte as provas que julguem necessárias para a determinação correcta dos impostos em causa e, sendo caso disso, de recusarem a isenção se essas provas não forem apresentadas (v. acórdão Comissão/Dinamarca, já referido, nº 54 e jurisprudência referida)"[764].

[762] TJCE: Caso C-451/05, Elisa..., cit. para. 44.

[763] TJCE: Caso C-451/05, Elisa..., cit. para. 92.

[764] TJCE: Caso C-451/05, Elisa..., cit.

5. A ausência de controlo fiscal eficaz: recusa categórica e proporcionalidade

A partir daqui, começa alguma ambiguidade. O Tribunal parece admitir que a ausência de troca de informações não pode ser uma justificação automática de medidas restritivas ou discriminatórias. A impossibilidade de solicitar a cooperação das autoridades luxemburguesas não pode justificar uma «recusa categórica» de um tratamento não discriminatório[765].

Isto é, embora seja aceite que a troca de informações está relacionada com a «luta contra» a evasão e a elisão fiscais, o princípio da proporcionalidade impede que a ausência de troca de informações justifique uma presunção de evasão ou abuso. Assim, resulta também dos parágrafos seguintes[766] que, se, no caso concreto, o contribuinte não trouxer as provas necessárias para que beneficie do regime dado aos residentes, o Estado tem legitimidade para aplicar o regime discriminatório: se não pode haver uma «recusa categórica», uma «exclusão 'a priori'», depois de prestadas as provas pelo contribuinte, elas podem ser consideradas insuficientes.

A ambiguidade resulta do facto de o Tribunal nunca admitir expressamente que a ausência de troca de informações pode ser uma justificação para a existência de obstáculos nacionais às liberdades fundamentais.

> "96. Deste modo, não se pode excluir *a priori* que o sujeito passivo esteja em condições de apresentar as provas pertinentes que permitam às autoridades fiscais do Estado-Membro de tributação verificar, de forma clara e precisa, que não tenta evitar ou iludir o pagamento de impostos (v., neste sentido, acórdãos de 8 de Julho de 1999, Baxter e o., C-254/97, Colect., p. I-4809, nºs 19 e 20, e de 10 de Março de 2005, Laboratoires Fournier, C-39/04, Colect., p. I-2057, nº 25).
>
> 97. Além disso, há que referir que, nas circunstâncias do processo principal, a eventual impossibilidade de solicitar directamente a cooperação das autoridades fiscais do Grão-Ducado do Luxemburgo pode tornar a verificação das informações mais difícil.
>
> 98. No entanto, esta dificuldade não pode justificar uma recusa categórica de conceder um benefício fiscal a título dos investimentos efectuados pelos investidores provenientes desse Estado-Membro. Com efeito, quando sociedades *holding* de direito luxemburguês solicitem a isenção do imposto

[765] TJCE: Caso C-451/05, Elisa..., cit. para.98.

[766] TJCE: Caso C-451/05, Elisa..., cit. paras. 99-100.

controvertido, as autoridades fiscais francesas podem pedir a essas mesmas sociedades que forneçam elementos de prova que considerem necessários para que seja plenamente assegurada a transparência dos direitos de propriedade e da estrutura accionista destas últimas, independentemente da existência de uma convenção de assistência administrativa ou de um tratado que preveja uma cláusula de não discriminação em matéria fiscal.

99. A legislação francesa em causa no processo principal não permite que sociedades que estão excluídas do âmbito de aplicação de uma convenção de assistência administrativa e que não estão abrangidas por um tratado que contenha uma cláusula de não discriminação em matéria fiscal, mas que investem em imóveis situados em França, apresentem provas que permitam determinar a identidade dos seus accionistas e qualquer outra informação que as autoridades francesas considerem necessárias. Consequentemente, esta legislação impede, em todas as situações, que estas sociedades provem que não prosseguem um objectivo fraudulento.

100. Daqui resulta que o Governo francês podia ter adoptado medidas menos restritivas para atingir o objectivo de lutar contra a fraude fiscal"[767].

Nem sempre o teste da proporcionalidade é utilizado, claramente, pelo Tribunal. Quanto aos limites ao abrigo do artigo 8º nº 1 da Diretiva nº 77/799/CEE, o Tribunal entende que não há incompatibilidade com as liberdades fundamentais, se o Estado requerido não puder obter o mesmo tipo de informações, nem conduzir inquéritos, ao abrigo da sua lei interna, para os seus próprios fins.

No caso *Geurts & Vogten*[768], a Bélgica concedia isenção de imposto sucessório às empresas familiares que empregassem, durante os três anos anteriores à data da morte do *de cujus*, pelo menos cinco trabalhadores, desde que esses postos de trabalho se situassem numa região da Bélgica. *A contrario*, excluía da isenção de imposto sucessório tais empresas se os postos de trabalho se situassem fora da Bélgica.

O Tribunal confirmou que os impostos sucessórios e outros impostos sobre a propriedade estavam de fora do alcance da Diretiva.

Todavia, surpreendentemente, equiparou este caso aos casos anteriores que eram abrangidos pelo artigo 8º da Diretiva. Ou seja equiparou este

[767] TJCE: Caso C-451/05, Elisa..., cit.

[768] TJCE: Caso C-464/05, Geurts & Vogten, cit.

caso que caía de fora do âmbito objetivo da Diretiva, aos casos que caindo no âmbito objetivo e subjetivo dessa Diretiva, e aplicou-lhe a jurisprudência relativa aos limites do artigo 8º da Diretiva.

> "28. Por outro lado, quanto ao argumento desse governo baseado na necessidade de preservar a eficácia dos controlos fiscais, na medida em que a Directiva 77/799/CEE do Conselho, de 19 de Dezembro de 1977, relativa à assistência mútua das autoridades competentes dos Estados-Membros no domínio dos impostos directos (JO L 336, p. 15; EE 09 F1 p. 94), não se aplica ao imposto sucessório, basta notar que esta dificuldade não pode justificar uma recusa categórica de conceder os benefícios fiscais em causa, uma vez que as autoridades fiscais podem pedir aos contribuintes em questão que forneçam, eles próprios, os elementos de prova que essas autoridades considerem necessários para assegurar plenamente que os referidos benefícios só sejam concedidos quando os postos de trabalho em questão preencham os critérios estabelecidos pelo direito nacional (v., neste sentido, acórdão de 11 de Outubro de 2007, Elisa, C-451/05, ainda não publicado na Colectânea, nº 98).
>
> 29. Por conseguinte, há que responder à questão submetida que, na falta de justificação válida, o artigo 43º CE se opõe a uma legislação fiscal de um Estado-Membro em matéria de imposto sucessório que exclui da isenção deste imposto, prevista para as empresas familiares, as empresas que empregam, durante os três anos anteriores à data da morte do *de cujus*, pelo menos cinco trabalhadores noutro Estado-Membro, ao passo que concede esta isenção quando os trabalhadores são empregados numa região do primeiro Estado-Membro"[769].

6. Conclusões

Concluímos que, no caso de medidas fiscais discriminatórias ou restritivas entre Estados-membros, o Tribunal ignorava o artigo 8º da Diretiva e a existência de sigilo bancário, e os casos em que as convenções bilaterais de dois Estados-Membros não continham uma cláusula de troca de informações para todos ou certos casos[770]; ou então, o Tribunal afirmava expressamente que os limites contidos nesse artigo e o sigilo bancário

[769] TJCE: Caso C-464/05, Geurts & Vogten..., cit.

[770] TJCE: Caso C-451/05, Elisa..., cit.

não eram justificação para a discriminação, porque as autoridades fiscais podem sempre pedir a prova ao particular envolvido[771].

A ausência de um controlo fiscal eficaz só era aceite pelo Tribunal de Justiça como justificação para regimes fiscais discriminatórios ou restritivos, quando estavam envolvidos Estados terceiros. Disto são exemplos os casos *A.*[772], quanto ao tratamento discriminatório de dividendos à entrada; *Comissão vs. Itália*[773] e *Comissão vs. Países Baixos*[774], quanto ao tratamento discriminatório de dividendos à saída; *Haribo* e *Salinen*[775] quanto o tratamento discriminatório de dividendos à entrada (inversão de regime de isenção em regime de tributação com atribuição de crédito fiscal), *Secil*, também quanto ao tratamento discriminatório de dividendos à entrada[776/777].

A jurisprudência do Tribunal quanto à troca de informações mantém ainda hoje os seus traços essenciais. No caso da troca de informações entre os Estados-Membros, ela é um manifesto a favor do mercado interno – promove um objetivo de aprofundamento do mercado interno, desconsiderando as insuficiências da Diretiva de 1977, e é um exemplo de rara coerência na jurisprudência do Tribunal, apesar das dúvidas e inconsistências internas presentes na sua argumentação.

Secção IV
A Diretiva 2011/16/EU e os padrões internacionais

1. A troca de informações a pedido na Diretiva

A Diretiva de assistência mútua foi aprovada em 15 de fevereiro de 2011, tendo substituído a Diretiva 77/799/CEE. A troca de informações a pedido está prevista no artigo 5º da Diretiva: o Estado requerido deve comunicar ao Estado requerente qualquer informação «previsivelmente relevante»

[771] TJCE: Caso C-204/90, Bachmann..., cit., para. 20.
[772] TJCE: Caso C-101/05, A..., cit.
[773] TJCE: Caso C-540/07, Comissão v. Itália, cit., paras. 68-72.
[774] TJCE: Caso C-521/07, Comissão v. Países Baixos..., cit.
[775] TJCE: Casos C-436/08 e C-437/08, Haribo e Salinen..., cit.
[776] TJCE: Caso C-464/14, SECIL..., cit.
[777] V. sobre o assunto, Anna Binder & Erik Pinetz, "Ensuring the Effectiveness of Fiscal Supervision in Third Country Situations", 2014, nº 6, pp. 324-331.

para a administração e aplicação das leis internas dos Estados-Membros, relativamente aos impostos referidos no artigo 2º. Trata-se de informação que está na posse do Estado requerido ou que ele obtenha como resultado de inquéritos administrativos.

A condição «previsivelmente relevante» não constava da Diretiva 77/799/CEE, corresponde ao padrão internacional e tem de ser feita, por isso, em conformidade com o significado que lhe é atribuído pela OCDE e pelo Fórum Global.

Essa condição está prevista no artigo 1º da Diretiva («objeto»), localizado no capítulo I («Disposições Gerais»), mas só se aplica à troca de informações a pedido, uma vez que tal condição é incompatível com os pressupostos e objetivos da troca de informações espontânea e da troca de informações automática.

Esta Diretiva eliminou alguns obstáculos à troca de informações, nomeadamente, a possibilidade de um Estado requerente invocar o sigilo bancário, o qual constituía o maior obstáculo à troca de informações no quadro da Diretiva anterior.

Assim, o artigo 17º da Diretiva de 2011, segue o padrão internacional, ao exigir que o Estado requerido preste a informação pedida, ao Estado requerente, segundo o princípio da proporcionalidade, nomeadamente: a autoridade requerente deve esgotar as possibilidades legais para obter a informação internamente, até ao ponto em que não prejudique os objetivos; e o Estado requerido não está obrigado a efetuar diligências se a realização das mesmas para os seus próprios fins infringissem a sua legislação.

Além disso, a prestação de informações continua a poder ser recusada quando conduza à divulgação de um segredo comercial, industrial ou profissional ou de um processo comercial, ou de informações cuja divulgação seja contrária à ordem pública. Por seu turno, o artigo 18º esclarece que um Estado-membro não pode recusar a prestação de informações pelo facto de não necessitar das mesmas para os seus fins fiscais.

Nos termos do nº 2 do artigo 18º, os limites à troca de informações a pedido (os nºs 2 e 4 do artigo 17º) não podem significar uma recusa com base no sigilo bancário ou de outros agentes:

> "O disposto nos nºs 2 e 4 do artigo 17º não pode, em caso algum, ser entendido como autorizando a autoridade requerida de um Estado-Membro a escusar-se a prestar informações apenas pelo facto de essas informações estarem na posse de uma instituição bancária, de outra instituição financeira, de uma

pessoa designada ou actuando na qualidade de agente ou de fiduciário ou pelo facto de estarem relacionadas com uma participação no capital de uma pessoa."

Todavia, ficam salvaguardadas as informações que digam respeito a períodos de tributação anteriores a 1 de janeiro de 2011 e se a transmissão das mesmas pudesse ter sido recusada com base no nº 1 do artigo 8º da Diretiva 77/799/CE se tivesse sido solicitada antes de 11 de março de 2011 (nº 3 do artigo 18º da Diretiva).

2. A troca automática de informações: norma mundial única?

2.1. Antecedentes: a troca de informações na Diretiva da Poupança

Em 1989 tinha sido apresentada uma proposta de Diretiva que previa a retenção na fonte de rendimentos de capitais pagos a residentes noutros Estados-Membros[778]. A Diretiva da poupança[779] foi o primeiro instrumento multilateral a prever a troca automática de informações. Na verdade, tratou-se de uma prestação automática de informações, dado que em relação a alguns Estados-Membros (a Áustria, a Bélgica e o Luxemburgo) a informação era prestada sem reciprocidade[780].

Os três Estados mencionados optaram pelo sistema de retenção na fonte, a título transitório. As taxas de retenção na fonte eram relativamente elevadas e aumentavam progressivamente, de modo a que os Estados-Membros que as aplicassem não se tornassem muito mais apelativos do que os Estados-Membros que prestassem informações. A prestação de informações limitava-se aos rendimentos de juros de poupanças pagos por um agente pagador de um Estado-Membro[781].

[778] COM(89) 60 final Bruxelas, 8 de Fevereiro de 1989, Medidas Fiscais a Adoptar pela Comunidade Relacionadas com a Liberalização dos Movimentos de Capitais (Comunicação da Comissão ao Conselho) Proposta de Directiva do Conselho Relativa a um Regime Comum de Retenção na Fonte sobre os Juros, JO C 141 de 7.6.1989.

[779] Diretiva 2003/48/CE, de 3 de junho, relativa à tributação dos rendimentos da poupança sob a forma de juros, JO L 157, 26.6.2003.

[780] Ana Paula Dourado, "The EC Draft Directive on Interest from Savings from a Perspective of International Law", *EC Tax Review*, 2000, nº 3, p. 152; "A Proposta de Directiva de Tributação da Poupança numa Perspectiva de Direito Tributário Internacional", *Colóquio: "Os Efeitos da Globalização na Tributação do Rendimento e da Despesa"*, Cadernos de Ciência e Técnica Fiscal, 12 e 13 de julho, 2000, p. 317.

[781] Ana Paula Dourado, "The EC Draft Directive on Interest from Savings...", cit., pp.151-152; "A Proposta de Directiva de Tributação da Poupança...", cit., pp. 326-331.

2.2. A Diretiva 2011/16/UE

A Diretiva 2011/16/UE[782] estipula uma troca automática de informações obrigatória entre Estados-Membros, relativamente a algumas categorias de rendimento e de capital.

Na versão originária, tratava-se principalmente de rendimentos de natureza não financeira, que os contribuintes obtinham em Estados-Membros distintos do Estado de residência e previa-se a troca automática de informações faseada, com alargamento progressivo e incondicional a novas categorias. Os rendimentos de juros de poupança de pessoas singulares eram objeto de troca automática de informações ao abrigo da Diretiva da poupança (2003/48/CE).

A partir de 2014, a troca automática poderia ocorrer em relação a cinco categorias aí enunciadas: rendimentos de trabalho dependente; rendimentos de administradores; rendimentos de dividendos; rendimentos de produtos de seguros não cobertos pela troca automática de outros instrumentos comunitários; propriedade imobiliária e rendimentos de propriedade imobiliária.

Coube aos Estados informar a Comissão Europeia, em janeiro de 2014, sobre as categorias enumeradas anteriormente e relativamente às quais estavam prontos a transmitir a informação.

A troca automática de informações é definida na Diretiva de Assistência Mútua (artigo 3º nº 9) como «a comunicação sistemática de informações predefinidas sobre residentes noutros Estados-Membros ao Estado-Membro de residência relevante, sem pedido prévio, a intervalos regulares preestabelecidos. No contexto do artigo 8º, as informações disponíveis são informações constantes dos registos fiscais do Estado-Membro que comunica as informações, que podem ser obtidas pelos procedimentos de recolha e tratamento de informações desse Estado-Membro...».

Esta definição, aplicável à União Europeia, corresponde, com as devidas adaptações, à definição internacional de troca automática de informações bilaterais ou multilaterais. Na verdade, há um conjunto de elementos típicos essenciais à troca automática de informações entre Estados, comuns aos diferentes instrumentos jurídicos internacionais:

1) a sistematicidade e periodicidade de comunicação de informações;

[782] Diretiva 2011/16/UE, de 15 de Fevereiro de 2011, OJ L 64, 11.3.2011, pp. 1-12.

2) a inexistência (desnecessidade) de pedido prévio e de fundamentação desse pedido;
3) a definição prévia dos rendimentos e dos elementos a comunicar;
4) a comunicação pelo Estado da fonte dos rendimentos aos Estados de residência do sujeito passivo.

O preâmbulo da Diretiva 2014/107/EU, de 9 de dezembro de 2014, descreve a evolução recente do movimento de troca automática de informações e a sua consagração como padrão internacional: a troca automática de informações foi reconhecida pelo G20 e pelo G8 como um importante meio para combater a evasão fiscal (especialmente, a fraude fiscal) interestadual. A Comissão Europeia, na sua comunicação de 6 de dezembro de 2012, declarou a troca automática de informações como o futuro padrão internacional e europeu para a transparência e troca de informações em questões fiscais (ponto 1 do preâmbulo).

Este padrão teve como impulso o regime fiscal norte-americano, exigindo que instituições financeiras estrangeiras comunicassem as contas nelas detidas por cidadãos norte-americanos e incluindo os saldos bancários. Trata-se da Lei de Conformidade Fiscal de Contas Estrangeiras (comummente designada «FATCA», *Foreign Account Tax Compliance Act*), a qual teve duas versões.

Numa primeira versão, as instituições financeiras estrangeiras deveriam comunicar diretamente à autoridade tributária norte-americana a informação requerida. Numa segunda versão, adotada por grande parte dos Estados da OCDE, a comunicação segue o modelo da Diretiva da Poupança entretanto revogada. Assim, a comunicação é feita primeiro pelas instituições financeiras às autoridades tributárias do Estado onde estão situadas (residentes e estabelecimentos estáveis) e são estas autoridades tributárias que comunicam à congénere norte-americana (embora em alguns Estados as instituições financeiras possam optar pela comunicação direta)[783].

Os acordos bilaterais de troca automática de informações entre os EUA e os Estados-Membros da União Europeia, entre outros, baseiam-se no FATCA.

[783] FATCA – Foreign Account Tax Compliance, é parte da Lei conhecida como Hiring Incentives to Restore Employment (HIRE) Act, encontrada como subtítulo A (seção 501 até 541) do Título V da mencionada Lei.

Com base neste impulso norte-americano, «(3) O Conselho Europeu de 22 de maio de 2013 solicitou o alargamento da troca automática de informações a nível da União e a nível mundial a fim de combater a fraude fiscal, a evasão fiscal e o planeamento fiscal agressivo. O Conselho Europeu também se congratulou com os esforços em curso no âmbito do G20, do G8 e da OCDE para desenvolver uma norma mundial para a troca automática de informações sobre contas financeiras para efeitos fiscais»[784].

Inspirada pelo FATCA, a OCDE publicou, em fevereiro de 2014, os elementos principais de um padrão internacional de troca de informações relativo à troca de informações sobre contas financeiras em matéria fiscal. Esses elementos compõem-se de um Modelo de Acordo entre as Autoridades Competentes e de um Padrão de Informação Comum, bem como das modalidades de tecnologia de informação para implementar o padrão internacional. O pacote completo foi entregue aos ministros das finanças do G20 e aos governadores dos bancos centrais em setembro de 2014[785].

Como referimos anteriormente, em 2013 a troca automática de informações foi declarada padrão internacional, tendo Estados como a Suíça anunciado a adesão a esse padrão[786].

2.3. As alterações introduzidas à Diretiva 2011/16/UE

Em 9 de dezembro de 2014, foi aprovada a Diretiva 2014/107/UE[787], que introduz a troca automática de informações relativa às contas financeiras abrangendo juros, dividendos ou outro rendimento gerado, rendimentos brutos de venda ou remissão de ativos e o balanço de contas. Ela pretendeu antecipar a troca automática de informações relativamente a todas as categorias de rendimentos, incluindo *royalties*, na sequência de decisão do Conselho Europeu. Como se pode ler no preâmbulo:

> «(6) Tal como realçado no pedido do Conselho Europeu, é adequado antecipar o alargamento da troca automática de informações já previsto no artigo 8º, nº 5, da Diretiva 2011/16/UE no que diz respeito aos residentes noutros Estados-Membros. Uma iniciativa da União garantirá, à escala da União, uma

784 Diretiva 2014/107/UE, de 16.12.2014; Anexo I à Diretiva 2011/16/UE, de 15.2.2011, cit.

785 http://www.oecd.org/tax/automatic-exchange/.

786 http://www.oecd.org/tax/automatic-exchange/international-framework-for-the-crs/MCAA-Signatories.pdf: A Suíça vai aderir em setembro de 2018.

787 Diretiva 2014/107/UE, de 9 de dezembro de 2014, OJ L 359, 16.12.2014, p. 1–29.

abordagem coerente, uniforme e abrangente em matéria de troca automática de informações no mercado interno que permitirá economias de custos tanto para as administrações fiscais como para os operadores económicos.»

A conclusão de acordos FATCA pelos Estados-Membros da União Europeia permitiu invocar o artigo 19º da Diretiva 2011/16/EU, o qual consagra uma cláusula de nação mais-favorecida: «Sempre que um Estado-Membro preste a um país terceiro uma cooperação mais ampla do que a prevista pela presente directiva, esse Estado-Membro não pode recusar a prestação dessa cooperação mais ampla a outro Estado-Membro que deseje participar em tal cooperação mútua mais ampla com o primeiro».

O objetivo é que os Estados-Membros exijam que as suas instituições financeiras apliquem regras em matéria de comunicação e diligência devida. As normas consagradas na Diretiva são totalmente compatíveis com as estabelecidas na Norma Comum de Comunicação desenvolvida pela OCDE.

Foi também celebrado um Protocolo entre a União Europeia e, por exemplo, a Confederação Suíça alterando o Acordo anterior prevendo medidas equivalentes àquelas estabelecidas na Diretiva do Conselho 2003/48/CE sobre a tributação de rendimento da poupança sob a forma de pagamento de juros[788]. Tal Protocolo estabelece a troca automática de informações relativamente às contas financeiras, seguindo o modelo da Diretiva da UE 2014/107/UE.

As regras em matéria de comunicação e diligência previstas na Diretiva e no Protocolo exigem que cada instituição financeira reporte contas e saldos de contas às suas autoridades tributárias, de forma periódica. As informações financeiras objeto de comunicação e de troca abrangem os rendimentos relevantes (juros, dividendos e tipos de rendimento similares), os saldos de conta e o produto da venda de ativos financeiros, de modo a cobrir um conjunto de situações que podem encobrir evasão fiscal.

Há uma distinção entre instituições financeiras reportantes e não reportantes; e entre contas a comunicar e contas isentas. Todavia, não se preconiza a introdução de limiares de montantes para efeitos de comunicação e isenção de comunicação, para evitar comportamentos fraudulentos – atra-

[788] JO L 333/12, 19.12.2015.

vés da mudança de ativos para diferentes instituições financeiras. Tenta-se também cobrir uma grande panóplia de produtos financeiros a comunicar, para se evitar o desvio do investimento para produtos financeiros que não sejam objeto de reporte ao abrigo da Diretiva.

Mesmo assim, há instituições financeiras e contas que não são abrangidas pela Diretiva, entendendo-se que o risco de serem utilizadas para fins de evasão fiscal é baixo. Por outro lado, há uma distinção entre contas financeiras de pessoas singulares e contas financeiras de entidades; e entre contas financeiras existentes previamente à entrada em vigor da Diretiva e contas financeiras novas.

Relativamente à segunda categoria, há uma espécie de regime de salvaguarda das contas antigas, pois, enquanto as regras em matéria de comunicação são idênticas em ambos os casos, já as regras de diligência são maiores para as novas contas.

Tal regime justifica-se pelos custos de cumprimento das instituições financeiras. Não se obriga estas instituições a reabrir as contas antigas e a reformular o procedimento.

As instituições financeiras reportantes poderão cumprir as suas obrigações de informação para com as pessoas singulares sujeitas a comunicação seguindo as modalidades de comunicação, incluindo a respetiva periodicidade, previstas nos procedimentos internos nos termos do respetivo direito nacional.

Nos termos do preâmbulo da Diretiva 107/2014/UE:

> "(12) As Instituições financeiras reportantes, os Estados-Membros de envio e os Estados-Membros de receção, enquanto responsáveis pelo tratamento dos dados, deverão conservar as informações tratadas de acordo com a presente diretiva apenas durante o tempo necessário à consecução dos objetivos da presente diretiva. Atendendo às diferenças existentes na legislação dos Estados-Membros, o período de conservação máximo deverá ser fixado em função dos prazos de prescrição previstos na legislação fiscal nacional de cada responsável pelo tratamento dos dados.
>
> (13) Ao darem execução à presente diretiva, os Estados-Membros deverão utilizar os Comentários sobre o Modelo de Acordo entre Autoridades Competentes e a Norma Comum de Comunicação desenvolvidos pela OCDE como fonte de ilustração ou de interpretação e a fim de garantir uma aplicação uniforme da diretiva nos diversos Estados-Membros. A ação da União

neste domínio deverá continuar a dar especial atenção aos futuros desenvolvimentos a nível da OCDE.

(14) A condição de a troca automática de informações poder ficar sujeita à disponibilidade das informações exigidas, tal como previsto no artigo 8º, nº 1, da Diretiva 2011/16/UE não deverá ser aplicável aos novos elementos introduzidos pela presente diretiva na Diretiva 2011/16/UE.

(15) A referência a um limiar no artigo 8º, nº 3, da Diretiva 2011/16/UE deverá ser suprimida uma vez que tal limiar se afigura, na prática, difícil de gerir.

(16) O reexame da condição de disponibilidade a efetuar em 2017 deverá ser alargado ao conjunto das cinco categorias referidas no artigo 8º, nº 1, da Diretiva 2011/16/UE, de modo a que seja possível examinar o interesse da troca automática de informações por todos os Estados-Membros relativamente a todas essas categorias.

(17) A presente diretiva respeita os direitos fundamentais e observa os princípios reconhecidos, designadamente, pela Carta dos Direitos Fundamentais da União Europeia, incluindo o direito à proteção dos dados pessoais."[789]

Além disso, o âmbito de aplicação do artigo 8º da Diretiva 2011/16/UE foi alargado a fim de incluir as mesmas informações abrangidas pelo Modelo de Acordo entre Autoridades Competentes e pela Norma Comum de Comunicação da OCDE. Cada Estado-Membro deve ter apenas uma lista única de Instituições financeiras não reportantes e de contas excluídas, definida a nível interno, a utilizar tanto quando der execução à presente diretiva como quando aplicar outros acordos que deem execução à norma mundial.

A Diretiva foi posteriormente alterada em 8 de dezembro de 2015 (Diretiva 2376/2015), a qual estipula a troca automática de informações quanto a informações vinculativas e acordos prévios de preços de transferência, e a entrar em vigor em 1 de janeiro de 2017.

A Diretiva 881/2016, de 25 de maio alargou a troca automática de informações ao reporte país a país (artigo 8 aa)– country-by-country reporting na designação em inglês: cada Estado Membro deve exigir das entidades que constituam a última sociedade-mãe de um grupo multinacional, residente nesse território, ou de uma entidade equivalente, que preencha um relatório país a país, relativo a um ano fiscal.

[789] JO L 359/1 de 16 de dezembro de 2014.

Para assegurar a monitorização das instituições financeiras no cumprimento dos procedimentos estabelecidos na Diretiva 107/2014, foi aprovada a Diretiva 849/2015. Os Estados Membros devem providenciar o acesso às autoridades tributárias dos mecanismos, procedimentos, documentos e informações coligidas ao abrigo da Diretiva 849/2015.

O ECOFIN aprovou em 25 de maio de 2018 a proposta de Diretiva relativa à comunicação obrigatória, por parte de promotores ou utilizadores, de esquemas que possam constituir planeamento fiscal agressivo.

Secção V
«Controlo fiscal eficaz» e terceiros Estados

1. Considerações introdutórias

Cabe saber se a troca de informações entre um Estado terceiro e um Estado-Membro da UE pode ser equivalente àquela que ocorre no quadro da União Europeia, isto é, à Diretiva da troca de informações; e em que circunstâncias pode ser considerada equivalente[790].

Curiosamente, a declaração do padrão internacional de troca de informações em 2002 era muito mais exigente do que o regime da Diretiva de 1977 e esta demorou nove anos a ser renegociada e aprovada conformemente a tal padrão. Com efeito, a partir de 2002, e reiterado em 2005, o sigilo bancário deixou de poder ser invocado como justificação para impedir essa troca. No entanto, a Diretiva da UE, abolindo o sigilo bancário como obstáculo à troca de informações, só foi aprovada em 2011 e entrou em vigor em 2013.

A Diretiva da poupança sobre a tributação dos juros de pessoas singulares, aprovada em 2003, eliminou parcialmente o sigilo bancário em todos os Estados- Membros, exceto na Áustria, na Bélgica e no Luxemburgo. Essa eliminação parcial restringiu-se porém aos rendimentos de juros de poupança das pessoas singulares.

A Diretiva da poupança colocou a UE à frente da OCDE, na troca automática de informações, mas não a conseguiu colocar a par do padrão inter-

[790] V. Karoline Spies, "Influence of International Mutual Assistance on EU Tax Law", *Intertax*, 2012, nº 10, pp. 520-531.

nacional, na troca de informações a pedido. Na verdade, o sigilo bancário manteve-se nos três Estados acima referidos que não aplicaram a troca automática de informações na Diretiva da poupança.

2. Equivalência entre instrumentos internacionais estaduais e a Diretiva

O Tribunal de Justiça foi completamente alheio às dificuldades na troca de informações invocadas pelos Estados-Membros, incluindo, a existência de sigilo bancário. O padrão de comparação do Tribunal de Justiça foi sempre a Diretiva de assistência mútua em vigor à data dos factos. Todavia, através de uma formulação negativa, o TJUE tem entendido que o quadro de cooperação entre as autoridades competentes dos Estados-Membros, estabelecido pela Diretiva de assistência mútua, não existe entre essas autoridades e as autoridades competentes de um Estado terceiro, quando este último não tenha assumido nenhum compromisso internacional de assistência mútua.

A comparabilidade de situações pode existir, desde que haja um «compromisso de assistência mútua»:

> «Com efeito, importa salientar que o quadro de cooperação entre as autoridades competentes dos Estados-Membros, estabelecido pela Diretiva 77/799, não existe entre essas autoridades e as autoridades competentes de um Estado terceiro, quando este último não tenha assumido nenhum compromisso de assistência mútua.»[791]

3. A colaboração do contribuinte no quadro de convenções bilaterais

Parece também que, mesmo na ausência desse compromisso, basta a obtenção, de facto, dessas informações, junto do Estado em causa. O Tribunal invoca ainda o mercado interno para justificar a diferença de situações entre a assistência mútua entre os Estados-Membros e a assistência entre um Estado terceiro e um Estado-Membro («um contexto jurídico diferente»). Esta diferença tem sido invocada a propósito da possibilidade de um contribuinte oferecer a informação às administrações tributárias, sem

[791] TJCE: Caso C-540/07, Comissão v. Itália, cit. para. 70; Casos C-436/08 e C-437/08, Haribo and Salinen..., cit., para. 66; 28 de outubro de 2010, Caso C-72/09 (Établissements Rimbaud SA v. Directeur général des impôts e Directeur des services fiscaux d'Aix-en-Provence), para. 41; Caso C-190/12, de 10 de abril de 2014 (Emerging Markets Series of DFA Investment Trust Company v. Dyrektor Izby Skarbowej w Bydgoszczy), paras. 25-28, 83.

estas terem a possibilidade de confirmar a veracidade das mesmas junto de outras administrações tributárias.

No caso de se tratar de Estados-Membros, esse pedido de colaboração por parte do contribuinte era fomentado pelo Tribunal[792]. No caso de terceiros Estados, a colaboração foi recusada liminarmente pelo Tribunal como substituta da troca de informações entre o Estado terceiro e o Estado-Membro em causa[793].

Ou seja, no caso de Estados terceiros, é necessário que os Estados-Membros possam verificar as informações prestadas pelo contribuinte, ao abrigo de disposições que sejam semelhantes às da Diretiva.

Esta jurisprudência foi reiterada no caso *Emerging Markets*[794], envolvendo a Polónia (Estado de residência) e os Estados Unidos da América.

O Tribunal reconheceu que nas relações entre os Estados-Membros da União, não se pode excluir, *a priori,* que o contribuinte possa fornecer os documentos comprovativos pertinentes que permitam o controlo pelas autoridades fiscais do Estado-Membro de tributação[795].

Mas não aceitou transpor totalmente esta jurisprudência para os movimentos de capitais entre Estados-Membros e Estados terceiros, porque estes movimentos se inscreveriam num contexto jurídico diferente[796].

Reconhece o Tribunal, ainda, que o contexto jurídico só é diferente se não existir um compromisso de assistência mútua entre as autoridades de um Estado-Membro e as autoridades de um Estado terceiro (e apesar de não se aplicar entre essas autoridades o quadro de cooperação estabelecido pela Diretiva 77/799: acórdãos, já referidos, *Comissão/Itália,* nº 70; *Établissements Rimbaud,* nº 41; e *Haribo Lakritzen Hans Riegel e Österreichische Salinen,* nº 66):

> 85. Ora, contrariamente aos processos que deram origem aos acórdãos mencionados no nº 82 do presente acórdão, no âmbito dos quais não existia nenhuma obrigação convencional de os Estados terceiros em causa fornecerem informações, pelo que o Tribunal de Justiça afastou a possibilidade de o

792 TJCE: Caso C-451/05, Elisa..., cit.

793 TJCE: Caso C-101/05, A. .., cit.

794 TJCE: Caso C-190/12, Emerging Markets..., cit.

795 V., neste sentido, TJCE: Caso C-101/05, A. ..., cit. para. 59.

796 TJCE: Caso C-101/05, A. ..., cit., para. 60; C-540/07, Comissão/Itália, cit., para. 69; C-72/09, Établissements Rimbaud..., cit., para. 40; e Casos C-436/08 e C-437/08, Haribo e Salinen..., cit., para. 65.

próprio contribuinte fornecer as provas necessárias para a definição correta das taxas em questão, no que diz respeito ao processo principal, há um quadro regulamentar de assistência administrativa mútua estabelecido entre a República da Polónia e os Estados Unidos da América que permite a troca de informações que se mostrem necessárias para a aplicação da legislação fiscal.

86. Mais precisamente, este quadro de cooperação decorre do artigo 23º da convenção preventiva da dupla tributação e do artigo 4º da Convenção da Organização de Cooperação e de Desenvolvimento Económicos (OCDE) e do Conselho da Europa, assinada em Estrasburgo, em 25 de janeiro de 1988, relativa à assistência mútua administrativa em matéria fiscal.»

4. A troca de informações como justificação: condição legal ou inerente às liberdades fundamentais

A questão dos controlos fiscais como justificação para uma medida discriminatória ou restritiva depende de outra condição: a de a legislação de um Estado-Membro fazer depender um benefício fiscal (leia-se, regime fiscal não discriminatório ou não restritivo) «da satisfação de condições cuja observância só pode ser verificada mediante a obtenção de informações junto das autoridades competentes de um Estado terceiro»: para. 84 das conclusões do Advogado-Geral Wathelet, no caso *SECIL*[797].

Isto é, o controlo fiscal efetivo tem sido aceite como argumento justificativo, se constituir uma condição legal para a atribuição de um regime fiscal mais favorável (por exemplo, em alguns casos de isenção de dividendos à entrada).

A condição de troca de informações para o regime de isenção pode estar expressamente prevista na lei (por exemplo, no caso *A.*[798]) ou não. A troca de informações pode ser uma condição para verificar o preenchimento de outras condições legais, como acontece no caso *Haribo & Salinen*:

> "67. Daqui resulta que, quando a legislação de um Estado-Membro faz depender um benefício fiscal da satisfação de condições cuja observância só pode ser verificada mediante a obtenção de informações junto das autoridades competentes de um Estado terceiro parte no acordo EEE, o referido

[797] Conclusões do Advogado-Geral Melchior Wathelet apresentadas em 27 de janeiro de 2016, C-464/14, SECIL..., cit.; V. Ana Paula Dourado, "Portugal: Recent and Pending Cases", eds. Michael Lang et al, Linde, Wien, 2016, pp. 175 e ss.

[798] TJCE: C-101/05, A. ..., cit.

Estado-Membro pode, em princípio, recusar-se a conceder esse benefício se, designadamente, por não existir uma obrigação convencional de esse Estado terceiro fornecer informações, for impossível obter essas informações junto desse Estado (acórdão Établissements Rimbaud, já referido, nº 44).

68. Resulta da regulamentação em causa no processo principal que o § 10, nº 5, da KStG exclui a isenção dos dividendos de carteiras de títulos provenientes de sociedades estabelecidas nos Estados terceiros partes no acordo EEE, sempre que, no essencial, os lucros da sociedade distribuidora não tenham sido efectivamente sujeitos, no Estado terceiro em causa, a um imposto sobre o rendimento das pessoas colectivas comparável ao que vigora na Áustria. Assim, há que considerar que os requisitos de aplicação da isenção fiscal não podem ser verificados pelo Estado-Membro em causa, na falta de uma obrigação convencional de o Estado terceiro fornecer certas informações às autoridades fiscais do referido Estado-Membro.

69. Decorre daqui que uma regulamentação de um Estado-Membro, como a que está em causa no processo principal, que subordina a isenção de dividendos de carteiras de títulos provenientes de sociedades estabelecidas num Estado parte no acordo EEE à existência de um acordo de assistência mútua com o Estado terceiro em causa, se pode justificar por razões imperiosas de interesse geral relacionadas com a eficácia dos controlos fiscais e o combate à fraude fiscal"[799].

Esta condição de troca de informações está implícita noutras situações: em casos de deduções de contribuições para contratos de seguro[800] ou donativos a instituições de caridade[801]; de apuramento do imposto sucessório com elementos transfronteiriços[802]; aplicação de tributação mínima presumida sobre não residentes[803].

Ela é, porém, expressa nos casos dos dividendos à saída. É assim, no caso *Comissão vs. Países Baixos*:

"27. de acordo com essa legislação, além da condição que impõe que a participação detida seja de pelo menos 5% do capital, o próprio beneficiário dos

[799] TJCE: Casos C-436/08 e C-437/08, Haribo e Salinen..., cit.

[800] TJCE: C-204/90, Bachmann..., cit.

[801] TJCE: Caso C-318/07, Persche..., cit.

[802] TJCE: Caso C-464/05, Geurts & Vogten, cit.

[803] TJCE: C-383/05, Talotta..., cit.

dividendos deve também preencher duas condições para ter direito à isenção em causa, condições essas que se aplicam também a situações puramente internas e que não são discriminatórias, a saber, por um lado, o beneficiário deve estar sujeito a imposto sobre os lucros e, por outro, deve ser o beneficiário final dos dividendos.

28. Ora, o cumprimento destas condições pode ser facilmente controlado entre Estados-Membros graças ao carácter vinculativo da Directiva 77/799, ao passo que as convenções bilaterais celebradas entre a República da Islândia e o Reino da Noruega, não sendo instrumentos jurídicos comunitários, não permitem a um Estado-Membro ou à Comissão exigir perante o Tribunal de Justiça o cumprimento das obrigações que daí decorrem"[804].

E é também assim no caso *Comissão vs. Itália*:

"Para. 11. Os lucros distribuídos a sujeitos passivos não residentes em território nacional estão sujeitos a um imposto por retenção na fonte de 27%. A taxa do imposto por retenção na fonte é reduzida para 12,5% em caso de lucros pagos a detentores de acções de poupança. Os sujeitos passivos não residentes em território nacional, com excepção dos que sejam detentores de acções de poupança, têm direito ao reembolso, até um montante máximo de quatro nonos, do imposto que demonstrarem ter pago no estrangeiro a título definitivo sobre os mesmos lucros, mediante a apresentação de uma declaração da autoridade fiscal competente do Estado estrangeiro."[805]

Portanto, caso a legislação não faça depender expressamente a atribuição de um regime mais favorável ao contribuinte da troca de informações, o argumento do «controlo fiscal eficaz» não pode ser invocado. Por exemplo, no caso *SECIL*, não é claro que possa ser invocado o argumento do «controlo fiscal eficaz» para recusar o regime de isenção de dividendos vindos de Estados terceiros, dado que a troca de informações não consta das condições legais para a isenção dos dividendos à entrada. Pelo contrário, as legislações austríaca (no contexto do caso *Haribo e Salinen*) e sueca, no caso *A.*[806], faziam expressa referência a essas condições para atribuir a isenção a dividendos vindos de terceiros Estados.

[804] TJCE: Caso C-521/07, Comissão v. Países Baixos, cit.

[805] TJCE: C-540/07, Comissão v. Itália, cit.

[806] TJCE: Casos C-436/08 e C-437/08, Haribo e Salinen..., cit.; C-101/05, A. ..., cit.

"84 Decorre das considerações precedentes que a justificação relativa à necessidade de preservar a eficácia dos controlos fiscais só se pode admitir quando a legislação de um Estado-Membro faz depender um benefício fiscal da satisfação de condições cuja observância só pode ser verificada mediante a obtenção de informações junto das autoridades competentes de um Estado terceiro e quando, por não existir uma obrigação convencional de esse Estado terceiro fornecer informações, for impossível obter essas informações junto desse Estado (v. acórdão Haribo Lakritzen Hans Riegel e Österreichische Salinen, já referido, n.º 67 e jurisprudência referida)"[807].

5. Equivalência: evolução

Até ao caso *Emerging Markets*, a equivalência dos «instrumentos bilaterais» com a Diretiva parecia ser reconhecida pelo Tribunal de Justiça, sem a necessidade de considerações ulteriores. Com efeito, foi entendido num primeiro momento que as convenções de dupla tributação celebradas com Estados EEA (*Comissão v. Países Baixos* e *Comissão v. Itália*[808]) e Estados terceiros (*Haribo* e *Salinen*[809]), que seguissem o padrão internacional, eram equivalentes à Diretiva.

Esse entendimento é reiterado pelo Advogado-Geral Wathelet nas conclusões ao caso *SECIL*.

Em primeiro lugar, o Advogado-Geral questiona se o facto de a Diretiva 77/799 não se aplicar ao caso, justifica uma restrição às liberdades fundamentais:

> «121. A este respeito, a referência feita pelo órgão jurisdicional de reenvio à Diretiva 77/799 (que este qualifica de «quadro de cooperação») remete diretamente para as justificações das restrições às liberdades de circulação pela necessidade de assegurar a eficácia dos controlos fiscais e de lutar contra a fraude e a evasão fiscais, a respeito das quais o Tratado FUE também é omisso. A jurisprudência do Tribunal de Justiça sobre a interpretação do Tratado FUE é tanto mais transponível neste caso quanto está em causa a livre circulação de capitais que o Tratado FUE torna aplicável nas relações com países terceiros»[810].

[807] TJCE: Caso C-190/12, Emerging Markets..., cit.
[808] TJCE: Caso C-521/07, Comissão v. Países Baixos; Caso C-540/07, Comissão v. Itália, cit.
[809] TJCE: Casos C-436/08 e C-437/08, Haribo e Salinen..., cit.
[810] Conclusões de 27 de janeiro de 2016, C-464/14, SECIL..., cit.

Em segundo lugar, é reconhecido que o Tribunal aceitou essa justificação em vários casos envolvendo terceiros Estados, devido à inaplicabilidade da Diretiva aos mesmos. A justificação só não era válida se existisse convenção de dupla tributação com disposições de cooperação administrativa entre o Estado terceiro e o Estado-Membro que adotou a medida restritiva ou discriminatória:

> «122. Foi precisamente a propósito das relações com países terceiros que o Tribunal aceitou justificações para restrições aos movimentos de capitais ao passo que as recusou para restrições aos movimentos entre os Estados-Membros. De facto, em vários acórdãos, o Tribunal de Justiça decidiu que a Diretiva 77/799 permitia aos Estados-Membros assegurar a cobrança eficaz de impostos sem ter de recorrer a restrições aos movimentos de capitais. A inaplicabilidade da diretiva aos países terceiros mudava evidentemente o cenário, a menos que, como afirmou o Tribunal de Justiça, existisse uma convenção preventiva da dupla tributação que incluísse disposições de cooperação administrativa entre o Estado terceiro e o Estado-Membro da medida fiscal controvertida.»[811]

Todavia, no caso *Emerging Markets*, o TJUE remeteu para o tribunal nacional polaco a averiguação sobre se a convenção de dupla tributação entre a Polónia e os EUA, poderia assegurar uma troca de informações equivalente àquela que ocorre no quadro da Diretiva:

> "87. Daqui decorre que, tendo em conta a existência dessas obrigações convencionais entre a República da Polónia e os Estados Unidos da América, que estabelecem um quadro jurídico comum de cooperação e preveem mecanismos de troca de informações entre as autoridade nacionais em questão, não se pode excluir *a priori* que os fundos de investimento estabelecidos nos Estados Unidos da América possam ser obrigados a fornecer os documentos comprovativos pertinentes que permitam às autoridades fiscais polacas verificar, em cooperação com as autoridades competentes dos Estados Unidos da América, que exercem as suas atividades em condições equivalentes às aplicáveis aos fundos de investimento estabelecidos no território da União.
>
> 88. Cabe, contudo, ao órgão jurisdicional de reenvio examinar se as obrigações convencionais entre a República da Polónia e os Estados Unidos da América, que estabelecem um quadro jurídico comum de cooperação e pre-

[811] Conclusões de 27 de janeiro de 2016, C-464/14, SECIL..., cit.

veem mecanismos de troca de informações entre as autoridade nacionais em questão, podem efetivamente permitir às autoridades fiscais polacas verificar, caso seja necessário, as informações prestadas pelos fundos de investimento estabelecidos no território dos Estados Unidos da América respeitantes aos requisitos da criação e do exercício das suas atividades, para provar que operam num quadro regulamentar equivalente ao da União.[812]"

6. Comparabilidade entre instrumentos

O caso *Emerging Markets* parece significar que não basta averiguar se os instrumentos são formalmente idênticos à Diretiva de assistência mútua, ou conformes ao padrão internacional, mas que é preciso atentar no caso concreto, na convenção aplicável.

Esta solução só foi adotada até agora em relação a um terceiro Estado que não é um Estado-Membro do Acordo do Espaço Económico Europeu, nem Estado em relação ao qual exista um acordo de associação com a União Europeia. Ainda assim, a decisão do Tribunal de Justiça surpreende e aumenta a complexidade e a insegurança jurídica.

Surpreende, porque apenas caberia saber se a convenção observa o padrão internacional da troca de informações. Mas, se assim fosse, não era necessário remeter para o tribunal nacional.

A insegurança jurídica aumenta devido à utilização do advérbio «efetivamente»: quando o tribunal se refere ao exame pelo tribunal nacional do «quadro jurídico comum de cooperação e ...[de] ... mecanismos de troca de informações entre as autoridade nacionais em questão, [que possam] efetivamente permitir às autoridades fiscais polacas verificar, caso seja necessário, as informações prestadas», cabe saber se estamos a falar de um exame limitado à interpretação da convenção bilateral, ou de um exame que englobe a sua concreta aplicação. Isto é, de um exame sobre se a troca de informações ocorre efetiva e eficazmente ao abrigo do referido instrumento bilateral.

Se o Tribunal de Justiça se estiver a referir a uma averiguação jurídica e factual, a decisão é surpreendente, dado que se trata de informação a ser prestada pelos EUA à Polónia, e os EUA têm estado na vanguarda dos padrões mais avançados e agressivos de troca de informações, e até desrespeitando os limites de «expedições à pesca». Pode dizer-se, em contrapartida, que os padrões dos EUA são fundamentalmente unilaterais, visando a obtenção

[812] TJCE: Caso C-190/12, Emerging Markets..., cit.

de informações sobre os seus residentes com rendimentos no exterior. Foi assim no caso *UBS* e com o FATCA, especialmente, com o primeiro FATCA.

A procura da equivalência de situações parece ser, ainda assim, uma indagação sobre as condições legais, dado que o Tribunal se refere ao potencial dado pelo «quadro jurídico comum de cooperação e ...[de] ... mecanismos de troca de informações entre as autoridade nacionais em questão»[813]. Mas tal não é claro: se couber aos tribunais nacionais averiguar se a troca de informações ocorre de modo efetivo (regularmente) entre o Estado terceiro e o Estado-Membro em causa, com base no referido quadro legal; e se, além disso, couber aos tribunais nacionais averiguar se existiu troca de informações ou poderia ter existido no caso objeto do litígio, será impossível fazer a comparação com a situação europeia.

Isto é, se para além da comparabilidade legal se introduzir uma indagação factual, não há ponto real de comparabilidade com a situação da Diretiva. Não é possível comparar se um Estado-Membro, na prática, consegue obter informações ao abrigo da Diretiva, uma vez que existe uma presunção judicial inilidível de que esta assegura a troca de informações e um controlo fiscal eficaz. A única hipótese é uma comparabilidade entre a situação factual ao abrigo do instrumento bilateral com uma situação presunção resultante da aplicação da Diretiva.

O mais lógico é concluir que a comparação deve ser feita apenas com o quadro legal da Diretiva, mas, repetimos, nesse caso o Tribunal de Justiça criou uma complexidade e incerteza jurídicas evitáveis.

7. A Diretiva 2011/16/UE e o padrão internacional

Admitindo que a troca de informações ao abrigo das Diretivas se processa de acordo com o padrão internacional, a Diretiva não deverá ser entendida como um instrumento que permite uma maior troca de informações do que a existente ao abrigo de outros instrumentos que adotem o padrão internacional. Ou seja, admitindo que ambos os instrumentos jurídicos são conformes ao padrão internacional, a única diferença que a Diretiva poderia assegurar derivaria do facto de o Tribunal de Justiça, em teoria, ter competência para obrigar os Estados-Membros a cumprirem a Diretiva.

Assim, caso as condições da Diretiva estivessem preenchidas, e um Estado-Membro se recusasse a fornecer as informações necessárias para

[813] TJCE: Caso C-190/12, Emerging Markets..., cit.

garantir a correta aplicação das leis fiscais internas (e correta repartição de competências entre os Estados), o Tribunal de Justiça pode vincular o Estado a aplicar a Diretiva.

Mas o Tribunal, na vigência da Diretiva 77/799/CEE nunca se referiu a este aspeto, e subjacente aos seus argumentos parece ter estado sempre a ideia de que a Diretiva assegurava uma troca de informações com um alcance mais alargado do que os restantes instrumentos internacionais, e que era mais eficaz nos seus resultados.

8. Estados do Espaço Económico Europeu

O controlo fiscal efetivo no caso dos Estados-Membros do Espaço Económico Europeu não é regido pela Diretiva de assistência mútua. Esta tem um âmbito limitado aos Estados-Membros da CEE/CE/UE, e o Tratado do EEE não prevê a existência de instrumentos legislativos secundários.

Todavia, o Tratado do EEE estabelece liberdades fundamentais que correspondem às liberdades contidas no TFUE e que estão redigidas em termos idênticos ou semelhantes. Cabe, portanto, saber se o controlo fiscal efetivo pode ser aceite como justificação de restrições às liberdades fundamentais entre os Estados do EEE, e se, para efeitos do controlo fiscal efetivo, a situação dos Estados EEE é comparável à situação dos Estados-Membros da União Europeia, à da categoria ampla de Estados terceiros ou se é uma categoria autónoma.

Na ausência de instrumentos secundários semelhantes à Diretiva de assistência mútua, aplicáveis aos Estados-Membros do Espaço Económico Europeu, e dado que esta Diretiva não é aplicável a esses mesmos Estados, o Tribunal de Justiça equiparou a situação desses Estados à dos terceiros Estados.

Assim, na ausência de um instrumento bilateral ou multilateral que assegure a troca de informações entre os Estados, os obstáculos à livre circulação podem ser justificados com base na ausência de um controlo fiscal efetivo: isso resulta dos casos *Comissão vs. Países Baixos* e *Comissão v. Itália*[814]. Neste último, a Comissão iniciou o procedimento de infração, apenas referindo que a tributação dos dividendos à saída por parte dos Países Baixos discriminava contra os dividendos cujos acionistas residissem na Noruega e na Islândia.

[814] TJCE: Caso C-521/07, Comissão v. Países Baixos, cit.; Caso C-540/07, Comissão v. Itália, cit

A Comissão omitiu qualquer referência ao Liechtenstein, certamente porque sabia que a ausência de troca de informações entre este Estado e os Países Baixos seria invocada por este último como justificação (impossibilidade de um controlo fiscal efetivo), e que o Tribunal a aceitaria. A diferença entre o projeto «mercado interno» e a integração negativa prosseguida pelo Acordo do Espaço Económico Europeu é acentuada neste tópico do «controlo fiscal efetivo».

9. Acordos de associação

Alguns acordos de associação entre a União Europeia e Terceiros Estados contêm cláusulas de não discriminação de nacionais dos Estados-Membros e de livre circulação de fatores. Algumas destas têm efeito direto.

Exemplo disso, são os acordos com o Líbano e a Tunísia, que preveem a liberdade de estabelecimento e a livre circulação de capitais. Admitindo que estas liberdades possam ter efeito direto, coloca-se a questão de saber se a ausência de controlo fiscal efetivo pode ser uma justificação válida para introduzir obstáculos às referidas liberdades.

Dado que a Diretiva de assistência mútua também não se aplica a estes Estados terceiros, a questão tem que ser analisada nos mesmos termos que quaisquer outros Estados terceiros. Isto é, o facto de os acordos de associação nada referirem sobre este aspeto não significa que o controlo fiscal efetivo e a troca de informações sejam irrelevantes nas relações com estes Estados.

Cabe portanto saber se existem acordos bilaterais ou instrumentos multilaterais, entre os Estados-Membros do Acordo de Associação, contendo o padrão internacional sobre troca de informações.

Mas, além disso, o controlo fiscal efetivo só pode ser invocado se a legislação nacional condicionar a atribuição de regimes fiscais mais favoráveis à troca de informações.

Por exemplo, no caso *SECIL*, que envolve a legislação portuguesa, a não isenção de dividendos à entrada, vindos da Tunísia e do Líbano, ou de muitos outros Estados terceiros, não estava condicionada pela troca de informações. Assim sendo, não é claro que a ausência de controlo fiscal efetivo seja uma justificação relevante[815].

[815] TJCE: C-464/14, SECIL..., cit.; Ana Paula Dourado, "Free Movement of Capital and Third Countries...", cit. pp. 192 e ss.

10. Controlo fiscal efetivo

Não é também claro o alcance do «controlo fiscal efetivo» como justificação à colocação de obstáculos às liberdades fundamentais, quando estão em causa acordos de associação da União Europeia com terceiros Estados.

Os acordos de associação com a Tunísia e o Líbano não faziam qualquer referência à troca de informações, mas essa omissão não significa que aquela não seja uma condição para que as liberdades fundamentais sejam admitidas sem restrições:

> "123. Como salientam os Governos português e sueco, basearmo-nos no silêncio dos Acordos CE-Tunísia e CE-Líbano para excluir qualquer justificação para uma restrição à livre circulação de capitais teria como consequência instituir, para os movimentos de capitais com destino à Tunísia ou ao Líbano, ou provenientes desses países, um regime mais liberalizado do que o que existe para os movimentos de capitais entre os Estados-Membros e entre os Estados-Membros e os países terceiros, em relação aos quais razões imperiosas de interesse geral podem justificar determinadas restrições decididas pelos Estados-Membros"[816].

A troca de informações é assim um elemento do princípio da boa-fé na execução dos Tratados:

> "124. Como o Tribunal Internacional de Justiça decidiu no acórdão de 25 de setembro de 1997, no processo Projet Gabčikovo-Nagymaros (Hungria/Eslováquia), relativamente à obrigação de as partes executarem os tratados «de boa-fé», de acordo com a exigência do artigo 26º da Convenção de Viena (52), «este último elemento implica que, neste caso, é a finalidade do tratado e a intenção com que as partes o celebraram que devem prevalecer sobre a sua aplicação literal. O princípio da boa-fé obriga as partes a aplicá-lo de forma razoável e de forma a que a sua finalidade possa ser atingida.
>
> 125. Tendo em conta que me parece altamente improvável que os redatores dos Acordos CE-Tunísia e CE-Líbano tenham pretendido conceder liberdade total aos movimentos de capitais entre a União e esses dois países, enquanto podiam ser impostas determinadas restrições aos movimentos de capitais entre os Estados-Membros ou entre os Estados-Membros e os países terceiros, considero que uma restrição à livre circulação de capitais não

[816] Conclusões do Advogado-Geral Wathelet, C-464/14, SECIL..., cit.

violaria os Acordos CE-Tunísia e CE-Líbano se fosse justificada por uma das razões imperiosas de interesse geral, mais precisamente aquelas a que o órgão jurisdicional de reenvio se refere"[817].

Todavia, embora o controlo fiscal eficaz seja relevante, não pode ser associado ao objetivo de luta contra a *fraude e a evasão fiscais* (leia-se evasão e abuso), como pretende o Governo português, pois a evasão e abuso não podem ser presumidos de forma inilidível (pelo menos, em regra, segundo jurisprudência constante do TJUE):

> "126. Nesta perspetiva, o Governo português, apoiado pelo Governo sueco, invoca a eficácia dos controlos fiscais e a luta contra a fraude e a evasão fiscais para justificar uma restrição como a que está em causa no processo principal, uma vez que não existe, nem com a República da Tunísia nem com a República do Líbano, qualquer instrumento de cooperação administrativa análogo à Diretiva 77/799".
>
> 128. Tendo em conta que os artigos 89º, segundo travessão, do Acordo CE-Tunísia e 85º, alínea *b)*, do Acordo CE-Líbano permitem a cada uma das partes adotar e aplicar qualquer medida destinada a evitar a fraude e a evasão fiscais, considero, pelas razões apresentadas no nº 90 das presentes conclusões, que qualquer justificação assente neste fundamento deve ser liminarmente rejeitada no presente processo.
>
> 129. Acrescento que a jurisprudência do Tribunal de Justiça apenas admite essa justificação para disposições que tenham como objetivo específico excluir de um benefício fiscal os expedientes puramente artificiais cuja finalidade seja contornar a lei fiscal, o que não era, de modo algum, o caso no presente processo. Por outro lado, a justificação em questão nunca foi admitida em casos de presunção geral de fraude fiscal"[818].

O argumento de que a troca de informações ao abrigo da convenção entre Portugal e a Tunísia não é vinculativo, não é válido:

> "127. O Governo português precisa que não existe nenhuma convenção preventiva da dupla tributação entre a República portuguesa e a República do Líbano e que o mecanismo de troca de informações, previsto no artigo

[817] Conclusões do Advogado-Geral Wathelet, C-464/14, SECIL..., cit.

[818] Conclusões do Advogado-Geral Wathelet, C-464/14, SECIL..., cit.

> 25º da Convenção entre a República portuguesa e a República da Tunísia, não vincula os Estados, contrariamente ao que acontece no âmbito da referida directiva."[819]

Com a República do Líbano, não existia convenção de dupla tributação nem outro mecanismo internacional para a troca de informações. Todavia, com a República da Tunísia, existia uma convenção de dupla tributação que previa a troca de informações. As disposições convencionais sobre troca de informações são vinculativas, não são optativas. Não há registo que o Governo português tenha pedido informações à Tunísia, no quadro convencional, e que a Tunísia as tenha recusado, nem o Governo português alegou tal facto.

> "130. Quanto à justificação relativa à eficácia dos controlos fiscais no contexto de movimentos de capitais entre os Estados-Membros e os Estados terceiros, o Tribunal de Justiça já decidiu que essa justificação «só se pode admitir quando a legislação de um Estado-Membro faz depender um benefício fiscal da satisfação de condições cuja observância só pode ser verificada mediante a obtenção de informações junto das autoridades competentes de um Estado terceiro e quando, por não existir uma obrigação convencional de esse Estado terceiro fornecer informações, for impossível obter essas informações junto desse Estado.
>
> 131. Como afirma o órgão jurisdicional de reenvio, o artigo 46º do CIRC reserva o direito à eliminação da dupla tributação económica dos lucros distribuídos às sociedades portuguesas que preencham determinados requisitos mínimos relativos à percentagem do capital social detido na sociedade que procede à distribuição, ao valor e à duração dessa detenção.
>
> 132. No caso em apreço, nem o Governo português nem o órgão jurisdicional de reenvio alegam que a concessão do benefício em causa depende «da satisfação de condições cuja observância só pode ser verificada mediante a obtenção de informações junto das autoridades competentes de um Estado terceiro».
>
> 133. Se o órgão jurisdicional de reenvio chegar à conclusão contrária a este respeito, o Governo português pode invocar a eficácia dos controlos fiscais mas apenas em relação aos dividendos recebidos da Ciments de Sibline,

[819] Conclusões do Advogado-Geral Wathelet, C-464/14, SECIL..., cit.

uma vez que não existe «uma obrigação convencional de [o Líbano] fornecer informações».

134. A situação é diferente em relação aos dividendos recebidos da Ciments de Gabés, uma vez que o artigo 25º da Convenção para evitar a dupla tributação entre a República portuguesa e a República da Tunísia prevê um mecanismo de troca de informações"[820].

11. A colaboração do contribuinte no quadro de acordos de associação

O Advogado-Geral Wathelet, no caso *Secil*, também se pronunciou sobre a questão da colaboração do contribuinte, no quadro dos acordos de associação:

> "135. Contudo, há que esclarecer que, se a concessão do benefício em questão depender da satisfação de condições que as autoridades fiscais competentes do país terceiro em questão não têm possibilidade de confirmar, porque, por exemplo, não se trata de informações cuja recolha seja da sua competência, a concessão desse benefício não pode ser recusada sem dar ao contribuinte a oportunidade de fornecer as informações necessárias.
>
> 136. Em conclusão, a recusa da eliminação ou da mitigação da dupla tributação económica por uma legislação como a que está em causa no processo principal não pode ser justificada por uma razão imperiosa de interesse geral"[821].

O Tribunal de Justiça, no acórdão ao caso *Secil*, foi porém omisso quanto a esta questão, quanto aos dividendos recebidos do Líbano, remetendo para o tribunal nacional de reenvio, a apreciação da questão de troca de informações, como condição da concessão do regime fiscal mais vantajoso:

> "a recusa em conceder esta dedução parcial, em aplicação do artigo 46º, nº 11, do CIRC, não pode ser justificada por razões imperiosas de interesse geral relativas à necessidade de garantir a eficácia dos controlos fiscais, quando a referida disposição puder ser aplicada a situações em que a sujeição da sociedade distribuidora a imposto no Líbano, Estado em que esta sociedade é residente, não pode ser verificada, o que cabe ao órgão jurisdicional de reenvio determinar"[822].

[820] Conclusões do Advogado-Geral Wathelet, C-464/14, SECIL..., cit.

[821] Conclusões do Advogado-Geral Wathelet, C-464/14, SECIL..., cit.

[822] TJUE: Caso C-464/14, SECIL..., cit. , para. 156.

Secção VI
As entidades envolvidas na transparência fiscal

1. Considerações introdutórias

Com a livre circulação de capitais, a tributação dos rendimentos só seria efetiva se quatro grupos de entidades cooperassem no sentido da sua transparência.

O primeiro grupo, por ser o determinante, são os Estados ou partes do seu território, os quais deveriam cooperar no sentido da troca de informações. Esta cooperação implicaria o desaparecimento de territórios não cooperantes, também designados de «paraísos fiscais».

Os restantes grupos são instrumentais a esta troca de informações, possibilitando o acesso aos dados relevantes: trata-se dos contribuintes, dos promotores de planeamento fiscal agressivo e das instituições financeiras.

Todos os grupos são detentores de informações previsivelmente relevantes para uma correta tributação e só a cooperação coordenada de todos permite o apuramento correto do imposto.

A legislação portuguesa exige essa cooperação conjunta, tanto quanto a coordenação entre diversos ordenamentos jurídicos é, atualmente, possível, e os princípios de Direito Fiscal Internacional o permitem.

2. Informações relativas a operações financeiras

Desde logo, a legislação nacional[823] segue as melhores práticas internacionais em matéria de obrigações de instituições financeiras quanto a informações relativas a operações financeiras e de acesso do fisco a contas e documentos bancários.

Essas obrigações têm como objetivo a tributação correta dos rendimentos e património do sujeito passivo residente e a cooperação da nossa administração fiscal a nível europeu e internacional. As informações relativas a operações financeiras são automáticas e a pedido.

São automáticas, e portanto também periódicas, quanto a um conjunto de transferências de risco por parte dos sujeitos passivos (artigo 63º-A, nºs 1 e 2, da LGT): em caso de abertura ou manutenção de contas por contribuintes cuja situação tributária não se encontra regularizada ou por

[823] V. Decreto-Lei n. 64/2016 e restante legislação citada.

contribuintes inseridos em sectores de risco; transferências transfronteiriças; transações comerciais ou efetuadas por entidades públicas; transferências e envios de fundos com destinatário localizado em país, território ou região com regime de tributação privilegiada mais favorável; valor de fluxos de pagamentos com cartões de crédito e débito a sujeitos passivos que aufiram rendimentos da categoria B de IRS e de IRC, sem identificar os titulares dos referidos cartões.

Os pedidos de informação relativa a fluxos de pagamento com cartões de crédito e de débito também podem ocorrer, por parte do diretor-geral da Autoridade Tributária ou seu substituto, ou do conselho diretivo do Instituto de Gestão Financeira da Segurança Social, I.P. (artigo 63º-A, nº 4, da LGT).

A automaticidade na prestação de informações não contempla os pressupostos ou garantias do contribuinte na prestação de informações a pedido. Estes pedidos deveriam ter por base uma «relevância previsível» mas esta condição não está na lei, pelo que os pedidos não podem ser recusados.

Para além do dever de cooperação das instituições financeiras, também os sujeitos passivos de IRS devem revelar e identificar todas as contas de depósito ou títulos abertas em instituições financeiras não residentes em território português ou em sucursal situada fora do território português de instituição financeira residente, de que sejam titulares, beneficiários ou que estejam autorizados a movimentar (artigo 63º-A, nº 7, da LGT).

Esta obrigação dos sujeitos passivos titulares, beneficiários ou autorizados a movimentar contas, pretende fechar o círculo da troca de informações e obrigar o próprio sujeito passivo a transmitir as informações que permitam apurar e controlar corretamente o imposto que deve.

3. Beneficiários e intermediários

O acesso às informações bancárias e a cooperação dos vários grupos de entidades envolvidas tem como único objetivo identificar o beneficiário efetivo dos rendimentos para que este pague o imposto devido.

O conceito de beneficiário ou de beneficiário efetivo dos rendimentos é dos mais difíceis de determinar e a lei nacional optou, neste caso, por um conceito de beneficiário. Segundo o artigo 63º-A, nº 8, da LGT, «para efeitos do disposto no número anterior, entende-se por «beneficiário» o sujeito passivo que controle, direta ou indiretamente, e independentemente de qualquer título jurídico mesmo que através de mandatário, fiduciário ou interposta pessoa, os direitos patrimoniais depositados nessas contas».

Os intermediários devem ser desconsiderados para efeitos fiscais, sejam eles *trusts*, fundações, fundos de investimento ou quaisquer outros esquemas artificiais. Os beneficiários são assim os sujeitos que controlam os direitos patrimoniais, ou seja, que podem dispor sobre eles.

Os sujeitos passivos que controlem os direitos patrimoniais depositados numa conta não são, necessariamente, os beneficiários económicos ou os beneficiários efetivos. Por exemplo, dado este conceito, no caso de um *trust*, o beneficiário efetivo será o *fiduciário* e não o beneficiário do *trust*.

4. Acesso a informações e documentos bancários

O artigo 63º-B da LGT prevê o acesso da autoridade tributária a todas as informações e documentos bancários, em diversas situações, relevantes para efeitos de apuramento correto do imposto a pagar por residente (alíneas *a)* a *g)* do nº 1) e para efeitos de transmissão de informações a outros Estados, ao abrigo de acordos ou convenções internacionais – por exemplo, acordos de troca de informações, acordos de dupla tributação, FATCA, CRS ou diretivas.

Este artigo tem um âmbito objetivo parcialmente coincidente com o do artigo anterior e estabelece as bases para o acesso a documentos bancários em casos que possam ser relevantes para o apuramento correto do imposto.

Quando foi redigido, o ponto de partida – isto é, a regra – era o sigilo bancário, e a exceção eram os casos em que esse sigilo podia ser quebrado sem autorização do juiz.

Assim, o seu âmbito começou por ser reduzido, e foi sendo alargado, à medida em que a administração sentiu necessidade de o fazer, a OCDE e a UE recomendaram melhores práticas, e alguns deputados ou partidos em Portugal iniciaram o discurso mais ou menos sério da transparência.

O artigo 63º-B da LGT está estruturado para o acesso a documentos e informações bancárias a pedido e não para o acesso automático.

5. Violação de correspondência

Se até 2009, ano em que o fim dos paraísos fiscais foi declarado pela OCDE, o ponto de partida era o sigilo bancário, atualmente, o ponto de partida é a transparência.

A sociedade de transparência e o objetivo de uma tributação correta dos rendimentos, do património e em IVA, colocam a questão dos limites de acesso à informação por parte do fisco.

O artigo 8º da Convenção Europeia dos Direitos do Homem (CEDH) garante o direito à vida privada, vida familiar, à privacidade do domicílio e à privacidade de correspondência[824]. Nas apreensões de documentação por parte do fisco, no quadro de inspeções ou de processo-crime, cabe saber se a apreensão ou até a violação de correspondência, nomeadamente de correspondência eletrónica, pode ser utilizada validamente como meio de prova[825].

Por vezes, o Direito Internacional ou Europeu vai mais longe do que o Direito interno: as apreensões de correspondência e outros dados para efeitos de troca de informações ocorriam ao abrigo da Diretiva 77/799/CEE e não eram admitidos nos mesmos moldes, no Direito interno.

Por exemplo, no caso *Othymia Investments BV*[826], a administração neerlandesa enviou às autoridades espanholas informação sobre o registo dos acionistas da sociedade. As contas anuais da sociedade, relativamente aos anos de 2003 e de 2004; extratos bancários; duas mensagens de correio

[824] "ARTIGO 8° Direito ao respeito pela vida privada e familiar
1. Qualquer pessoa tem direito ao respeito da sua vida privada e familiar, do seu domicílio e da sua correspondência. 2. Não pode haver ingerência da autoridade pública no exercício deste direito senão quando esta ingerência estiver prevista na lei e constituir uma providência que, numa sociedade democrática, seja necessária para a segurança nacional, para a segurança pública, para o bem-estar económico do país, a defesa da ordem e a prevenção das infracções penais, a protecção da saúde ou da moral, ou a protecção dos direitos e das liberdades de terceiros."

[825] Sobre a aplicação da Convenção Europeia dos Direitos Humanos aos impostos, V., por exemplo, Rusan Ergec, "Taxation and Property Rights under the European Convention on Human Rights", *Intertax*, nº 1, pp. 2-11; Daniel Gutmann, "The European Convention on Human Rights , a Tool to Ensure Efficiency of EC Law", *Legal Remedies in European Tax Law*, ed. Pasquale Pistone, 2009, IBFD, Amsterdam, pp. 487 e ss.; Agostino Ennio La Scala, "The Taxpayer's Human Rights in the Examination of the European Court of Human Rights", *Legal Remedies...*, cit., pp. 495 e ss.; Robert Attard, "Revoking the irrevocable: The Need to Give Taxpayers an Effective Protection of Rights Granted by the EC Treaty Even in the Case of Final Non-Appealable Acts", *Legal Remedies...*, cit., pp. 515 e ss.; Philip Baker, "Some Comments in European Tax Law and Human Rights", *Legal Remedies...*, cit., pp. 539 e ss.; Alberto Quintas Seara, "The Protection of Taxpayers' Property Rights in Light of the Recent ECtHR jurisprudence: Anything New on the Horizon, or Just More of the Same?", *Intertax*, 2014, nº 4, pp. 218-233.

[826] Caso do TEDH, 3ª secção, nº 75292/10, de 16 de junho de 2015, *Othymia Investments BV v The Netherlands Decision.*

eletrónico; correspondência e outros documentos quanto ao estabelecimento de uma determinada sociedade; e documentos sobre a venda de ações. Parte da informação enviada tinha sido obtida durante uma fiscalização à sociedade pela Administração Fiscal e Aduaneira neerlandesa em agosto de 2006, previamente anunciada à sociedade[827].

Não é claro que as mensagens de correio eletrónico estivessem abertas ou por abrir. No primeiro caso, houve apreensão de documentos, e só no segundo caso, violação de correspondência.

O contribuinte argumentou que a prestação de informações ao abrigo do artigo 4º da Diretiva (troca espontânea de informações), e do artigo 28º da Convenção de Dupla Tributação entre Espanha e os Países Baixos é inválida, porque violava o artigo 8º, nº 1, da CEDH e portanto não havia base legal para a troca de informações: direito ao respeito à vida privada e familiar, do seu domicílio e da sua correspondência.

O Tribunal entendeu que, embora houvesse uma violação do nº 1 do artigo 8º, essa violação estava justificada pelo nº 2 do mesmo artigo, na parte respeitante ao bem-estar económico do país:

> «2. Não pode haver ingerência da autoridade pública no exercício deste direito senão quando esta ingerência estiver prevista na lei e constituir uma providência que, numa sociedade democrática, seja necessária para ...o bem-estar económico do país...»[828].

O Tribunal não foi claro quanto à parte exata do artigo 8º, nº 1, que foi violada, nomeadamente, se foi o direito à vida privada (aplicada às empresas, *mutatis mutandis*) ou a parte relativa ao direito à (privacidade da) correspondência.

É admissível que as investigações de carácter administrativo considerem, para um correto apuramento do imposto, meios de prova como contas anuais de uma sociedade, extratos bancários e outros documentos relevantes, incluindo mensagens eletrónicas já lidas.

Todavia, o Estado de Direito exige que seja o juiz a autorizar o acesso aos chamados meios de prova ocultos, relacionados com a vida privada, familiar, direito ao sigilo de correspondência: a chamada intimidade da vida privada. Meios de prova ocultos são por exemplo as escutas telefóni-

[827] Caso do TEDH, nº 75292/10, *Othymia Investments BV*, cit., ponto 2 do acórdão.

[828] Caso do TEDH, nº 75292/10, *Othymia Investments BV*, cit.

cas e a correspondência, devendo ser o juiz a autorizar e ser o primeiro a ter acesso a essas provas.

O Estado de Direito está em risco a partir do momento em que a reserva do juiz não é respeitada relativamente a esses meios de prova ocultos[829] (e não estamos a falar de Estado de emergência).

A função e a formalidade do Processo Penal são asseguradas para certos tipos de crimes, considerados mais graves – por exemplo com pena de prisão máxima superior a determinado número de anos. Na ausência de gravidade do crime, o acesso aos meios de prova ocultos é (deve ser) proibido.

Pode acontecer que decorra em simultâneo um processo-crime em matéria fiscal, e averiguações de carácter administrativo, sejam elas relativas a contraordenações ou ao correto apuramento de imposto. Neste caso, as interceções de telecomunicações e apreensões de mensagens de correio eletrónico fechadas, ao abrigo das regras do processo penal, com a garantia do juiz, não podem ser utilizadas nos procedimentos administrativos, porque as garantias do processo penal relativas à intimidade da vida privada impedem que as provas utilizadas em processo penal sejam utilizadas para servir finalidades administrativas. Por isso mesmo, os órgãos administrativos que coadjuvam o Ministério Público nos processos-crimes, não podem utilizar as provas obtidas segundo as regras do processo penal no processo contraordenacional, e por maioria de razão no apuramento do imposto.

Do artigo 8º da CEDH e do artigo 7º da Carta de Direitos Fundamentais deve resultar uma garantia judicial que só poderia ser excecionalmente derrogada quanto a provas ocultas, mas não por lei nem pelo princípio da necessidade.

É por isso muito criticável o acórdão no caso *Webmindlicences*[830], que apesar de ir no sentido de outros acórdãos do TEDH, anuncia uma era de crise de Estado de Direito na União Europeia.

[829] V., sobre a reserva do juiz: Maria de Fátima Mata-Mouros, *Juiz das Liberdades – Desconstrução de um Mito do Processo Penal*, Almedina, Coimbra, 2011, pp. 42, 94-95. Manuel da Costa Andrade, "Métodos Ocultos de Investigação (Plaedoyer para uma Teoria Geral)", *Que Futuro para o Direito Processual Penal? Simpósio em Homenagem a Jorge de Figueiredo Dias por ocasião dos 20 Anos do Código de Processo Penal Português* (coord. Mário Ferreira Monte et al.), Coimbra editora, Coimbra, 2009, pp. 548-549; Inês Ferreira Leite, "O Novo Regime das Escutas Telefónicas. Uma Visão Panorâmica da Reforma de 2007", *Direito da Investigação Criminal e da Prova*, coordenação de Maria Fernanda Palma et al., Almedina, Coimbra, 2014, p. 265

[830] TJUE: 17 de dezembro de 2015, Caso C-419/14, WebMindLicenses Kft. Contra Nemzeti Adó- és Vámhivatal Kiemelt Adó- és Vám Főigazgatóság.

Trata-se de um caso de acesso a escutas telefónicas e ao correio eletrónico. Ele envolveu a cobrança de IVA pela Hungria, que procedeu a recuperações de imposto, coima e juros de mora, porque, segundo os elementos de prova reunidos, a transferência de *know-how* da sociedade húngara WML para a sociedade *Lalib* com sede na Madeira não correspondia a uma «operação económica real»[831].

Além disso, a WML teria cometido um abuso de direito porque o *know-how* não teria sido explorado efetivamente pela e para a *Lalib* e teria, portanto, havido abuso. A *Lalib* era controlada a 100% pela WML, a qual por seu turno era detida a 100% pelo administrador[832]. A WML interpôs recurso da decisão do fisco húngaro, considerando que este utilizou «provas obtidas sem o seu conhecimento, através de interceções de telecomunicações e da apreensão de mensagens de correio eletrónico no âmbito de um processo penal paralelo ao qual não tinha acesso»[833].

O órgão jurisdicional de reenvio perguntou ao TJUE se o Direito da União deve ser interpretado no sentido de que não se opõe a que a Administração Fiscal possa, com vista a verificar a existência de uma prática abusiva em matéria de IVA, utilizar provas obtidas no âmbito de um processo penal paralelo ainda não concluído, sem o conhecimento do sujeito passivo, por exemplo, através de interceções de telecomunicações e de apreensões de mensagens de correio eletrónico[834].

E em geral, «... o órgão jurisdicional de reenvio questiona se..., face à grande discricionariedade deixada aos Estados-Membros para garantir a cobrança da totalidade do IVA devido no seu território e lutar contra a fraude e evasão fiscais, a Administração Fiscal pode, no âmbito de um procedimento administrativo, recolher e utilizar tais provas, tendo as mesmas sido inicialmente obtidas para efeitos de ações penais, através de meios específicos do processo penal que confere às pessoas, por outro lado, garantias de que não gozam no âmbito do procedimento administrativo. O órgão jurisdicional de reenvio interroga-se ...[também] sobre os limites e as obrigações que decorrem, a este respeito, do artigo 8º da CEDH e dos artigos 7º, 8º e 52º da Carta»[835].

831 Caso C-419/14, WebMindLicenses..., cit., para. 21.
832 TJUE: Caso C-419/14, WebMindLicenses..., cit., para. 22.
833 TJUE: Caso C-419/14, WebMindLicenses..., cit., para. 23.
834 TJUE: Caso C-419/14, WebMindLicenses..., cit., para. 61.
835 TJUE: Caso C-419/14, WebMindLicenses..., cit., para. 62

O Tribunal de Justiça entendeu que a liquidação de IVA na sequência de práticas abusivas é conforme à Diretiva do IVA, ao TFUE e à Carta:

> «...constitui uma aplicação dos artigos 2º, 250º, nº 1, e 273º da diretiva IVA e do artigo 325º TFUE e, portanto, do direito da União, na aceção do artigo 51º, nº 1, da Carta»[836].

O Tribunal de Justiça clarificou que o artigo 7º da Carta relativo ao direito ao respeito da vida privada e familiar, consagra direitos correspondentes aos que são garantidos pelo artigo 8º, nº 1, da CEDH e portanto, deve dar-se ao artigo 7º da Carta o mesmo sentido e o mesmo alcance que o sentido e o alcance conferidos ao artigo 8º, nº 1, da CEDH, conforme interpretado pela jurisprudência do Tribunal Europeu dos Direitos do Homem[837].

O Tribunal confirmou que as interceções de telecomunicações, apreensões de mensagens de correio eletrónico efetuadas no decurso das visitas domiciliárias às instalações profissionais ou comerciais de uma pessoa singular ou às instalações de uma sociedade comercial constituem ingerências no exercício do direito garantido pelo artigo 8º, nº 1, da CEDH, e que portanto constituem igualmente uma restrição ao exercício do direito consagrado no artigo 7º da Carta[838]. Mas esvaziou de conteúdo o artigo 7º da Carta (artigo 8º da CEDH), ao entender também que o «direito da União não se opõe a que a Administração Fiscal possa, no âmbito de um

[836] V., sobre as competências dos tribunais nacionais e do TJUE sobre direitos fundamentais que constam da Convenção Europeia dos Direitos do Homem, TJUE: 26 de fevereiro de 2013, Caso C-617/10, Åklagaren contra Hans Åkerberg Fransson, paras. 29 e 30.

[837] TJUE: 5 de outubro de 2010, C-400/10, PPU, J. McB. V. L. E.., para 53: "Além disso, resulta do artigo 52º, nº 3, da Carta que, na medida em que esta prevê direitos correspondentes a direitos garantidos pela CEDH, o seu sentido e o seu alcance são iguais aos conferidos por esta Convenção. Todavia, esta disposição não obsta a que o direito da União conceda uma protecção mais ampla. Nos termos do artigo 7º da mesma Carta, «[t]odas as pessoas têm direito ao respeito pela sua vida privada e familiar, pelo seu domicílio e pelas suas comunicações». A redacção do artigo 8º, nº 1, da CEDH é idêntica à do referido artigo 7º, salvo na medida em que utiliza as expressões «sua correspondência» em vez de «suas comunicações». Assim sendo, é de concluir que este artigo 7º prevê direitos correspondentes aos garantidos pelo artigo 8º, nº 1, da CEDH. Por conseguinte, há que dar ao artigo 7º da Carta o mesmo sentido e o mesmo alcance conferidos ao artigo 8º, nº 1, da CEDH, conforme é interpretado pela jurisprudência do Tribunal Europeu dos Direitos do Homem (v., por analogia, acórdão de 14 de Fevereiro de 2008, Varec, C-450/06, Colect., p. I-581, nº 48)"; de 15 de novembro de 2011, Murat Dereci e outros contra Bundesministerium für Inneres, C-256/11, para. 70.

[838] TJUE: Caso C-419/14, WebMindLicenses..., cit., paras. 71 e 72.

procedimento administrativo, com vista a verificar a existência de uma prática abusiva em matéria de IVA, utilizar provas obtidas no âmbito de um processo penal paralelo ainda não concluído, desde que seja assegurado o respeito dos direitos garantidos pelo direito da União, especialmente pela Carta»[839].

Na verdade, o Tribunal de Justiça entendeu que essas restrições só podem ocorrer se respeitarem os princípios da legalidade (reserva de lei e preferência de lei) e da proporcionalidade[840]. Desta forma, o Tribunal afasta a reserva do juiz no processo penal e o direito à vida privada dos artigos 7º da Carta e 8º da CEDH, admitindo que a administração possa ter acesso a provas ocultas se a lei interna o permitir.

Inclusivamente, o TJUE admitiu as apreensões de correspondência (mensagens de correio eletrónico) feitas sem autorização judicial, afirmando que só eram compatíveis com o artigo 7º da Carta se «oferecerem garantias adequadas e suficientes contra os abusos e a arbitrariedade», nomeadamente a fiscalização jurisdicional *a posteriori* da legalidade e da proporcionalidade (necessidade), deixando essa verificação ao órgão jurisdicional de reenvio:

> "77. Quanto ao exame da necessidade das medidas de investigação, importa salientar que, na audiência, a Administração Fiscal referiu que a apreensão das mensagens de correio eletrónico tinha sido efetuada sem autorização judicial. A este respeito, importa observar que, na falta de uma autorização judicial prévia, a proteção dos indivíduos contra as infrações arbitrárias do poder público aos direitos garantidos pelo artigo 7º da Carta exige um enquadramento legal e uma limitação estrita dessa apreensão (v. TEDH, Camenzind c. Suíça, de 16 de dezembro de 1997, *Recueil des arrêts et décisions* 1997-VIII, § 45). Assim, esta apreensão só é compatível com o referido artigo 7º se a legislação e a prática internas oferecerem garantias adequadas e suficientes contra os abusos e a arbitrariedade [v., designadamente, TEDH, Funke c. França, de 25 de fevereiro de 1993, série A, nº 256-A, §§ 56 e 57; Miailhe c. França (nº 1), de 25 de fevereiro de 1993, série A, nº 256-C, §§ 37 e 38; e Société Colas Est e outros c. França, já referido, §§ 48 e 49].
>
> 78. No âmbito deste exame, cabe ao órgão jurisdicional de reenvio apreciar se a não existência de um mandato judicial prévio estava, em certa medida,

[839] TJUE: Caso C-419/14, WebMindLicenses..., cit., para. 68.

[840] TJUE: Caso C-419/14, WebMindLicenses..., cit., paras. 73 e 74.

contrabalançada pela possibilidade de a pessoa visada na apreensão solicitar *a posteriori* a fiscalização jurisdicional quer da legalidade quer da necessidade desta, devendo essa fiscalização ser eficaz nas circunstâncias particulares do processo em causa (v. TEDH, Smirnov c. Rússia, nº 71362/01, § 45, TEDH 2007-VII)"[841].

A propósito da recolha e utilização de provas pelo Fisco, o TJUE afasta ainda o direito à proteção de dados de carácter pessoal por parte das pessoas coletivas[842].

O Tribunal utilizou argumentos que consideramos insuficientes, na interpretação do artigo 7º da Carta, a qual tem que ser interpretada de acordo com o artigo 8º da CEDH.

Desde logo, remeteu para o artigo 52º da Carta, segundo o qual, as restrições aos direitos fundamentais só podem ocorrer com base na lei. Mas a reserva de lei não é suficiente para este caso. Também não são suficientes o princípio da proporcionalidade, previsto no mesmo nº 1, e o direito de defesa, para legitimar o acesso a provas ocultas por parte da administração, ao contrário do que é defendido pelo Tribunal de Justiça neste caso, nos parágrafos 80 e seguintes:

> "80. Em contrapartida, à luz do artigo 7º da Carta, há que considerar que a utilização pela Administração Fiscal de provas obtidas no âmbito de um processo penal não concluído, através de interceções de telecomunicações e de apreensões de mensagens de correio eletrónico, constitui, enquanto tal, uma restrição ao exercício do direito garantido por este artigo. Deve, portanto, apurar-se se esta utilização cumpre os requisitos enunciados no artigo 52º, nº 1, da Carta.
>
> 81. A este respeito, há que sublinhar que o requisito de que qualquer restrição ao exercício deste direito deve ser prevista por lei implica que a base legal que permite a utilização, pela Administração Fiscal, das provas mencionadas no número anterior deve ser suficientemente clara e precisa e que, ao definir ela mesma o alcance da restrição ao exercício do direito garantido pelo artigo 7º da Carta, oferece uma certa proteção contra eventuais violações arbitrárias desta Administração (v., designadamente, TEDH, Malone c.

[841] TJUE: Caso C-419/14, WebMindLicenses..., cit.

[842] TJUE: Caso C-419/14, WebMindLicenses..., cit., para. 79.

Reino Unido, de 2 de agosto de 1984, série A, nº 82, § 67, e Gillan e Quinton c. Reino Unido, de 12 de janeiro de 2010, nº 4158/05, § 77, TEDH 2010).

82. Ao examinar a necessidade dessa utilização no processo principal, há nomeadamente que apreciar, como salientou o advogado-geral no nº 133 das suas conclusões, se ela é proporcional ao objetivo prosseguido....

84. No entanto, o respeito dos direitos de defesa constitui um princípio geral do direito da União que é aplicável sempre que a Administração se proponha adotar, relativamente a uma pessoa, um ato lesivo dos seus interesses... (acórdão Sabou, C-276/12, EU:C:2013:678, nº 38 e jurisprudência referida).

85. No caso em apreço, resulta das observações escritas da WML e das discussões na audiência que a Administração Fiscal facultou a esta sociedade acesso às transcrições das conversações telefónicas e às mensagens de correio eletrónico utilizadas como elementos de prova para fundamentar a decisão de liquidação e que a WML teve a possibilidade de ser ouvida sobre esses elementos antes da adoção da referida decisão, o que incumbe, todavia, ao órgão jurisdicional de reenvio verificar.

86. Em terceiro lugar, quanto à questão do direito a um recurso judicial efetivo garantido pelo artigo 47º da Carta e às consequências a retirar de uma violação dos direitos garantidos pelo direito da União, importa recordar que, nos termos deste artigo, toda a pessoa cujos direitos e liberdades garantidos pelo direito da União tenham sido violados tem direito a uma ação perante um tribunal nos termos previstos nesse artigo"[843].

Na verdade, o artigo 52º, nº 1, da Carta exige o respeito do conteúdo essencial de direitos e liberdades em caso de restrições ao exercício dos direitos e liberdades. E ainda o respeito pelo princípio da proporcionalidade.

Mas pode também defender-se que o «conteúdo essencial dos direitos e liberdades», a que se refere o artigo 52º nº 1 da Carta, contém o princípio da reserva do juiz, quanto aos meios de prova ocultos, para os casos do direito à intimidade, vida privada e familiar e ao sigilo da correspondência.

O nº 3 remete para a CEDH, no caso em que a Carta contenha direitos correspondentes aos direitos garantidos pela Convenção: o sentido e o âmbito desses direitos são iguais aos conferidos por essa convenção, a não ser que a presente Carta ou o Direito da União Europeia garantam uma proteção mais extensa ou mais ampla.

[843] TJUE: Caso C-419/14, WebMindLicenses..., cit.

Como referimos, o TEDH não interpreta a CEDH de modo mais exigente do que o fez o TJUE no caso *Webmindlicences*, mas pode-se defender que o Direito da União Europeia, recebendo os princípios comuns de Estados-Membros, deveria entender a garantia do juiz como um princípio dos Estados de Direito.

Recorde-se o nº 2 do artigo 8º, na parte aplicável ao caso: «Não pode haver ingerência da autoridade pública no exercício deste direito senão quando esta ingerência estiver prevista na lei e constituir uma providência que, numa sociedade democrática, seja necessária para ...o bem-estar económico do país...».

Ele contém três condições: princípio da legalidade (reserva e precedência de lei), objetivo de bem-estar económico e proporcionalidade da restrição em prol do objetivo referido, no quadro de uma sociedade democrática.

Se a arrecadação de receitas é um objetivo de bem-estar económico, o acesso administrativo a provas ocultas, sem a garantia do juiz não respeita a proporcionalidade. O acesso a estas provas, não é equiparável, em termos de proporcionalidade, ao acesso às contas bancárias, pois o padrão internacional exclui este acesso de qualquer tipo de reserva por parte dos Estados-Membros da OCDE, da União Europeia e, mais do que isso, do Fórum Global. Subjacente a este padrão internacional está a ideia de que o acesso às contas bancárias não constitui uma questão de vida privada ou, nos termos do artigo 8º, nº 2, que é justificada pelo objetivo de garantir o bem-estar económico do país, desde que previsto na lei e nos termos nela previstos.

6. O direito à defesa

O Tribunal de Justiça da União Europeia pronunciou-se sobre um caso de troca de informações cabendo saber se o contribuinte tinha o direito de ser informado do pedido de assistência da República Checa dirigido a outro Estado-Membro, de participar na redação do pedido dirigido ao Estado-Membro a que o mesmo foi feito e de tomar parte numa inquirição de testemunhas organizada por este último Estado[844].

O Tribunal reafirmou que o respeito dos direitos de defesa constitui um princípio geral do direito da União aplicável sempre que a Adminis-

[844] TJUE: 22 de outubro de 2013, Caso C-276/12, Jiří Sabou v Finanční ředitelství pro hlavní město Prahu.

tração se proponha adotar, relativamente a uma pessoa, um ato lesivo dos seus interesses (v. acórdãos Scpropé, nº 36, e Sabou, para. 38).

Segundo o Tribunal, no parágrafo 36 do acórdão, a Diretiva não confere direitos específicos ao contribuinte (v. acórdão Twoh International, já referido, nº 31) e não prevê, em particular, nenhuma obrigação de as autoridades competentes dos Estados-Membros consultarem esse contribuinte. O Tribunal entendeu também que dos direitos de defesa não decorre o direito do contribuinte de participar na troca de informações entre as autoridades competentes.

Segundo o Tribunal, a decisão de uma autoridade competente de um Estado-Membro requerido de proceder a uma inquirição de testemunhas com o objetivo de responder a um pedido de troca de informações não conferem ao contribuinte o direito de acompanhar o processo e de se defender durante o seu curso:

Assim, o Direito da União não confere ao contribuinte o direito de ser informado do pedido de assistência por parte de um Estado, para, por exemplo, verificar os dados fornecidos por esse contribuinte no âmbito da sua declaração de impostos sobre o rendimento; nem o direito de participar na redação do pedido dirigido ao Estado-Membro a que foi feito o pedido; nem o direito de participar numa inquirição das testemunhas organizada por este último Estado.

Da perspetiva do Direito Europeu, a autoridade tributária do Estado-Membro requerido, quando transmite a informação recolhida, não é obrigada a mencionar as fontes de informação e as formas de obtenção dessa informação: a Diretiva 77/799 não trata do direito do contribuinte de contestar a exatidão da informação transmitida e não impõe nenhuma exigência particular quanto ao conteúdo da informação transmitida [845].

Tudo isto significa que o direito à defesa, embora seja um direito fundamental da União, tem de ser exercido segundo os regimes nacionais.

7. O regime português

No regime português, o processo sancionatório (infrações tributárias) é aplicável no caso de o contribuinte ser suspeito de ter cometido alguma infração fiscal.

Assim, em caso de crime fiscal, a proibição de violação de correspondência é a proibição de abertura de correspondência fechada, incluindo

[845] Caso C-276/12, Jiří Sabou..., cit. paras. 41-50.

as mensagens eletrónicas não lidas. Nos termos do artigo 179º, nº 1, do Código de Processo Penal, a apreensão de correspondência depende de autorização ou ordenação pelo juiz, mediante certos pressupostos: o crime em causa tem de ser punível com pena de prisão de limite máximo superior a três anos (a fraude fiscal simples não está abrangida, só a agravada); e o juiz é o primeiro a tomar conhecimento do conteúdo da correspondência (artigo 179º, nº 3, CPP). Por conseguinte, quanto a crimes puníveis com pena de prisão de limite máximo igual ou inferior a três anos, não é possível a violação de correspondência.

Quanto à apreensão de documentos, ainda em caso de crime, os pressupostos são menos restritivos: ela pode ser autorizada por despacho da autoridade judiciária (juiz ou Ministério Público), nos termos do artigo 178º, nºs 1 e 3 CPP, e também por órgãos de polícia criminal, desde que validada posteriormente (artigo 178º, nºs 4 e 5 do CPP).

Em caso de contraordenação, o artigo 42º, nº 1, do Regime Geral das Contraordenações (aprovado pelo Decreto-Lei nº 433/82, de 27 de outubro), proíbe a intromissão na correspondência, o que significa que nem com autorização do juiz ela pode ocorrer: «Não é permitida a prisão preventiva, a intromissão na correspondência ou nos meios de telecomunicação, nem a utilização de provas que impliquem a violação do segredo profissional».

Quanto à apreensão de objetos, em caso de contraordenação fiscal, diz-nos o artigo 48º-A do RGCO, que podem «ser provisoriamente apreendidos pelas autoridades competentes os objectos que serviram ou estavam destinados a servir para a prática de uma contraordenação ...e...outros susceptíveis de servir de prova» (nº 1).

8. Obrigações de cooperação e o direito ao silêncio

A troca de informações entre os Estados não dispensa o cumprimento dos deveres de cooperação do contribuinte. São procedimentos complementares.

Os deveres de cooperação colocam problemas de fronteira entre os princípios de Direito Fiscal e os princípios de Direito Penal, devido ao direito de não autoincriminação (*nemo tenetur se ipsum accusare*) e ao direito ao silêncio no Direito Penal[846].

[846] Ana Paula Dourado/Augusto Silva Dias, "Information duties, aggressive tax planning and the nemo tenetur se ipsum accusare in light of Article 6 (1) of the ECHR", eds. Kofler,

Os ordenamentos jurídicos exigem a prestação de informações por parte do contribuinte, bem como deveres de esclarecimento, indispensáveis para o apuramento da matéria tributável baseada no princípio do rendimento real.

Por exemplo, nos termos do artigo 59º, nº 4, da LGT, «[a] colaboração dos contribuintes com a administração tributária compreende o cumprimento das obrigações acessórias previstas na lei e a prestação dos esclarecimentos que esta lhes solicitar sobre a sua situação tributária, bem como sobre as relações económicas que mantenham com terceiros».

O artigo 31º, nº 2, da LGT inclui nas obrigações acessórias do sujeito passivo as que visam possibilitar o apuramento da obrigação de imposto, e a título exemplificativo refere a apresentação de declarações, a exibição de documentos fiscalmente relevantes, incluindo a contabilidade ou escrita, e a prestação de informações.

Também o artigo 32º da mesma LGT prevê um dever de boa prática tributária, exigindo que aos representantes de pessoas singulares e quaisquer pessoas que exerçam funções de administração em pessoas coletivas ou entes fiscalmente equiparados incumbe, nessa qualidade, o cumprimento dos deveres tributários das entidades por si representadas.

Todavia, a prestação de certas informações, para objetivos fiscais, pode conter elementos incriminadores, e cabe saber como proteger o sujeito passivo contra a autoincriminação.

Este assunto assume atualmente mais relevância, dado que alguns ordenamentos, de entre os quais o nosso, contêm regimes que obrigam os contribuintes e/ou os promotores de esquemas de planeamento fiscal agressivo, potencialmente abusivo, a revelarem esses mesmos esquemas ao fisco. Na ausência de prestação dessa informação, são aplicáveis coimas.

9. A ação 12 do BEPS

Também o BEPS, na sua ação 12[847], recomenda a comunicação de informações em caso de planeamento fiscal agressivo, por parte de promotores

G., Maduro, M., Pistone, P., Taxation and Human Rights in Europe and the World, IBFD, Amsterdam, 2011, pp. 147-150.

[847] OECD (2015), Mandatory Disclosure Rules, Action 12 – 2015 Final Report, OECD/G20 Base Erosion and Profit Shifting Project, OECD Publishing, Paris. http://dx.doi.org/10.1787/9789264241442-en.

de esquemas de planeamento e/ou dos seus utilizadores[848]. Estes regimes serão pois introduzidos em diversos Estados na sequência da ação 12.

Esta ação pretende que os Estados obtenham informação completa e relevante sobre estratégias de planeamento fiscal potencialmente agressivas ou abusivas.

Tal como acontece nos regimes nacionais existentes, o objetivo desta comunicação é permitir uma reação célere por parte dos Estados em diferentes níveis. É um sistema que responsabiliza os promotores e utilizadores na interpretação da lei fiscal. Por um lado, obriga-os a ponderar se devem mesmo utilizá-los, ou seja, a ponderar se não se trata de esquemas abusivos; e por outro lado, obriga-os a colaborar com o fisco, identificando eventuais lacunas intencionais e não intencionais que devem ser colmatadas.

Estes objetivos são identificados na ação 12: a comunicação de esquemas de planeamento fiscal agressivo permite uma reação legislativa para colmatar eventuais lacunas e disparidades; melhor avaliar o risco e o cumprimento; e influenciar o comportamento de promotores e de utilizadores de esquemas de planeamento fiscal agressivo.

A ação 12 contém três recomendações-chave: um modelo de redação dos regimes de comunicação dos esquemas de planeamento fiscal agressivo; o foco nos esquemas fiscais internacionais e a consideração de uma definição ampla de benefício fiscal para detetar transações relevantes.

O modelo de redação pretende melhorar a partilha de informações horizontal (entre promotores/utilizadores e administrações fiscais) e vertical (entre diferentes administrações fiscais). Ele pretende identificar as melhores práticas internacionais, mas ser ao mesmo tempo flexível.

O modelo assenta nos seguintes aspetos essenciais: confidencialidade, e pagamento de uma taxa exceto nos esquemas internacionais; definição de promotores e utilizadores; aspetos temporais quanto à comunicação dos esquemas; o objetivo de desincentivar a utilização dos esquemas pelos utilizadores; redução dos custos de cumprimentos e promoção da eficiência, através de um efetivo seguimento dos esquemas comunicados por parte da administração fiscal e de alterações legislativas consideradas necessárias ou recomendadas.

848 Para uma crítica à inserção deste tópico no projeto BEPS, Philip Baker, "The BEPS Project: Disclosure of Aggressive Tax Planning Schemes", *Intertax*, 2015, nº 1, pp. 85 e ss.

Se estes aspetos podem conduzir a uma coordenação na partilha de informações sobre esquemas de planeamento internacional, a qual se revela essencial, há aspetos que não estão tratados na ação 12.

Desde logo, não existe uma definição de esquemas fiscais agressivos, sendo apenas descritos critérios para a identificação de tais esquemas. Por outro lado, não há uma clarificação de que nem todos os esquemas fiscais agressivos constituem elisão fiscal.

Além disso, parece que os esquemas fiscais agressivos que devem ser comunicados também podem ser submetidos a uma cláusula geral antiabuso ou à regra do «teste do objetivo principal» (*principal purpose test*).

Ou seja, os esquemas comunicados, se postos em prática, podem ser submetidos a regras gerais antiabuso ou com uma função semelhante, e eventualmente desencadear alterações legislativas em caso de lacunas.

Vimos anteriormente que o tratamento do planeamento fiscal agressivo no contexto do BEPS está relacionado com um alerta para uma nova política fiscal e para uma ação internacional coordenada. O planeamento fiscal agressivo tem sido também descrito como o comportamento adotado por multinacionais explorando as oportunidades resultantes da globalização e da interação das diferentes regras fiscais nacionais para reduzir a carga fiscal. Definimos o planeamento fiscal agressivo como um conceito chapéu abrangendo o planeamento fiscal e o abuso fiscal.

Para efeitos da ação 12, o planeamento fiscal agressivo cobre não apenas o planeamento fiscal internacional mas também o nacional, sendo por isso questionável a existência desta ação 12 no contexto do plano de ação BEPS.

Embora desta ação 12 resulte uma margem de discricionariedade dada aos Estados para identificarem os planeamentos agressivos, há também aspetos críticos ligados ao direito à privacidade e à confidencialidade, tais como o direito ao aconselhamento jurídico e o privilégio profissional que não ficam salvaguardados.

Por outro lado, como a violação dos deveres de comunicação dos esquemas de planeamento fiscal agressivo fica sujeita a sanções, coloca-se novamente a questão das fronteiras entre os deveres fiscais de cooperação e a responsabilidade criminal.

Ou seja, em última análise, levanta-se a questão de saber se a ação 12 cabe no plano de ação BEPS e se se relaciona com os seus objetivos ou se está antes, relacionada, com objetivos internos de arrecadação de receitas, dado que as regras obrigatórias de comunicação são, no Direito comparado, essencialmente dirigidas a esquemas nacionais de planeamento (veja-se os regimes da África do Sul, dos EUA, do Canadá, da Irlanda, do Reino Unido e de Portugal[849]).

Admitindo que a ação 12 pretende uma comunicação interestadual de esquemas de planeamento fiscal agressivo, ela está então relacionada com o padrão internacional da troca de informações.

O conhecimento dos esquemas de planeamento fiscal agressivo e a troca de informações permitirão reduzir o tempo em que as autoridades tomam consciência das lacunas ou de problemas de interpretação. No quadro da ação 12, a OCDE pretende coordenar reações a tais esquemas de planeamento, ajudando a reduzir o tempo de reconhecimento de lacunas e dúvidas interpretativas e à subsequente reação.

Pode, finalmente e em sentido diferente do anterior, defender-se que a ação 12 está relacionada com a ação 6, respeitante às medidas antiabuso e com a ação 2, relativa aos híbridos. Na verdade, os exemplos que encontramos na ação 12 sobre comunicação obrigatória de esquemas dizem respeito a acordos de híbridos. Também se pode defender que no quadro da ação 15, o instrumento multilateral poderia incluir regras sobre comunicação obrigatória de esquemas de planeamento e reação.

Seja como for, o BEPS e as trocas de informação são dois movimentos complementares necessários ao correto apuramento do imposto, no contexto atual de governação fiscal.

10. O "nemo tenetur" e o direito ao silêncio

No caso *Van Weerelt*, do TEDH[850], discutiu-se se a Administração Tributária dos Países Baixos podia obrigar o sujeito passivo a prestar informações que não podiam ser obtidas de outras formas, para o objetivo de cobrar impostos e juros, de acordo com a lei fiscal aplicável. Esta informação não foi utilizada para efeitos de processo-crime nem para aplicação de sanções.

Uma fundação no Liechtenstein com o nome de C. tinha sido criada em 1986 para administrar uma conta bancária detida na Suíça. A fundação era controlada por um *trustee* no Liechtenstein. As «by-laws» da fundação C. redigidas em inglês, listavam como primeiro beneficiário de todos

[849] V. as referências a alguns destes em: OECD (2015), Mandatory Disclosure Rules, Action 12..., cit., Anexo E.

[850] 784/14, de 9 de julho de 2015.

os ativos e rendimentos, ...o reclamante, como segundo beneficiário e por morte do primeiro, a sua mulher, após a morte da viúva o irmão do reclamante, e após a morte deste, os seus descendentes.

Nos Países Baixos, as autoridades fiscais tinham diversos casos com um padrão idêntico: a propriedade dos ativos estava registada numa fundação do Liechtenstein. A existência e conteúdo das leis, a carta da autoridade e o beneficiário económico demonstravam que a propriedade em «termos reais» era de quem tinha constituído a fundação.

As autoridades fiscais pretendiam obter do sujeito passivo informação rigorosa sobre um interesse financeiro numa fundação ao abrigo da lei do Liechtenstein, para nela basear o ajustamento do imposto. Emitiram uma nota nesse sentido, e se o sujeito passivo não cumprisse, deveria pagar uma coima de um máximo de EUR 500,000,00.

O sujeito passivo respondeu dizendo que não se lembrava da situação e que não tinha documentos em seu poder.

A administração tributária emitiu uma nota de liquidação adicional, com base nas informações que tinha, recebidas das autoridades alemãs, acrescida de juros e coima. Os ajustamentos foram feitos com base em métodos indiretos (estimativas).

O sujeito passivo entendeu que a nota emitida pelo fisco com a ameaça de aplicação de coima em caso de não colaboração implicava uma violação do princípio do *nemo tenetur* do artigo 6º da CEDH.

O Supremo Tribunal nos Países Baixos considerou que se a informação só podia ser fornecida pelo sujeito passivo, devia ser fornecida, desde que só fosse utilizada para a cobrança de impostos, e não para impor coimas ou iniciar um processo-crime – seguindo a jurisprudência do TEDH, nomeadamente no caso *J. B. v Suíça*[851]. E ainda que, na ausência de legislação adequada, as autoridades tributárias nacionais tinham que garantir que os contribuintes pudessem exercer o seu direito à não auto-incriminação.

O TEDH reconheceu o *nemo tenetur* como um princípio internacional (chamou-lhe de padrão internacional), que está no «coração da noção de procedimento criminal justo», e relacionado com o princípio da inocência, apesar de ele não estar expressamente consagrado no artigo 6º da CEDH.

Todavia, ainda segundo o mesmo Tribunal, o direito ao silêncio não proíbe o uso de poderes coercivos quanto à exigência de prestação de informações pelos contribuintes sobre os seus assuntos financeiros.

[851] Caso nº 31827/96, TEDH 2001-III.

Essa obrigação existe nos vários ordenamentos tributários e é um requisito para o seu funcionamento. O facto de não existir legislação adequada para proteger o direito ao silêncio, não significa automaticamente que as informações prestadas pelo sujeito passivo vão ser usadas contra ele em processo crime.

CONSIDERAÇÕES FINAIS

A coordenação internacional através do projeto BEPS e a assistência multilateral na troca de informações são apresentados como dois instrumentos complementares da boa governação fiscal global. Eles assentam no pressuposto de que a ordem fiscal internacional depende dessa coordenação.

No quadro da livre circulação de capitais e de investimento direto, a troca de informações é uma condição para a efetiva aplicação das regras fiscais. Isto é verdade tanto para o apuramento do imposto nos Estados de residência como também nos Estados da fonte. A troca de informações garante as condições de concorrência fiscal entre os Estados.

Por seu turno, se o projeto BEPS atingisse uma coordenação multilateral e holística, o equilíbrio seria a favor dos Estados da fonte, caso as regras dos preços de transferência fossem aplicadas segundo o critério da criação de valor. Caso contrário, o projeto BEPS beneficiará os Estados da residência (exportadores líquidos de capital) se forem aplicadas as regras das sociedades estrangeiras controladas e também o nexo modificado nos regimes de tributação favorável das patentes. Todavia, no quadro da globalização, a posição de Estado exportador líquido ou de importador líquido de capitais varia muito rapidamente, pelo que é difícil prever se e quem são os ganhadores do projeto BEPS, a médio prazo, na perspetiva da justiça na repartição de competências estaduais.

No contexto do BEPS e do padrão internacional da troca de informações, as soluções encontradas pela União Europeia, através da harmonização fiscal, permitem uma resposta regional de coordenação mínima. Esta resposta regional da União Europeia, permitirá equilibrar os resultados ineficientes atingidos pela jurisprudência do Tribunal de Justiça da União

Europeia, no quadro das liberdades fundamentais. Todavia, o facto de a Diretiva antiabuso da União Europeia conter regras mínimas, e portanto, admitir uma pluralidade de regimes nacionais, aumentará a insegurança jurídica nos diferentes Estados-Membros, durante largos anos. Mais incertas ainda, são as consequências que a atual interpretação das regras de auxílios de Estado do TFUE, por parte da Comissão Europeia, relacionadas com o princípio da plena concorrência e os preços de transferência, trará à boa governação fiscal na União Europeia e a nível internacional.

Para já, temos movimentos a favor de um princípio de tributação singular, e no pormenor, alterações relevantes e não estabilizadas no Direito Fiscal Internacional. Mas não é possível falar em verdadeira coordenação mundial ou na substituição de um modelo internacional de concorrência fiscal por um modelo de coordenação.

BIBLIOGRAFIA

A

AAVV, *BRICS and the Emergence of International Tax Coordination*, eds. Yariv Brauner & Pasquale Pistone, IBFD, Amsterdam, 2015.

AAVV, *From Marks & Spencer to X Holding, The Future of Cross-Border Group Taxation*, eds. Dennis Weber & Bruno da Silva, Kluwer, The Netherlands, 2011.

AAVV, *Introduction to European Tax Law on Direct Taxation*, Michael Lang et al. (Hrsg.), Wien, Linde Lehrbuch, 2016.

AAVV, *Klaus Vogel on Double Taxation Conventions*, eds. Ekkehart Reimer & Alexander Rust, Kluwer Law International, The Netherlands, 2015.

AAVV, *Prohibition of Abuse of Law. A New General Principle of EU Law?*, eds. Rita de la Feria & Stefan Vogenhauer, Hart Publishing, Oxford and Portland, Oregon, 2011.

AAVV, *Tipke/Lang Steuerrecht*, Roman Seer (Hrsg.) / Johanna Hey (Hrsg.) / Heinrich Montag (Hrsg.) / Joachim Englisch (Hrsg.) / Joachim Hennrichs (Hrsg.), 22. Auflage Verlag Dr. Otto Schmidt, Köln, 2015.

AAVV, *The EC Interest Savings Directive, EATLP Annual Congress Budapest*, 1-3 June 2006, ed. Frans Vanistendael, IBFD, Amsterdam, 2015.

AAVV, *União Europeia, Reforma ou Declínio*, coordenação e introdução de Eduardo Paz Ferreira, Veja, Lisboa, 2016.

Afonso, Margarida, "Fiscal Aid Review and Tax Competition", *State Aid and Tax Law*, eds. Alexander Rust & Claire Micheau, Kluwer, 2012.

Andrade, Manuel da Costa, "Métodos Ocultos de Investigação (Plaedoyer para uma Teoria Geral)", *Que Futuro para o Direito Processual Penal? Simpósio em Homenagem a Jorge de Figueiredo Dias por ocasião dos 20 Anos do Código de Processo Penal Português*, coordenação de Mário Ferreira Monte et al., Coimbra editora, Coimbra, 2009.

Attard, Robert, "Revoking the Irrevocable: The Need to Give Taxpayers an Effective Protection of Rights Granted by the EC Treaty Even in the Case of Final Non-Appealable Acts", *Legal Remedies in European Tax Law*, ed. Pasquale Pistone, 2009, IBFD, Amsterdam.

Aujean, Michel, "Plea for a New Tax Package", *EC Tax Review*, 2015, nº 2.

Ault, Hugh, Wolfgang Schön & Steve Shay, "Base Erosion and Profit Shifting: A Roadmap for Reform", *Bulletin for International Taxation*, 2014, nºs 6-7.

Avi-Yonah, Reuven S., "The Structure of International Taxation: A Proposal for

Simplification", *Texas Law Review*, 1996, nº 74.
— "International Taxation of Electronic Commerce", *Tax Law Review*, 1997, nº 52.
— "Tax Competition, Tax Arbitrage, and the International Tax Regime", *Law & Economics Working Papers Archive* (2003-2009), University of Michigan Law School, 2007.
— "Who Invented the Single Tax Principle? An Essay on the History of US Treaty Policy", *Michigan Law*, Paper n. 318, March 2013; *New York Law School Review*, 2014-2015, nº 59.
— "A Perspective of Supra-Nationality in Tax Law", *BRICS and the Emergence of International Tax Coordination*, eds. Yariv Brauner & Pasquale Pistone, IBFD, Amsterdam, 2015.
— "Back to 1913? The Ryan Blueprint and its Problems", IBFD, no prelo.

B

BAKER, Philip, "Some Comments in European Tax Law and Human Rights", *Legal Remedies in European Tax Law*, ed. Pasquale Pistone, 2009, IBFD, Amsterdam.
— "The BEPS Project: Disclosure of Aggressive Tax Planning Schemes", *Intertax*, 2015, nº 1.
— "Editorial – What Will Brexit Mean for the UK Tax System – the View from August 2016", *British Tax Review*, 2016, nº 4.

BARRETO, Paulo Ayres & Caio Augusto TAKANO, "The Prevention of Tax Treaty Abuse in the BEPS Action 6: A Brazilian Perspective", *Intertax*, 2015, nº 12.

BERGMANN, Sebastian, "Austria", *Tax Avoidance Revisited: Exploring the Boundaries of Anti Avoidance Rules in the EU BEPS Context* , EATLP Annual Congress Munich, 2-4 June 2016, ed. Ana Paula Dourado, IBFD, 2017.

BINDER, Anna & Erik Pinetz, "Ensuring the Effectiveness of Fiscal Supervision in Third Country Situations", 2014, nº 6.

BLESSING, Peter H., "Preventing the Artificial Avoidance of PE Status", *Base Erosion and Profit Shifting (BEPS) Impact for European and International Tax Policy*, ed. Robert Danon, Schulthess Verlag, Zürich, 2016.

BLÉTIÈRE, Emmanuel Raingeard de la, "France", *Tax Avoidance Revisited: Exploring the Boundaries of Anti Avoidance Rules in the EU BEPS Context* , EATLP Annual Congress Munich, 2-4 June 2016, ed. Ana Paula Dourado, IBFD, 2017.

BRAUNER, Yariv, "An International Tax Regime in Crystallization", *Tax Law Review*, 2003, nº 56.
— "Formulary Taxation and Transfer Pricing: The Good, the Bad and the Misguided", *Movement of Persons and Tax Mobility in the EU: Changing Winds*, ed. Ana Paula Dourado, IBFD, Amsterdam, 2013.
— "Formula Based Transfer Pricing", *Intertax*, 2014, nº 10.
— "BEPS: An Interim Evaluation", *World Tax Journal*, 2014, nº 1.
— "Transfer Pricing in BEPS: First Round – Business Interests Win (But, Not in Knock-Out), *Intertax*, 2015, nº 1.
— "The Bad, the Worse and the Ugly: BEPS Action Items 2 and 3", *Base Erosion and Profit Shifting (BEPS), Impact for European and International Tax Policy*, ed. Robert Danon, Schulthess Verlag, Zürich, 2016.
— "Brexit: A Note from the United States", *Intertax* 2016, nº 12.
— "USA", *Tax Avoidance Revisited: Exploring the Boundaries of Anti Avoidance Rules in the EU BEPS Context* , EATLP Annual Congress Munich, 2-4 June 2016, ed. Ana Paula Dourado, IBFD, 2017.

BRAUNER, Yariv, Ana Paula Dourado & Edoardo Traversa, "Ten Years of Marks & Spencer", *Intertax*, 2015, nº 4.

BRAUNER, Yariv & Pasquale Pistone, "Introduction", *BRICS and the Emergence of International Tax Coordination*, eds. Yariv Brauner & Pasquale Pistone, IBFD, Amsterdam, 2015.

— "The BRICS and the Future of International Taxation", *BRICS and the Emergence of International Tax Coordination*, eds. Yariv Brauner & Pasquale Pistone, IBFD, Amsterdam, 2015.

BRENNAN, Geoffrey & James M. Buchanan, "Towards a Tax Constitution for Leviathan", *Journal of Public Economics*, 1977, nº 8.

— "Tax Instruments as Constraints on the Disposition of Public Revenues", *Journal of Public Economics*, 1978, nº 9.

— *The Power to Tax. Analytical Foundations of a Fiscal Constitution*, Cambridge: Cambridge University Press, 1980.

BROCKE, Klaus von & Stefan Mueller, "Exit Taxes: The Commission versus Denmark Case Analysed against the Background of the Fundamental Conflict in the EU: Territorial Taxes and an Internal Market without Barries", *EC Tax Review*, 2013, nº 6.

BROKELIND, Cécile, "Legal Issues in Respect of the Changes to the Parent-subsidiary Directive as a Follow-up of the BEPS Project", *Intertax*, 2015, nº 12.

BROWN, Fred B., "An Equity-Based, Multilateral Approach for Sourcing Income Among Nations", *Florida Tax Review*, 2011, nº 7.

BÜHLER, Ottmar, *Prinzipien des Internationalen Steuerrechts, Ein systematischer Versuch*, Internationales Steuerdokumentationsbüro, Amsterdam, 1964.

BURNETT, C., "Intra-Group Debt at the Crossroads: Stand-Alone versus Worldwide Approach", *World Tax Journal*, 2014, nº 1.

C

CAMPOS, Diogo Leite de, "A Erosão das Bases Tributárias", *Conferência Crise, Justiça Social e Finanças Públicas*, organização de Eduardo Paz Ferreira, João Amaral Tomaz, José Gomes Santos, Nazaré Costa Cabral, Colóquios IDEFF, nº 1, IDEFF, Almedina, Coimbra, 2010.

CEJIE, Katia, "Emigration Taxes – Several Questions, Few Answers: From Lasteryie to National Grid Indus and Beyond", *Intertax*, 2012, nºs 6-7.

CELEBI, Huelya, "The CCCTB as a Proposed Solution to the Corporate Income Taxation Dilemma within the EU", *EC Tax Review*, 2013, nº 6.

CENCERRADO MILÁN, Emilio e Maria Teresa Soler Roch, "Limit Base Erosion via Interest Deduction and Others", *Intertax*, 2015, nº 1.

CENTORE, Paolo & Maria Teresa Sutich, "Taxation and Digital Economy: Europe is Ready", *Intertax*, 2014, nº 12.

CERIONI, Luca, "The Never-Ending Issue of Cross-Border Loss Compensation within the EU: Reconciling Balanced Allocation of Taxing Rights and Cross-Border Ability-to-Pay", *EC Tax Review*, 2015, nº 5.

— "The Quest for a New Corporate Taxation Model and for an Effective Fight against International Tax Avoidance within the EU", *Intertax*, 2016, nºs 6-7.

CORDEWENER, Axel, 'Cross-Border Relief and the "Effet Utile" of EU Law: Are We Losing it?', *EC Tax Review*, 2011, nº 2.

COURINHA, Gustavo Lopes, *A Residência no Direito Internacional Fiscal, Do Abuso Subjectivo de Convenções*, Almedina, Coimbra, 2015.

CUNHA, Paulo Pitta e, "Integração ou Desintegração na Europa? A propósito da Crise do Euro", *25 Anos na União Europeia, Reflexões*, coordenação de Eduardo Paz Ferreira, Almedina, Coimbra, 2011.

— "Os Limites da Austeridade e a Saída da Crise", *Troika Ano* II, *Uma Avaliação de 66 Cidadãos*, coordenação de Eduardo Paz Ferreira, Edições 70, Lisboa, 2013.

D

DAGAN, Tsilly, "The Tax Treaties Myth", *NYU Journal International Law & Politics*, 2000, nº 939.

— "BRICS: Theoretical Framework and the Potential of Cooperation", *BRICS and the Emergence of International Tax*, eds. Yariv Brauner & Pasquale Pistone, IBFD, Amsterdam, 2015.

— *International Tax Policy: Between Competition and Cooperation*, Cambridge University Press, Cambridge, 2018.

DAHLBERG, Matthias & Bertil Wiman, "General Report", *Cahiers de Droit Fiscal International*, IFA, 2013, Copenhagen Congress, vol. 98a.

DANON, Robert, "Introducing EU Compliant Patent Box Regimes in Swiss Tax Law – a Note on the Swiss Finance Department Interim Report of 17 May 2013", *Litigating EU Tax Law in International, National and Non-EU National Courts*", eds. Daniel Sarmiento e Domingo Jímenez-Valladolid de L'Hotellerie Fallois, IBFD, The Netherlands, 2014.

DAURER, Veronika, "Tax Treaties and Developing Countries", *Intertax*, 2014, nº 11.

— *Tax Treaties and Developing Countries*, Kluwer Law International, The Netherlands, 2014.

DE BOER, Reinout & Otto Marres, "BEPS Action 2: Neutralizing the Effects on Hybrid Mismatch Arrangements", *Intertax*, 2015, nº 1.

DE BROE, Luc, "The ECJ's Judgment in Argenta: Narrow Interpretation of the 'Preservation of the Balanced Allocation of Taxing Rights between Member States'. A Headache for Designers of Tax Incentives in the Union", *EC Tax Review*, 2013, nº 5.

— "BEPS Action 6, Tax Treaty Abuse", *Intertax*, 2015, nº 2.

— "The State Aid Review against Aggressive Tax Planning: 'Always Look a Gift Horse in the Mouth", *EC Tax Review*, 2015, nº 6.

— "Tax Treaty and the EU Law Aspects of the LOB and PPT Provision Proposed by BEPS Action 6", *Base Erosion and Profit Shifting (BEPS), Impact for European and International Tax Policy*, ed. Robert Danon, Schulthess Verlag, Zürich, 2016.

DE GRAAF, Arnaud, Paul de Haan & Floris de Wilde, "Fundamental Change in Countries' Corporate Tax Framework Needed to Properly Address BEPS", *Intertax*, 2014, nº 5.

DE GROOT, I. M., "Member States Must Apply Most Favoured Nation Treatment", *Intertax*, 2014, nºs 6-7.

DE GROOT, Isabella, "Exemption Method in the EU Parent-Subsidiary Directive Amended in Respect of Hybrid Instruments: What about the Credit Method?", *EC Tax Review*, 2015, nº 3.

DE WILDE, Maarten, "On X Holding and the ECJ's Ambiguous Approach towards the Proportionality Test", *EC Tax Review*, 2010, nº 4.

— "'Sharing the Pie': Taxing Multinationals in a Global Market'", *Intertax*, 2015, nºs 6-7.

— "Tax Jurisdiction in a Digitalizing Economy; Why 'Online Profits' Are so hard to Pin Down", *Intertax*, 2015, nº 12.

DE WILDE, Maarten & Ciska Wisman, "The Netherlands" , *Tax Avoidance Revisited: Exploring the Boundaries of Anti Avoidance Rules in the EU BEPS Context* , EATLP Annual Congress Munich, 2-4

June 2016, ed. Ana Paula Dourado, IBFD, 2017.

Desai, M.A. & J. R. Jr. Hines, "Evaluating International Tax Reform", *National Tax Journal*, 2003.

Devereux, Michael & Rita de la Feria, "Designing and Implementing a Destination Based Corporation Tax, *WP* 14/07, May 2014.

Diepvens, Niels & Filip Debelva, "The Evolution of Exchange of Information in Direct Tax Matters: The Taxpayers' Rights under Pressure", *EC Tax Review*, 2015, nº 4.

Ditz, Xaver & Hagen Luckhaupt, "Germany Adopts New Regulations Governing Allocation of Income to Permanent Establishments", *Intertax*, 2015, nºs 8-9.

Dourado, Ana Paula, "Harmonização da tributação de Lucros e Dividendos na CEE", *Separata da Revista da Faculdade de Direito*, Lisboa, 1992

— *A Tributação dos Rendimentos de Capitais: A Harmonização na Comunidade Europeia*, Cadernos de Ciência e Técnica Fiscal, nº 75, Centro de Estudos Fiscais, Lisboa, 1996.

— "The EC Draft Directive on Interest from Savings from a Perspective of International Law", *EC Tax Review*, 2000, nº 3.

— "A Proposta de Directiva de Tributação da Poupança numa Perspectiva de Direito Tributário Internacional", *Colóquio: "Os Efeitos da Globalização na Tributação do Rendimento e da Despesa"*, Cadernos de Ciência e Técnica Fiscal, 12 e 13 de julho, 2000.

— "Is it Acte Clair? General Report on the Role Played by CILFIT in Direct Taxation", *The Acte Clair in Direct Tax Law*, eds. Ana Paula Dourado & Ricardo da Palma Borges, IBFD, 2008.

— "General Report – In Search of Validity in Tax Law: the boundaries between Creation and Application in a rule-of-Law State", *Separation of Powers on Tax Law*, 2009 EATLP Congress, Santiago de Compostela, ed. Ana Paula Dourado, *EATLP International Tax Series*, 2010.

— *Lições de Direito Fiscal Europeu, Tributação Directa*, Wolters Kluwer Portugal, Coimbra Editora, Coimbra, 2010.

— "Portugal: Pending Cases", *ECJ – Recent Developments in Direct Taxation 2009*, Michael Lang et al (eds.), Linde Verlag, Wien, 2010.

— "The Relationship between Primary and Secondary EU Law in Tax Law: The Legitimacy of Different Interpretation Criteria Applied to EU and National Legal Sources", *Traditional and Alternative Routes to EU Integration*, ed. Dennis Weber, IBFD, Amsterdam, 2010.

— "Portugal: ECJ Pending Cases", *ECJ Pending* Cases 2011, Vienna, Linde/Kluwer, 2011.

— "A Single Principle of Abuse in European Union Law: a Methodological Approach to Rejecting a Different Concept of Abuse in Personal Taxation", *Prohibiton of Abuse of Law, A New General Principle of EU Law?*, eds. Rita de la Feria & Stefan Vogenauer, Hart, Oxford and Portland, Oregon, 2011.

— "Exchange of Information and Validity of Global Standards in Tax Law: Abstractionism and Expressionism or Where the Truth Lies", *EUI Working Paper*, RSCAS 2013/11; Disponível em: http://cadmus.eui.eu/handle/1814/2/browse?value=DOURADO%2C+Ana+Paula&type=author.

— "Aggressive Tax Planning in EU Law and in the light of BEPS – The EC Recommendation on Aggressive Tax Planning and BEPS Actions 2 and 6", Intertax, 2015, nº 1.

— "The Base Erosion and Profit Shifting Initiative under Analysis", *Intertax*, 2015, nº 1.
— "International Standards, Base Erosion and Developing Countries", *Tax Design Issues Worldwide*, eds. Victor Thuronyi & Geerten Michielse, Kluwer Law International, Amsterdam, 2015.
— "The Role of CFC Rules in the BEPS Initiative and in the EU", *British Tax Review*, 2015, nº 3.
— "Article 26, Exchange of Information", *Klaus Vogel on Double Taxation Conventions*, eds. Ekkehart Reimer & Alexander Rust, Kluwer Law International, The Netherlands, 2015, 4th ed., vol. 2 (Divergent Country Practice em co-autoria com Johannes Becker).
— *Direito Fiscal, Lições*, Almedina, Coimbra, 2016 (reimpressão da 1ª ed. de 2015).
— "May You Live in Interesting Times", *Intertax*, 2016, nº 1.
— "The EU Anti Tax Avoidance Package: Moving Ahead of BEPS?", *Intertax*, 2016, nºs 6-7.
— "Free Movement of Capital, the European Union Anti-Tax Avoidance Package and Brexit", *Intertax*, 2016, nº 12.
— "The Meaning of Aggressive Tax Planning and Avoidance in the European Union and the OECD: An Example of Legal Pluralism in International Law", *International Tax Law: New Challenges to and from Constitutional and Legal Pluralism*, ed. Joachim Englisch, IBFD, Amsterdam, 2016.
— "Portugal: Recent and Pending Cases", eds. Michael Lang et al., Linde Verlag, Wien, 2016.
— "Free Movement of Capital and Third Countries: Recent Developments", *Intertax*, 2017, nº 3.
— "General Report", *Tax Avoidance Revisited: Exploring the Boundaries of Anti Avoidance Rules in the EU BEPS Context*, EATLP Annual Congress Munich, 2-4 June 2016, ed. Ana Paula Dourado, IBFD, 2017.
— "The Interest Limitation Rule in the ATAD and the Net Taxation Principle", *EC Tax Review*, 2017, nº 3.
— "The EU Black List of Third-Country Jurisdictions", 2018, Intertax, 46, nº3, pp. 178–180.
— "Fake Tax Transparency? Leaks and Taxpayer Rights", Intertax, 46, nº2, 2018, pp. 100–103 (republicado em Global Tax Weekly, April 5, 2018).
— "The US Base Erosion and Anti-Abuse Tax, and the EU Responses", 2018, Intertax, 46, nº4, pp. 266-267.

Dourado, Ana Paula & Augusto Silva Dias, "Information Duties, Aggressive Tax Planning and the Nemo Tenetur se Ipsum Accusare in light of Article 6 (1) of the ECHR", *Taxation and Human Rights in Europe and the World*, IBFD, Amsterdam, 2011.

Dourado, Ana Paula & Pasquale Pistone, "Looking Beyond Cartesio: Reconciliatory Interpretation as a Tool to Remove Tax Obstacles on the Exercise of the Primary Right of Establishment by Companies and Other Legal Entities", *Intertax*, 2009, nºs 6-7.

Dourado, Ana Paula & Ricardo Reigada Pereira, «Portuguese Recent and Pending Cases», *ECJ, Recent Developments in Direct Taxation 2007*, eds. Michael Lang, Josef Schuch & Claus Staringer, Linde Verlag, Wien, 2007.
— "Portugal", *The EC Interest Savings Directive, EATLP Annual Congress Budapest*, 1-3 June 2006, 2015, IBFD, Amsterdam.

Dourado, Ana Paula & Rita de la Feria, "Thin Capitalization and Outbound Investment: Thin Capitalization Rules in the Context of the CCCTB", *Common Consolidated Corporate Tax Base*, eds. Michael

Lang, Pasquale Pistone, Josef Schuch, Claus Staringer, Linde Verlag, Wien, 2008.

E

Eccleston, R., "Revolution or Evolution: Sovereignty, The Financial Crisis and the Governance of International Taxation", *Journal of Applied Law and Policy (JALAP)*, 2011.

Eden, Sandra, "UK", *Tax Avoidance Revisited: Exploring the Boundaries of Anti Avoidance Rules in the EU BEPS Context*, EATLP Annual Congress Munich, 2-4 June 2016, ed. Ana Paula Dourado, IBFD, 2017.

Editorial Board, "Commission Asks the Netherlands to Amend the Limitation on Benefits Clause in the Dutch-Japanese Tax Treaty for the Avoidance of Double Taxation (Comments by the Editorial Board)", *Highlights & Insights*, 2015, nº 12.

Eisenbeiss, Justus, "BEPS Action 7: Evaluation of the Agency Permanent Establishment", *Intertax*, 2016, nºs 6-7.

Engelen, Frank & Anna Gunn, "State Aid: Towards a Theoretical Assessment Framework", *State Aid and Tax Law*, eds. Alexander Rust & Claire Micheau, Kluwer, 2012.

Englisch, Joachim (Seer, Hey, Montag, Englisch, Hennrichs), *Tipke/Lang Steuerrecht*, 21. Auflage, Dr. Otto Schmidt, Köln, 2013.

Ergec, Rusan, "Taxation and Property Rights under the European Convention on Human Rights", *Intertax*, 2011, nº 1.

Escribano, Eva, "An Opportunistic, and yet Appropriate, Revision of the Source Threshold for the Twenty-First Century Tax Treaties", *Intertax*, 2015, nº 1.

F

Falcão, Tatiana & Bob Michel, "Assessing the Tax Challenges of the Digital Economy: An Eye-Opening Case Study", *Intertax*, 2014, nº 5.

La Feria, Rita de la & Clemens Fuest, "Closer to an Internal Market? The Economic Effects of EU Tax Jurisprudence", Oxford University Centre for Business Taxation, *CBT Working Papers* 11/12 WP, 2011.

Ferreira, Eduardo Paz, "Os Impostos São um Dever de Cidadania", *Encostados à Parede, Crónicas de Novos Anos de Chumbo*, Quetzal editores e Eduardo Paz Ferreira, Lisboa, 2015.

— "Um Projecto Nacional: a Avaliação da Troika", *Troika Ano II, Uma Avaliação de 66 Cidadãos*, coordenação de Eduardo Paz Ferreira, Edições 70, Lisboa, 2013.

Ferreira, Rogério M. Fernandes, "A Erosão das Bases Tributárias", *Conferência Crise, Justiça Social e Finanças Públicas* (org. Eduardo Paz Ferreira, João Amaral Tomaz, José Gomes Santos, Nazaré Costa Cabral), Colóquios IDEFF, nº 1, IDEFF, Almedina, Coimbra, 2010.

Fleming Jr., J. Clifton, Robert Peroni & Stephen E. Shay, "Worse than Exemption", *Emory Law Journal*, 2009, nº 1, pp. 89-93; Disponível em SSRN: https://ssrn.com/abstract=1536731.

— "Two Cheers for the Foreign Tax Credit, Even in the BEPS Era", reprinted from *Tulane Law Review*, 2016, nº 1.

Franz, Tobias, "The General Anti-Abuse Rule Proposed by the European Commission", *Intertax*, 2015, nº 11.

G

Gargouri, Slim, "Transfer Pricing in Africa", *Intertax*, 2015, nº 4.

Genschel, Philipp & Susanne Uhl, "Der Steuerstaat und die Globalisierung", *Transformationen des Staates*, Hrs. Stephan Leibfried/Michael Zürn, Zweite

Moderne, Suhrkamp, Frankfurt-am--Main, 2006.

GLAHE, Moritz, "Transfer Pricing and EU Fundamental Freedoms", *EC Tax Review*, 2013, nº 5.

GRAETZ, Michael, "Taxing International Income – Inadequate Principles, Outdated Concepts, and Unsatisfactory Policy", *Tax Law Review*, 2001, nº 54; Disponível em: http://digitalcommons.law.yale.edu/fss_papers/1618.

GRAETZ, Michael J. & Michael M. O'Hear, The "Original Intent" of U.S. International Taxation, *Duke Law Journal*, 1997, nº 46.

GUNN, Anna & Joris Luts, "Tax Rulings APAs and State Aid: Legal Issue", *EC Tax Review*, 2015, nº 2.

GUTMANN, Daniel, "The European Convention on Human Rights, a Tool to Ensure Efficiency of EC Law", *Legal Remedies in European Tax Law*, ed. Pasquale Pistone, 2009, IBFD, Amsterdam.

H

HABERMAS, Jürgen, *Ach, Europa, Kleine politische Schriften XI*, Suhrkamp Verlag, Frankfurt-am-Main, 2008.

— "Demokratie oder Kapitalismus? Vom Elend der nationalstaatlichen Fragmentierung in einer kapitalistisch integrierten Weltgesellschaft", *Demokratie oder Kapitalismus? Europa in der Krise*, Blätter, Berlin, 2013.

HASLEHNER, Werner, "Article 11, Interest", *Klaus Vogel on Double Taxation Conventions*, eds. Ekkehart Reimer & Alexander Rust, Kluwer Law International, The Netherlands, 2015, 4th ed., vol. 1.

— "Luxembourg", *Tax Avoidance Revisited: Exploring the Boundaries of Anti-Avoidance Rules in the EU BEPS Context*, EATLP Annual Congress Munich, 2-4 June 2016, ed. Ana Paula Dourado, IBFD, Amsterdam, 2017.

HELLERSTEIN, Walter, "Formulary Apportionment in the EU and the US: A Comparative Perspective on the Sharing Mechanism of the Proposed CCCTB", *Movement of Persons and tax Mobility in the EU: Changing Winds*, ed. Ana Paula Dourado, IBFD, Amsterdam, 2013.

HEMELS, S.J.C., "The Use of the Mutual Assistance in Tax Affairs by the Member States and the ECJ", *Mutual Assistance and Information Exchange*, 2009 EATLP Congress, Santiago de Compostela, eds. Roman Seer & Isabel Gabert, *EATLP International Tax Series*, IBFD, Amsterdam, 2010.

I

IMMONEN, Raimo & Juha Lindgren, "Finland", *Tax Avoidance Revisited: Exploring the Boundaries of Anti- Avoidance Rules in the EU BEPS Context*, EATLP Annual Congress Munich, 2-4 June 2016, ed. Ana Paula Dourado, IBFD, Amsterdam, 2017.

ISMER, Roland & Sophia Piotrowski, "The Selectivity of Tax Measures: A Tale of Two Inconsistencies", *Intertax*, 2015, nº 10.

J

JOHANNESEN, Niels, "Taxing Hidden Wealth – Lessons for Policy Making", *EUI Working Paper*, RSCAS, 2012/25.

K

KANT, Immanuel, *A Paz Perpétua, Um Projecto Filosófico* (1795), trad. de Artur Morão, Lusosofia, Covilhã, 2008.

KEMMEREN, Eric, "Recovery of Income Taxes: ECJ Tends to Allow Member States more Leeway", *EC Tax Review*, 2013, nº 1.

— "Where is EU Law in the OECD BEPS Discussion?", *EC Tax Review*, 2014, nº 4.

— "Sopora: A Welcome Landmark Decision on Horizontal Comparison", *EC Tax Review*, 2015, nº 4.

KIRCHHOF, Paul, "The European Union of States", *Sovereignty in Transition*, ed. Neil Walker, Hart publishing, Oxford and Portland, Oregon, 2003.

KOK, Reinout, "Exit Taxes for Companies in the European Uion After National Grid Indus", *EC Tax Review*, 2012, nº 4.

KORVING, Jasper, "Miljoen, X and Société Générale: The Final Curtain of the Dividend Withholding Tax Saga?", *EC Tax Review*, 2015, nº 5.

KUZNIACKI, Blazej, "The Need to Avoid Double Economic Taxation Triggered by CFC Rules under Tax Treaties, and the Way to Achieve it", *Intertax*, 2015, nº 12.

— "Strengthening CFC Rules in a Comparable Way with EU Law under BEPS Action 3 in Light of the European Commission's Proposal – A Critical Evaluation", *Base Erosion Profit Shifting (BEPS), Impact for European and International Tax Policy*, ed. Robert Danon, Schulthess Verlag, Zürich, 2016.

L

LANG, Michael, "The Marks & Spencer Case – The Open Issues Following the ECJ's Final Word", *European Taxation*, 2006, nº 2.

LEITE, Inês Ferreira, "O Novo Regime das Escutas Telefónicas. Uma Visão Panorâmica da Reforma de 2007", *Direito da Investigação Criminal e da Prova*, coordenação de Maria Fernanda Palma et al.), Almedina, Coimbra, 2014.

LÓPEZ, Jorge Martín & Elizabeth Gil García, "Spain", *Tax Avoidance Revisited: Exploring the Boundaries of Anti-Avoidance Rules in the EU BEPS Context*, EATLP Annual Congress Munich, 2-4 June 2016, ed. Ana Paula Dourado, IBFD, Amsterdam, 2017.

LUJA, Raymond H.C., "(Re)shaping Fiscal State Aid: Selected Recent Cases and Their Impact", *Intertax*, 2012, nº 2.

— "The Selectivity Test: The Concept of Sectorial Aid", *State Aid and Tax Law*, eds. Alexander Rust & Claire Micheau, Kluwer, 2012.

— "EU State Aid Control: Balancing Tax Benefits and Fair Competition in the Pursuit of an Internal Market", *Comparative Fiscal Federalism*, eds. Reuven Avi-Yonah and Michael Lang, The Netherlands, Kluwer Law International, 2016, 2nd ed.

— "Just a Notion of Aid: How (Not) to Create A Fiscal State Aid Doctrine", *Intertax*, 2016, nº 11.

LYAL, Richard, "Taxation of Unrealized Profits on the Occasion of a Transfer of Company Seat or Assets, *Movement of Persons and tax Mobility in the EU: Changing Winds*, ed. Ana Paula Dourado, IBFD, Amsterdam, 2013.

— "Transfer Pricing Rules and State Aid", *Fordham International Law Journal* 2015, nº 4.

M

MADURO, Miguel Poiares, "Contrapunctual Law: Europe's Constitutional Pluralism in Action", *Sovereignty in Transition*, ed. Neil Walker, Hart Publishing, Oxford, 2003.

— "Preface", *The Acte Clair in EC Direct Tax Law*, ed. Ana Paula Dourado & Ricardo da Palma Borges, IBFD, Amsterdam, 2008, pp. 1-4.

MALHERBE, Jacques, "The Issues of Dispute Resolution and Introduction of a Multilateral Treaty", *Intertax*, 2015, nº 1.

MALHERBE, Philippe & Marjolein Beynsberger, "The Year of Implementation of the Standards?", *Exchange of Information and Bank Secrecy*, eds. Alexander Rust & Eric Fort, Kluwer Law International, The Netherlands, 2012.

MARKHAM, Michelle, "A Rose by Any Other Name...? The OECD's Proposed Revised Definition of Intangibles", *Intertax*, 2015.

MARRES, Otto, "Exit Taxes on Companies", *Movement of Persons and tax Mobility in the EU: Changing Winds*, ed. Ana Paula Dourado, IBFD, Amsterdam, 2013.

MARTÍNEZ LAGUNA, Félix Daniel, "Institutional Hybrid Financial Instruments and Double Non-taxation under Domestic Rules and Tax Treaty Law: The Example of Spain", *Intertax*, 2016, nºs 6-7.

MARTINS, Ana Maria Guerra, *Manual de Direito da União Europeia*, Almedina, Coimbra, 2007, 2ª ed. atualizada e aumentada.

— *A Igualdade e a Não Discriminação dos Nacionais de Estados Terceiros Residentes na União Europeia, Da Origem da Integração Económica ao Fundamento da Dignidade do Ser Humano*, Almedina, Coimbra, 2010.

MATA-MOUROS, Maria de Fátima, *Juiz das Liberdades – Desconstrução de um Mito do Processo Penal*, Almedina, Coimbra, 2011.

MELLIS, Giuseppe & Federica Pitrone, "Coordinating Tax Strategies at the EU Level as a Solution to the Economic and Financial Crisis", *Intertax*, 2011, nºs 8-9.

MICHEAU, Claire & Charles de la Brousse Gauthier, "Case Studies of Tax Issues on Selectivity: Analysis of the Patent Box Schemes and the Reduced Taxation of Foreign Source Interest Income", *State Aid and Tax Law*, eds. Alexander Rust & Claire Micheau, Kluwer Law International, the Netherlands, 2012.

MIRANDA, Jorge, "Estado Social, Austeridade, Coerência", *A Austeridade cura? A Austeridade Mata?*, coordenação de Eduardo Paz Ferreira, AAFDL, Lisboa, 2013.

MORAIS, Rui Duarte, *Imputação de Lucros de Sociedades Não Residentes Sujeitas a um Regime Fiscal Privilegiado*, Publicações da Universidade Católica, Porto, 2005.

MOSQUERA VALDERRAMA, Irma Johanna, "The OECD-BEPS Measures to Deal with Aggressive Tax Planning in South America and Sub-Saharan Africa: The Challenges Ahead", *Intertax* 2015, nº 10.

MUNIN, Nellie, "Tax in Troubled Time: Is It the Time for a Common Corporate Tax Base in the EU?", *EC Tax Review*, 2011, nº 3.

MUSGRAVE, Peggy, *Taxation of Foreign Investment Income: An Economic Analysis*, The John Hopkins Press, Maryland, 1963.

— "International Tax Base Division and the Multilateral Corporations", *Public Finance*, 1972, nº 4.

— "Interjurisdictional Coordination of Taxes on Capital Income", *Tax Coordination in the European Community* (ed. Sijbren Cnossen), Antwerp, London, Frankfurt, 1987.

N

NABAIS, José Casalta, *O Dever Fundamental de Pagar Impostos*, Almedina, Coimbra, 1998.

— "Da Sustentabilidade do Estado Fiscal", *Sustentabilidade Fiscal em Tempos de* Crise, coord.: José Casalta Nabais e Suzana Tavares da Silva, Almedina, Coimbra, 2011.

NIEDOJADŁO, Joanna & Agnieszka Olesińska, "Poland", EATLP Annual Congress Munich, 2-4 June 2016, *Tax Avoidance Revisited, Exploring the boundaries of Anti-Avoidance Rules in the EU BEPS Context*, ed. Ana Paula Dourado, IBFD, Amsterdam, 2017.

NIESTEN, Hannelore, "Growing Impetus for Harmonization of Personal and Family Allowances: Current State of Affairs of the Schumacker-Doctrine after Imfeld and Garcet", *EC Tax Review*, 2015, nº4.

Nerudová, Dana and Veronika Sedlilova, "Czech Republic" , *Tax Avoidance Revisited: Exploring the Boundaries of Anti-Avoidance Rules in the EU BEPS Context*, EATLP Annual Congress Munich, 2-4 june 2016, ed. Ana Paula Dourado, IBFD, Amsterdam, 2017.

O

Obermayer, Bastian & Frederik Obermaier, *Panama Papers: Die Geschichte einer weltweiten Enthüllung*, Kiepenheuer und Witsch, Köln, 2016.

Oesterreicher, Andreas, "Transfer Pricing of Intangibles in Cases of Post--merger Reorganization: Lessons from the Revised OECD Draft", *Intertax*, 2014, nºs 8-9.

P

Panayi, Christiana HJI, "Is Aggressive Tax Planning Socially Irresponsible?", *Intertax*, nº 10.

Peeters, Bart, "Kieback: When Schumacker Emigrates...", *EC Tax Review*, 2016, nº 2.

Peeters, Bruno, "Mobility of EU Citizens and Family Taxation: A Hard to Reconcile Combination", *EC Tax Review*, nº 3, 2014.

— "EUCIT: For How Much Longer Will Political Objections Overweigh the Advantages"?, *EC Tax Review*, 2015, nº 3.

Pereira, Paula Rosado, *Princípios do Direito Fiscal Internacional, Do Paradigma Clássico ao Direito Fiscal Europeu*, Almedina, Coimbra, 2010.

Peters, Bernhard, *Der Sinn von Oeffentlichkeit, Mit einem Vorwort von Jürgen Habermas*, Surkamp Taschenbuch, Wissenschaft, Frankfurt-am-Main, 2007.

Piantavigna, Paolo, "Tax Abuse in European Union Law: A Theory", *EC Tax Review*, 2011, nº 3.

Pinto, Miguel Silva, "A Erosão das Bases Tributárias", *Conferência Crise, Justiça Social e Finanças Públicas,* organização de Eduardo Paz Ferreira, João Amaral Tomaz, José Gomes Santos, Nazaré Costa Cabral, Colóquios IDEFF, nº 1, IDEFF, Almedina, Coimbra, 2010.

Pistone, Pasquale, "Coordinating the Action of Regional and Global Players during the Shift from Bilateralism to Multilateralism in International Tax Law", *World Tax Journal*, 2014, nº 1.

Pistone, Pasquale, et al., "Mobility of Companies in the European Union: A Jigsaw of Company Law and Tax Law, Case Law and Secondary Law Falls into Place?", *Movement of Persons and tax Mobility in the EU: Changing Winds*, ed. Ana Paula Dourado, IBFD, Amsterdam, 2013.

Pit, Harm Mark, "Improving the Arbitration Procedures under the EU Arbitration Convention", *EC Tax Review*, 2015, nº 1.

Porto, Manuel Carlos Lopes, *Teoria da Integração e Políticas da União Europeia Face aos Desafios da Globalização*, Almedina, Coimbra, 2017, 5ª ed.

Poulsen, Martin, "Freedom of Establishment and the Balanced Allocation of Taxing Rights", *Intertax*, 2012, nº 3.

Q

Quadros, Fausto de, *Direito da União Europeia*, Almedina, Coimbra, 2015, 3ª ed

Quigley, Conor, "Direct Taxation and State Aid: Recent Developments Concerning the Notion of Selectivity", *Intertax*, 2012, nº 2.

— "Differential Tax Treatment, Tax Rulings and EU State Aid Law", *Base Erosion and Profit Shifting (BEPS), Impact for European and International Tax Policy*, ed. Robert Danon, Schulthess Verlag, Zürich, 2016.

QUINTAS SEARA, Alberto, "The Protection of Taxpayers' Property Rights in Light of the Recent ECtHR Jurisprudence: Anything New on the Horizon, or Just More of the Same?", *Intertax*, 2014, nº 4.

R

RAWLS, John, *A Theory of Justice*, Harvard University Press, Cambridge, Massachussets, London, England, 1971.

— *The Law of Peoples with "The Idea of Public Reason Revisited"*, Harvard University Press, Cambridge, Massachussets, London, England, 1999.

REIMER, Ekkehart, "Article 7, Business Profits", *Klaus Vogel on Double Taxation Conventions*, eds. Ekkehart Reimer & Alexander Rust, Kluwer Law International, The Netherlands, 2015, 4.th ed., vol. 1.

— "Germany", *Tax Avoidance Revisited: Exploring the Boundaries of Anti-Avoidance Rules in the EU BEPS Context*, EATLP Annual Congress Munich, 2-4 June 2016, ed. Ana Paula Dourado, IBFD, Amsterdam, 2017.

RIBES RIBES, Aurora, "Tax Residence and the Mobility of Companies in the European Union: The Desirable Harmonization of Tax Connecting Factors", *Intertax*, 2012, nº 11.

RICHARDSON, Mirurgia, "Fighting Tax Fraud and Tax Evasion in the EU: The 2012 Action Plan", *EC Tax Review*, 2015, nº 4.

RIGONI, João Marcus de Melo, "A Brazilian View on Base Erosion and Profit Shifting: An alternative Path", *Intertax*, 2014, nº 11.

RING, Diane M., "One Nation Among Many: Policy Implications of Cross-Border Tax Arbitrage", *Boston College Law Review*, 2002.

RINNISLAND, Robert G. & Kenneth Lobo, "US-Based Pushback on BEPS", *Intertax*, 2015, nº 1.

ROBILLARD, Robert, "BEPS: Is the OECD Now at the Gates of Global Formulary Apportionment?", *Intertax*, 2015, nºs 6-7.

ROCHA, Ana Gabriela, *Conceitos de Direito Europeu em Matéria Societária*, Cadernos IDEFF, nº 17, Almedina, Coimbra, 2014.

ROIN, Julie, Taxation Without Coordination, *Journal of Legal Studies*, 2002, nº 31.

RONFELDT, Thomas, "Anti-abuse Clause or Harmonization", *Intertax*, 2011, nº 1.

— "Use of Foreign Losses: the Advocate General Wants to Turn on the Marks & Spencer Exemption, but the ECJ Rejects the Argument and States that EU Law Constitutes Rights to Deduct Foreign Losses", *Intertax*, 2015, nº 11.

RONTANI, François, & Daniel Gutmann, "Mauvaise Année pour les Instruments Hybrides", *Entreprise et Expertise Fiscal, Option Finance* , 13 Jan. 2014.

ROSENBLOOM, David H., "The David R. Tillinghast Lecture: International Tax Arbitrage and the «International Tax System»", *Tax Law Review*, 2000, nº 53.

— "International Tax Arbitrage and the «International Tax System»", *Tax Law Review*, 2000, nº 137; Disponível em SSRN: https://ssrn.com/abstract=222451.

ROSENBUJ, Tulio, "Transfer Pricing and Cost Agreements", *Intertax*, 2008, nºs 6-7.

ROSSI-MACCANICO, Pierpaolo, "Fiscal Aid Review and Cross-Border Tax Distortions", *Intertax*, 2012, nº 2.

— "EU Review of Direct Tax Measures: Interplay between Fundamental Freedoms and State Aid Control", *EC Tax Review*, 2013, nº 1.

— "Fiscal State Aids, Tax Base Erosion and Profit Shifting", *EC Tax Review*, 2015, nº 2.

— "Fiscal Aid Review and Tax Competition", *State Aid and Tax Law*, eds. Alexander Rust & Claire Micheau, Kluwer, 2012.

Rust, Alexander, "CFC Legislation and EC Law", *Intertax*, 2008, nº 11.

— "Data Protection as a Fundamental Right", *Exchange of Information and Bank Secrecy*, eds. Alexander Rust & Eric Fort, Kluwer Law International, The Netherlands, 2012.

— "Article 1, Persons Covered", *Klaus Vogel on Double Taxation Conventions*, eds. Ekkehart Reimer & Alexander Rust, Kluwer Law International, The Netherlands, 2015, 4.th ed., vol. 1.

— "BEPS Action 2: 2014 Deliverable – Neutralising the Effects of Hybrid Mismatch Arrangements and Its Compatibility with the Non-Discrimination Provisions in Tax Treaties and the Treaty on the Functioning of the European Union", *British Tax Review*, 2015, nº 3, pp. 319–321.

S

Sandel, Michael J., *What Money Can't Buy: The Moral Limits of Markets*, Penguin Books, London, 2012.

Sanghavi, Dhruv, "Vodafone Transfer Pricing Decision: A Mistake of Judgment", *Intertax*, 2015, nº 5.

Santos, António Carlos dos, *L' Union Européenne et la Régulation de la Concurrence Fiscale*, Bruylant, L.G.D.J., 2009.

— "A Erosão das Bases Tributárias", *Conferência Crise, Justiça Social e Finanças Públicas* (org. Eduardo Paz Ferreira, João Amaral Tomaz, José Gomes Santos, Nazaré Costa Cabral), Colóquios IDEFF, nº 1, IDEFF, Almedina, Coimbra, 2010.

— "What is Substantial Economic Activity for Tax Purposes in the Context of the European Union and the OECD Initiatives against Harmful Tax Competition?", *EC Tax Review*, 2015.

Sarmiento, Daniel, "Who's Afraid of the *Acte Clair* Doctrine?", ed. Ana Paula Dourado & Ricardo da Palma Borges, IBFD, Amsterdam, 2008.

La Scala, Agostino Ennio, "The Taxpayer's Human Rights in the Examination of the European Court of Human Rights", *Legal Remedies in European Tax Law*, ed. Pasquale Pistone, IBFD, Amsterdam, 2009.

Schaffner, Jean, "The Territorial Link as a Condition to Create a Permanent Establishment", *Intertax*, 2013, nº 12.

Schenck-Geers, T., *International Exchange of Information and the Protection of Taxpayers*, Kluwer Law international, The Netherlands, 2009.

— "International Exchange of Information and the Protection of the Taxpayer", *Mutual Assistance and Information Exchange*, 2009 EATLP Congress, Santiago de Compostela, eds. Roman Seer & Isabel Gabert, *EATLP International Tax Series*, IBFD, Amsterdam, 2010.

Schoueri, Luís Eduardo, "Tax Treaty Override: A Jurisdictional Approach", *Intertax*, 2014, nº 11.

Schoueri, Luís Eduardo & Ricardo André Galendi Júnior, "Brazil", *Tax Avoidance Revisited: Exploring the Boundaries of Anti-Avoidance Rules in the EU BEPS Context*, EATLP Annual Congress Munich, 2-4 June 2016, ed. Ana Paula Dourado, IBFD, Amsterdam, 2017.

Self, Heather, "The UK's New Diverted Profits Tax: Compliance with EU Law", *Intertax*, 2015, nº 4.

Seligman, Edwin R.A., *Double Taxation and International Fiscal Cooperation*, Macmillan, New York, 1928.

Sendetska, Olga, "ECJ Case Law on Corporate Exit Taxation: From *National Grid*

Indus to *DMC*: What is the Current State of Law?", *EC Tax Review*, 2014, nº 4.

SHAVIRO, Daniel N., "Fixing U.S. International Taxation", Oxford University Press, Oxford, 2014; disponível em: http://web.law.columbia.edu/sites/default/files/microsites/law-theory-workshop/files/DShaviro.pdf.

SILVA, Miguel Moura e, *O Abuso de Posição Dominante na Nova Economia*, Almedina, Coimbra, 2010.

SINGH, Manoj Kumar, "Taxing E-Commerce on the Basis of Permanent Establishment: Critical Evaluation", *Intertax*, 2014, nº 5.

— "Conflict of Source versus Residence-Based Taxation in India with Reference to Fees for Technical Service", *Intertax*, 2016, nºs 6-7.

SKAAR, Arvid, *Permanent Establishment: Erosion of a Tax Treaty Principle*, Kluwer Law and Taxation Publishers, Boston, 1991.

SOMARE, Maryte & Victoria Wörer, "Automatic Exchange of Information under the Directive on Administrative Cooperation in the Light of the Global Movement Towards Transparency", *Intertax*, 2015, nº 12.

SPIES, Karoline, "Influence of International Mutual Assistance on EU Tax Law", *Intertax*, 2012, nº 10.

STIGLITZ, Joseph, *Making Globalization Work*, W.W. Norton & Company, New York, London, 2006.

STRADINGER, Theresa, "Classification of Cost Allocation Agreements", *Intertax*, 2013, nº 12.

SZUDOCZKY, Rita, *The Sources of EU Law and their Relationships: Lessons for the Field of Taxation, Faculteit der Rechtsgeleerdheid*, Amsterdam, s.d.

T

TAVARES, Romero J.S. & Bret N. Bogenschneider, "The New De Minimis Anti-abuse Rule in the Parent-Subsidiary Directie: Validating EU Tax Competition and Corporate Tax Avoidance?", *Intertax*, 2015, nºs 8-9.

TERRA, Ben & Peter Wattel, *European Tax Law*, Wolters Kluwer, The Netherlands, 2012, 6th ed.

THEOCHARAPOULO, Eleni, "Greece", *Tax Avoidance Revisited: Exploring the Boundaries of Anti- Avoidance Rules in the EU BEPS Context*, EATLP Annual Congress Munich, 2-4 June 2016, ed. Ana Paula Dourado, IBFD, Amsterdam, 2017.

THURONYI, Victor, "International Tax Cooperation and a Multilateral Treaty", *Brooklyn Journal of International Law*, 2001, nº 4; Disponível em: http://brooklynworks.brooklaw.edu/bjil/vol26/iss4/23

TING, Antony, "iTax – Apple's International Tax Structure and the Double Non-Taxation Issue", *British Tax Review*, 2014, nº 1.

TIPKE, Klaus, *Die Steuerrechtsordnung*, Bände 1-3, 2. ed., Verlag Otto Schmidt, Köln, 2000-2012.

TRACANA, Dinis, *Abuse under the Merger Directive, A Different Approach to the Concept of "Valid Commercial Reasons"*, Cadernos IDEFF, nº 21, Almedina, Coimbra, 2016.

TRAVERSA, Edoardo, "The Selectivity Test: The Concept of «Regional Aid»", *State Aid and Tax Law*, eds. Alexander Rust & Claire Micheau, Kluwer, 2012.

TRAVERSA, Edoardo & Alice Pirlot, "The UK Brexit Referendum: A Catalyst to Reform the European Union Institutional Architecture in Tax Matters?', *Intertax*, 2016, nº 12.

V

VAN OS, Pieter, "Interest Limitation under the Adopted Anti-Tax Avoidance Directive and Proportionality", *EC Tax Review*, 2016, nº 4.

VAN THIEL, Servaas & Marius Vascega, "X Holding (Case C-337/08): Why Ulysses Should Stop Listening to the Sirene", *European Taxation*, 2010, nº 2.

VAN WEEGHEL, Stef, "General Report", *Tax Treaties and Tax Avoidance: Application of Anti-Avoidance Provisions*, Cahiers de Droit Fiscal International, IFA, 2010 Rome Congress, The Netherlands, 2010, Vol. 95a.

VANISTENDAEL, Frans, "The ECJ at Cross--Roads: Balancing Tax Sovereignty against the Imperatives of the Internal Market", *European Taxation*, 2006, nº 9.

— "General Report", *The EC Interest Savings Directive, EATLP Annual Congress Budapest*, 1-3 June 2006, IBFD, Amsterdam, 2015.

— "Post Scriptum", *The EC Interest Savings Directive, EATLP Annual Congress Budapest*, 1-3 June 2006, IBFD, Amsterdam, 2015.

VARANASI, Samira & Meyyappan Nagappan, "Financial Budget for 2016-2017: Has India Put its BEPS Foot Forward?", *Intertax*, 2016, nºs 6-7.

VASCEGA, Marius & Servaas van Thiel, "Assessment of Taxes in Cross-border Situations: The New EU Directive on Administrative Cooperation in the Field of Taxation", *EC Tax Review*, 2011, nº 3.

VERMEULEN, Hein, "Fiscal State Aid and Real Estate Collective Investment Vehicles (CIVs)", *EC Tax Review*, 2011, nº 3.

VISCONTI, Roberto Moro, "Exclusive Patents and Trademarks and Subsequent Uneasy Transaction Comparability: Some Transfer Pricing Implications", *Intertax*, 2012, nº 3.

VOGEL, Klaus, Administrative Law, *Encyclopedia of Public International Law (EPIL)*, hrs. Bernhardt Rudolf, 1984, nº 9

— "Worldwide vs. Source Taxation of Income – A Review and Reevaluation of Arguments", Part I, *Intertax*, 1988/8-9, pp. 219-229; Part II, 1988/10, pp. 310-320; Part III, 1988/11, pp. 393-402.

VOGEL, Klaus & Alexander Rust, "Introduction", *Klaus Vogel on Double Taxation Conventions*, eds. Ekkehart Reimer & Alexander Rust, Kluwer Law International, The Netherlands, 2015, 4.th ed., vol. 1.

VOGEL, Klaus, Daniel Gutmann & Ana Paula Dourado, "Tax Treaties between Member States and Third States: 'Reciprocity' in bilateral Tax Treaties and non-Discrimination in EC Law", *EC Tax Review*, 2006, nº 2; Disponível em: http://www.cideeff.pt/xms/files/Artigos_APD/7-Schriftenreihe-Band-48.pdf.

W

WATHELET, Melchior, "Tax Sovereignty of the Member States and the European Court of Justice: New Trends or Confirmation?", *A Vision of Taxes within and without European Borders*, Hinnekens/Hinnekens (eds), *Kluwer Law International*, The Netherlands, 2008.

WATTEL, Peter, "Stateless income, State Aid and the (which?) Arm's Length Principle", *Intertax*, 2016, nº 11.

WEST, Craig & Jennifer Roeleveld, "South Africa", *Tax Avoidance Revisited: Exploring the Boundaries of Anti- Avoidance Rules in the EU BEPS Context*, EATLP Annual Congress Munich, 2-4 June 2016, ed. Ana Paula Dourado, IBFD, Amsterdam, 2017.

X

XAVIER, Alberto, *Direito Tributário Internacional*, 2ª ed., Almedina, Coimbra, 2009 (colaboração de Clotilde Celorico Palma e Leonor Xavier).

Z

ZERNOVA, Daria, "Exit Taxes on Companies in the Context of the EU Internal Market", *Intertax*, 2011, nº 10.

ZINN, Teresa, Nadine Riedel & Christoph Spengel, "The Increasing Importance of Transfer Pricing Regulations: A Worldwide Overview", *Intertax*, 2014, nºs 6-7.

ZIZZO, Giuseppe, "Italy", *Tax Avoidance Revisited: Exploring the Boundaries of Anti-Avoidance Rules in the EU BEPS Context*, EATLP Annual Congress Munich, 2-4 June 2016, ed. Ana Paula Dourado, IBFD, Amsterdam, 2017, no prelo; versão preliminar disponível em http://www.eatlp.org/uploads/public/Italy%20(8%20Feb%202016).pdf.

ZÜRN, Michael, *Regieren jenseits des Nationalstaates*, Ed. Zweite Moderne, Suhrkamp, Frankfurt-am-Main, 1998.

JURISPRUDÊNCIA DO TRIBUNAL DE JUSTIÇA DA UNIÃO EUROPEIA

TJCE: 2 de julho de 1974, Caso C-173/73 (**Itália** v. Comissão).

TJCE: 20 de fevereiro de 1979, C-120/78 (**Rewe-Zentral AG** v. Bundesmonopolverwaltung für Branntwein).

TJCE: 28 de janeiro de 1986, caso C-270/83 (Commission v French Republic). (**Avoir fiscal**).

TJCE: 27 de setembro de 1988, Caso C-81/87 (The Queen v ... **Daily Mail** and General Trust PIC).

TJCE: 8 de maio de 1990, Caso C-175/88 (**Biehl** v Administration des Contributions du Grand-Duché de Luxembourg).

TJCE: 7 de março de 1991, Caso C-10/90 (Maria **Masgio** v Bundesknappschaft).

TJCE: 28 de Janeiro de 1992, Caso C-204/90 (**Bachmann** v Belgian state).

TJCE: 7 de julho de 1992, Caso C-370/90 (The Queen v Immigration Appeal Tribunal and Surinder **Singh**, ex parte Secretary of State for Home Department).

TJCE: 14 de fevereiro de 1995, Caso C-279/93 (Finanzamt Köln-Altstadt v Roland **Schumacker).**

TJCE: 11 de agosto de 1995, Caso C-80/94 (**Wielockx** v Inspecteur der Directe Belastingen).

TJCE: 11 de julho de 1996, Caso C-39/94 (Syndicat français de l'Express international (**SFEI**) and others v La Poste and others).

TJCE: 27 de junho de 1996, Caso C-107/94 (**Asscher** v Staatssecretaris van Financiën).

TJCE: 15 de maio de 1997, Caso C-250/95 (**Futura** Participations SA and Singer v Administration des Contributions).

TJCE: 17 de julho de 1997, Caso C-28/95 (**Leur-Bloem** v Inspecteur der Belastingdienst/Ondernemingen Amsterdam 2).

TJCE: 12 de maio de 1998, Caso C-336/96 (**Gilly** v Directeur des Services Fiscaux du Bas- Rhin).

TJCE: 16 de julho de 1998, Caso C-264/96 (Imperial Chemical Industries plc (**ICI**). v Kenneth Hall Colmer (Her Majesty's Inspector of Taxes).

TJCE: 26 de janeiro de 1999, Caso C-18/95 (F.C. **Terhoeve** v Inspecteur van de Belastingdienst Particulieren/Ondernemingen Buitenland).

TJCE: 9 de março de 1999, Caso C-212/97 (**Centros** Ltd v. Erhvervs- og Selskabsstyrelsen).

TJCE: 29 de abril de 1999, Caso C-342/96 (Reino de **Espanha v.Comissão**).

TJCE: 14 de setembro de 1999, Caso C-391/97 (**Gschwind** v Finanzamt Aachen-AuBenstadt).

TJCE: 21 de setembro de 1999, Caso C-307/97 (Compagnie de **Saint-Gobain** v Finanzamt Aachen-lnnenstadt).

TJCE: 28 de outubro de 1999, Caso C-55/98 (Skatteministeriet v **Bent Vestergaard**).

TJCE: 18 de novembro de 1999, Caso C-200/98 (**X** AB **and Y** AB v Riksskatteverket).

TJCE: 13 de abril de 2000, Caso C-251/98 (C. **Baars** v Inspecteur der Belastingdienst Particulieren/Ondernemingen Gorinchem).

TJCE: 16 de maio de 2000, Caso C-87/99 (**Zurstrassen** v Administation des Contributions Directes).

TJCE: 6 de junho de 2000, Caso C-35/98 (Staatssecretaris van Financiën v **Verkooijen**).

TJCE: 15 de junho de 2000, Caso C-302/98 (Manfred **Sehrer** v Bundesknappschaft).

TJCE: 12 de setembro de 2000, Casos C-180/98 e C-184/98 (**Pavel Pavlov** and Others v Stichting Pensioenfonds Medische Specialisten).

TJCE: 12 de outubro de 2000, Caso C-480/98 (Reino de Espanha v. Comissão) **(Magefesa)**.

TJCE: 19 de outubro de 2000, Caso C-15/98 (República Italiana (C-15/98) e **Sardegna** Lines – Servizi Marittimi della Sardegna SpA (C-105/99) contra Comissão das Comunidades Europeias).

TJCE: 12 de julho de 2001, Caso C-157/99 (B.S.M. Geraets-**Smits** v Stichting Ziekenfonds VGZ and H.T.M. **Peerbooms** v Stichting CZ Groep Zorgverzekeringen).

TJCE: 8 de novembro de 2001, caso C-143/99 (**Adria-Wien Pipeline** GmbH and Wietersdorfer & Peggauer Zementwerke GmbH v Finanzlandesdirektion für Kärnten).

TJCE: 3 de outubro de 2002, Caso C-136/00 (Rolf Dieter **Danner**).

TJCE: 12 de dezembro de 2002, Caso C-385/00 (**De Groot** v Staatssecretaris van Financiën).

TJCE: 12 de dezembro de 2002, Caso C-324/00 (**Lankhorst-Hohorst** v Finanzamt Steinfurt).

TJCE: 12 de junho de 2003, Caso C-234/01 (Arnoud **Gerritse** v Finanzamt Neukôlln- Nord).

TJCE: 26 de junho de 2003, Caso C-422/01 (**Skandia**, Ramstedt v Riksskatteverket).

TJCE: 18 de setembro de 2003, Caso C-168/01 (**Bosal** Holding v Staatssecretaris van Financién).

TJCE: 11 de março de 2004, Caso C-9/02 (Hughes **de Lasteyrie du Saillant** v Ministère de l'Économie, des Finances et de l'Industrie).

TJCE: 29 de abril de 2004, Caso C-308/01 (**GIL Insurance** Ltd and Others v Commissioners of Customs & Excise).

TJCE: 1 de julho de 2004, Caso C-169/03 (Florian W. **Wallentin** v Riksskatteverket).

TJCE:15 de julho de 2004, Caso C-315/02 (Anneliese **Lenz** v Finanzlandesdirektion für Tirol).

TJCE: 7 de setembro de 2004, caso C-319/02 (Petri Mikael **Manninen**).

TJCE: 3 de março de 2005, Caso C-172/03 (Wolfgang **Heiser** v Finanzamt Innsbruck).

TJCE: 5 de julho de 2005, Caso C-376/03 (**D.** v Inspecteur van de Belastingdienst / Particulieren / Ondernemingen buitenland te Heerlen).

TJCE: 12 de julho de 2005, Caso C-403/03 (Egon **Schempp** v Finanzamt München V).

TJCE: 13 de dezembro de 2005, Caso C-411/03 (**SEVIC Systems AG**).

TJCE: 13 de dezembro de 2005, Caso C-446/03 (**Marks & Spencer** PIC v

David Halsey (Her Majesty's Inspector of Taxes).

TJCE: 10 de janeiro de 2006, Caso C-222/04 (Ministero dell'Economia e delle Finanze v **Cassa di Risparmio di Firenze SpA**, Fondazione Cassa di Risparmio di San Miniato and Cassa di Risparmio di San Miniato SpA.)

TJCE: 21 de fevereiro de 2006, Caso C-152/03 (Hans-Jürgen Ritter-Coulais e Monique **Ritter-Coulais** v Finanzamt Germersheim).

TJCE: 21 de fevereiro de 2006, Caso C-255/02 (**Halifax** plc, Leeds Permanent Development Services Ltd e County Wide Property Investments Ltd contra Commissioners of Customs & Excise).

TJCE: 22 de junho de 2006, Caso C 182/03 (**Kingdom of Belgium** (C-182/03) and **Forum 187** ASBL (C-217/03) v **Commission of the European Communities**).

TJCE: 5 de abril de 2006, Caso T-351/02 (**Deutsche Bahn** AG **v Commission** of the European Communities).

TJCE: 6 de julho de 2006, Caso C-346/04 (Robert Hans **Conijn v** Finanzamt Hamburg-Nord).

TJCE: 6 de setembro de 2006, Caso C-88/03 (**República Portuguesa contra Comissão das Comunidades Europeias – Açores**).

TJCE: 7 de setembro de 2006, Caso C-470/04 (**N.** v Inspecteur van de Belastingdienst Oost / kantoor Almelo).

TJCE: 12 de setembro de 2006, Caso C-196/04 (**Cadbury Schweppes** PIC, Cadbury Schweppes Overseas Ltd v Commissioners of Inland Revenue).

TJCE: 3 de outubro de 2006, Caso C-290/04 (FKP **Scorpio** Konzertproduktionen GmbH v Finanzamt Hamburg-Eimsbüttel).

TJCE: 26 de outubro de 2006, Caso C-345/05 (**Commissão v República Portuguesa**).

TJCE: 9 de novembro de 2006, C-520/04 (Pirkko Marjatta **Turpeinen**).

TJCE: 14 de novembro de 2006, Caso C-513/04 (Mark **Kerckhaert**, Bernadette **Morres** v Belgische Staat).

TJCE: 12 de dezembro de 2006, Caso C-374/04 (Test Claimants in Class IV of the **ACT** Group Litigation v Commissioners of Inland Revenue).

TJCE: 12 de dezembro de 2006, Caso C-446/04 (Test Claimants in the Franked Investment Income Group Litigation v Commissioners of Inland Revenue).

TJCE: 14 de dezembro de 2006, Caso C-170/05 (**Denkavit** International B V, Denkavit France SARL v Ministre de l'Économie, des Finances et de l'Industrie).

TJCE: 18 de janeiro de 2007, Caso C-104/06 (**Commission v Sweden**).

TJCE: 15 de fevereiro de 2007, Caso C-345/04 (**Centro Equestre** da Lezíria Grande Lda v Bundesamt für Finanzen).

TJCE: 6 de março de 2007, Caso C-292/04 (Wienand **Meilicke**, Heidi Christa Weydc, Marina Stöffler v Finanzamt Bonn-Innenstadt).

TJCE: 13 de março de 2007, Caso C-524/04 (Test Claimants in the **Thin Cap Group Litigation** v Commissioners of Inland Revenue).

TJCE: 22 de março de 2007, Caso C-383/05 (Raffaele **Talotta** v État belge).

TJCE: 29 de março de 2007, Caso C-347/04 (**Rewe Zentralfinanz** eG v Finanzamt Köln-Mitte).

TJCE: 24 de maio de 2007, Caso C- 157/05 (**Holböck** v FA Salzburg-Land).

TJCE: 5 de julho de 2007, Caso C-321/05 (Hans Markus **Kofoed** v. Skatteministeriet).

TJCE: 18 de julho de 2007, Caso C-231/05 (**Oy AA**).

TJCE: 18 de julho de 2007, C-182/06 (État du Grão-Ducado do Luxemburgo v Hans Ulrich Lakebrink e Katrin Peters--**Lakebrin**k).

TJCE: 27 de setembro de 2007, Caso C-184/05, **Twoh International** BV v Staatssecretaris van Financiën).

TJCE: 11 de outubro de 2007, Caso C-451/05 (Européenne et Luxembourgeoise d'investissements SA (**ELISA**) v Directeur général des impôts and Ministère public).

TJCE: 25 de outubro de 2007, Caso C-464/05 (Maria **Geurts**, Dennis **Vogten** v Belgische Staat).

TJCE: 8 de novembro de 2007, Caso C-379/05 (**Amurta** S.G.P.S. v Inspecteur van de Belastingdienst/Amsterdam NL).

TJCE: 6 de dezembro de 2007, C-298/08 (**Columbus Container** Services BVBA v Bielefeld-Innenstadt).

TJCE: 18 de dezembro de 2007, Caso C-101/05, (Skatteverket v **A**).

TJCE: 14 de fevereiro de 2008, Caso C-450/06 (**Varec** SA v Belgian State)

TJCE: 15 de maio de 2008, Caso C-414/06 (**Lidl Belgium** GmbH & co. KG v Finanzamt Heilbronn).

TJCE: 20 de maio de 2008, Caso C-194/06 (Staatss cretaris van Financin v **Orange** European Smallcap Fund MO).

TJCE: 22 de maio de 2008, Caso C-210/06 (**Cartesio** Oktató és Szolgáltató bt).

TJCE: 26 de junho de 2008, Caso C-284/06 (Finanzamt Hamburg-Am Tierpark v **Burda** GmbH).

TJCE: 16 de outubro de 2008, Caso C-527/06 (R.H.H. **Renneberg** v Staatssecretaris van Financiën).

TJCE: 23 de outubro de 2008, Caso C-157/07 (Finanzamt für Körperschaften III in Berlin contra **Krankenheim** Ruhesitz am Wannsee-Seniorenheimstatt GmbH).

TJCE: 27 de novembro de 2008, Caso C-418/07 (**Société Papillon** v. Ministère du Budget, des Comptes Publiques et de la Fonction Publique).

TJCE: 22 de dezembro de 2008, Caso C-282/07 (État Belge – SPF Finances v. **Truck Center** AS).

TJUE: 27 de janeiro de 2009, Caso C-318/07 (Hein **Persche** v Finanzamt Lüdenscheid).

TJUE: 4 de junho de 2009, Caso C-439/07 (Belgische Staat v **KBC** Bank NV (C-439/07) and **Beleggen, Risicokapitaal, Beheer** NV v Belgische Staat (C-499/07).

TJUE: 11 de junho de 2009, Caso C-521/07, (**Comissão** das Comunidades Europeias v. Reino dos **Países Baixos**).

TJUE: 18 de junho de 2009, Caso C-303/07 (Proceedings brought by **Aberdeen** Property Fininvest Alpha Ou).

TJUE: 16 de julho de 2009, Caso C-128/08 (Jacques **Damseaux** v Belgian State).

TJUE: 17 de setembro de 2009, Caso C-182/08 (**Glaxo** Wellcome GmbH & Co. KG v. Finanzamt Muenchen I).

TJUE: 6 de outubro de 2009, Caso C-562/07 (**Comissão** das Comunidades Europeias contra Reino de **Espanha**).

TJUE: 19 de novembro de 2009, Caso C-540/07 (**Comissão das Comunidades Europeias contra República Italiana**).

TJUE: 15 de dezembro de 2009, Caso T-156/04 (Électricité de France **EDF** v. Comissão Europeia).

TJUE: 21 de janeiro de 2010, Caso C-311/08 (Société de Gestion Industrielle SA (**SGI**) v. Belgian State).

TJUE: 25 de fevereiro de 2010, Caso C-337/08 (**X Holding BV** v Staatssecretaris van Financiën).

TJUE: 20 de maio de 2010, Caso C-352/08 (**Modehuis** A. Zwijnenburg BV v. Staatssecretaris van Financiën).

TJUE: 20 de maio de 2010, Caso C-56/09 (Emiliano **Zanotti** v. Agenzia delle Entrate – Ufficio Roma 2).

TJUE: 3 de junho de 2010, Caso C-487/08 (**Comissão** das Comunidades Europeias contra Reino de **Espanha**).

TJUE: 3 de junho de 2010, Caso C- 203/08 (Sporting Exchange Ltd – **Betfair** contra Minister van Justitie).

TJUE: 5 de outubro de 2010, Caso C-400/10 (PPU, **J. McB**. V. L. E.).

TJUE: 28 de outubro de 2010, Caso C-72/09 (**Établissements Rimbaud** SA v. Directeur Général des Impôts e Directeur des Services Fiscaux d'Aix-en-Provence).

TJUE: 22 de novembro de 2010, Caso C-199/10 (**Secilpar** – Sociedade Unipessoal SL v Fazenda Pública).

TJUE: 10 de fevereiro de 2011, Caso C-436/08 e C-437/08 (**Haribo e Salinen** v. Finanzamt Linz).

TJUE: 8 de setembro de 2011, Caso C – 78/08 (Ministero dell'Economia e delle Finanze e Agenzia delle Entrate contra **Paint Graphos** Soc. coop. arl (**C-78/08**), Adige Carni Soc. coop. arl, em liquidação contra Agenzia delle Entrate e Ministero dell'Economia e delle Finanze (**C-79/08**) e Ministero delle Finanze contra Michele Franchetto (**C-80/08**).

TJUE: 8 de setembro de 2011, Caso C-279/08 P (**Comissão v Países Baixos**).

TJUE: 10 de novembro de 2011, Caso C-126/10 (**Foggia** – Sociedade Gestora de Participações Sociais SA v. Secretário de Estado dos Assuntos Fiscais).

TJUE: de 15 de novembro de 2011, Casos C-106/09P e C-107/09P (Comissão Europeia (C-106/09 P) e Reino de Espanha (C-107/09 P) contra **Government of Gibraltar** e Reino Unido da Grã-Bretanha e da Irlanda do Norte).

TJUE: 15 de novembro de 2011 Caso C-256/11 (**Murat Dereci** and Others v Bundesministerium für Inneres).

TJUE: 29 de novembro de 2011, Caso C-371/10 (**National Grid Indus** BV v Inspecteur van de Belastingdienst Rijnmond/kantoor Rotterdam).

TJUE: 10 de maio de 2012, C-39/10 (**Comissão** Europeia v República da **Estónia**).

TJUE: 6 de setembro de 2012, Caso C-18/11 (The Commissioners for Her Majesty's Revenue & Customs v. **Philips Electronics** UK Ltd).

TJUE: 13 de novembro de 2012, Caso C-35/11 (Test Claimants in the **FII Group Litigation** v. Commissioners of Inland Revenue e The Commissioners for Her Majesty's Revenue & Customs).

TJUE: 26 de fevereiro de 2013, Caso C-617/10 (Åklagaren contra **Hans Åkerberg Fransson**)

TJUE: 28 de fevereiro de 2013, C-425/11 (Katja **Ettwein** v Finanzamt Konstanz).

TJUE: 4 de julho de 2013, Caso C-350/11 (**Argenta Spaarbank** NV v Belgische Staat).

TJUE: 18 de julho de 2013, Caso C-6/12 (**P Oy**).

TJUE: de 3 de outubro de 2013, Caso C-282/12 (Itelcar — Automóveis de Aluguer Lda contra Fazenda Pública).

TJUE: 22 de outubro de 2013, Caso C-276/12, (**Jiří Sabou v Finanční ředitelství pro hlavní město Prahu**).

TJUE: 7 de novembro de 2013, Caso C-322/11 (**K.**).

TJUE: 21 de novembro de 2013, Caso C-284/12 (**Deutsche Lufthansa** AG contra Flughafen Frankfurt-Hahn Gmb).

TJUE: 12 de dezembro de 2013, C-303/12 (Guido **Imfeld** e Nathalie **Garcet** v État Belge).

TJUE: 23 de janeiro de 2014, Caso C-164/12 (**DMC** Beteiligungsgesellschaft mbH v Finanzamt Hamburg-Mitte).

TJUE: 10 de abril de 2014, Caso C-190/12 (**Emerging Markets** Series of DFA Investment Trust Company v. Dyrektor Izby Skarbowej w Bydgoszczy).

TJUE: 17 de julho de 2014, Caso C-48/13 (**Nordea Bank Danmark A/S** v. Skatteministeriet).

TJUE: 9 de outubro de 2014, Caso C-522/13 (Ministerio de Defensa e **Navantia** SA contra Concello de Ferrol).

TJUE: 7 de novembro de 2014, Caso T-219/10 (**Autogrill** España, SA v. Comissão).

TJUE: 13 de novembro de 2014, Caso C-112/14 (**Comissão Europeia contra Reino Unido** da Grã-Bretanha e da Irlanda do Norte).

TJUE: 24 de fevereiro de 2015, Caso C-512/13 (C. G. **Sopora** contra Staatssecretaris van Financiën).

TJUE: 21 de maio de 2015, Caso C-657/13 (**Verder LabTec** GmbH & Co. KG v Finanzamt Hilden).

TJUE: 4 de junho de 2015, Caso C-15/14 P (Comissão Europeia contra **MOL** Magyar Olaj- és Gázipari Nyrt).

TJUE: 18 de junho de 2015, C-9/14 (Staatssecretaris van Financiën contra D. G. Kieback).

TJUE: 17 de setembro de 2015, C-10/14 (J. B. G. T. **Miljoen** e o. contra Staatssecretaris van Financiën).

TJUE: 17 de dezembro de 2015, Caso C-419/14, **WebMindLicenses** Kft. contra Nemzeti Adó- és Vámhivatal Kiemelt Adó- és Vám Főigazgatóság).

TJUE: 13 de julho de 2016, Caso C-18/15 (**Brisal – *Auto-estradas do Litoral, SA,* KBC** Finance Ireland v Fazenda Pública).

TJUE: 24 de novembro de 2016, Caso C-464/14 (**SECIL** – Companhia Geral de Cal e Cimento, SA v. Fazenda Pública).

TJUE: 21 de dezembro de 2016, Casos C-20/15 P e C-21/15 P (Comissão Europeia v. World Duty Free Group S.A. et al.).

TJUE: 9 de fevereiro de 2017, Caso C-283/15 (**X** contra Staatssecretaris van Financiën).

Conclusões de Advogado-Geral do Tribunal de Justiça da União Europeia

Conclusões do Advogado Geral Poiares Maduro de 7 de abril de 2005, Caso C-446/03 Marks & Spencer plc v. David Halsey (HM Inspector of Taxes).

Jurisprudência do Tribunal de Primeira Instância da União Europeia

CFI: 4 de março de 2009, Caso T-424/05 (**Itália v. Comissão** das Comunidades Europeias).

CFI: 4 de março de 2009, Caso T-445/05 (Associazione italiana del risparmio gestito and **Fineco** Asset Management SpA **v Comissão** das Comunidades Europeias).

Jurisprudência do Tribunal Europeu dos Direitos do Homem

TEDH: 3 de maio de 2001, Caso nº 31827/96 (J.B. v Suíça).

TEDH: 16 de junho de 2015, Caso nº 75292/10 (*Othymia Investments BV v The Netherlands Decision).*

TEDH: 9 de julho de 2015, Caso nº 784/14 (Van Weerelt)

Jurisprudência do Tribunal da Associação Europeia de Comércio Livre (EFTA)

EFTA: 9 de julho de 2014, Caso E-3/13 e E-20/13 (Fred **Olsen** and Others and Petter Olsen and Others v The Norwegian State).

DOCUMENTOS DE INSTITUIÇÕES INTERNACIONAIS

Comissão Europeia,

— COM(89) 60 final Bruxelas, 8 de fevereiro de 1989, Medidas Fiscais a Adotar pela Comunidade Relacionadas com a Liberalização dos Movimentos de Capitais (Comunicação da Comissão ao Conselho);

— Proposta de Diretiva do Conselho Relativa a um Regime Comum de Retenção na Fonte sobre os Juros, JO C 141 de 7.6.1989

— Nota da Comissão Europeia sobre a Aplicação das Regras de Auxílios de Estado à Tributação Direta das Empresas: OJ 1998 C-384/3 de 10.12.1998

— Decisão da Comissão 2003/438/EC de 16 de outubro de 2002 sobre Auxílios de Estado, C-50/2001, Luxembourg Finance Companies, OJ L 153, 20.6.2003

— Decisão da Comissão 2003/501/EC de 16 de outubro de 2002 sobre Auxílios de Estado, C-49/2001, Luxembourg Coordination centres, OJ L 170, 9.7.2003

— Acordo entre a Comunidade Europeia e os seus Estados-Membros, por um lado, e a Confederação Suíça, por outro, sobre a livre circulação de pessoas, assinado no Luxemburgo em 21 de junho de 1999, JO 2002, L 114

— Decisão da Comissão 2003/755/EC de 17 de fevereiro de 2003, Belgian Coordination Centres, OJ L 282, 30.10. 2003

— Decisão da Commissão, 2004/76/EC de 13 de maio de 2003, French Headquarters and Logistic Centres, OJ L 23, 28.1.2004

— *State Aid N 480/2007 – Spain – The Reduction of Tax for Intangible Assets*, OJ C-80/3, 1.4.2008

— Bruxelas, 11.11.2011COM(2011) 714 final 2011/0314 (CNS) Proposta de Diretiva doConselho relativa a um regime fiscal comum aplicável aos pagamentos de juros e royalties efectuados entre sociedades associadas de Estados-Membros diferentes.

— *Communication from the Commission to the European Parliament and the Council, An Action Plan to Strengthen the Fight against Tax Fraud and Tax Evasion,* (187637/12) Brussels (6.12.2012), COM (2012) 722 Final

— *Commission Recommendation of 6.12.2012,* Brussels (6.12.2012), C(2012) 8806 final

— Guia sobre o conceito de auxílios de Estado; Disponível em: http://ec.europa.eu/competition/consultations/2014_state_aid_notion/draft_guidance_en.pdf

— Proposta de Diretiva do Conselho que altera a Diretiva 2011/96/UE relativa ao regime fiscal comum aplicável às sociedades-mães e sociedades afiliadas de Estados-Membros diferentes, Bruxelas, 25.11.2013 COM(2013) 814 final 2013/0400 (CNS).

— *Commission Expert Group on Taxation of the Digital Economy, Report*, 28 May 2014; Disponível em: http://ec.europa.eu/taxation_customs/sites/taxation/files/resources/documents/taxation/gen_info/good_governance_matters/digital/report_digital_economy.pdf

— Commission Decision of 11 June 2014, Case SA.38373 (2014/C) (ex 2014/NN) (ex 2014/CP), Ireland *Alleged Aid to Apple*, Brussels, 11.06.2014 C (2014) 3606 final; Disponível em: http://ec.europa.eu/competition/elojade/isef/case_details.cfm?proc_code=3_SA_38373

— Commission Decision of 11 June 2014, Case SA.38374, Alleged Aid to Starbucks; Disponível em: http://ec.europa.eu/competition/elojade/isef/case_details.cfm?proc_code=3_SA_38374. 13

— Commission Decision of 11 June 2014, Case SA.38375 Alleged Aid to FFT,; Disponível em: http://ec.europa.eu/competition/elojade/isef/case_details.cfm?proc_code=3_SA_38375

— Commission Decision of 7 October 2014, Case SA.38944 Alleged Aid to Amazon; Disponível em: http://ec.europa.eu/competition/elojade/isef/case_details.cfm?proc_code=3_SA_38944. 14

— Commission Decision of 21 October 2015, Case SA.38374, Alleged aid to Starbucks

— Commission Decision of 3 December 2015, Case SA.38945 Alleged aid to McDonald's, IP/15/6221; Disponível em: http://europa.eu/rapid/press-release_IP-15-6221_en.htm

— Protocolo entre a União Europeia e a Confederação Suíça alterando o Acordo anterior prevendo medidas equivalentes àquelas estabelecidas na Diretiva do Conselho 2003/48/CE sobre a tributação de rendimento da poupança sob a forma de pagamento de juros: JO L 333/12, 19.12.2015

— Commission Decision of 11 January 2016, Case SA.38375, Alleged Aid to Fiat, and SA.37667

— DG Competition - Internal Working Paper - Background to the High Level Forum on State Aid of 3 June 2016; Disponível em: http://ec.europa.eu/competition/state_aid/legislation/working_paper_tax_rulings.pdf

— Proposta de Diretiva do Conselho que estabelece regras contra as práticas de elisão fiscal que afetam diretamente o funcionamento do mercado interno, Bruxelas, 28.1.2016 COM(2016) 26 final 2016/0011 (CNS)

— Comunicação da Comissão sobre a noção de auxílio estatal nos termos do artigo 107º, nº 1, do Tratado sobre o Funcionamento da União Europeia, JO C 262/01 de 19.7.2016

— Commission Decision of 30 August 2016 on State Aid SA.38373 (2014/C) (ex 2014/NN) (ex 2014/CP) implemented by Ireland to Apple

— Comunicação da Comissão sobre a noção de auxílio estatal nos termos do artigo 107. n. 1, do Tratado sobre o Funcionamento da União Europeia de 19 de julho de 2016 (2016/C 262/01)

— Proposal for a COUNCIL DIRECTIVE amending Directive 2011/16/EU as regards mandatory automatic exchange of information in the field of taxation, COM/2016/025 final - 2016/010 (CNS)

— Pacote de reforma da tributação das sociedades, Comissão Europeia, 25 de outubro de 2016: https://ec.europa.eu/taxation_customs/business/company-tax/corporate-tax-reform-package_en

— Proposal for a Council Directive on a Common Corporate Tax Base, Strasbourg, 25.10.2016 COM(2016) 685 final 2016/0337 (CNS); Disponível em: https://ec.europa.eu/taxation_customs/sites/taxation/files/com_2016_685_en.pdf. E: https://ec.europa.eu/taxation_customs/business/company-tax/common-consolidated-corporate-tax-base-ccctb_en.

— Mecanismo de resolução de litígios sobre a dupla tributação: Disponível em: https://ec.europa.eu/taxation_customs/business/company-tax/resolution-double-taxation-disputes_en_en.

— Estrasburgo, 25.10.2016 COM(2016) 687 final 2016/0339(CNS), Proposta de Diretiva do Conselho que altera a Diretiva (UE) 2016/1164 no que respeita a assimetrias híbridas com países terceiros

— Proposal for a Council Directive amending Directive 2011/16/EU as regards mandatory automatic exchange of information in the field of taxation in relation to reportable cross-border arrangements, Brussels 21.6.2017, COM (2017) 335 final

Conselho da União Europeia,

— Diretiva 2003/48/CE, de 3 de junho, relativa à tributação dos rendimentos da poupança sob a forma de juros, JO L 157, 26.6.2003.

— Diretiva 2011/16 do Conselho, de 15 de fevereiro de 2011 sobre a cooperação administrativa no domínio da tributação e revogando a Diretiva 77/799/CEE, JO L 64, 11.3.2011)

— Diretiva 2014/86/UE do Conselho, de 8 de julho de 2014 , que altera a Diretiva 2011/96/UE relativa ao regime fiscal comum aplicável às sociedades-mães e sociedades afiliadas de Estados-Membros diferentes, JO L 219, de 25.7.2014

— Diretiva 2014/107 do Conselho, de 9 de Dezembro de 2014, JO L 359/1 de 16.12.2014

— Mecanismo geral de acesso e troca automática de informações financeiras: Diretiva 2014/107 do Conselho, de 9 de dezembro, JO L 359, 16.12.2014

— Diretiva 2015/121 do Conselho, de 27 de janeiro de 2015 que altera a Diretiva 2011/96/UE relativa ao regime fiscal comum aplicável às sociedades-mães e sociedades afiliadas de Estados-Membros diferentes, JO L 21 de 28.1.2015.

— Diretiva 2015/2376 do Conselho, de 8 de dezembro de 2015, que altera a Diretiva 2011/16/UE no que respeita à troca automática de informações obrigatória no domínio da fiscalidade, JO L 332/1, 18.12.2015

— Aprovação da Proposta de Diretiva do Conselho, 10426/16, de 17 de junho de 2016, FISC 104, ECOFIN 628

— Diretiva 2016/1164 do Conselho, de 12 de julho, JO L193, 19.7.2016

— Diretiva 2015/2376/UE do Conselho, de 8 de dezembro de 2015, que altera a Diretiva 2011/16/UE no que respeita à troca automática de informações obrigatória no domínio da fiscalidade, JO L 332/1, 18.12.2015

— Diretiva 2015/849/UE do Parlamento Europeu e do Conselho, de 20 de maio de 2015, relativa à prevenção da utilização do sistema financeiro para efeitos de branqueamento de capitais ou de financiamento do terrorismo, JO L141/73, de 5.6.2015

— Diretiva 2016/881 do Conselho, de 25 de maio, que altera a Diretiva 2011/16/UE no que respeita à troca automática de informações obrigatória no domínio da fiscalidade, JO L 146/8, de 3.6.2016

— Decisão (UE) 2015/2400 do Conselho de 8 de dezembro de 2015 *relativa à celebração, em nome da União Europeia, do Protocolo*

de Alteração do Acordo entre a Comunidade Europeia e a Confederação Suíça que prevê medidas equivalentes às previstas na Diretiva 2003/48/CE do Conselho relativa à tributação dos rendimentos da poupança sob a forma de juros, JO L 333/10, 19.12.2015
— Diretiva (UE) 2017/952 do Conselho de 29 de maio de 2017 que altera a Diretiva (UE) 2016/1164 no que respeita a assimetrias híbridas com países terceiros, JO L 144/1 , de 7 de junho de 2017

Conselho Europeu,
— *Conclusions of the European Council*, Brussels (22.5.2013), EUCO 75/13

Convenção de dupla tributação entre Portugal e a África do Sul,
(2008); Disponível em: http://info.portaldasfinancas.gov.pt/NR/rdonlyres/0664DDE3-5DA8-4F30-AB94-B6A3E75E1D9A/0/ResolucaoAssRep_53_2008.pdf

ECOFIN,
— *The Code of Conduct for Business Taxation* (Conclusions of the Council of Economics and Finance Ministers (ECOFIN) of 1 December 1997 concerning taxation policy), 98/C, JO C 6.1.1998
— *Conclusions on Tax Evasion*, Brussels (14 May 2013), 9549/13, FISC 94

Fórum dos preços de transferência,
— http://ec.europa.eu/taxation_customs/business/company-tax/transfer-pricing-eu-context/joint-transfer-pricing-forum/eu-joint-transfer-pricing-forum-held-its-first-meeting-3-october-2002_en
— "EU Joint Transfer Pricing Forum Secretariat Discussion Paper on Alternative Dispute Avoidance and Resolution Procedures", Meeting of Wednesday 16 March and Thursday 17 March 2005, *DOC: JTPF/003/2005/EN*, Brussels, 10 March 2005 *Taxud/E1/WB* disponível em: http://ec.europa.eu/taxation_customs/sites/taxation/files/resources/documents/forum11/discussion_paper_10032005.pdf

G20 Leaders,
— *Declaration*, Los Cabos, Mexico, June 19, 2012

Income Tax India,
— http://www.incometaxindia.gov.in/Pages/acts/finance-acts.aspx.

Jornal de Negócios,
— http://www.jornaldenegocios.pt/economia/detalhe/panama_papers_ha_uma_estrategia_de_isolamento_dos_offshores

League of Nations, Economic and Financial Commission,
— *Report on Double Taxation Submitted to the Financial Committee*, by Professors Bruins, Einaudi, Seligman and Sir Josiah Stamp, Geneva, 5 April, 1923
— *Double Taxation and Tax Evasion Report Presented by the General Meeting of Government Experts on Double Taxation and Tax Evasion*, League of Nations, Geneva, October 1928, disponível em: http://www.uni-heidelberg.de/institute/fak2/mussgnug/historyoftaxdocuments/normtexte/voelkerrecht/V00021.pdf
— DRAFT MODEL TREATY ON DOUBLE TAXATION AND TAX EVASION, 1928, http://www.un.org/esa/ffd/wp-content/uploads

Lewis, Jacob L., Secretary of the Treasury, Department of the Treasury, Washington DC,

— Carta dirigida ao Presidente da Comissão Europeia, Senhor Juncker, de 11 de fevereiro de 2016

OCDE,

— *OECD Model Convention on Income and on Capital*, OECD Committee on Fiscal Affairs, OECD (1977/92)

— Model Tax Convention on Income and on Capital, 1997

— OECD (1998), Harmful Tax Competition: An Emerging Global Issue, OECD Publishing, Paris, 1998; Disponível em: DOI: http://dx.doi.org/10.1787/9789264162945-en, ch. 3, IV.

— *The OECD's Project on Harmful Tax Practices: The 2001 Progress Report*, Paris, 2001

— Model Agreement on Exchange of Information in Tax Matters (Model TIEA); Disponível em: http://www.oecd.org/tax/exchange-of-tax-information/2082215.pdf

— OECD, *Tax Co-operation 2009 Towards a Level Playing Field;* Disponível em: http://www.oecd.org/tax/transparency/44429779.pdf

— Global Forum on Transparency and Exchange of Information for Tax Purposes, *Terms of Reference To Monitor and Review Progress Towards Transparency and Exchange of Information for Tax Purposes*, 2010; Disponível em: http://www.oecd.org/ctp/44824681.pdf

— OECD Report for the G8 Summit Lough Erne, Enniskillen, *A Step Change in Tax Transparency Delivering a standardised, secure and cost effective model of bilateral automatic exchange for the multilateral context*, June 2013; Disponível em: *https://www.oecd.org/ctp/exchange-of-tax-information/taxtransparency_G8report.pdf*

— (OECD 2013), Addressing Base Erosion and Profit Shifting; Disponível em: DOI:10.1787/9789264192744-en

— (OECD 2013) *Action Plan on Base Erosion and Profit Shifting – Report*, OECD Publishing, 2013; Disponível em: http://dx.doi.org/10.1787/9789264202719-en

— *Neutralising the Effects of Hybrid Mismatch Arrangements – Action 2: 2015 Final Report*, OECD/G20 Base Erosion and Profit Shifting Project (OECD 2014), disponível em: http://www.oecd-ilibrary.org/taxation/neutralising-the-effects-of-hybrid-mismatch-arrangements-action-2-2015-final-report_9789264241138-en;jsessionid=394p3a0j5u0ld.x-oecd-live-03

— (OECD 2014) Developing a Multilateral Instrument to Modify Bilateral Tax Treaties; Disponível em: http://www.oecd-ilibrary.org/taxation/developing-a-multilateral-instrument-to-modify-bilateral-tax-treaties_9789264219250-en

— OECD, *Standard for Automatic Exchange of Financial Account Information Common Reporting Standard* , 13 February 2014; Disponível em: https://www.oecd.org/ctp/exchange-of-tax-information/automatic-exchange-financial-account-information-common-reporting-standard.pdf;

— http://www.oecd.org/tax/automatic-exchange/about-automatic-exchange/#d.en.368731;

— http://www.oecd.org/tax/automatic-exchange/international-framework-for-the-crs/MCAA-Signatories.pdf

— http://www.oecd.org/tax/automatic-exchange/.

— "Introduction", *Model Tax Convention on Income and on Capital*, 2014 (Full version), OECD Publishing, 2015, nº 9

— Public Discussion Draft BEPS Action 3: Strengthening CFC Rules, 12 May 2015;
Disponível em: https://www.oecd.org/ctp/aggressive/discussion-draft-beps-action-3-strengthening-CFC-rules.pdf

— OECD (2015), *Neutralising the Effects of Hybrid Mismatch Arrangements – Action 2: 2015 Final Report*, OECD/G20 Base Erosion and Profit Shifting Project; Disponível em: http://www.oecd-ilibrary.org/docserver/download/2315291e.pdf?expires=1489484554&id=id&accname=guest&checksum=E8126C315E7C6DCC9CDAACFED8B3EDE9

— OECD (2015), *Limiting Base Erosion Involving Interest Deductions and Other Financial Payments*- Action 4, 2015, Final Report, OECD/G20 Base Erosion and Profit Shifting Project, OECD Publishing, Paris; Disponível em:

— OECD (2015), Preventing the Granting of Treaty Benefits in Inappropriate Circumstances, Action 6 – 2015 Final Report, OECD/G20 Base Erosion and Profit Shifting Project, OECD Publishing, Paris; Disponível em: http://dx.doi.org/10.1787/9789264241695-en

— OECD (2015), Mandatory Disclosure Rules, Action 12 – 2015 Final Report, OECD/G20 Base Erosion and Profit Shifting Project, OECD Publishing, Paris; Disponível em: http://dx.doi.org/10.1787/9789264241442-en.

— Global Forum on Transparency and Exchange of Information for Tax Purposes, *2016 Terms of Reference to Monitor and Review Progress Towards Transparency and Exchange of Information on Request for Tax Purposes*; Disponível em: http://www.oecd.org/tax/transparency/about-the-global-forum/publications/terms-of-reference.pdf; E: http://www.oecd.org/tax/transparency/about-the-global-forum/publications/revised-methodology.pdf

— http://www.keepeek.com/Digital-Asset-Management/oecd/taxation/limiting-base-erosion-involving-interest-deductions-and-other-financial-payments-action-4-2015-final-report_9789264241176-en#.WDwOVrKLTcs

— OECD (2017), *Limiting Base Erosion Involving Interest Deductions and Other Financial Payments, Action 4 – 2016 Update: Inclusive Framework on BEPS, OECD/G20 Base Erosion and Profit Shifting Project*, OECD Publishing, Paris; Disponível em: http://dx.doi.org/10.1787/9789264268333-en

Parlamento Europeu,

— P8_TA (2015)0408, *Tax Rulings and other Measures Similar in Nature or Effect*, European Parliament resolution of 25 November 2015 on tax rulings and other measures similar in nature or effect (2015/2066(INI); Disponível em: http://www.europarl.europa.eu/legislative-train/theme-deeper-and-fairer-internal-market-with-a-strengthened-industrial-base-taxation/file-tax-rulings-and-other-measures-similar-in-nature-or-effect-taxe-1-report

US Treasury Department,

— Modelo de Convenção Tributária do Departamento do Tesouro dos EUA; Disponível em: https://www.treasury.gov/resource-center/tax-policy/treaties/Pages/treaties.aspx

Vestager, Margaret, Member of the European Commission,

— Carta ao Senhor Jacob J. Lew, Secretary of the Treasury, Department of the Treasury, Washington DC , USA, Brussels, Ares(2016), 957325, 29 Feb. 2016

ÍNDICE